高/等/工/科/院/校/会/计/系/列/教/材

Intermediate Financial Accounting

中级财务会计学

主　编　王　伶　王国生

副主编　赵桂娟　李佩珍　李佩

经济管理出版社

ECONOMY & MANAGEMENT PUBLISHING HOUSE

图书在版编目（CIP）数据

中级财务会计学/王伶，王国生主编．—北京：经济管理出版社，2007.4

ISBN 978－7－80207－888－8

Ⅰ．中…　Ⅱ．①王…②王…　Ⅲ．财务会计
Ⅳ．F234.4

中国版本图书馆 CIP 数据核字（2007）第 032764 号

出版发行：**经济管理出版社**

北京市海淀区北蜂窝 8 号中雅大厦 11 层

电话：（010）51915602　　邮编：100038

印刷：北京银祥印刷厂　　　　　　　经销：新华书店

责任编辑：张丽生

技术编辑：杨　玲

责任校对：超　凡

720mm×1040mm/16　　　　　25.75 印张　　473 千字

2007 年 3 月第 1 版　　　　　2007 年 3 月第 1 次印刷

定价：39.00 元

书号：ISBN 978－7－80207－888－8/F·760

前　言

　　为了满足会计教学的需要，我们以财政部 2006 年 2 月颁发的《企业会计准则——基本准则》和 38 项具体会计准则为依据，编写了《中级财务会计学》教材。

　　中级财务会计学是会计专业重要的专业基础课，它是以初级会计学阐述的理论、方法和技能为基础，以特定单位会计主体经营活动中的一般或传统经济业务为内容，并以提供通用财务会计信息为目标的一整套理论与方法。中级财务会计学与会计专业的其他课程可以说是"承上启下"的关系，"承上"，是指学习中级财务会计学，能够加深对初级会计学的理解；"启下"，是指学习中级财务会计可以为学习"高级财务会计"、"财务管理"、"企业经济活动分析"、"审计学"等课程打下基础。

　　本书以会计的基本概念和方法为基础，以我国会计准则体系为主体，在体现会计基本理论与方法的同时，紧紧围绕我国财务会计改革现状，对财政部新出台的《企业会计准则——基本准则》、38 项具体会计准则、《企业会计准则应用指南》等重点内容做了具体的说明。其内容新颖、结构合理，对财务会计理论与方法的阐述深入浅出。本书既可作为工科院校会计核心教材，也可作为财政、税收、金融、审计和企业管理等专业的教学用书，还可供有关部门的会计、审计、经济管理及检查监督等人员作为自学用书。

　　全书共分 18 章，由王伶、王国生担任主编，赵桂娟、李佩珍、李佩担任副主编。各章编写人员如下：王伶（第一、九、十六、十七章），王国生（第二、三、四章），张运莲（第五、八、十二章），李佩（第七、十、十一章），赵桂娟（第三、六、十四、十五章），刘桔（第十三章），李佩珍、汤涓（第十八章）。

　　由于作者水平所限和时间紧迫，书中可能存在不妥或谬误的内容，敬请各位同仁指正，以便日后再版时修改。本书在写作过程中，参阅和引用了国内大量的优秀文献和著作，在此不一一列举致谢。

编　者

2007 年 2 月

目　录

第三篇　负　债

第六篇　财务会计报告

第一篇　概论

第一章 财务会计概念框架
与企业会计准则

第一节 财务会计概念框架

一、财务会计概念框架的概念、作用及发展历程

（一）财务会计概念框架的概念

财务会计概念框架（Conceptual Framework of Financial Accounting, CFFA/CF）是以财务会计的基本假设和基本假定为前提，以目标为导向形成的一整套相互关联、协调一致的概念（理论）体系，是指导和评价会计准则的理论依据。

美国财务会计准则委员会（FASB）在发布第二号概念框架公告"会计信息质量特征"时，以"财务会计概念"为题作为该号公告的前言，这实际上是全部系列概念公告的前言。该前言写道：概念框架是由互相关联的目标和基本概念所组成的逻辑一致的体系，这些目标和基本概念可用来引导首尾一贯的准则，并对财务会计和报告的性质、作用和局限性作出规定。美国 FASB 的概念框架所讨论的基本概念主要有目标、信息质量、要素的定义与特征、要素的确认与计量。

（二）财务会计概念框架的作用

财务会计概念框架是财务会计理论的组成部分，但不是理论的全部。理论还包括各种相互对立的学说、思想和观点。概念框架仅仅限于财务会计和财务报告的基本前提，目标是保证财务报表应予确认的各项要素及其计量和在其他财务报告中应予披露的内容符合框架中的概念。财务报表中的确认和计量，以

及在其他财务报告中的披露事项，都应当运用前后关联并协调一致的基本概念，以基本假设和假定为前提，力求与目标相一致。

财务会计概念框架有以下几方面作用：

1. 评估并据以修订已发布的会计准则。财务会计概念框架的评估作用不难理解，因为作为财务会计的规范不是一成不变的。会计准则保持其有用性依赖于它能随着市场经济环境的变化和使用者提出新的信息要求而定期（当然不应当频繁）加以评估并进行必要的修改。在评估和修改时，对于该准则的规范是否内在一致，所引用的概念是否逻辑严密，并且其在所有准则中是否被统一使用等问题，须有一个理论体系可供参考。财务会计概念框架正是一个可用于评估会计准则的理论尺度。近年来，国际会计准则委员会正是运用概念框架并结合其他要求，对已发表的国际会计准则进行了一系列的修订，提高了财务报表的可比性，使国际会计准则在更大范围内得到了认同，以适应国际资本在全球自由流动的要求。

2. 指导准则制定机构发展新的会计准则。过去的会计准则基本上是在一些流行的会计惯例的基础上归纳而成的，常常不能保证前后连贯和内在一致，主要是缺乏理论的指导。有了概念框架之后，这种情况就可以避免了。

3. 在缺乏公认会计原则的领域，起到对会计实务的基本的规范作用。但是直接根据概念框架来解决实务问题的事例还不多。虽然财务会计概念框架本质上不属于会计准则，但可以在出现新的情况、面对经济环境中的新问题，而又缺乏相关会计准则对该业务进行规范时，作为一种替代性的规范文件。

（三）财务会计概念框架的发展历程

财务会计概念框架研究最早是在美国 20 世纪 70 年代兴起的。自 1938 年美国会计师协会（AIA，美国注册会计师协会的前身）正式着手制定"公认会计原则"后，社会各界一直要求会计原则制定机构研究会计理论，并要求在会计原则制定过程中，以一个有效、一致的理论为指导。第一个会计原则制定机构"会计程序委员会"曾发布过会计名词研究的公报，对会计原则、资产、负债、收入、费用、收益等进行界定。由于会计程序委员会过分迁就实务，对这些概念的讨论缺乏内在一致的理论基础，因而它所讨论的会计名词，并未形成一个连贯的理论体系。

会计原则委员会（APB）成立的同时，美国注册会计师协会（AICPA）特别成立了会计研究部，以加强会计理论的研究，并期望研究部能形成一个连贯的理论，为会计原则委员会制定、发布会计原则意见书提供理论支持。应该说，后来陆续形成的财务会计概念框架与这些思想不无直接联系。

会计研究部于 1961 年和 1962 年发布了第一、三号会计研究论文集，分别讨论会计基本假设和会计原则，并力图强调假设与原则之间的内在联系。这样，以"假设——原则"为核心的财务会计概念框架的第一种思路已经形成。

由于会计假设和研究受形成多少条假设以及假设和原则之间的内在逻辑关系不严密等弊端的限制，以"假设——原则"思路建立概念框架，难以取得令人满意的效果，特别是第三号会计研究论文集所提出的计量属性，基本否定了当时会计实务所奉行的主要计量属性——历史成本，而被 APB 所否定。因此，以 AICPA 为代表的会计界在继续研究"会计假设——会计原则"的同时，开始寻找新的思路。

20 世纪 70 年代初，面临社会各界对会计职业界和会计原则委员会的批评与指责，美国注册会计师协会分别成立了"惠特委员会"和"特鲁伯罗德委员会"。前者研究会计原则制定的机构和工作程序，后者研究财务报表的目标。根据惠特委员会建议所成立的美国 FASB，在嗣后的工作过程中，十分重视会计理论，特别是指导财务会计准则的理论的研究，这为概念框架的产生提供了必要的人员和思想准备；而特鲁伯罗德委员会所提交的报告，第一次全面、系统地论述了基于美国市场经济环境下的财务报告的目标，这为后来 FASB 继续探讨财务报表的目标，并将其作为概念框架的起点，提供了较好的基础与可能。从 1978 年至 1985 年，美国 FASB 陆续发布了六份《财务会计概念公告》，标志着概念框架体系基本形成；2000 年 2 月，在间隔 15 年后，FASB 又发布了第七号概念公告：要求在会计计量中使用现金流量信息和现值去探求新的计量属性——公允价值。

美国 FASB 所颁布的概念框架，在国际上引起了较大的反响。一些国家和国际组织也纷纷效仿。他们已经制定完成或基本完成的概念框架，总体思路多半借鉴美国，但具体内容则有不同程度的创新。

二、财务会计概念框架的内容

（一）基本假设

基本假设是由财务会计的经济、政治、社会（主要是经济）环境所决定，作为财务会计存在和运作前提的基本概念。主要有：

1. 会计主体。会计主体是指会计为之服务的特定单位，会计核算应当以一个特定独立的或相对独立的经营单位的经营活动为对象，反映该经营单位的经营活动。凡不属于该主体的资产都不能列入按特定主体编制的财务报表。会计主体典型的是企业，但也可以是企业内部相对独立的经营单位。会计主体不同于法律主体的概念，会计主体可以是一个独立的法律主体如企业法人，也可以不是一个独立的法律主体如企业内部相对独立的核算单位。

2. 持续经营。主体假设是财务会计最基本的假设，对于作为会计主体而存在的企业，会计主体已经规定了它的空间范围，为了对主体企业的经济活动进行数量描述，还需要确定其活动的时间，即主体能否长期经营下去？在市场经济中，任何企业都面临激烈的竞争和巨大的风险，任何企业的经营期限都是很难确定的。经过长期大量的观察，持续经营（即未曾给自己规定经营期限）的企业属于绝大多数。但是，由于各种原因而关闭的个别、少数企业也同样存在。因此，会计上假定在可以预见的未来，一个企业的经营活动将以既定的经营方针和目标继续经营下去，而不会面临破产清算。显然，持续经营是一个判断而不是市场经济所决定的必然前提。有了持续经营这一假设才能建立会计确认和计量的原则，如历史成本原则、权责发生制原则等，企业在信息的收集和处理上所采用的会计方法才能保持稳定，会计核算才能正常进行。

3. 会计分期。会计分期是指企业在持续不断地经营过程中，人为地划分一个个间距相等、首尾相接的会计期间，以便确定每一个会计期间的收入、费用和盈亏，确定该会计期间期初、期末的资产、负债和所有者权益的数量，并据以结算账目和编制财务报表。在提出"持续经营"假定之后，再提出"会计分期"假定，不仅顺理成章，而且解决了市场对会计信息的及时需要，进一步突出了财务报表的作用。"会计分期"和"持续经营"相辅相成，缺一不可。

4. 以货币为基本计量单位。货币计量是指企业会计核算采用货币作为计量单位，记录、反映企业的经济活动，并假设币值保持不变。

（二）财务会计（财务报表或财务报告）的目标

1. 财务会计的通用提法。财务会计的目标依存于使用者的信息需要。在不同的社会经济环境中，由于信息使用者有差别，严格地说，不可能有完全一致的目标。不过，市场经济毕竟是当前大多数国家的经济体制。这一点决定了在市场经济条件下，应该有一个通用的目标：财务报表的目标是提供在经济决策中有助于一系列使用者关于主体财务状况、经营业绩和财务状况变化的信息。

2. 财务会计目标的两种典型观点。目前来看，存在着两种不同的关于财务报告目标表述的观点：受托责任观和决策有用观。受托责任观的基本内涵概括为：委托代理的存在是受托责任观的基石；受托方存在如实向委托方报告和说明履行受托资源的过程及其结果的义务；随着公司治理内涵的丰富和外延的扩大，公司的受托责任者还承担着向企业的利益相关者报告社会责任情况的义务。决策有用观的内涵：财务会计目标与财务报表目标的趋同性；财务报告应该提供有利于现在的、可能的投资者进行合理投资、信贷决策的有用信息；财务报告应有助于现在和可能的投资者、债权人以及其他财务报告的使用者评估来自于销售、偿付到期证券或借款的实得收入金额、时间分布和相关的不确定性信息；投资人、债权人、职工、政府有关部门等都会利用财务报告信息作出各自的决策。

我国财务报告目标，主要包括以下两个方面：

（1）向财务报告使用者提供决策有用的信息。

企业编制财务报告的主要目的是为了满足财务报告使用者的信息需要，有助于财务报告使用者作出经济决策。因此，向财务报告使用者提供决策有用的信息是财务报告的基本目标。

（2）反映企业管理层受托责任的履行情况。

在现代公司制下，企业所有权与经营权相分离，企业管理层是受委托人之托经营管理企业及其各项资产，负有受托责任，即企业管理层所经营管理的各项资产基本上均为投资者投入的资本（或者留存收益作为再投资）或者向债权人借入的资金所形成的，企业管理层有责任妥善保管并合理、有效地使用这些资产。因此，财务报告应当反映企业管理层受托责任的履行情况，有助于评价企业的经营管理责任以及资源使用的有效性。

（三）财务会计信息质量特征

1. 财务会计信息质量特征在概念框架中的特殊地位。财务会计的基本假设和假定是财务会计存在和运作的基础或前提，它制约了财务会计信息的空间、时间和量化的主要尺度，这些大部分属于客观环境赋予财务会计的特征。在这些前提下，财务会计应当提供什么信息和如何提供这些信息则取决于它的目标。目标应回答三个问题：谁是财务信息的使用者，使用者需要什么信息，为了满足前两个要求如何评估现行财务报告的特点、局限性以及如何加以改进。目标所回答的这三个问题，对财务会计和财务报告的发展起着导向作用。但是目标只规定使用者需要哪些信息，而未曾说明可提供的信息应达到什么质量标准，会计信息质量特征进一步对此作了研究和描述。按照财务会计的目标，向使用者提供有助于决策和评估管理当局业绩的信息，其质量特征是信息的有用性。会计选择的目的在于以尽可能少的成本提供又多又好的信息，充分考虑到使用者的需要，最大限度地提高会计信息的有用性。

2. 美国 FASB 对财务会计信息质量特征的研究。会计信息的首要质量是相关性（会计信息能够影响使用者的决策）和可靠性（信息使用者可以信任所提供的信息）。次要的和交互作用的质量是可比性（能够指认出相似和相异之处的质量）。最后是可理解性。限制和约束条件是成本效益原则和重要性。必须注意的是：重要性是相比较而言的，对某企业不重要的，对其他企业可能是足够重要的。

3. 国际会计准则委员会（IASC）对财务会计信息质量特征的研究。IASC在公布的《关于编制和提供财务报表的框架》中将质量特征定义为"是使财务报表提供的信息对使用者有用的那些性质。四项主要的质量特征是可理解性、相关性、可靠性和可比性。"IASC 提出了对信息质量特征的限制因素，它们是及时性、效益和成本之间的平衡，质量特征相互之间的平衡。

4. 我国信息质量的特征。我国财政部于 2006 年 2 月 15 日公布的《企业会计准则——基本准则》第二章提出了以下质量特征：可靠性、相关性、可比性、可理解性、实质重于形式、重要性、谨慎性和及时性。

可靠性要求企业应当以实际发生的交易或者事项为依据进行会计确认、计量和报告，反映符合确认和计量要求的各项会计要素及其他相关信息，保证会计信息真实可靠、内容完整。

相关性要求企业提供的会计信息应当与财务报告使用者的经济决策需要相关，有助于财务报告使用者对企业过去、现在或者未来的情况作出评价或者预测。

可理解性要求企业提供的会计信息应当清晰明了，便于财务报告使用者理解和使用。

可比性要求企业提供的会计信息应当具有可比性。

实质重于形式要求企业应当按照交易或者事项的经济实质进行会计确认、计量和报告，不应仅以交易或者事项的法律形式为依据。

重要性要求企业提供的会计信息应当反映与企业财务状况、经营成果和现金流量有关的所有重要交易或者事项。

某个企业会计信息的省略或者错报会影响使用者据此作出经济决策的，该信息就具有重要性。重要性的应用需要依赖职业判断，企业应当根据其所处环境和实际情况，从项目的性质和金额的大小两方面来判断其重要性。

谨慎性要求企业对交易或者事项进行会计确认、计量和报告时应当保持应有的谨慎，不应高估资产或者收益、低估负债或者费用。但是，谨慎性的应用并不允许企业设置秘密准备。

及时性要求企业对于已经发生的交易或者事项，应当及时进行会计确认、计量和报告，不得提前或者延后。

（四）财务会计要素及确认和计量

1. 关于会计要素。会计要素是指财务报表的基本组成部分，它不涉及其他财务报告。因为一切数据进入财务报表内必须通过确认和计量并须严格遵守

GAAP 或企业会计准则，而在其他财务报告中，一般只要求披露有关事实而不必遵守会计准则通过严格的确认与计量程序。当前，财务报表的要素又仅限于两个基本的财务报表，即资产负债表和利润表。国际流行的基本会计要素，只反映会计的这两张表的基本组成：资产、负债、所有者权益，收入、费用和利润六项要素。我国关于会计要素的确认如下：

会计要素，是指按照交易或事项的经济特征所作的基本分类，分为反映企业财务状况的会计要素和反映企业经营成果的会计要素。

反映企业财务状况的会计要素包括资产、负债和所有者权益。

资产，是指企业过去的交易或者事项形成的、由企业拥有或者控制的、预期会给企业带来经济利益的资源。根据资产的定义，资产具有以下几个方面的特征：

（1）资产预期会给企业带来经济利益；

（2）资产应为企业拥有或者控制的资源；

（3）资产是由企业过去的交易或者事项形成的。

将一项资源确认为资产，需要符合资产的定义，并同时满足以下两个条件：

（1）与该资源有关的经济利益很可能流入企业；

（2）该资源的成本或者价值能够可靠地计量。

负债，是指企业过去的交易或者事项形成的、预期会导致经济利益流出企业的现时义务。根据负债的定义，负债具有以下几个方面的特征：

（1）负债是企业承担的现时义务；

（2）负债的清偿预期会导致经济利益流出企业；

（3）负债是由企业过去的交易或者事项形成的。

将一项义务确认为负债，需要符合负债的定义，并同时满足以下两个条件：

（1）与该义务有关的经济利益很可能流出企业；

（2）未来流出的经济利益的金额能够可靠地计量。

所有者权益，是指企业资产扣除负债后，由所有者享有的剩余权益。公司的所有者权益又称为股东权益。所有者权益是所有者对企业资产的剩余索取权。所有者权益按其来源主要包括所有者投入的资本、直接计入所有者权益的利得和损失、留存收益等。所有者投入的资本，是指所有者投入企业的资本部分，它既包括构成企业注册资本或者股本部分的余额，也包括投入资本超过注册资本或者股本部分的金额，即资本溢价或者股本溢价。直接计入所有者权益的利得和损失，是指不应计入当期损益、会导致所有者权益发生增减变动的、与所有者投入资本或者向所有者分配利润无关的利得或者损失。其中，利得是指由企业非日常活动所形成的、会导致所有者权益增加的、与所有者投入资本无关的经济利益的流入；损失是指由企业非日常活动所发生的、会导致所有者权益减少的、与向所有者分配利润无关的经济利益的流出。留存收益，是企业历年实现的净利润留存于企业的部分，主要包括计提的盈余公积和未分配利润。

由于所有者权益体现的是所有者在企业中的剩余权益，因此，所有者权益的确认主要依赖于其他会计要素，尤其是资产和负债的确认；所有者权益金额的确定也主要取决于资产和负债的计量。

反映企业经营成果的会计要素包括收入、费用和利润。

收入，是指企业在日常活动中形成的、会导致所有者权益增加的、与所有者投入资本无关的经济利益的总流入。根据收入的定义，收入具有以下几个方面的特征：

（1）收入应当是企业在日常活动中形成的；

（2）收入应当会导致经济利益的流入，该流入不包括所有者投入的资本；

（3）收入应当最终会导致所有者权益的增加。

收入在确认时除了应当符合收入定义外，还应当满足严格的确认条件。收入的确认至少应当同时符合以下条件：

（1）与收入相关的经济利益应当很可能流入企业；

（2）经济利益流入企业的结果会导致企业资产的增加或者负债的减少；

（3）经济利益的流入额能够可靠地计量。

费用，是指企业在日常活动中发生的、会导致所有者权益减少的、与向所有者分配利润无关的经济利益的总流出。根据费用的定义，费用具有以下几个方面的特征：

（1）费用应当是企业在日常活动中发生的；

（2）费用应当会导致经济利益的流出，该流出不包括向所有者分配的利润；

（3）费用应当最终会导致所有者权益的减少。

费用的确认除了应当符合费用定义外，还应当满足严格的确认条件，费用的确认至少应当同时符合以下条件：

（1）与费用相关的经济利益很可能流出企业；

（2）经济利益流出企业的结果会导致资产的减少或者负债的增加；

（3）经济利益的流出额能够可靠地计量。

利润，是指企业在一定会计期间的经营成果。反映的是企业的经营业绩情况，是业绩考核的重要指标。利润包括收入减去费用后的净额、直接计入当期利润的利得和损失等。其中，收入减去费用后的净额反映的是企业日常活动的业绩，直接计入当期利润的利得和损失反映的是企业非日常活动的业绩。直接计入当期利润的利得和损失，是指应当计入当期损益、最终会引起所有者权益发生增减变动的、与所有者投入资本或者向所有者分配利润无关的利得或者损失。

利润反映的是收入减去费用、利得减去损失后的净额，因此，利润的确认主要依赖于收入和费用以及利得和损失的确认，其金额的确定也主要取决于收入、费用、利得、损失金额的计量。

2. 关于确认与计量。确认是财务会计的一项重要程序。它是指交易、事项或情况中的一个项目应否和应在何时以及如何当做一项要素加以记录和计入报表内容与合计的过程。计量也是财务会计的一项程序，它指的是用数量（主要是用金额）对财务报表要素进行的描述方式。

企业在将符合确认条件的会计要素登记入账并列于财务报表时，应当按照规定的会计计量属性进行计量，确定其金额。

会计计量属性主要包括历史成本、重置成本、可变现净值、现值和公允价值。

在历史成本计量下，资产按照购置时支付的现金或者现金等价物的金额，或者按照购置资产时所付出的对价的公允价值计量。负债按照因承担现时义务而实际收到的款项或者资产的金额，或者承担现时义务的合同金额，或者按照日常活动中为偿还负债预期需要支付的现金或者现金等价物的金额计量。

在重置成本计量下，资产按照现在购买相同或者相似资产所需支付的现金或者现金等价物的金额计量。负债按照现在偿付该项债务所需支付的现金或者现金等价物的金额计量。

在可变现净值计量下，资产按照其正常对外销售所能收到现金或者现金等价物的金额扣减该资产至完工时估计将要发生的成本、估计的销售费用以及相关税费后的金额计量。

在现值计量下，资产按照预计从其持续使用和最终处置中所产生的未来净现金流入量的折现金额计量。负债按照预计期限内需要偿还的未来净现金流出量的折现金额计量。

在公允价值计量下，资产和负债按照在公平交易中，熟悉情况的交易双方自愿进行资产交换或者债务清偿的金额计量。

企业在对会计要素进行计量时，一般应当采用历史成本，而对于采用重置成本、可变现净值、现值、公允价值计量的，应当保证所确定的会计要素金额能够取得并可靠计量。

第二节　企业会计准则

一、企业会计准则的性质和作用

（一）性质

企业会计准则的产生是市场经济发展的需要。企业所有权与经营权的分离，导致了财务会计信息提供者与使用者的分离，这就是要求通过企业会计准则来规范各企业（主要指上市公司）财务报表的根本动因。在社会主义市场经济条件下，公有经济是主体，国家掌握了国民经济的命脉，国家既是社会管理者，又是最大的社会财富的所有者。所以，社会制度和经济体制决定了我国的《企业会计准则》是由中华人民共和国财政部制定并监督执行。我国的企业会计准则是名副其实的会计法规，它的权威性、强制性和约束力来自行政命令。在西方一些国家，企业、会计职业界和学术界也参与会计准则的制定，但却由政府有关部门进行组织领导。这样制定的准则，也具有准法规的性质。

（二）作用

会计准则具有三个主要作用：①作为财务会计和财务报表的技术规范。财务会计和财务报表的信息必须保证真实与公允，这是企业外部和企业内部的信息使用者的共同要求。不同的财务报表，可以分别表述企业的财务状况、财务成果（经营业绩）和财务状况的变动（特别是现金流动）；而相对独立的各个财务报表又紧密联系，相互依存，浑然一体，在数字上能做到彼此勾稽。②作为证券市场准入的一项重要规则。当前，各国的企业会计准则都是以证券上市公司为对象（或只限于上市公司），规范其应向市场传递的财务报表和其他有关信息。各国监管证券市场的法律或法规也莫不要求：遵守企业会计准则并经注册会计师加以验证的财务报表是企业证券准入市场公开交易的一个必要条件。③作为协调经济利益的机制。按企业会计准则编报的财务报表，在形式上只是一系列数据和信息，在实质上则是涉及多方面利益关系的企业经济、财务活动的反映。会计准则所规范的，既是会计行为，也是财务行为。对一些事项，"准则"通常提出"基准处理"和"允许的备选处理"方法，供会计人员在会计处理时选择。这说明在市场经济中，会计准则不是一项纯技术的规范，它需要借助于会计的技术处理，来协调各方面的经济利益。

二、我国的企业会计准则

中华人民共和国成立后不久，从 20 世纪 50 年代初开始，即由财政部统一审查中央企业各主管部门分行业制定的会计制度。1953 年以后，国营工业企业会计制度、基本建设会计制度由财政部统一制定。此后历经 40 年，我国企业的会计核算都是按分部门、分行业、分所有制，一统到底的会计制度来加以规范。统一会计制度基本上适应当时集中的计划经济体制，从属于财政制度和财务制度，它对于维护财经纪律，保障财政收入，推动企业增产节约起过积极的作用。改革开放后，随着计划经济体制向市场经济体制过渡，统一会计制度这种会计规范形式，便开始暴露其缺陷，据以产生的财务会计信息，不能成为"国际通用的商业语言"。制定我国的企业会计准则，使我国会计核算的规范形式转变到与国际会计惯例同步的轨道上来，就成为我国会计制度改革的当务之急。

我国会计界有组织、有计划地酝酿建立中国的会计准则始于 1987 年中国会计学会成立的会计理论与会计研究组。财政部会计事务管理司在 1988 年也成立了"会计准则课题组"。这个组织是按照《会计法》的授权，专职负责会计准则制定工作的官方机构。此后，我国的企业会计准则制定工作就从民间研究、推动转为官方，纳入国家的会计改革计划并落实到行动。1990 年财政部印发了《会计准则（草案）提纲（征求意见稿）》，1991 年又发布了基本准则草案，1992 年 11 月 30 日正式颁布了《企业会计准则》，要求于 1993 年 7 月 1 日起实施。这样，我国的基本会计准则正式出台，以会计准则取代统一会计制度的改革初步取得了成功。

基本会计准则实施后，财政部又陆续推出了具体准则征求意见稿 30 份左右。经过近五年的努力，1997 年 5 月 22 日，为了适应社会主义市场经济的需要，我国正式制定了一份企业会计准则，即第一个具体准则——《关联方关系及其交易的披露》。这份具体准则从 1997 年度起执行。2006 年 2 月 15 日财政部颁布了 39 项企业会计准则，标志着我国与国际惯例趋同的企业会计准则体系正式建立。新会计准则将于 2007 年 1 月 1 日首先在上市公司中推行。新会计准则体系将成为促进当代中国企业真正发展的又一推动性制度。

第三节　国际会计准则与国际会计惯例

一、国际会计准则

（一）国际会计准则委员会（IASC）

第二次世界大战以后，世界进入和平与发展时期，随着国际资本的急剧流动，迫切需要在世界范围内具有可比的财务报告信息，于是在 1973 年由澳大利亚、加拿大、法国、联邦德国、日本、墨西哥、荷兰、英国等的 16 个会计职业团体发起成立了国际会计准则委员会。它是一个纯粹的民间组织，没有得到官方或国际组织的明确支持或赋予它制定准则的权力，但得到了世界各主要国家会计职业团体的支持，得到了全世界企业界、财务经理、财务分析人员、证券交易所、证券监管人、律师、银行家、工会，特别是具有官方性质的"证券委员会国际组织"的支持与参与，具有广泛的代表性和较高的权威性。国际会计准则委员会的目标是：通过制定（修改）和推广国际会计准则，协调各国的会计准则并使之改善财务报表，争取在跨国之间使用的财务报表遵守 IAS 的规定，提高财务报表的可比性，力求使国际资本的持有者对财务报表易于理解，使国际投资人可据以在世界范围内对选择投资的国家、地区或项目等方面作出趋利避害的最佳决策。

（二）国际会计准则

国际会计准则是国际会计准则委员会颁布的财务会计准则，对于协调各国会计准则，提高财务报表的可比性，发挥着重要作用。国际会计准则并不能凌驾于各国自己制定的会计准则之上。但国际会计委员会的章程规定：会员有义务在一切重要方面，劝导自己组织的成员自觉遵守国际会计准则并劝说各自国家（地区）的准则制定机构，在制定的准则中尽可能与 IAS 协调一致。

二、国际会计惯例

（一）概述

国际会计惯例是近年来在我国流行起来的一个专门术语。目前，对于这个概念应如何理解，尚无一个权威的回答。会计惯例通常指由习惯所形成并已在会计界广为流行的一套会计成规（如会计概念、规则、程序、方法等）。依此类推，国际会计惯例则指在世界范围内，会计界广为流行并基本上得到公认的会计成规。许多会计准则是由会计惯例形成的。在这个意义上，会计惯例的成文应是公认会计原则即各国的财务会计准则。但准则不可能把会计的一切成规都包括无遗。未曾由准则加以规范，但在会计界也广为流行的会计成规便属于不成文的会计惯例。

国际会计惯例也有成文和不成文之分，不成文的只能用列举的方式，如会计记录都采用借贷记账法，基本的财务报表一般包括资产负债表、损益表和现金流量表。成文的国际会计惯例主要应为国际会计准则。这是因为：①它是由来自近90多个国家、地区和国际性组织的120多位会员在不同程度上参与制定的，而这些会员都是会计或证券、金融等专业团体。②已发表的IAS能够获得会员国的广泛接受。

（二）美国的公认会计准则（GAAP）

美国是世界上最早制定会计准则的国家，其会计准则在世界范围内影响很大。GAAP是会计的一个术语，它指在特定时期，为规范公认会计实务所必需的惯例、规则和程序，它既包括普遍应用的一般指南，又包括明细的实务与程序。这些惯例、规则和程序，提供了一个用于财务报表信息披露的准则。美国的GAAP最早仅指AICPA的会计研究公报（ARB）和会计原则委员会意见书，1973年后又包括财务会计准则委员会（FASB）的准则公告和解释。这些是权威性最高的GAAP文献，列入AICPA道德规范和执业守则203款（即凡属于AICPA的会员，在审计时，若发现被审计的财务报表偏离了上述文献，就不得出具无保留意见的审计报告。在出具的保留意见的报告中，要披露财务报表中与GAAP的偏离及其产生的后果）。

（三）英国的会计准则

在实质上，英国的会计准则相当于美国的GAAP。不同的是美国的GAAP是由官方机构美国证券交易委员会（SEC）发表会计文告（ASR）予以支持，而英国会计准则的权威地位则由英国的公司法授予。同时，英国的会计准则还要正确处理"真实与公允"原则关系，甚至法律也要对它让步。

英国会计准则委员会（ASB）明确地说明会计准则具有权威性。英国的会计准则是由前英国会计准则委员会发布的《标准会计惯例公告》（SSAP），和现在的英国会计准则理事会发布的《财务报告准则》（FRS）共同构成。

在英国的会计职业界，真实与公允的原则具有凌驾于法律之上的权威。但对什么是"真实与公允"一直缺乏明确而具体的解释。过去，这一原则的解释权属于法院，但法院的判决又要尊重专业人员的专业判断。这样这一概念便成了在会计的解释和法律的判决之间纠缠不清的术语，以致受到各国会计界的诟病。1989 年的《公司法》，基本上解决了如何才算按真实与公允的原则来表述财务报表的要求。这是因为《公司法》以法律的形式对会计准则的地位给予保证。因此，在正常情况下，要想符合真实与公允的原则就必须遵循会计准则。

复习思考题

1. 如何理解财务会计概念框架？它的作用和内容都有哪些？
2. 试述企业会计准则的性质和作用。
3. 什么是国际会计准则？如何理解国际会计准则与国际会计惯例的含义？

第二篇　资产

第二章　存货

第一节　存货的确认

一、存货的概述

（一）存货的概念和分类

存货是指企业在日常活动中持有以备出售的产成品或商品、处在生产过程中的在产品、在生产过程或提供劳务过程中耗用的材料和物料等。包括材料、在产品半成品、库存商品、包装物、低值易耗品和委托代销商品等。

根据存货定义，可见存货与其他资产相比具有以下特点：①存货属于流动资产，但其流动性不及现金和应收款项，并且其时效性强，发生潜在损失的可能性也比前者大。②存货与固定资产同为有形资产，但存货在正常的业务活动中，不断地处于销售和重置、耗用和重置之中，在 1 年内能够有规律地转换为货币资金或其他资产。而固定资产使用周期长，其价值分期转移。③存货是一项具有实物形态的有形资产，不同于专利权、商标权等无形资产。④存货最基本的特征是，企业持有存货的最终目的是为了出售（不论是可供直接出售，还是需经过进一步加工后才能出售），而不是自用或消耗。这一特征就使存货明显区别于固定资产等长期资产。

（二）存货的分类

依据企业的性质、经营范围，并结合存货的用途，可将存货分为以下三类：

1. 制造业存货。

制造业存货的特点是在出售前需要经过生产加工过程，改变其原有的实物形态或使用功能。制造业存货可分为：①原材料，指企业通过采购或其他方式取得的用于制造产品并构成产品实体的物品，以及取得的供生产耗用但不构成产品实体的辅助材料、修理用备件、燃料以及外购半成品。②委托加工材料，指企业因技术和经济原因而委托外单位代为加工的各种材料。③包装物和低值易耗品，指为了包装本企业产品而储备的各种包装容器和由于价值低、易损耗等原因而不能作为固定资产的各种劳动资料。④在产品及自制半成品，指已经过一定生产过程，但尚未全部完工、在销售以前还要进一步加工的中间产品或正在加工中的产品。⑤产成品，指企业加工生产并已完成全部生产过程，可以对外销售的制成产品。

2. 商品流通企业存货。

在商品流通企业，存货主要分类为：商品、材料物资、低值易耗品、包装物等。其中商品存货是商业企业存货的主要组成部分，该类存货在企业正常的经营过程中处于待销状态。

3. 其他行业存货。

在服务业企业，如旅行社、饭店、宾馆、游乐场所、美容美发、照相、修理、中介机构等，既不生产产品也不经销产品。这些单位一般存有各种少量物料用品、办公用品、家具等，供业务活动时使用，这些物品也作为存货处理。

（三）存货的重要性

存货是企业经营活动中最活跃的因素，它不停地被购进或被生产出来，然后不停地被销售出去，并通过存货的购进、生产和销售，使企业实现利润。存货既是企业流动资产中重要的组成部分，也是资产负债表、利润表重点披露的内容。对存货核算质量如何，不仅关系到资产负债表上资产价值的正确性，也影响利润表收益的确定。如果期末存货价值多计，必然会使销售成本偏低，夸大了本期利润和企业的资产，从而也使下一会计期间的期初存货（即本期的期末存货）价值多计，使该期的销售成本偏高，少报了该期利润。相反，少计期末存货价值又会导致该期的销售成本偏高，同时相应地少计了本期的利润和资产价值，夸大了下期的利润和虚报了下期的流动资产。这样，都必然会歪曲企业的经营成果和财务状况，最终将影响企业财务报表的正确性和应税利润的计算。此外，它还为报表使用人提供有用的存货信息，有助于预测企业未来的现金流量。

二、存货的确认

存货是根据各个企业不同的经营业务确定的，同样的资产，在这个企业中可能是供销售的，可以作为存货，但在另一个企业可能是其他资产。例如在使用汽车的公司，汽车为固定资产，而在生产或销售公司，汽车则为存货。

　　根据会计确认的基本内涵，某一项目能否作为存货在资产负债表中确认，取决于该项目是否符合存货定义，而且，还必须满足一定的确认条件。对于存货的确认条件，存货准则规定了确认标准，即存货要同时满足两个条件：①与该存货有关的经济利益很可能流入企业；②该存货的成本能够可靠地计量。这样，对该存货才能加以确认。

（一）存货有关的经济利益很可能流入企业

　　资产最重要的特征是预期会给企业带来经济利益。如果某一项目预期不能给企业带来经济利益，就不能确认为企业的资产。存货是企业的一项重要的流动资产，因此，对存货的确认，关键要判断是否很可能给企业带来经济利益或所包含的经济利益是否很可能流入企业。通常，存货的所有权是存货包含的经济利益很可能流入企业的一个重要标志。只要所有权已属于企业，无论企业是否收到或持有该存货项目，均应作为企业的存货；反之，如果没有取得所有权，即使存放在企业，也不能作为本企业的存货。比如，一般情况下，根据销售合同已经售出（取得现金或收取现金的权利），所有权已经转移的存货，因其所含经济利益已不能够流入企业，因而不能再作为企业的存货核算，即使该存货尚未运离企业；再比如委托代销商品，由于其所有权并未转移至受托方，因而委托代销的商品属于委托企业存货的一部分。总之，企业在判断存货所含经济利益能否流入企业时，通常应考虑该项存货所有权的归属。

（二）存货的成本能够可靠地计量（修改）

　　成本能够可靠地计量是资产确认的一项基本条件。存货作为企业资产的组成部分，要予以确认也必须能够对其成本进行可靠地计量。存货的成本能够可靠地计量必须以取得确凿、可靠的证据为依据，并且具有可验证性。如果存货成本不能可靠地计量，则不能确认为存货。如企业承诺的订货合同，由于并未实际发生，不能可靠确定其成本，因此就不能确认为购买企业的存货。

第二节　存货的初始计量

一、存货成本的构成

　　存货应当按照成本进行初始计量。存货成本包括采购成本、加工成本和其他成本。

（一）存货采购成本

存货的采购成本，包括购买价款、相关税费、运输费、装卸费、保险费以及其他可归属于存货采购成本的费用。

1. 购买价款。这是指企业购入的材料或商品的发票账单上列明的价款，但不包括按规定可以抵扣的增值税额。一般而言，所有购入的存货，均应根据发票金额确认购买价款，但在某些情况下，可能会出现发票价格与实际付款不一致的问题，如在发生购货折扣的情况下，购买价款指扣除商业折扣但包括现金折扣的金额，供货者允许扣取的现金折扣，不抵减有关项目的成本。在允许扣取折扣的期限内取得的现金折扣，作为理财收益，冲减当期财务费用。如果没有现金折扣，存货的购买价款就是发票金额。

2. 相关税费。这是指企业购买、自制或委托加工存货发生的消费税、资源税和不能从销项税额中抵扣的增值税进项税额等。

在商品交易中，交易者要缴纳流转税，对于缴纳的流转税是否包括在价格中，目前我国采用了两种方法：一种是采用价内税，即价格内包含了流转税，如消费税、资源税、城市维护建设税等；另一种是采用价外税，如增值税。除此以外，从国外进口货物要交关税等。

3. 附带成本。这是指企业购入存货在入库以前所需要支付的各种费用，包括运输费、装卸费、保险费以及其他可归属于存货采购成本的费用。这些费用可分为外购存货入库前发生的（价格除外）费用和存货入库后至发出前所发生的储存保管费用。这些附带成本在理论上均应构成存货的成本，但在会计实务中缺乏可操作性。一般情况下，为了简化核算手续，将存货的储存保管费列作期间费用处理，不计入存货的成本。

（二）存货加工成本

存货的加工成本，包括直接人工以及按照一定方法分配的制造费用。

1. 直接人工，指企业在生产产品过程中，直接从事产品生产的工人工资和福利费。

2. 制造费用，指企业为生产产品和提供劳务而发生的各项间接费用，包括工资、职工薪酬、折旧费用、修理费、办公费、水电费、机物料消耗、劳动保护费等。

直接人工以及制造费用是企业在存货加工的过程中发生的追加费用，两者都需要按照受益对象进行归集。如果能够直接计入有关的成本核算对象，则应直接计入。否则，应按照一定方法分配计入有关成本核算对象。

（三）存货的其他成本

存货的其他成本，指除采购成本、加工成本以外的，使存货达到目前场所和状态所发生的其他支出，如为特定客户设计产品所发生的设计费用等。

二、原材料

（一）材料的分类

工业企业的材料品种繁多，收发频繁，并且各种材料在生产中所起的作用也不同，按其在生产中所处作用的不同，可以分为以下几类：①原料及主要材料，是指经过加工后能够构成产品主要实体的各种原材料和材料。②辅助材料，是指直接用于生产、有助于产品形成或便于生产进行，但不构成产品主要实体的各种材料。③外购半成品，是指企业从外部购进的经过本企业进一步加工或装配，构成本企业产品组成部分的半成品或部件。例如，织布厂购入的棉纱，汽车制造厂购入的轮胎等。外购半成品不多的企业，可将其并入原料及主要材料类。④燃料，是指在生产过程中用来燃烧发热，或为创造正常劳动条件用的各种燃料，包括固体燃料、气体燃料和液体燃料。⑤修理用备件，是指用于修理本企业机器设备和运输设备等所专用的各种零件和备件，如轴承、齿轮等。修理用一般零件可以归为辅助材料一类。⑥包装物，是指为包装本企业产品，并准备随同产品一同出售以及在销售过程中借给或租给购货单位使用的各种包装物品，如箱、桶、瓶、坛等。如果企业所需包装物的数量不大，可以并入辅助材料一类。

（二）原材料收发按实际成本计价

1. 账户的设置。按实际成本计价进行的材料采购收发的总分类核算，应设置"在途物资"、"原材料"账户核算企业原材料增减变动和结存情况。

"在途物资"账户，核算企业采用实际成本（或进价）进行材料（或商品）日常核算，货款已付尚未验收入库的购入材料或商品的采购成本。该账户的借方登记在途物资的实际成本；贷方登记验收入库在途物资的实际成本；期末借方余额反映企业已付款或已开出、承兑商业汇票，但尚未到达或尚未验收入库的在途材料、商品的采购成本。其明细账按供应单位设置。

"原材料"账户，核算企业库存的各种材料的实际成本。该账户的借方登记入库原材料的实际成本；贷方登记发出原材料的实际成本；期末借方余额反映企业库存材料及包装物的实际成本。其明细账应按材料的保管地点（仓库）、材料的类别、品种和规格设置。

2. 购入原材料的总分类核算。企业外购材料，由于结算方式和采购地点不同，材料入库和货款支付在时间上不一定完全同步，其账务处理也有所不同。

（1）材料已经验收入库，货款也已支付。企业应根据发票账单等结算凭证确定的材料成本，借记"原材料"账户，根据增值税专用发票上注明的增值税税额，借记"应交税费——应交增值税（进项税额）"（一般纳税人，下同）账户，按照实际支付的款项或应付票据面值，贷记"银行存款"或"应付票据"等账户。

（2）货款已经支付，材料尚未验收入库。对于已经付款或已开出、承兑商业汇票，但材料尚未到达或尚未验收入库的采购业务，应根据发票账单等结算凭证，借记"在途物资"、"应交税费——应交增值税（进项税额）"账户，贷记"银行存款"或"应付票据"等账户；待材料到达、验收入库后，再根据收料单，借记"原材料"账户，贷记"在途物资"账户。

【例2-1】某企业为增值税一般纳税企业，从外地新兴公司购进原材料一批，价款24000元，对方代垫运费1000元，应付增值税4080元，运费中准予扣除进项税款100元。发票账单等结算凭证已到，货款、运费及税款已付，但材料尚在途中，编制如下会计分录：

（1）付款。

借：在途物资——新兴公司　　　　　　　　24900
　　应交税费——应交增值税（进项税额）　　4180
　　贷：银行存款　　　　　　　　　　　　　　　29080

（2）收料。

借：原材料——原料及主要材料　　　　　　24900
　　贷：在途物资——新兴公司　　　　　　　　　24900

在实际工作中，考虑到收料付款间隔时间不长，为简化核算手续，平时付款后，材料到达前，可不进行账务处理，待收料后，再按照收到材料与付款在同一时间方式进行核算。但到月末，若有材料尚未到达，仍应通过"在途物资"账户按上述方法进行账务处理，以便如实地反映资金的占用，并保证会计报表内容的真实性。

（3）材料已经验收入库，货款尚未支付。平时可在付款时进行账务处理，但月末应区别以下情况：①材料已经验收入库，发票、运费单据等凭证也已收到，但月末仍未付款。因双方的购销关系已经确定，企业购入材料自然要承担偿还货款的债务责任。因此，应按在途物资的实际成本，借记"原材料"账户，按应付增值税，借记"应交税费——应交增值税（进项税额）"账户，按应付的材料价款加税款，贷记"应付账款"账户，付款时再冲销"应付账款"

账户；②如果月末收入的材料，既未付款，发票、运费等单据也未到达，为了使资产负债表能如实反映企业月末资产及负债情况，对于已经验收入库而发票单尚未到达的材料，企业应按合同价格暂估入账，下月初用红字作同样记账凭证予以冲回。其目的是待下月付款或开出、承兑商业汇票时，可按材料已经入库，货款也已支付情况进行账务处理。

【例2-2】某企业从外地新兴公司购入一批材料已验收入库，月末结算凭证仍未到达，按合同价格8000元暂估入账，编制如下会计分录：

（1）月末对已入库材料暂估入账。

借：原材料——原料及主要材料　　　　　　　　　8000

　贷：应付账款——暂估应付账款　　　　　　　　8000

（2）次月初用红字编制相同分录予以冲转。

借：原材料——原料及主要材料　　　　　　　　　8000

　贷：应付账款——暂估应付账款　　　　　　　　8000

3. 投资者投入原材料的总分类核算。投资者投入的材料，按投资各方确认的价值，借记"原材料"账户，按专用发票上注明的增值税额，借记"应交税费——应交增值税（进项税额）"账户，按两者之和，贷记"实收资本"等账户。

4. 其他方式取得存货，自制并已验收入库的材料，按生产过程中发生的实际成本，借记"原材料"账户，贷记"生产成本"账户。委托外单位加工完成并已验收入库的材料，按委托加工过程中发生的实际成本，借记"原材料"账户，贷记"委托加工物资"账户。

5. 发出材料的总分类核算。

（1）生产领用原材料。

企业生产经营过程中领用材料，按实际成本，借记"生产成本"、"制造费用"、"销售费用"、"管理费用"等账户，贷记"原材料"账户。

企业日常材料领发业务比较频繁，应根据领发料凭证随时登记材料明细账，以反映材料的发出和结存数量。为了简化原材料总分类核算工作，实际工作中是将领发料凭证定期按领用材料的部门和用途归类和汇总，编制"发料凭证总表"，月末据以进行发出材料的总分类核算。

【例2-3】某企业20×6年5月份领用原材料情况见表2-1。

表 2 - 1　　　　　　　　　　　发料凭证汇总表　　　　　　　　　　　单位：元

应借账户＼应贷账户	材料				合计
	原料及主要材料	辅助材料	修理用备件	燃料	
生产成本					
——基本生产成本	16250	800	450		17500
——辅助生产成本	2000	400	100	1500	4000
制造费用	750	200	100		1050
管理费用	260	90		150	500
在建工程	1000				1000
合计	20260	1490	650	1650	24050

根据表 2 - 1 "发料凭证汇总表"编制如下会计分录：

借：生产成本——基本生产成本　　　　　　　　17500

　　　　　　——辅助生产成本　　　　　　　　4000

　　制造费用　　　　　　　　　　　　　　　　1050

　　管理费用　　　　　　　　　　　　　　　　500

　　在建工程　　　　　　　　　　　　　　　　1000

　　贷：原材料——原料及辅助材料　　　　　　24050

（2）企业发出委托外单位加工的材料，按实际成本，借记"委托加工物资"账户，贷记"原材料"账户。

（3）随同商品出售但不单独计价的包装物，按实际成本，借记"销售费用"账户，贷记"原材料"账户；随同商品出售并单独计价的包装物，按实际成本，借记"其他业务支出"账户，贷记"原材料"账户。

【例 2 - 4】某企业出售商品一批，售价 30000 元，其成本 26000 元。随货出售包装物的账面净值 420 元，售价为 450 元，应收取的增值税为 5176.5 元，价税款已向银行办妥托收手续，根据有关凭证，编制如下会计分录：

（1）确认销售产品、包装物收入。

借：应收账款——某购货单位　　　　　　　　35626.50

　　贷：主营业务收入　　　　　　　　　　　　30000

　　　　其他业务收入　　　　　　　　　　　　450

应交税费——应交增值税（销项税额）

[（30000+450）×17%] 5176.50

（2）结转商品销售成本，编制如下会计分录：

借：主营业务成本　　　　　　　　　　　26000

　　贷：库存商品　　　　　　　　　　　　　26000

（3）结转包装物成本时，编制如下会计分录：

借：其他业务支出——出售包装物成本　　420

　　贷：原材料——库存包装物　　　　　　　420

6. 材料明细分类核算。

企业可采用以下方式进行材料的明细分类核算：①设置两套材料明细账，仓库设置材料卡片，进行材料收发结存的数量核算，财会部门设置"材料明细账"进行材料的数量和金额的核算。②设置一套材料明细账，把材料卡片和材料明细账合并为一套有数量和金额的明细账，由仓库负责登记数量，财会人员定期到仓库稽核收料单，并在材料收发凭证上标价，登记金额。

原材料按实际成本计价核算的优点是可以直接计算各种库存材料以及发出材料的实际成本，能比较准确地反映材料资金的增减变化。缺点是材料计价工作量较繁重，而且采用这种计价方法，无法反映采购业务成果或存在的问题。这种方法一般适用于规模小、材料品种较少的企业。

（三）原材料收发按计划成本法计价

原材料按计划成本法计价的特点是：材料的收入、发出和结存都按企业制定的计划成本计算，同时按实际成本与计划成本之间的差额，另行设置"材料成本差异"账户反映，期末将发出与结存存货的计划成本调整为实际成本。存货按计划成本法计价，一般适用于存货品种繁多、收发频繁的企业。如大中型企业中的各种原材料、低值易耗品等。如果企业的自制半成品、产成品品种繁多的，或者在管理上需要分别核算其计划成本和成本差异的，也可采用计划成本法计价。

1. 原材料按计划成本法计价的一般程序。

①企业应先制定各种存货的计划成本目录，规定存货的分类、各种存货的名称、规格、编号、计量单位和计划单位成本。存货的计划成本一般由企业采购部门会同财会等有关部门共同制定，制定的计划成本应尽可能接近实际。除一些特殊情况外，计划单位成本在年度内一般不作调整。②平时收到存货时，应按计划单位成本计算出收入存货的计划成本填入收料单内，并按实际成本与计划成本的差额，作为"材料成本差异"分类登记。③平时领用、发出的存货，都按计划成本计算，月份终了再将本月发出存货应负担的成本差异进行分

摊，随同本月发出存货的计划成本记入有关账户，将发出存货的计划成本调整为实际成本。其计算公式为：

材料的实际成本 = 原材料计划成本 + （ - ）材料成本差异

其中，"材料成本差异"是材料计划成本与其实际成本之间的差额。如果材料的实际成本大于其计划成本，这一差额称为超支额，用"＋"号表示；如果材料的实际成本小于其计划成本，这一差额称为节约额，用"－"号表示。材料成本差异的计算公式为：

材料成本差异 = 材料的实际成本 - 材料的计划成本

2. 购入原材料的核算。

在按计划成本进行材料总分类核算方式下，企业除设置"原材料"、"材料采购"账户外，还需设立"材料成本差异"账户。

"材料采购"账户用来核算采购材料的实际成本，以考核材料采购成果。该账户的借方登记采购材料的实际成本，贷方登记入库材料的计划成本。借方大于贷方为超支，其差额转入"材料成本差异"账户的借方；贷方大于借方为节约，其差额转入"材料成本差异"账户的贷方；期末为借方余额，反映企业未入库材料的实际成本。其明细账应按材料类别设置。

"材料成本差异"账户是核算材料实际成本与计划成本之间的差额。该账户的借方登记入库材料实际成本大于计划成本的超支差异额；贷方登记入库材料实际成本小于计划成本节约差异额及月末分配转出的发出材料应负担的差异额（超支额用蓝字，节约额用红字）；期末如为借方余额，反映企业库存原材料的超支差异；贷方余额反映企业节约差异。其明细账应按材料类别设置。

原材料按计划成本核算，各主要材料账户核算内容及对应关系见图 2 - 1。

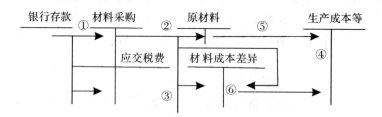

图 2 - 1　材料按计划成本核算各会计账户对应关系

注：①登记采购材料实际成本及支付的增值税进项税额；②登记入库材料的计划成本；③结转入库材料的超支差异；④结转入库材料的节约差异；⑤登记发出材料的计划成本；⑥结转发出材料应负担的成本差异，如为节约数，用红字记录。

与材料按实际成本核算相同，外购原材料按计划成本核算时，也会出现材料入库和货款支付时间不同步情况，两者原理相同。

【例2-5】某企业材料按计划成本核算。2006年3月31日从新兴公司购进材料一批，实际成本69600元，增值税进项税额11832元，材料验收入库；发票账单已收到，货款通过银行付讫。该批材料的计划成本为72400元。有关会计分录如下：

（1）支付货款、运费及增值税。

借：材料采购——新兴公司　　　　　　　　69600

　　应交税费——应交增值税（进项税额）　11832

　　贷：银行存款　　　　　　　　　　　　　　81432

（2）材料验收入库，按计划成本入账。

借：原材料　　　　　　　　　　　　　　　72400

　　贷：材料采购　　　　　　　　　　　　　　72400

（3）结转外购材料节约差异。

借：材料采购——新兴公司　　　　　　　　2800

　　贷：材料成本差异　　　　　　　　　　　　2800

若为超支差异，编制相反会计分录。在实际工作中，为了简化核算，通常是在月末集中结转外购材料成本差异额。

3. 原材料发出的核算。

（1）结转发出材料的计划成本。月末，根据领料单等凭证编制"发料凭证汇总表"，按发出材料的计划成本以及领用材料的部门、用途，编制借记有关账户，贷记"原材料"账户的会计分录。

【例2-6】某企业2004年3月份原材料领用情况见表2-2。

表2-2　　　　　　　　　　发料凭证汇总表　　　　　　　单位：元

应借账户 ＼ 应贷账户	材料计划成本			差异额（差异率2%）	合计
	原料及主要材料	辅助材料	合计		
生产成本——基本生产成本	35000	15000	50000	1000	51000
制造费用	8000	2000	10000	200	10200
管理费用	2000		2000	40	2040
销售费用	5000		5000	100	5100
在建工程	10000	3000	13000	260	13260
合计	60000	20000	80000	1600	81600

根据"发料凭证汇总表"（见表 2 - 2）编制如下会计分录：

借：生产成本——基本生产成本　　　　　　　50000

　　制造费用　　　　　　　　　　　　　　　10000

　　管理费用　　　　　　　　　　　　　　　2000

　　销售费用　　　　　　　　　　　　　　　5000

　　在建工程　　　　　　　　　　　　　　　13000

　贷：原材料　　　　　　　　　　　　　　　80000

（2）结转发出材料应负担的成本差异。材料成本差异随着材料入库而形成；同时，也应随着材料的发出而转出。材料成本差异总额应在当期发出材料和期末库存材料之间进行分配，属于发出材料应负担的成本差异从"材料成本差异"账户转入有关账户，计算过程如下：

发出材料实际成本 = 发出材料计划成本 + （ - ）发出材料应分摊成本差异额

发出材料应分摊成本差异额 = 发出材料计划成本 × 材料成本差异率

材料成本差异率是材料成本差异与材料计划成本之比。该指标不仅是将发出材料的计划成本调整为实际成本的依据；同时，它也反映了材料实际成本脱离计划成本的程度。

材料成本差异率 = ［（月初结存材料成本差异 + 本月收入材料成本差异） ÷ （月初结存材料计划成本 + 本月收入材料计划成本）］×100%

上式"月初结存材料成本差异"、"本月收入材料成本差异"为超支差异用（ + ）号，节约差异用（ - ）号。

在实际工作中，如果上月的材料成本差异率与本月材料成本差异率相差不大，企业也可按上月的材料成本差异率计算本月发出存货应负担的材料成本差异。计算公式如下：

上月材料成本差异率 = ［月初库存材料的成本差异 ÷ 月初库存材料的计划成本］×100%

发出材料应负担的材料成本差异，必须按月分摊，不得在季末或年末一次分摊。

发出材料应负担的成本差异分摊完毕，属于期末库存材料应负担的成本差异，应仍留在"材料成本差异"账户，作为材料存货的调整项目，以库存材料的计划成本加或减其成本差异，即为期末库存材料的实际成本。

库存材料实际成本 = 库存材料计划成本 + （ - ）库存材料应分摊成本差异额

【例 2 - 7】某企业收入、发出材料计划成本及差异情况见表 2 - 3。

表 2 - 3　　　　　　　　　　　材料成本差异明细账

明细账户：材料及主要材料　　　　　　　　　　　　　　　　　　单位：元

月	日	凭证字号	摘要	收入材料计划成本	发出材料计划成本	差异分配率	借方金额（超支）	贷方金额（节约）
9	30	（略）	余额	20400				400
10	30		外购	69600			2800	
	30		自制	10000				400
	30		本月发料		80000	2%		1600
	30		月末余额	20000			400	

材料成本差异率 = ［（ -400 + 2800 - 400） ÷ （20400 + 69600 + 10000）］ × 100% = +2%

某企业编制结转发出材料成本差异的会计分录：

借：生产成本——基本生产成本　　　　　　　1000
　　制造费用　　　　　　　　　　　　　　　 200
　　管理费用　　　　　　　　　　　　　　　　40
　　销售费用　　　　　　　　　　　　　　　 100
　　在建工程　　　　　　　　　　　　　　　 260
　贷：材料成本差异　　　　　　　　　　　　1600

采用计划成本法进行材料的日常核算，克服了按实际成本计价工作量较繁重的缺陷，可以简化会计处理工作；通过将材料实际采购成本与计划成本对比，也有利于考核采购部门的业绩。

（四）委托加工材料

1. 委托加工材料的计价。

企业从外部购入的原材料，其性能不一定完全能满足生产的需要，还需要送往外部委托其他单位进行加工，制成另一种材料（如纸张加工成商标纸，木材加工成木箱，钢材加工成专用工具等），以满足企业生产的需要。与材料销售不同，委托外部加工材料发出后，虽然材料的保管地点发生了转移，但仍属于企业存货范畴。材料经过加工，不仅其实物形态、性能发生变化，使用价值也随之变化，而且，在其加工过程中要消耗原材料，还要发生各种费用支出等，从而使其价值相应增加。

企业委托其他单位加工的物资，其实际成本应包括：加工中实际耗用物资的实际成本；支付的加工费用；支付的税金，包括委托加工物资负担的增值税和消费税（指属于消费税应税范围的加工物资），其中：①加工物资用于应交增值税项目并取得增值税专用发票的一般纳税人，其加工物资负担的增值税作为进项税额，不计入加工物资的成本，而加工物资用于非应纳增值税项目或免征增值税项目的，以及未取得增值税专用发票的一般纳税人和小规模纳税人，其加工物资支付的增值税计入加工物资的成本。②需要缴纳消费税的委托加工物资，其消费税由受托方代收代缴，并根据加工物资收回后的不同用途分别处理：加工收回直接用于销售的物资，由受托方代收代交的消费税计入委托加工物资的成本；加工物资收回后用于连续生产应交消费税产品的，企业应将负担的消费税记入"应交税费——应交消费税"科目的借方，待应交消费税的加工物资连续生产完工销售后，抵交其应缴纳的销售环节消费税。

2. 账户的设置。

为了反映和控制委托加工材料的发出及收回，正确计算委托加工材料的实际成本，应设置"委托加工材料"账户，该账户借方登记发出材料的实际成本、支付的加工费和外地运杂费；贷方登记已加工完成并验收入库的材料和退回剩余材料的实际成本，借方余额反映企业委托外单位加工但尚未加工完成物资的实际成本。该账户按加工合同设置明细账户。

3. 委托加工材料的账务处理。

发给外单位加工的物资，按实际成本，借记"委托加工材料"科目，贷记"原材料"、"库存商品"等科目；按计划成本或售价核算的，还应同时结转材料成本差异或商品进销差价，实际成本大于计划成本的差异，借记"本科目"，贷记"产品成本差异"或"商品进销差价"科目；实际成本小于计划成本的差异，做相反的会计分录。

支付加工费、运杂费等，借记"委托加工材料"等科目，贷记"银行存款"等科目；需要缴纳消费税的委托加工物资，由受托方代收代交的消费税，借记本科目（收回后用于直接销售的）或"应交税费——应交消费税"科目（收回后用于继续加工的），贷记"应付账款"、"银行存款"等科目。

加工完成验收入库的物资和剩余的物资，按加工收回物资的实际成本和剩余物资的实际成本，借记"原材料"、"库存商品"等科目，贷记"委托加工材料"科目。采用计划成本或售价核算的，按计划成本或售价，借记"原材料"或"库存商品"科目，按实际成本贷记本科目，实际成本与计划成本或售价之间的差额，借记或贷记"材料成本差异"或贷记"商品进销差价"科目。

【例2－8】某企业委托外单位加工材料一批，完工并已验收入库，实际耗用原材料80000元，支付加工费6000元，增值税额1020元，支付往返运杂费

2000 元。相关税费以转账支票付讫，有关会计分录如下：

（1）发出材料。

借：委托加工物资　　　　　　　　　　　80000

　　贷：原材料　　　　　　　　　　　　　　80000

（2）支付加工费及增值税额。

借：委托加工物资　　　　　　　　　　　6000

　　应交税费——应交增值税（进项税额）　1020

　　贷：银行存款　　　　　　　　　　　　　7020

（3）收回验收入库并支付运费。

借：原材料　　　　　　　　　　　　　　88000

　　贷：委托加工物资　　　　　　　　　　　86000

　　　　银行存款　　　　　　　　　　　　　2000

【例 2-9】资料承上例。企业所加工材料为应纳消费税的产品，材料在完工收回后直接对外销售，设受托方此材料同类产品销售价格为 100000 元，应纳消费税税额为 10000 元，则有关会计分录如下：

（1）支付消费税。

借：委托加工物资　　　　　　　　　　　10000

　　贷：银行存款　　　　　　　　　　　　　10000

（2）收回验收入库并支付运费。

借：库存商品　　　　　　　　　　　　　98000

　　贷：委托加工物资　　　　　　　　　　　96000

　　　　银行存款　　　　　　　　　　　　　2000

【例 2-10】A 公司委托 B 企业加工汽车外胎 10 个，发出材料的实际总成本为 2000 元，加工费为 400 元，B 企业同类外胎的单位销售价格为 200 元，加工费及代缴的消费税尚未结算。10 月 25 日 A 公司将汽车外胎提回并投入整胎生产。汽车外胎于次月 5 日全部售出，售价为 20000 元。轮胎的消费税税率为 10%。

委托加工外胎的消费税税额 = 200 × 10 × 10% = 200（元）

销售整胎的消费税税额 = 20000 × 10% = 2000（元）

委托加工物资有关会计分录如下：

（1）收回委托加工外胎。

借：原材料——汽车外胎　　　　　　　　2400

　　贷：委托加工物资　　　　　　　　　　　2400

同时，

借：应交税费——应交消费税　　　　　　　　　　200
　　贷：应付账款　　　　　　　　　　　　　　　　200

委托加工发出材料成本、应支付的加工费和增值税额、往返运费等按前述办法进行会计处理，这里不再列示分录。

（2）整胎销售。

借：主营业务税金及附加　　　　　　　　　　　　2000
　　贷：应交税费——应交消费税　　　　　　　　　2000

（3）实际缴纳消费税。

实际缴纳消费税税额＝2000－200＝1800（元）

借：应交税费——应交消费税　　　　　　　　　　1800
　　贷：银行存款　　　　　　　　　　　　　　　　1800

三、库存商品

（一）库存商品的内容

库存商品，是指企业在正常的经营过程中处于待销状态的各种物品，如生产企业的库存产成品，商品流通企业的库存商品等。具体包括：产成品、外购商品、存放在门市部准备出售的商品、发出展览的商品以及寄存在外的商品等。接受来料加工制造的代制品和为外单位加工修理的代修品，在制造和修理完成验收入库后，视同企业的产成品。

企业应设置"库存商品"科目核算库存商品的增减变化及其结存情况。该科目的借方登记验收入库的库存商品成本，贷方登记发出的库存商品成本，期末余额在借方，反映各种库存商品的实际成本或计划成本。其明细账按照库存商品的种类、品种和规格设置。

（二）库存商品核算

1. 产成品的核算。

企业生产的产成品一般应按实际成本核算，产成品的收入、发出和销售，平时只记数量不记金额，月末计算入库产成品的实际成本。

企业生产完成验收入库的产成品，按其实际成本，借记"库存商品"科目，贷记"生产成本"等科目。产成品种类较多的，也可按计划成本进行日常核算，其实际成本与计划成本的差异，可以单独设置"产品成本差异"科目核算（计划成本的确定以及成本差异率的计算参照"材料成本差异"科目）。产成品的收入、发出和销售，平时按计划成本进行核算，月末计算入库产成品的实际成本，按产成品的计划成本，借记"库存商品"科目，按其实际成本，贷记"生产成本"等科目，按实际成本与计划成本的差异，借记或贷记"产品成本差异"科目。

采用实际成本法进行产成品日常核算的，发出产成品的实际成本，可以采用先进先出法、加权平均法或个别认定法计算确定。

对外销售产成品（包括采用分期收款方式销售产成品），结转销售成本时，借记"主营业务成本"科目，贷记本科目。采用计划成本核算的，还应结转应分摊的实际成本与计划成本的差异，实际成本小于计划成本的差异，借记"产品成本差异"科目，贷记"主营业务成本"科目；实际成本大于计划成本的差异，做相反的会计分录。

2. 商品流通企业库存商品的核算。

商品流通企业的库存商品主要指外购或委托加工完成验收入库用于销售的各种商品。商品流通企业一般分为批发企业和零售企业两大类。就会计核算而言，批发企业库存商品一般采用"数量进价进额核算"，而零售企业的库存商品一般采用"售价金额核算"或"进价金额核算"。

库存商品采用数量进价金额核算。在采用数量进价金额核算法的批发企业中，库存商品明细账按商品的品名、规格设置，采用数量金额式明细账账页格式，记载库存商品增减变动的数量和进价金额。购进商品，应按进价成本借记"库存商品"科目，贷记"在途物资"科目；但销售商品后，是否应在登记销售数量的同时立即记载销售商品的成本，主要取决于商品销售成本的计算方法。在采用个别计价法、先进先出法、移动加权平均法和后进先出法的情况下，商品销售即可计算并及时结转已销商品的进价成本，但在采用全月一次加权平均法、毛利率法的情况下，商品销售无法在记录销售商品数量的同时记载已销商品的销售成本，只能在会计期末（一般为月末）采用一定的方法计算并结转商品销售成本。因此，已销商品销售成本的结转时间就分为逐日结转和定期结转。结转已销商品销售成本时，按销售商品的进价成本借记"主营业务成本"科目，贷记"库存商品"科目。下面主要讲述毛利法的基本内容。

毛利率计算法是根据本月实际商品销售收入和本季计划毛利率（或上季实际毛利率）匡算本月商品销售毛利并计算本月商品销售成本的方法。其计算过程如下：

本月商品销售毛利 = 本月商品销售收入净额 × 上季实际毛利率（或本季计划毛利率）

本月商品销售成本 = 本月商品销售收入净额 − 本月商品销售毛利

或：

本月商品销售成本 = 本月商品销售收入净额 × ［1 − 上季实际毛利率（或

本季计划毛利率)〕

本季商品销售毛利额为本季商品销售收入净额减去本季商品销售成本后的数额，将其除以本季商品销售收入净额就得出本季大类或全部商品实际毛利率。对采用上季实际毛利率计算商品销售成本的企业，在次季即以此毛利率作为计算商品销售成本的依据。因为这种方法是按大类或全部商品计算商品销售成本，所以计算手续比较简便，但采用这种方法计算的结果往往不够准确。所以这种方法一般为经营品种较多，采用前几种方法有困难的企业，在每季度的第一、第二两个月采用，在季末，仍需用前几种方法之一，核算该季度的商品销售成本，用该季度的商品销售成本减去前两个月已结转的商品销售成本，即为第三个月的商品销售成本。这样，调整了前两个月计算结转销售成本的误差，保证全季商品销售成本计算得比较准确。

【例 2 - 11】某企业每季度前两个月份用上季实际毛利率计算商品销售成本，第三个月用加权平均法计算调整。其服装类目账和明细账的有关资料见表 2 - 4、表 2 - 5、表 2 - 6。

表 2 - 4　　　　　　　　　　　库存商品类目账

类别：服装类

2006 年		凭证号数		借方	贷方	借或贷	结存
月	日						
10	1	（略）	上期结转			借	43750
10	8	（略）	购进	53250		借	97000
10	31	（略）	结转销售成本		44000	借	53000
11	10	（略）	购进	98250		借	151250
11	30	（略）	结转销售成本		54000	借	97250
12	15	（略）	购进	103850		借	201100
12	30	（略）	盘亏		257	借	200843
12	31	（略）	结转销售成本		102292.15	借	98550.85

表 2-5 库存商品明细账

名称：男上衣　　　　　　　　　　单位：件　　　　　　　　　　规格：41

2006 年		凭证号数	摘要	借方			贷方			结存		
月	日			数量	单价	金额	数量	单价	金额	数量	单价	金额
10	1	（略）	上期结转							250	85	21250
10	8	（略）	购进	500	84	42000				750		
10	31	（略）	销售				250			500		
11	10	（略）	购进	750	85	63750				1250		
11	30	（略）	销售				500			750		
12	15	（略）	购进	1000	91	91000				1750		
12	30	（略）	销售				750			1000	87.20	87200

表 2-6 库存商品明细账

名称：女上衣　　　　　　　　　　单位：件　　　　　　　　　　规格：36

2006 年		凭证号数	摘要	借方			贷方			结存		
月	日			数量	单价	金额	数量	单价	金额	数量	单价	金额
10	1	（略）	上期结转							500	45	22500
10	8	（略）	购进	250	45	11250				750		
10	31	（略）	销售				500			250		
11	10	（略）	购进	750	46	34500				1000		
11	30	（略）	销售				250			750		
12	15	（略）	购进	250	51.4	12850				1000		
12	30	（略）	销售				750			250		
12	31	（略）	盘亏				5	51.4	257	245	46.33	11350.85

　　经查，上季度实际毛利率为 20%；本季 10 月份商品销售额为 55000 元，11 月份商品销售额为 67500 元，12 月份商品销售额为 122500 元。现将本年第四季度各月商品销售成本计算与结转的过程列示如下：

　　10 月份服装类商品销售成本 = 55000 × （1 - 20%） = 44000（元）

　　在类目账上结转一月份商品销售成本，编制会计分录如下：

　　借：商品销售成本　　　　　　　　　　　　　44000

贷：库存商品——男上衣　　　　　　　　　　　44000

11 月份服装类商品销售成本 = 67500 × （1 - 20%） = 54000 （元）

在类目账上结转二月份商品销售成本，编制会计分录如下：

借：商品销售成本　　　　　　　　　　　54000

　　贷：库存商品——男上衣类　　　　　　　　54000

12 月份用加权平均法计算第一季度服装类商品销售成本，其计算过程如下：

（1）计算每种商品的加权平均单价：

男上衣加权平均单价 = （21250 + 42000 + 63750 + 91000） ÷ （250 + 500 + 750 + 1000） = 87.2 （元）

女上衣加权平均单价 = （22500 + 11250 + 34500 + 12850 - 257） ÷ （500 + 250 + 750 + 250 - 5） = 46.33 （元）

（2）计算每种和大类库存商品的期末结存金额：

男上衣季末结存金额 = 1000 × 87.20 = 87200 （元）

女上衣季末结存金额 = 245 × 46.33 = 11350.85 （元）

服装类季末结存金额 = 87200 + 11350.85 = 98550.85 （元）

（3）根据类目账资料倒计该类商品本季销售成本：

本季度服装类商品销售成本 = 43750 + 53250 + 98250 + 103850 - 257 - 98550.85 = 200292.15 （元）

（4）计算 3 月份服装类应结转的商品销售成本：

3 月份服装类商品销售成本 = 200292.15 - 44000 - 54000 = 102292.15 （元）

在类目账上结转 3 月份皮鞋类商品销售成本，编制会计分录如下：

借：商品销售成本　　　　　　　　　　　102292.15

　　贷：库存商品——服装类　　　　　　　　102292.15

（5）库存商品采用售价金额核算。采用售价金额核算，平时库存商品的进、销、存均按售价记账，售价与进价的差额记入"商品进销差异"科目，期末通过计算商品进销差价率计算本期已销商品应分摊的进销差价，并据以调整本期销售成本。商品进销差价率的计算公式如下：

商品进销差价率 = ［（期初库存商品进销差价 + 当期发生的商品进销差价） ÷ （期初库存商品售价 + 当期发生的商品售价）］ × 100%

本期已销售商品应分摊的进销差价 = 本期商品销售收入 × 商品进销差价率

期末库存商品应保留的进销差价 = 期末分摊前库存商品进销差价 - 本期销售商品应分摊的进销差价

【例 2 - 12】安信公司采用售价金额核算法核算存货。2003 年 1 月份的期初存货成本为 150000 元，售价总额为 180000 元；当期购货成本为 250000 元，售价总额为 320000 元；当期销售商品收入 400000 元。编制如下会计分录（不考虑相关税费）：

（1）购入存货。

借：库存商品　　　　　　　　　　　　　320000

　　贷：物资采购　　　　　　　　　　　　250000

　　　　商品进销差价　　　　　　　　　　70000

（2）销售商品。

借：银行存款　　　　　　　　　　　　　400000

　　贷：主营业务收入　　　　　　　　　　400000

（3）结转商品销售成本。

借：主营业务成本　　　　　　　　　　　400000

　　贷：库存商品　　　　　　　　　　　　400000

（4）计算当月已销商品应分摊的进销差价。

商品进销差价率 = [（30000 + 70000）÷（180000 + 320000）] × 100% = 20%

已销商品应分摊的进销差价 = 400000 × 20% = 80000（元）

根据已销商品应分摊的进销差价结转商品销售成本：

借：商品进销差价　　　　　　　　　　　80000

　　贷：主营业务成本　　　　　　　　　　80000

经过转账，当月商品销售成本调整为实际成本为 320000（400000 – 80000）元。

第三节　存货的期末计量

一、存货的清查

在企业，各种存货的品种繁多，收发频繁，由于存货日常收发、计量和计算上的误差，自然损耗和丢失、毁损等原因，往往会造成账实不符的现象，或者由于盲目采购，而使某些存货发生超储积压。为了查清上述原因，应定期或不定期地对存货进行盘点清查，保证库存存货的完整，做到账实相符。对清盘过程中发现存货管理中的问题，应查明原因，迅速采取措施，及时处理。

（一）存货清查的步骤和方法

为保证存货清查的质量，充分发挥存货清查的作用，必须按照规定的步骤和方法，科学合理地组织清查工作。存货清查一般经过准备、实施、终结等阶段并采用恰当的清查方法。

1. 存货清查的准备阶段。这一阶段企业应成立由领导、专业干部和有关职工组成的清查小组，制订清查详细计划，安排工作进度，配备清查人员。财会部门要将存货有关账簿登记齐全，结出账面余额，便于核对。存货使用和保管部门应将被清查的存货堆放整齐，便于清点。清查人员还需准备好盘点清册和计量用具。

2. 存货清查的实施阶段。准备工作就绪，由清查人员根据各项存货的自然属性主要采取实地盘点法（即通过点数、过磅、量尺等方法）和技术推算法对存货数量与质量予以清查进行账实核对。

3. 存货清查的终结阶段。盘点结束，发现账实不符与霉烂变质的存货，应核实盈亏数量，查明原因，分清责任。根据盘点结果，编制"存货盘点报告表"，将账实不符的各种存货记入表内，注明盘亏、盘盈的原因，提出处理意见，上报审批。

（二）盘点结果的账务处理

盘盈的各种材料，按该材料的市价或同类、类似材料的市场价格，冲减当期管理费用；盘亏或毁损的材料，其相关的成本及不可抵扣的增值税进项税额，在减去过失人或者保险公司等赔款和残料价值之后，属于自然灾害造成的，计入当期营业外支出；属于其他情况的，计入当期管理费用。

【例 2－13】某企业在财产清查中盘盈库存商品 100 件，实际单位成本 120 元，经查属于商品收发计量方面的错误。编制如下会计分录：

盘盈商品批准处理前。

借：库存商品　　　　　　　　　　　　12000
　贷：管理费用　　　　　　　　　　　　12000

【例 2－14】某企业因洪水灾害造成一批库存材料毁损，实际成本 35000 元，根据保险责任范围及保险合同规定，应由保险公司赔偿 25000 元，其余部分列入营业外支出。编制如下会计分录：

借：其他应收款　　　　　　　　　　　25000
　　营业外支出　　　　　　　　　　　10000
　贷：材料　　　　　　　　　　　　　35000

二、存货期末计价方法

为了客观地反映期末存货的实际价值，企业的存货应当按照成本与可变现净值孰低法计量。

成本与可变现净值孰低法，是指对期末存货按照成本与可变现净值两者之中较低者计价的一种方法。当成本低于可变现净值时，期末存货按成本计价；当可变现净值低于成本时，期末存货按可变现净值计价。其中，"成本"是指期末存货的实际成本；而"可变现净值"是指企业在正常生产经营过程中，以存货的估计售价减去至完工估计将要发生的成本、估计的销售费用以及相关税金后的金额。

企业应当定期，或者至少于每年年度终了，对存货进行全面清查，如由于存货遭受毁损、全部或部分陈旧过时或销售价格低于成本等原因，使存货可变现净值低于其成本的部分，应当提取存货跌价准备。

存货跌价准备应按单个存货项目的成本与可变现净值孰低计量。对于数量繁多、单价较低的存货，可以按存货类别合并计量成本与可变现净值。

当存在下列情况之一时，应当计提存货跌价准备：

（1）市价持续下跌，并且在可预见的未来无回升的希望；

（2）企业使用该材料生产的产品的成本大于产品的销售价格；

（3）因产品更新换代，原有库存材料或商品已不适应新产品的需要，而相关材料或商品的市场价格又低于其账面成本；

（4）因所提供的商品或劳务过时或消费者偏好改变而使市场的需求发生变化，导致市场价格逐渐下跌；

（5）其他足以证明有关存货实质上发生减值的情况。

企业应设置"存货跌价准备"账户核算存货跌价准备的提取和冲回情况。该账户的贷方登记计提的存货跌价准备；借方登记冲销的存货跌价准备。期末贷方余额，反映企业已提取的存货跌价准备。

提取和补提存货跌价准备时，借记"资产减值损失——计提的存货跌价准备"账户，贷记"存货跌价准备"账户；如已计提跌价准备的存货的价值以后又得以恢复时，应按恢复增加的数额，借记"存货跌价准备"账户，贷记"资产减值损失——计提的存货跌价准备"账户。但是，当已计提跌价准备的存货的价值以后又得以恢复，其冲减的跌价准备金额，应以"存货跌价准备"账户的余额冲减至零为限。

【例2-15】某企业采用"成本与可变现净值孰低法"进行期末存货计

价。2001 年年末存货的账面成本为 50000 元，2001～2004 年可变现净值依次为 47500 元、45000 元、48500 元和 51500 元。根据上述资料，各年年末账务处理方法如下：

（1）2001 年年末计提存货跌价准备。

计提存货跌价准备 = 50000 - 47500 = 2500（元）

借：资产减值损失——计提的存货跌价准备　　2500
　　贷：存货跌价准备　　　　　　　　　　　　　2500

（2）2002 年补提存货跌价准备。

补提存货跌价准备 = 50000 - 45000 - 2500 = 2500（元）

借：资产减值损失——计提的存货跌价准备　　2500
　　贷：存货跌价准备　　　　　　　　　　　　　2500

（3）2003 年冲减存货跌价损失准备。

冲减存货跌价损失准备 = 50000 - 48500 - 5000 = -3500（元）

借：存货跌价准备　　　　　　　　　　　　　3500
　　贷：资产减值损失——计提的存货跌价准备　　3500

（4）2004 年年末将"存货跌价准备"账户余额冲减至为零。

借：存货跌价准备　　　　　　　　　　　　　1500
　　贷：资产减值损失——计提的存货跌价准备　　1500

第三章　固定资产

第一节　固定资产的确认

一、固定资产的概念与特征

固定资产，是指同时具有下列两个特征的有形资产：①为生产商品、提供劳务、出租或经营管理而持有的；②使用寿命超过一个会计期间，其中使用寿命，是指企业使用固定资产的预计期间，或者该固定资产所能生产产品或提供劳务的数量。按照上述概念，固定资产具有以下特征：

（1）固定资产是有形资产，包括房屋、建筑物、机器设备、运输工具、工具和器具等。这些资产的共同特点是多次参加企业的生产经营过程，在若干生产周期内发挥作用，并保持其原有的实物形态，其价值也会随着固定资产的使用而逐渐、分次地转移到产品成本或所提供的劳务成本以及相应费用中去，通过企业的最终收入得到补偿。

（2）固定资产的使用期限超过一年或长于一年的一个经营周期。与流动资产不同，固定资产不会在一年内或超过一年的一个经营周期内变现或者耗用，也就是随着企业生产经营活动的进行，厂房、机器设备等固定资产不是在一个生产经营周期内加工生产完一批产品就因此而消失，而是继续存在，能在较长的时期内发挥作用。

（3）获取固定资产的目的是为了用于生产、提供商品或提供服务、出租给他人或行政管理，而不是出售。这一特征是固定资产区别于流动资产或其他长期资产的重要标志。企业取得某些资产的价值可能较高，并且占有的时间也可能较长，如果只是为未来生产经营做准备，或对外投资或准备出售，则不能列入固定资产，前者列入在建工程，而后者分别列入对外投资和存货。

二、固定资产的确认条件

固定资产的确认是一个判断过程，它是对符合固定资产定义的各种资产，在满足一定条件的情况下将其确认入账。从理论上讲，固定资产的定义反映了固定资产的本质属性，是其最基本的判断标准，它将固定资产与其他资产区别开来。但是，固定资产的定义对固定资产的限定是综合性的，并没有从会计角度给出其限定条件。从会计角度看，固定资产能够被企业所使用，并产生可归属于企业的经济利益；同时，固定资产能够可靠地计量。这两方面缺一不可。如果某项固定资产不能够为企业带来经济利益，则它不应确认为企业的固定资产；如果某项固定资产的成本不能够可靠地计量，则它也不应确认为企业的固定资产。为此，企业固定资产准则规定，"固定资产同时满足下列条件的，才能予以确认：①与该固定资产有关的经济利益很可能流入企业；②该固定资产的成本能够可靠地计量。"

三、固定资产的分类

按照不同的管理要求和不同的分类标准，固定资产可以有多种分类。

（一）按经济用途分类

按固定资产的经济用途分类，可分为经营用固定资产和非经营用固定资产。①经营用固定资产，是指直接服务于企业生产、经营过程的各种固定资产，如生产经营用的房屋、建筑物、机器、设备、器具、工具等。②非经营用固定资产，是指不直接服务于生产、经营过程的各种固定资产，如职工宿舍、食堂、浴室、理发室等房屋、设备和其他固定资产等。

（二）按使用情况分类

按固定资产使用情况分类，可分为使用中的固定资产、未使用的固定资产和不需用的固定资产。①使用中的固定资产，是指正在使用中的经营性和非经营性的固定资产。由于季节性经营或大修理等原因，暂时停止使用的固定资产仍属于企业使用中的固定资产；企业出租给其他单位使用的固定资产和内部替换使用的固定资产，也属于使用中的固定资产。②未使用的固定资产，是指已完工或已购建的尚未交付使用的新增固定资产以及因进行改建、扩建等原因暂停使用的固定资产，如企业购建的尚待安装的固定资产、经营任务变更停止使用的固定资产等。③不需用的固定资产，是指本企业多余或不适用，需要调配处理的各种固定资产。

（三）综合分类

我国现行会计实务对固定资产是按其经济用途和使用情况进行综合分类的，主要包括：①生产经营用固定资产；②非生产经营用固定资产；③租出固定资产；④不需用固定资产；⑤未使用固定资产；⑥土地；⑦融资租入固定资产。

第二节　固定资产的初始计量

一、现金购置方式

现金购置固定资产的成本包括买价和运输费、装卸费、安装费、保险费、包装费等必要的附带支出。由于现金不存在计价问题，因此确定现金购置方式取得固定资产成本较为简单，将购置固定资产所发生的必要支出全部计入固定资产成本即可。

现金购置固定资产，在核算过程中应注意以下三个方面的问题：

1. 如果购置的固定资产附有现金折扣，不论是否取得该折扣，折扣额均从购入价格中扣除，按净价（发票价格减去现金折扣）来反映固定资产成本。未享受的现金折扣列作财务费用。因为现金折扣实际是一种迟延付款的利息，它不会增加所购固定资产的效用，也就不应计入固定资产的价值。

【例3-1】某企业以现金购置设备一台，发票价格为30000元，另外发生运费及装卸费2000元，付款条件为：2/10，n/30。购进后直接交付使用。

购进时的入账成本为：

发票价格：	30000
减：现金折扣（2%）	600
净价	29400
加：运费及安装费	2000
设备成本	31400

根据计算的设备成本，编制如下会计分录：

借：固定资产——设备　　　　　　　　31400
　　贷：应付账款——××单位　　　　　　　31400

如果企业在10天内付款，编制会计分录如下：

借：应付账款——××单位　　　　　　　　　31400

　　贷：银行存款（或现金）　　　　　　　　　31400

如果企业超过 10 天付款，编制会计分录如下：

借：应付账款——××单位　　　　　　　　　31400

　　财务费用　　　　　　　　　　　　　　　　600

　　贷：银行存款（或现金）　　　　　　　　　32000

2. 有时企业可能用整笔现款一次购进几种不同类型的固定资产即 "一揽子购货"，由于各种固定资产的价格、新旧程度及使用寿命有所不同，所以需要按照一定的标准将整笔现款在取得的各种固定资产之间进行分摊，以便把不需要计提折旧的资产与需要计提折旧而折旧率不同的资产区别开来。其分摊标准通常按取得固定资产相应的现行市价或估价。

【例 3-2】某公司以银行存款一次购进现代化的生产加工车间，包括房屋、机器设备和一套计算机网络，总价为 600000 元。假定各项资产的现行市价分别为 375000 元、225000 元和 150000 元，购置成本按各项资产市价比例分摊如下，见表 3-1。

表 3-1

取得资产	现行市价（元）	比例（%）	分摊成本（元）
房屋	375000	50	300000
机器设备	225000	30	180000
计算机网络	150000	20	120000
合计	750000	100	600000

根据分摊结果，编制如下会计分录：

借：固定资产——房屋　　　　　　　　　　　300000

　　　　　　——机器设备　　　　　　　　　180000

　　　　　　——计算机网络　　　　　　　　120000

　　贷：银行存款　　　　　　　　　　　　　600000

3. 企业购入固定资产，如果需要经过比较复杂的安装、调试和试运行，才能交付使用，称为 "需要安装的固定资产"。采用这种方式，企业购入固定资产实际支付的买价、税金、包装费、运输费以及发生的安装费等均应通过 "在建工程" 科目核算，待安装完毕交付使用时，再由 "在建工程" 科目转入 "固定资产" 科目。

【例3－3】某企业购入需要安装的全新机器一台，用银行存款支付买价10000元，包装运杂费500元；购入后进行安装，用银行存款支付安装费1200元，领用生产用原材料800元，购进该批原材料支付增值税136元，应计工资500元。该项固定资产安装完工后交付使用。

（1）支付买价、包装运杂费。

借：在建工程 10500
　贷：银行存款 10500

（2）领用材料、结算应付工资。

借：在建工程 2636
　贷：银行存款 1200
　　原材料 800
　　应交税金——应交增值税（进项税额转出） 136
　　应付工资 500

（3）安装完毕交付使用。

借：固定资产 13136
　贷：在建工程 13136

二、分期付款购买方式

企业购入固定资产超过正常信用条件延期支付价款（如分期付款购买固定资产），实质上具有融资性质的，应按所购固定资产购买价款的现值，借记"固定资产"科目或"在建工程"科目，按应支付的金额，贷记"长期应付款"科目，按其差额，借记"未确认融资费用"科目。

【例3－4】甲公司2006年1月8日，从乙公司购买一项固定资产，由于甲公司资金周转比较紧张，经与乙公司协议采用分期付款方式支付款项。合同规定，该项资产总计6000000元，每年末付款3000000元，两年付清。假定银行同期贷款利率为6%，2年期年金现值系数为1.8334。有关会计处理如下：

固定资产现值 = 3000000 × 1.8334 = 5500200（元）

未确认融资费用 = 6000000 - 5500200 = 499800（元）

第一年应确认的融资费用 = 5500200 × 6% = 330012（元）

第二年应确认的融资费用 = 499800 - 330012 = 169788（元）

借：固定资产 5500200
　　未确认融资费用 499800
　贷：长期应付款 6000000

第一年底付款时：

借：长期应付款　　　　　　　　　　　　3000000

　　贷：银行存款　　　　　　　　　　　　3000000

借：财务费用　　　　　　　　　　　　　330012

　　贷：未确认融资费用　　　　　　　　330012

第二年底付款时：

借：长期应付款　　　　　　　　　　　　3000000

　　贷：银行存款　　　　　　　　　　　　3000000

借：财务费用　　　　　　　　　　　　　169788

　　贷：未确认融资费用　　　　　　　　169788

三、自行建造方式

有时，企业利用自己的技术力量、设备和人力，采用自建方式建造特殊质量要求的资产或者自建一些较外购低廉的资产。自行建制的固定资产成本主要包括：自制所消耗的直接材料、直接人工、专用费用和制造费用等。企业自行建造固定资产，可分为自营工程和出包工程两种形式，其核算一般通过"在建工程"科目进行。工程达到预定可使用状态时，再从"在建工程"科目转入"固定资产"科目。企业自建固定资产，主要有自营和出包两种方式，由于采用的建设方式不同，其会计处理也不同。

（一）自营工程

自营工程是指企业自行组织工程物资采购、自行组织施工人员施工的建筑工程和安装工程。自营工程包括工程物资、工程工资和完工结算三项核算内容。购入工程物资时，借记"工程物资"科目，贷记"银行存款"等科目。领用工程物资时，借记"在建工程"科目，贷记"工程物资"科目。在建工程领用本企业原材料时，借记"在建工程"科目，贷记"原材料"、"应交税费——应交增值税（进项税额转出）"等科目。在建工程领用本企业生产的商品时，借记"在建工程"科目，贷记"库存商品"、"应交税费——应交增值税（销项税额）"等科目。自营工程发生的其他费用（如分配工程人员工资等），借记"在建工程"科目，贷记"银行存款"、"应付工资"等科目。自营工程达到预定可使用状态时，按实际发生的全部支出，借记"固定资产"科目，贷记"在建工程"科目。

【例3－5】甲企业自行组织人力、物力建造生产加工车间并发生如下业务：①购入为工程准备的各种物资（含增值税）4095000元，以银行存款支付；②领用工程物资 4050000 元；③结算应付工程人员工资 120000 元，提取应付福利费 16800 元；④企业辅助生产车间为工程提供有关劳务支出 23110元；⑤支付与工程有关的其他费用 94355 元；⑥工程期间应付长期借款利息370411 元；⑦工程完工，盘点工程用物资，盘亏物资 15000 元；⑧工程完工，自制设备交付使用。会计分录如下：

（1）购入各种物资。

借：在建工程——工程物资   4095000

   贷：银行存款   4095000

（2）领用工程物资。

借：在建工程——自营工程   4050000

   贷：在建工程——工程物资   4050000

（3）结算工资和福利费。

借：在建工程——自营工程   136800

   贷：应付工资   120000

       应付福利费   16800

（4）辅助车间提供劳务。

借：在建工程——自营工程   23110

   贷：生产成本——辅助生产成本   23110

（5）支付其他费用。

借：在建工程——自营工程   94355

   贷：银行存款   94355

（6）负担借款利息。

借：在建工程——自营工程   370411

   贷：长期借款   370411

（7）工程物资盘亏。

借：在建工程——自营工程   15000

   贷：在建工程——工程物资   15000

（8）工程完工，车间投入使用。

借：固定资产   4659676

   贷：在建工程——自营工程   4659676

（二）出包工程

出包工程是指企业通过招标等方式将工程项目发包给建造商，由建造商组织施工的建筑工程和安装工程。出包工程包括预付工程款、完工补付工程款，以及结转工程成本三项核算内容。企业采用出包方式进行的固定资产工程，其工程的具体支出主要由建造商核算，在这种方式下，"在建工程"科目主要是企业与建造商办理工程价款的结算科目，企业支付给建造商的工程价款作为工程成本，通过"在建工程"科目核算。具体会计处理如下：企业按合同约定向建造商支付预付款或进度款时，借记"在建工程"科目，贷记"银行存款"等科目；工程完工补付工程价款时，借记"在建工程"科目，贷记"银行存款"等科目；工程达到预定可使用状态时，按实际发生的全部支出，借记"固定资产"科目，贷记"在建工程"科目。

四、投资者投入方式

企业对投资者投资转入的机器设备等固定资产，一方面反映本企业固定资产的增加，另一方面要反映投资者投资额的增加。投资者投入固定资产的成本，应当按照投资合同或协议约定的价值确定。

【例3－6】甲公司收到乙公司投入的固定资产一台，乙公司记录的该固定资产的账面原价为200000元，已提折旧20000元；甲公司接受投资时，双方同意按原固定资产的净值确认投资额。甲公司应编制会计分录如下：

借：固定资产——生产经营用固定资产　　　　180000
　　贷：实收资本　　　　　　　　　　　　　　　180000

五、盘盈方式

企业在财产清查中若发现盘盈固定资产，在报经批准前，应按其重置成本借记"固定资产"科目，贷记"以前年度损益调整"科目；待查明原因报经批准后，将固定资产转作"利润分配——未分配利润"时，借记"以前年度损益调整"科目，贷记"利润分配——未分配利润"科目。

【例3－7】某企业期末进行财产清查，发现账外管理用设备一台，重置成本为85000元，企业应作会计分录：

（1）盘盈设备时：

借：固定资产——非生产经营用固定资产　　　85000
　　贷：以前年度损益调整　　　　　　　　　　　85000

（2）报经批准后，转作未分配利润：

借：以前年度损益调整　　　　　　　　　　　85000
　　贷：利润分配——未分配利润　　　　　　　　85000

固定资产除上述方式取得外，还有企业合并、非货币性资产交换、债务重组、融资租赁取得等方式，其成本确定方法可参阅本书相关章节。

第三节　固定资产的折旧

一、固定资产折旧的性质

固定资产在长期使用过程中，虽然保持原有的物质形态，但其价值会随着固定资产的损耗而逐渐减少。固定资产在使用过程中由于逐渐损耗而转移的价值称为折旧。引起固定资产折旧的原因可归结为两个方面：一是固定资产的有形损耗；二是固定资产的无形损耗。有形损耗是指固定资产由于使用和自然力的影响而引起的使用价值和价值的损失；无形损耗是指固定资产由于科学技术进步而引起的在价值上的损失。根据配比原则，对固定资产损耗应在固定资产的预计有效使用期内，以计提折旧的方式计入成本费用，从各期营业收入中逐步得到补偿。可见，折旧核算的目的就是将固定资产成本在其预计使用年限内系统、合理地进行分配，实现当期收入与其相关费用的合理配比。

二、计提固定资产折旧的范围

计算折旧要明确哪些固定资产应当提取折旧，哪些固定资产不计提折旧。根据有关规定，应计提折旧的固定资产包括：房屋和建筑物；在用的机器设备、仪器仪表、运输车辆、工具器具；季节性停用和修理停用的设备；以经营租赁方式租出的固定资产；以融资租赁方式租入的固定资产。不提折旧的固定资产包括：房屋及建筑物以外的未使用、不需用的固定资产；已提足折旧继续使用的固定资产；未提足折旧提前报废的固定资产；经营租赁方式租入的固定资产；在建工程项目交付使用前的固定资产；按规定提取维检金的固定资产；破产、关停企业的固定资产；国家规定不提折旧的其他固定资产（如土地等）。

企业一般应根据月初应计提折旧固定资产账面原值和月折旧率，按月计提折旧。当月增加的固定资产，当月不计提折旧；当月减少的固定资产，当月照提折旧。

三、固定资产折旧的因素

影响固定资产折旧的因素主要有以下三个：

（一）固定资产折旧基数

固定资产折旧基数一般为固定资产的取得成本（原始价值），是指为取得某项固定资产而发生的一切必要支出（或资本性支出）。必要时，也可以重置成本作为固定资产的折旧基数。

（二）固定资产使用年限

固定资产使用年限是在考虑到不同因素的影响下，所预计的固定资产经济使用年限。固定资产使用年限直接影响各期计算的折旧额。它可以用不同方式来表示，如日历时间、工作时间或工作时数，也可以用产品产量等表示。固定资产经济使用年限，实际上是规定了折旧的时间（或产量）基础，即固定资产成本只能在其经济使用年限内合理分摊，而不得超出其经济使用年限。预计固定资产经济使用年限，应考虑的因素主要有有形损耗和无形损耗，以及固定资产使用中修理、维护措施的影响。由于固定资产的有形损耗和无形损耗很难精确估计，固定资产的使用年限只能预计，具有主观随意性。

目前国际上对固定资产的使用年限采取两种做法：一是有些国家在有关法规制度中对固定资产的使用年限作了明确规定；二是有些国家对其不做规定。

（三）固定资产净残值

多数固定资产在其服务有效期末都有一些回收价值，在其搬移、出售或报废时也可能发生一些成本支出。固定资产净残值是指固定资产报废时可以收回的残余价值扣除预计清理费用后的数额。计算折旧时，对固定资产的净残值无法准确地计算，只能人为估计，这就存在某种程度上的主观随意性。鉴于固定资产净残值估计中固有的困难，为了避免人为调整净残值的数额而导致人为地调整折旧额，目前我国规定，固定资产的预计净残值率一般不低于固定资产原值的3%、不高于固定资产原值的5%。

四、固定资产折旧的方法

（一）平均年限法

平均年限法也称直线法，是指将固定资产的应计折旧额按均等的数额在其预计使用期内分配于每一会计期间的一种方法。

平均年限法建立在固定资产服务潜力随时间的延续而减退，与其使用程度无关的假设上。因此，固定资产的折旧费可以均衡地摊配于其使用年限内的各个期间。平均年限法是目前会计实务中应用最为广泛的折旧计算方法。采用平均年限法固定资产年折旧额计算公式为：

$$固定资产年折旧额 = \frac{固定资产原值 - 预计净残值}{固定资产预计使用年限}$$

固定资产月折旧额为固定资产年折旧额除以 12。

在实际工作中，为了反映固定资产在一定时期内的损耗程度并简化核算，各期折旧额一般根据固定资产原值乘以该期折旧率计算确定。固定资产折旧率是指一定时期内固定资产折旧额与固定资产原值的比率，其计算公式为：

固定资产年折旧率 = 固定资产年折旧额/固定资产原值

$$= \frac{[固定资产原值 \times (1 - 预计净残值率)]}{固定资产预计使用年限 \times 固定资产原值} \times 100\%$$

$$= \frac{1 - 预计净残值率}{固定资产预计使用年限} \times 100\%$$

月折旧率 = 年折旧率 ÷ 12

月折旧额 = 固定资产原值 × 月折旧率

【例 3 - 8】某企业有一幢厂房，原值为 500000 元，预计可使用 20 年，预计报废时的净残值率为 2%。该厂房的折旧率和折旧额的计算如下：

年折旧率 = （1 - 2%）÷ 20 = 4.9%

月折旧率 = 4.9% ÷ 12 = 0.41%

月折旧额 = 500000 × 0.41% = 2050 （元）

平均年限法的优点是直观、计算简单，并且是以固定资产的使用时间为计算折旧的基础，所以能够较好地反映无形损耗对固定资产的影响。但这种折旧方法也存在着一些缺点：①由于该方法侧重于时间因素，因而忽视了固定资产利用程度的影响，没有考虑各期磨损程度不同的事实。因此，不能充分反映有形损耗因素的影响。②随着固定资产的连续使用，固定资产的磨损程度不同，其相应修理、维护等费用逐年增加，但由于各期所提折旧额相同，因而导致各期成本负担的固定资产使用成本不均衡。

（二）工作量法

工作量法是按照固定资产实际完成的工作总量计算折旧的一种方法。采用这种方法，每期计提的折旧随当期固定资产提供工作量的多少而变动，提供的工作量多，就多提折旧；反之，则少提折旧，而每一工作量所负担的折旧费是相同不变的。这里所讲的工作量可以是车辆行驶的里程数，也可以是机器完成的工作时数或生产产品的产量数。

采用工作量法计提折旧，应先以固定资产在使用年限内预计总工作量（如总工作时数或总产量）去除应计折旧总额，算出每一工作量应分摊的折旧，然后乘以当期的实际工作量，求出该期应计提的折旧额。其计算公式为：

$$单位折旧额 = \frac{固定资产原值 \times （1 - 预计净残值率）}{预计总工作量（总里程、总工时、总产量）}$$

当期折旧额 = 当期工作量 × 单位折旧额

【例3-9】某企业的一辆运货卡车的原值为60000元，预计总行驶里程为500000公里，预计报废时的净残值率为5%，本月行驶4000公里。该辆汽车的月折旧额计算如下：.

单位里程折旧额 = 60000 × （1 - 5%）÷500000 = 0.114（元/公里）

本月折旧额 = 4000 × 0.114 = 456（元）

工作量法的优点是：简单明了、容易计算，且计提的折旧额与固定资产的使用程度相联系，既充分考虑了固定资产有形损耗因素的影响，也符合配比原则。其缺点是：只重视有形损耗对固定资产的影响，而忽视了无形损耗对固定资产的作用。另外，要准确预计固定资产在其使用期间的预计总工作量也比较困难。

工作量法主要适用于车辆、船舶等运输工具，以及大型精密设备的折旧计算。

（三）加速折旧法

加速折旧法，是指将应计折旧额按前期多提后期少提的原则，分摊于各受益期间，从而使各期应负担的折旧费用逐期减少的方法。采用加速折旧法的依据是：①许多固定资产在其使用初期提供的效益较多，因此，折旧费用（或固定资产使用成本）也应较高，这样能使固定资产的成本与其所获得的收入正确配比，符合收支配比的会计原则。②在科技迅猛发展的今天，固定资产更新速度很快，采用加速折旧法可使企业固定资产成本的绝大部分在较短的时间内得以收回，从而避免无形损耗对固定资产造成的损失，有利于企业加快固定资产的更新能力和提高企业技术装备水平。③由于固定资产逐渐陈旧，固定资产使用成本逐年增加，采用加速折旧法可使固定资产的成本在其整个使用寿命期内比较均衡。④加速折旧法使固定资产在初期负担的折旧费用较大，因而在这期间就会少交所得税，后期则正好与此相反。实质上，前几年的税款推迟到若干年后缴纳，是国家对企业的优惠贷款，其额度则是推迟缴纳的税款。这显然起到了鼓励投资、刺激经济增长的作用。加速折旧的计提方法有多种，常用的有年限总和法和双倍余额递减法。

1. 年限总和法。年限总和法是指将固定资产的原值减净残值的余额乘以一个逐年递减的分数计算每年折旧额的一种方法。这一分数即为年折旧率，其分子代表固定资产在各会计期初尚可使用的年限，分母代表固定资产使用年数逐年相加的总和。由于分母不变，分子每年递减，依此计算的每年折旧费也呈递减趋势。计算公式为：

某年折旧率＝尚可使用的年数÷预计使用年数总和

或者：

$$某年折旧率＝\frac{（预计使用年限－已使用年限）}{预计使用年限×（预计使用年限＋1）÷2}×100\%$$

月折旧率＝年折旧率÷12

某月折旧额＝（固定资产原值－净残值）×该月折旧率

【例3－10】某公司一项固定资产原值为25000元，预计使用年限为5年，净残值率为4%。采用年限总和法计算的各年折旧额如表3－2所示。

表3－2

年份	尚可使用年限	原值－净残值	年折旧率	年折旧额	累计折旧
1	5	24000	5/15	8000	8000
2	4	24000	4/15	6400	14400
3	3	24000	3/15	4800	19200
4	2	24000	2/15	3200	22400
5	1	24000	1/15	1600	24000

采用加速折旧法，其折旧费用是按各个完整的经济使用年限计算的，而企业的固定资产有时是在年度内取得的，这将使取得年份与使用期满年份的折旧额不足一年，在年限总和法下较为合理的办法是计算出每一个完整年度的折旧额，后分配到两个不同的会计年度内。如：例3－7的固定资产购进时间为第一年的4月1日，第一年的折旧额为6000元［（24000×5/15）×9/12）］，第二年折旧额为6800元［（24000×5/15）×3/12］＋［（24000×4/15）×9/12］，依次类推，第六年的折旧额为400元［（24000×1/15）×3/12］。

2. 双倍余额递减法。双倍余额递减法是按双倍直线折旧率计算固定资产折旧的方法。计算折旧时，是以固定资产每期期初账面折余价值乘以双倍直线折旧率计算确定各期的折旧。采用双倍余额递减法确定折旧率时，一般不考虑固定资产净残值，其计算公式为：

固定资产年折旧率＝期初固定资产账面折余价值×双倍直线年折旧率

其中：

双倍直线年折旧率 = （2/预计固定资产使用年限）×100%

应该注意：采用双倍余额递减法的目的是为了加速折旧，因此，后期计提的折旧额不应该比其前期多。在固定资产使用年限期末，其账面余额也不能超过或低于其预计的净残值，而应与其预残值相同。为防止折旧终了时出现账面折余价值与预计净残值不一致的情况，在使用年限后期计提折旧时要注意，当符合下列条件时，应转换为直线法计提折旧额：

$$固定资产账面折余价值 - 预计净残值 > \frac{该年按双倍余额递减法计算的折旧额}{剩余使用年限}$$

为简化核算，我国企业的现行做法是：实行双倍余额递减法的固定资产，在其固定资产折旧年限到期前两年内，将固定资产净值扣除预计净残值后的净额平均摊销。

【例3 – 11】某公司有一项固定资产的原值为35000元，预计净残值率为其原值的5%，使用年限为5年。采用双倍余额递减法计算折旧。各年折旧额计算如下：

双倍直线年折旧率 = （2/5）×100% = 40%

预计净残值 = 35000 × 5% = 1750 （元）

第一年应计提的折旧额 = 35000 × 40% = 14000 （元）

第二年应计提的折旧额 = （35000 – 14000）× 40% = 8400 （元）

第三年应计提的折旧额 = （35000 – 14000 – 8400）× 40% = 5040 （元）

从第四年起按平均年限法计提折旧。

第四年、第五年的年折旧额 = （35000 – 14000 – 8400 – 5040 – 1750）÷ 2 = 2905 （元）

五、个别折旧率、分类折旧率和综合折旧率

在运用各种方法计算折旧时，可以采用个别折旧率，也可以采用分类折旧率和综合折旧率。

个别折旧率是按每一项固定资产计算的折旧率。每项固定资产分别按个别折旧率计算折旧时，折旧的计算也就比较细致，可以获知每项固定资产的折旧情况。

分类折旧率是把同一类（特性、耐用年限相近）的固定资产合起来计算的折旧率。每类固定资产使用同一个分类折旧率计算折旧时，工作量比较小，但折旧的计算比较粗略，不能获知各项固定资产的折旧情况。

综合折旧率是把全部固定资产不分期地合在一起计算的折旧率。全部固定资产使用共同的综合折旧率计算折旧时，工作量更小，但折旧的计算也更粗略。

分类折旧率和综合折旧率适合于大量使用同类固定资产的企业。采用分类折旧率时，可为每类固定资产设一个"固定资产"和"累计折旧"账户；采用综合折旧率时，则可以全部固定资产设账。因此，这时的固定资产账面价值只说明各类或全部固定资产的情况。

第四节　固定资产的处置及其减值

固定资产的处置主要是指固定资产的出售、报废、毁损，以及由于技术进步等原因而提前报废，遭受自然灾害等造成的非常损失等。无论何种原因都会造成固定资产实物数量的减少；而固定资产减值，则是由于固定资产发生损坏、技术陈旧或其他经济原因，导致其可收回金额低于其账面价值的状况。

一、固定资产的出售

企业因调整经营方针或因考虑技术进步等因素，可以将不需用和不适用的固定资产转让出售。如果出售全新的固定资产，按双方协议价值增加货币资金，减少固定资产。如果协议价值大于或小于固定资产原值，应将差额计入当期损益；如果企业出售使用过的固定资产，应先冲销已提折旧额，计算出该项固定资产出售时的账面净值。实际收到的收入大于或小于其净值时，差额计入当期损益。按照有关规定，企业销售不动产，还应按销售额计算缴纳营业税。

无论固定资产是以什么状况出售，都应首先确定当时固定资产的账面价值（折余价值或净值），然后将累计折旧和固定资产原始价值从账户中转销，并相应反映所发生的损益。按照我国的现行做法，企业因出售、报废、毁损，以及由于技术进步等原因而提前报废，遭受自然灾害等造成的非常损失等原因而减少的固定资产，要通过"固定资产清理"账户核算。该账户借方反映转入清理的固定资产的净值和发生的清理费用，贷方反映清理固定资产的变价收入和应由保险公司或过失人承担的损失等。清理净损益由"固定资产清理"账户的贷（借）方转入开办费（属于筹建期间）或营业外收支（属于生产经营期间）。

【例 3 - 12】某企业出售一台设备，其原值为 20000 元，使用年限 5 年，采用直线法折旧。出售时，已提折旧额 14000 元，以银行存款支付清理费 2000 元，实际售价为 3600 元，通过银行收款。营业税率 5%（应计提的城建税和教育费附加略）。编制会计分录为：

（1）将固定资产净值转入"固定资产清理"账户时：

借：固定资产清理　　　　　　　　　　　6000
　　累计折旧　　　　　　　　　　　　　14000
　贷：固定资产　　　　　　　　　　　　　　20000

（2）支付清理费用：

借：固定资产清理　　　　　　　　　　　2000
　贷：银行存款　　　　　　　　　　　　　　2000

（3）收到出售价款时：

借：银行存款　　　　　　　　　　　　　3600
　贷：固定资产清理　　　　　　　　　　　　3600

（4）计算应缴纳的营业税：

借：固定资产清理　　　　　　　　　　　180
　贷：应交税金——应交营业税　　　　　　　180

（5）结转损益时：

借：营业外支出　　　　　　　　　　　　4580
　贷：固定资产清理　　　　　　　　　　　　4580

二、固定资产清理

固定资产清理，是指由于固定资产报废毁损，以及遭受自然灾害等而对其进行的拆除、整理。固定资产清理要发生一些清理费用，同时还可能获得变价收入。因此，固定资产清理核算由三项内容组成：①在确定了固定资产已提折旧额的基础上，将其净值转入"固定资产清理"账户；②核销与该资产有关的账户如"固定资产"、"累计折旧"账户；③确认固定资产清理过程中发生的清理损益，将其转入营业外收支。

【例 3 - 13】某公司一项固定资产提前报废，固定资产原值 54000 元，预计净残值率为 5%，规定折旧年限为 10 年，已经使用 7 年零 6 个月，以银行存款支付清理费用 300 元，残料价值 800 元入库，应收赔款 2000 元。有关会计分录如下：

（1）计算固定资产已提折旧额：

累计折旧＝［54000×（1－5%）/10］×7.5＝38475（元）

（2）结转固定资产净值：

借：固定资产清理　　　　　　　　　　　　15525

　　累计折旧　　　　　　　　　　　　　　38475

　　贷：固定资产　　　　　　　　　　　　54000

（3）支付清理费：

借：固定资产清理　　　　　　　　　　　　300

　　贷：银行存款　　　　　　　　　　　　300

（4）收回残料入库：

借：原材料　　　　　　　　　　　　　　　800

　　贷：固定资产清理　　　　　　　　　　800

（5）应收赔款：

借：其他应收款　　　　　　　　　　　　　2000

　　贷：固定资产清理　　　　　　　　　　2000

（6）结转固定资产清理损益：

借：营业外支出　　　　　　　　　　　　　13025

　　贷：固定资产清理　　　　　　　　　　13025

三、固定资产减值

（一）固定资产减值的含义

固定资产减值，是指由于损坏、技术陈旧或其他经济原因而引起的固定资产可收回金额低于其账面价值。这里的可收回金额，是指固定资产的公允价值减去处置费用后的净额与固定资产预计未来现金流量的现值两者之间的较高者；固定资产的公允价值，是指在公平交易中，熟悉情况的交易双方自愿进行资产交换或者债务清偿的金额；处置费用包括与固定资产处置有关的法律费用、相关税金、搬运费以及为使固定资产达到可销售状态所发生的直接费用等。

对于已经发生的资产价值的减值如果不予以确认，必然导致虚夸资产的价值，虚盈实亏，这既不符合真实性的原则，也有悖于稳健原则。因此，对那些已经没有经济价值、不能给公司带来经济利益的固定资产，必须计提固定资产减值准备。例如，在技术上已经被淘汰的设备，尽管实物仍然存在，但它实际已经不能为企业带来未来的经济利益，这样的设备就不能再确认为资产。

（二）固定资产减值确认与计价的程序

1. 固定资产是否发生减值的认定。企业确认固定资产减值损失，首先应判断固定资产是否发生了减值。在资产负债表日，如果发现固定资产市价大幅度下跌，预计在近期内不可能恢复；企业所处的经营环境发生重大变化；影响企业计算固定资产可收回金额的同期市场利率大幅度提高；固定资产陈旧过时或发生实体损坏以及由于固定资产预计使用方式发生重大不利变化等原因时，企业应当计算固定资产的可收回金额，来确定资产是否已经发生了减值。

2. 计算确定固定资产可收回金额。由于固定资产账面价值已知，因此确定固定资产可收回金额成为固定资产减值计价的核心。为了正确确定固定资产的可收回金额，必须掌握固定资产公允价值的确定方法。固定资产的公允价值，应当根据公平交易中有法律约束力的销售协议价格确定。如果没有法律约束力的销售协议但存在资产活跃市场时，其公允价值应当按照市场价格确定，该市场价格应当根据固定资产的买方出价确定。如果既没有法律约束力的销售协议，又不存在资产的活跃市场，应当以可获取的最佳信息（如同行业类似资产的最近交易价格或者结果）为基础，估计固定资产的公允价值。

企业按照上述规定仍然无法可靠估计资产的公允价值减去处置费用后的净额的，应当以该资产未来现金流量的现值作为其可收回金额。

3. 固定资产减值的确定。可收回金额的计量结果表明，资产的可收回金额低于其账面价值的，应当将资产的账面价值减记至可收回金额，减记的金额确认为资产减值损失，计入当期损益，同时计提相应的资产减值准备。资产减值损失一经确认，在以后会计期间不得转回。

4. 对已计提减值损失的固定资产折旧额的调整。固定资产减值损失确认后，减值固定资产的折旧应当在未来期间作相应调整，以使该固定资产在剩余使用寿命内，系统地分摊调整后的固定资产账面价值（扣除预计净残值）。

【例 3 - 14】2005 年 12 月 31 日，南方公司根据有关迹象判断，该公司购进的加工设备可能已经发生减值。该设备于 2001 年 12 月 25 日购入并投入使用，其原值 1625000 元，使用寿命为 8 年，预计净残值为 81250 元，采用年限平均法计提折旧。该设备以前未曾计提减值准备。2005 年 12 月 31 日公允价值减去处置费用后的净额为 255000 元，未来 4 年内形成的现金流量现值为 351000 元。根据上述资料，南方公司会计处理如下：

（1）2001 年 12 月 25 日取得加工设备的会计分录略。

（2）2002 年 1 月 1 日至 2005 年 12 月 31 日，公司每年计提的折旧金额分别为 192968.75〔(1625000 - 81250) ÷ 8〕元，累计折旧金额为 771875 (192968.75 × 4) 元。每年提取加工设备折旧的会计分录略。

　　（3）2005 年 12 月 31 日，固定资产账面净值为 853125（1625000 –771875）元。由于预期未来形成现金流量的现值 351000 元大于公允价值减去处置费用后的净额 255000 元。因此，该公司确定的可收回金额为 351000 元，应计提固定资产减值准备金额为 502125（853125 – 351000）元。编制计提固定资产减值准备会计分录如下：

　　借：资产减值损失　　　　　　　　　　502125
　　　　贷：固定资产减值准备　　　　　　　502125

　　（4）2006 年、2007 年两年间，每年计提的固定资产折旧金额为 67437.50〔（351000 – 81250）÷4〕元，会计分录略。

第四章　无形资产

第一节　无形资产的确认

一、无形资产的概念及特征

无形资产，是指企业拥有或者控制的没有实物形态的可辨认非货币性资产，如专利权、商标权、土地使用权、非专利技术等。

资产在符合下列条件时，满足无形资产定义中的可辨认性标准：①能够从企业中分离或者划分出来，并能单独或者与相关合同、资产或负债一起，用于出售、转移、授予许可、租赁或者交换；②源自合同性权利或其他法定权利，无论这些权利是否可以从企业或其他权利和义务中转移或者分离。

无形资产尽管不存在物质实体，但它们表明企业拥有一种特殊的权利。这种权利有助于企业取得高于一般水平的获利能力，在较长时期内为企业提供经济利益。与其他资产相比，无形资产具有以下特征：

（一）无形资产是一种没有实物形态的资产

不具有独立的物质实体，是无形资产区别于其他资产的显著标志。虽然无形资产没有实物形态，但却具有价值。其价值往往是法律或合同所赋予的某种法定或特许的权利（如专利权、商标权）以及获得超额利润的能力，或是人们对企业价值的综合判断（如商誉），这种价值难以通过人们感觉器官所直接触摸或感受到，而是隐形存在于企业之中。

（二）无形资产是非货币性长期资产

无形资产虽然不具有物质实体，但能在若干生产经营期内使用或发挥作用，具有未来的经济效益，使企业在较长的时期内获得高于同行业一般水平的盈利能力。因而，无形资产属于一项长期资产。资产按其未来为企业带来的经济利益，即货币金额是否固定或可确定，可分为货币性资产和非货币性资产。其中，货币性资产是指企业持有的现金及将以固定或可确定金额的货币收取的资产，如现金、银行存款、应收票据、应收账款以及准备持有至到期的债券投资等。非货币性资产，是指货币性资产以外的资产，如存货、固定资产、无形资产、股权投资以及不准备持有至到期的债券投资等。可见，无形资产属于非货币性资产。

（三）无形资产所能提供的未来经济效益具有很大的不确定性

受企业外部因素、企业有形资产使用状况的影响，无形资产提供的未来经济效益具有较大的不确定性，有些无形资产确认的账面价值与以后实际价值往往出现较大差距；一项取得成本较高的无形资产可能为企业带来较少的经济效益，而取得成本较低的无形资产则可能给企业带来较大的利益；有些无形资产的受益期难以断定，其价值随着市场竞争、新技术的发明、替代品的出现而波动，其预期获利能力不能准确加以确定。多数情况下，无形资产的潜在价值可能是分布在零至很大金额的范围内，具有高度不确定性。

（四）企业持有无形资产的目的是用于生产商品或提供劳务、出租给他人，或为了行政管理，而不是为了对外销售。脱离了生产经营活动，无形资产就失去其经济价值

二、无形资产的确认

（一）无形资产的确认的一般原则

根据无形资产准则的规定，同时满足下列条件的无形项目，才能确认为无形资产：第一，与该资产有关的未来经济利益很可能流入企业；第二，该资产的成本能够可靠地计量。

作为无形资产核算的项目首先应该符合无形资产的定义：即指企业拥有或者控制的没有实物形态的可辨认非货币性资产。符合无形资产定义的重要表现之一，就是企业能够控制该无形资产产生的经济利益。具体表现为企业拥有该无形资产的法定所有权，或企业与他人签订了协议，使得企业的相关权利受到法律的保护。比如，企业自行研制的技术通过申请依法取得专利权后，在一定期限内便拥有了该专利技术的法定所有权。

作为企业无形资产予以确认的项目，必须具备产生的经济利益很可能流入企业这项基本条件。如果某一无形资产预期不能给企业带来经济利益，就不能确认为企业的无形资产。在实际工作中，首先，需要判断该项无形资产所包含的经济利益是否很可能流入企业。如果某项无形资产包含的经济利益不是很可能流入企业，那么，即使其满足无形资产确认的其他条件，企业也不应将其确认为无形资产；如果该项无形资产包含的经济利益很可能流入企业，并同时满足无形资产确认的其他条件，那么，企业应将其确认为无形资产。

成本能够可靠地计量，是资产确认的一项基本条件。无形资产作为企业资产的重要组成部分，要予以确认，其为取得该无形资产而发生的支出也必须能够可靠地计量。如果无形资产的成本能够可靠地计量，并同时满足其他确认条件，就可以加以确认；否则，企业不应加以确认。比如，自创商誉等无形资产符合资产的定义，但在形成自创商誉过程中的支出难以可靠地估计，则不能够确认为企业的一项无形资产。根据无形资产的上述特征，符合无形资产的定义并同时满足下列条件的无形项目，才能确认为无形资产。

（二）企业内部研究开发项目确认为无形资产的方法

在科学技术高度发达的现代社会，企业要想在竞争中立于不败之地，就必须加强研究和开发工作。企业进行内部研究项目的开发，必须投入人力和物力，发生各种支出，比如，研究与开发人员的工资和福利、所用设备的折旧、外购相关技术发生的支出等。企业内部研究开发项目支出，可分为研究阶段支出与开发阶段支出，其中，研究阶段支出，是指为获取新的科学或技术知识并理解它们而进行的独创性的有计划的调查阶段而发生的支出；开发阶段支出，是指在进行商业性生产或使用前，将研究成果或其他知识应用于某项计划或设计，以生产出新的或具有实质性改进的材料、装置、产品等而发生的支出。

随着企业间技术竞争的加剧，企业研究与开发的项目是否很可能成功，是否将来很可能为企业带来未来经济利益，在研究与开发过程中往往存在较大的不确定性。为此，新准则规定，企业内部研究开发项目研究阶段的支出，应当于发生时计入当期损益，而企业内部研究开发项目开发阶段的支出，能够证明下列各项时，应当确认为无形资产：①完成无形资产以使其能够使用或出售在技术上具有可行性；②具有完成该无形资产并使用或出售的意图；③无形资产产生未来经济利益的方式，包括能够证明运用该无形资产生产的产品存在市场或无形资产自身存在市场；无形资产将在内部使用的，应当证明其有用性；④有足够的技术、财务资源和其他资源支持，以完成该无形资产的开发，并有能力使用或出售该无形资产；⑤归属于该无形资产开发阶段的支出能够可靠地计量。

企业自创商誉以及内部产生的品牌、报刊名等，因其成本无法明确区分，不应当确认为无形资产。

三、无形资产的内容

无形资产包括专利权、非专利技术、商标权、著作权、土地使用权、特许权。

（一）专利权

专利权，是指国家专利主管机关依法授予发明创造专利申请人对其发明创造在法定期限内所享有的专有权利，包括发明专利权、实用新型专利权和外观设计专利权。

（二）非专利技术

非专利技术，也称专有技术。它是指不为外界所知、在生产经营活动中已采用了的、不享有法律保护的各种技术和经验。非专利技术一般包括工业专有技术、商业贸易专有技术、管理专有技术等。非专利技术可以用蓝图、配方、技术记录、操作方法的说明等具体资料表现出来，也可以通过卖方派出技术人员进行指导，或接受买方人员进行技术实习等手段实现。非专利技术具有经济性、机密性和动态性等特点。

（三）商标权

商标是用来辨认特定的商品或劳务的标记。商标权指专门在某类指定的商品或产品上使用特定的名称或图案的权利。商标权包括独占使用权和禁止权两个方面。独占使用权指商标权享有人在商标的注册范围内独家使用其商标的权利；禁止权指商标权享有人排除和禁止他人对商标独占使用权进行侵犯的权利。

（四）著作权

著作权又称版权，指作者对其创作的文学、科学和艺术作品依法享有的某些特殊权利。著作权包括两方面的权利，即精神权利（人身权利）和经济权利（财产权利）。前者指作品署名、发表作品、确认作者身份、保护作品的完整性、修改已经发表的作品等项权利，包括发表权、署名权、修改权和保护作品完整权；后者指以出版、表演、广播、展览、录制唱片、摄制影片等方式使用作品以及因授权他人使用作品而获得经济利益的权利。

（五）土地使用权

土地使用权，指国家准许某企业在一定期间内对国有土地享有开发、利用、经营的权利。根据我国土地管理法的规定，我国土地实行公有制，任何单位和个人不得侵占、买卖或者以其他形式非法转让。企业取得土地使用权的方式大致有以下几种：行政划拨取得、外购取得、投资者投入取得等。

（六）特许权

特许权，又称经营特许权、专营权，指企业在某一地区经营或销售某种特定商品的权利或是一家企业接受另一家企业使用其商标、商号、技术秘密等的权利。前者一般是由政府机构授权，准许企业使用或在一定地区享有经营某种业务的特权，如水、电、邮电、通讯等专营权、烟草专卖权等；后者指企业间依照签订的合同，有限期或无限期使用另一家企业的某些权利，如连锁店分店使用总店的名称等。

四、无形资产的分类

无形资产可以按不同的标准分类：

1. 按取得方式分类，可分为外部购入、外部投入、内部自创形成等类。外部购入包括单独购入、同其他资产购入、与企业整体一起购入；外部投入包括投资者投入、他人捐赠；内部自创是企业自行创造、研制的无形资产。

2. 按是否可辨认分类，可分为可辨认无形资产和不可辨认无形资产。可辨认无形资产往往可以单独取得，也可以单独转让，如专利权、商标权等；不可辨认无形资产往往与企业整体有关，不能单独取得，也不能单独转让，如商誉。

3. 按是否有专门法律保护分类，可分为有专门法律保护和无专门法律保护的无形资产。有专门法律保护的无形资产，包括专利权、商标权等。这些无形资产将法律有效年限作为其使用年限。无专门法律保护的无形资产，包括非专利技术等。不论是有有效期限的，还是无有效期限的无形资产，只要不能带来超额收益，无形资产的价值就发生减值，其经济寿命也就结束。

4. 按使用寿命是否确定分类，可分为使用寿命有限的无形资产和使用寿命不确定的无形资产。无形资产的使用寿命如果为有限的，应当估计该使用寿命的年限或者构成使用寿命的产量等类似计量单位数量；无法预见无形资产为企业带来未来经济利益的期限的，应当视为使用寿命不确定的无形资产。

第二节　　无形资产的初始计量

企业取得无形资产的途径主要有：购入无形资产、自创无形资产和接受投资等。

企业应设置"无形资产"科目核算无形资产增减变动情况。该科目借方登记无形资产的增加；贷方登记无形资产的减少及摊销的无形资产价值。期末借方余额反映企业已入账无形资产的摊余价值。其明细账应按无形资产的种类设置。

一、购入无形资产

外购无形资产的成本，包括购买价款、相关税费以及直接归属于使该项资产达到预定用途所发生的其他支出计价入账，编制借记"无形资产"科目，贷记"银行存款"、"应付账款"等科目的会计分录。

【例4-1】某企业购入专利权一项150000元，另付手续费3200元。价款及手续费以银行存款支付。根据有关资料，编制如下会计分录：

　　借：无形资产——专利权　　　　　　　　　　　　153200
　　　　贷：银行存款　　　　　　　　　　　　　　153200

购入无形资产超过正常信用条件延期支付价款，实质上具有融资性质的，应按所购无形资产购买价款的现值，借记"无形资产"科目，按应支付的金额，贷记"长期应付款"科目，按其差额，借记"未确认融资费用"科目。

【例4-2】东方上市公司（以下简称"东方公司"）2006年1月8日，从北海公司购买一项商标权，由于东方公司资金周转比较紧张，经与北海公司协议采用分期付款方式支付款项。合同规定，该项商标权总计3000000元，每年末付款1500000元，两年付清。假定银行同期贷款利率为6%，2年期年金现值系数为1.8334。

（1）有关指标计算结果如下：

无形资产现值 = 1500000 × 1.8334 = 2750100（元）

未确认融资费用 = 3000000 - 2750100 = 249900（元）

第一年应确认的融资费用 = 2750100 × 6% = 165006（元）

第二年应确认的融资费用 = 249900 - 165006 = 84894（元）

（2）进行会计处理：

确认无形资产时：

　　借：无形资产——商标权　　　　　　　　　　2750100
　　　　未确认融资费用　　　　　　　　　　　　249900
　　　　贷：长期应付款　　　　　　　　　　　3000000

第一年底付款时：

　　借：长期应付款　　　　　　　　　　　　1500000

  贷：银行存款　　　　　　　　　　　　　　1500000
  借：财务费用　　　　　　　　　　　　　　·165006
   贷：未确认融资费用　　　　　　　　　　　　165006
 第二年底付款时：
  借：长期应付款　　　　　　　　　　　　　1500000
   贷：银行存款　　　　　　　　　　　　　　1500000
  借：财务费用　　　　　　　　　　　　　　　84894
   贷：未确认融资费用　　　　　　　　　　　　84894

二、自行开发无形资产

  企业自行开发的无形资产如专利权、专有技术等，这些无形资产一般研制过程较长，而且能否成功有很大的不确定性。因此，对自行开发的无形资产，其确认和初始计量除应遵循无形资产确认和初始计量的一般要求外，还应遵循有关研究与开发费用处理的特别规定。

  为评价自行开发无形资产是否符合确认标准，企业应将自行开发过程划分为两个阶段，即研究阶段和开发阶段。同时指出，研究阶段不会产生应予确认的无形资产，因此，这个阶段发生的支出或费用应在发生当期确认为损益。而在开发阶段，则可能产生应予确认的无形资产，因而某些符合无形资产确认条件的开发费用应予资本化。企业自行开发的无形资产，借记"无形资产"科目，贷记"研发支出"科目。

  【例4-3】某企业自行研究开发一项新产品专利技术，在研究开发过程中发生材料费40000000元、人工工资10000000元，以及其他费用30000000元，总计80000000元，其中，符合资本化条件的支出为50000000元，期末，该专利技术已经达到预定用途。

  （1）发生研发费用：
  借：研发支出——费用化支出　　　　　　　30000000
      ——资本化支出　　　　　　　50000000
   贷：原材料　　　　　　　　　　　　　　40000000
    应付职工薪酬　　　　　　　　　　　10000000
    银行存款　　　　　　　　　　　　　30000000
  （2）期末：
  借：管理费用　　　　　　　　　　　　　　30000000
   无形资产　　　　　　　　　　　　　　50000000

　　贷：研发支出——费用化支出　　　　　　　　30000000
　　　　　　　——资本化支出　　　　　　　　　50000000

第三节　无形资产的后续计量

　　无形资产计量包括无形资产初始计量和后续计量。无形资产初始计量涉及如何确定无形资产的入账价值；无形资产后续计量主要涉及使用寿命有限的无形资产，其价值如何摊销问题。

　　无形资产摊销就是将无形资产成本在其受益期限内进行系统的分配。从理论上讲，确定无形资产摊销额应与无形资产价值变化相一致。但是，由于受到各种因素的影响，各种无形资产价值变化是千差万别，无同一规律可循，无形资产的成本与其所带来的经济利益之间一般也不存在明显、必然的联系。同时，有些无形资产的使用寿命是有限的，也可以合理估计，而有些无形资产的使用寿命是不确定的。

　　无形资产摊销主要涉及无形资产成本、摊销开始月份、摊销方法、摊销年限、残值等因素。其中，无形资产成本即为入账价值；摊销的起讫时间是自无形资产可供使用时起，至不再作为无形资产确认时止。无形资产摊销方法，应当反映企业预期消耗该项无形资产所产生的未来经济利益的方式，因而无形资产摊销方法可以有多种，如直线法、加速摊销法或其他方法。无形资产准则规定，无法可靠确定消耗方式的，应当采用直线法摊销。

　　确定无形资产的应摊销金额是进行无形资产摊销的重要前提。无形资产准则规定："无形资产的应摊销金额为其成本扣除残值后的金额。已计提减值准备的无形资产，还应扣除已计提预计的无形资产减值累计金额。使用寿命有限的无形资产，其残值应当视为零。但下列情况除外：有第三方承诺在无形资产使用寿命结束时购买该无形资产；可以根据活跃市场得到残值信息，并且该市场在无形资产使用寿命结束时很可能存在。"

　　企业应设置"累计摊销"科目，核算企业对使用寿命有限的无形资产计提的累计摊销。

　　企业按月计提无形资产摊销时，贷记该科目，期末贷方余额，反映企业无形资产累计摊销额。按无形资产项目进行明细核算。

　　企业按月计提无形资产摊销，借记"管理费用"、"其他业务支出"等科目，贷记"累计摊销"科目。

【例4－4】丽源企业2004年初无形资产情况如下：专利权入账价值200000元，摊销期8年；土地使用权入账价值300000元，摊销期20年。本年无形资产摊销额计算过程如下：

专利权年摊销额＝200000/8＝25000（元）

土地使用权年摊销额＝300000/20＝15000（元）

根据计算结果，编制无形资产摊销额计算表，见表4－1。

表4－1　　　　　　　　无形资产的摊销额计算表　　　　　　　单位：元

项　目	应借科目		金　额
	总账科目	明细科目	
专利权	管理费用	无形资产摊销	25000
土地使用费	管理费用	无形资产摊销	15000

根据上表编制如下会计分录：

借：管理费用——无形资产摊销　　　　　　　40000

　　贷：累计摊销　　　　　　　　　　　　　　40000

第四节　无形资产处置和转销

一、无形资产出售

企业拥有的无形资产可以依法转让出售，不再享有无形资产占有、使用和收益处置的权利。企业出售无形资产时，应按实际收到的金额，借记"银行存款"等科目，按已计提的累计摊销，借记"累计摊销"科目，已计提减值准备的，借记"无形资产减值准备"科目，按应支付的相关税费，贷记"应交税费"等科目，按其账面余额，贷记"无形资产"科目，按其差额，贷记"营业外收入——处置非流动资产利得"科目或借记"营业外支出——处置非流动资产损失"科目。

【例4－5】某企业购买一项专利，支付费用300000元，按规定摊销期限为15年，企业购买2年后将其所有权转让，取得转让收入290000元。转让无形资产适用的营业税率为5%。转让时，编制如下会计分录：

借：银行存款　　　　　　　　　　　　290000

　　累计摊销　　　　　　　　　　　　 40000

　　贷：无形资产——专利权　　　　　　300000

　　　[300000-（300000/15）×2]

　　　应交税费——应交营业税　　　　 14500

　　　营业外收入——处置非流动资产利得　15500

二、无形资产出租

无形资产出租是指企业将拥有的无形资产的使用权让渡给他人，并收取租金。出租无形资产，企业仅将无形资产的部分使用权让渡给其他企业，而企业仍保留着对原有无形资产的各项权利，出让方也无须改变无形资产的账面价值。取得无形资产租金收入时，应借记"银行存款"等科目，贷记"其他业务收入"等科目；结转出租无形资产的成本时，借记"其他业务支出"科目，贷记有关科目。

【例4-6】某企业将一项专利权的使用权转让给甲公司，合同规定专利权使用费每年3000元，本年的使用费甲公司已用支票付讫。转让业务发生咨询费500元，已用转账支票付讫。

借：银行存款　　　　　　　　　　　　3000

　　贷：其他业务收入　　　　　　　　　3000

借：其他业务支出　　　　　　　　　　 500

　　贷：银行存款　　　　　　　　　　　 500

三、无形资产转销

无形资产预期不能为企业带来经济利益的，应按已计提的累计摊销，借记"累计摊销"科目，原已计提减值准备的，借记"无形资产减值准备"科目，按其账面余额，贷记"无形资产"科目，按其差额，借记"营业外支出"科目。

第五节　无形资产披露

一、无形资产披露的原则

无形资产披露对于会计信息使用者了解企业的无形资产信息是不可或缺的。对此，无形资产准则规定，企业应当按照无形资产的类别在附注中披露与无形资产有关的下列信息：

（一）无形资产的期初和期末账面余额、累计摊销额及累计减值损失金额。

（二）使用寿命有限的无形资产，其使用寿命的估计情况；使用寿命不确定的无形资产，使用寿命不确定的判断依据。

（三）无形资产摊销方法。

（四）用于担保的无形资产账面价值、当期摊销额等情况。

（五）计入当期损益和确认为无形资产的研究开发支出金额。

二、无形资产披露原则的运用

【例4-7】某股份有限公司2007年度的财务会计报告附注中就无形资产披露如下信息：

（1）无形资产的期初和期末账面余额、累计摊销额见表4-2。

表4-2　　　　　　　无形资产的期初和期末账面余额、
　　　　　　　　　　累计摊销额计算表　　　　　　单位：万元

种类	期初余额	本期增加	本期转出	本期摊销	期末余额
专利权	0	1000	0	20	980
商标权	100	200	80	40	180

（2）无形资产摊销方法采用的直线法。

（3）用于担保的商标权账面价值50万元，当期摊销额为15万元。

第五章　金融资产

第一节　金融资产概述

　　风云变幻的国际金融市场，导致了各种金融工具的广泛使用，从债券之类的传统初级工具，到利率掉期之类的各种形式的衍生工具，不一而足。资产负债表表内和表外金融工具对企业财务状况、经营业绩和现金流量具有相当的重要性。国内金融发展迅速，金融界对金融衍生工具及由此带来的巨大风险日益关注，如中国人民银行 2005 年 3 月 21 日宣布，经国务院批准，信贷资产证券化试点工作正式启动；人民币汇率浮动后，将导致衍生金融工具的逐渐活跃等。在会计核算中对衍生金融工具的不反映和不规范反映都将产生不可预期的严重后果。2006 年 2 月 15 日财政部发布的会计准则体系中首次发布了关于金融工具的 4 项具体准则：《金融工具确认和计量》、《金融资产转移》、《套期保值》、《金融工具列报和披露》。这四项准则各有侧重、相互关联、逻辑一致，形成一个整体，可以对涉及金融工具业务的会计处理提供完整的规范。

　　《国际会计准则第 32 号——金融工具：揭示和呈报》（1995 年 6 月公布）对金融资产的定义是：金融工具，是指能对一家企业产生金融资产同时又能对另一家企业产生金融负债或权益工具的任何合同。金融资产，是指属于以下各项的任何资产：①现金；②从另一家企业收取现金或其他金融资产的契约性权利；③在潜在有利的条件下与另一家企业交换金融工具的契约性权利；④另一家企业的权益工具。在对金融资产的定义中，本身已包含了金融资产和金融工具的词语，但这些定义并不是循环的。当存在着交换金融工具的契约性权利或义务时，用以交换的工具就会产生金融资产、金融负债和权益工具，可以建立一连串的契约性权利或义务，但它最终将导致现金的收取或支付，或者是权益工具的购买或发行。

　　我国《企业会计准则第 22 号——金融工具确认和计量》对金融工具所作

出的定义为：金融工具，是指形成一个企业的金融资产，并形成其他单位的金融负债或权益工具的合同。金融资产，是指企业的下列资产：①现金；②持有的其他单位的权益工具；③从其他单位收取现金或其他金融资产的合同权利；④在潜在有利条件下，与其他单位交换金融资产或金融负债的合同权利；⑤将来需用或可用企业自身权益工具进行结算的非衍生工具的合同权利，企业根据该合同将收到非固定数量的自身权益工具；⑥将来需用或可用企业自身权益工具进行结算的衍生工具的合同权利，但企业以固定金额的现金或其他金融资产换取固定数量的自身权益工具的衍生工具合同权利除外。其中，企业自身权益工具不包括本身就是在将来收取或支付企业自身权益工具的合同。与国际会计准则的定义一致。

实质上，符合资产定义的金融产品就是金融资产，主要包括库存现金、应收账款、应收票据、贷款、垫款、其他应收款、应收利息、债权投资、股权投资、基金投资、衍生金融资产等。

第二节　金融资产的分类

金融资产的分类，与其计量密切相关。企业应当按照会计准则规定，结合自身业务和风险管理特点，在初始确认金融资产时将其划分为下列四类：①以公允价值计量且其变动计入当期损益的金融资产；②持有至到期投资；③贷款和应收款项；④可供出售的金融资产。金融资产的分类一旦确定，不得随意改变。

一、金融资产分类的原则

企业应当在初始确认金融资产时对各类金融资产进行分类，其分类原则说明如下：

（一）以公允价值计量且其变动计入当期损益的金融资产

此类金融资产可以进一步划分为交易性金融资产和直接指定为以公允价值计量且其变动计入当期损益的金融资产。

1. 交易性金融资产，主要是指企业为了近期内出售的金融资产。例如，企业以赚取差价为目的从二级市场购入的股票、债券、基金等，就属于交易性金融资产。衍生工具不作为有效套期工具的，也应当划分为交易性金融资产或金融负债。衍生工具包括远期合同、期货合同、互换和期权，以及具有远期合同、期货合同、互换和期权中一种或一种以上特征的工具。

2. 直接指定为以公允价值计量且其变动计入当期损益的金融资产，主要是指企业基于风险管理、战略投资需要等而将其直接指定为以公允价值计量且其公允价值变动计入当期损益的金融资产。例如，企业运用衍生工具对某可供出售金融资产进行套期保值，但由于套期有效性未能达到企业会计准则规定的要求而无法采用套期会计方法，在这种情况下，如果将该金融资产直接指定为以公允价值计量且其变动计入当期损益类金融资产，可以更好地反映风险管理的实际，提供更相关的会计信息，那么企业可以作这种指定。

（二）持有至到期投资

持有至到期投资，是指到期日固定、回收金额固定或可确定，且企业有明确意图和能力持有至到期的非衍生金融资产。通常情况下企业持有的、在活跃市场上有公开报价的国债、企业债券、金融债券等，可以划分为持有至到期投资。

持有至到期投资通常具有长期性质，但期限较短（1年以内）的债券投资，符合持有至到期投资条件的，也可将其划分为持有至到期投资。

确认持有至到期投资时应当注意以下相关概念：

1. 到期日固定、回收金额固定或可确定。到期日固定、回收金额固定或可确定，是指相关合同明确了投资者在确定的期间内获得或应收取现金流量（例如，投资利息和本金等）的金额和时间。因此，从投资者角度看，如果不考虑其他条件，在将某项投资划分为持有至到期投资时可以不考虑可能存在的发行方重大支付风险。其次，由于要求到期日固定，从而权益工具投资不能划分为持有至到期投资。例如，购入的股权投资因其没有固定的到期日，不符合持有至到期投资的条件，不能划分为持有至到期投资。再者，如果符合其他条件，不能由于某债务工具投资是浮动利率投资而不将其划分为持有至到期投资。实际利率应当在取得持有至到期投资时确定，在该持有至到期投资预期存续期间或适用的更短期间内保持不变。

2. 有明确意图持有至到期。有明确意图持有至到期，是指投资者在取得投资时意图就是明确的，除非遇到一些企业所不能控制、预期不会重复发生且难以合理预计的独立事件，否则将持有至到期。存在下列情况之一的，表明企业没有明确意图将金融资产投资持有至到期：

（1）持有该金融资产的期限不确定。

（2）发生市场利率变化、流动性需要变化、替代投资机会及其投资收益率变化、融资来源和条件变化、外汇风险变化等情况时，将出售该金融资产。

但是无法控制、预期不会重复发生且难以合理预计的独立事项引起的金融资产出售除外。

（3）该金融资产的发行方可以按照明显低于其摊余成本的金额清偿。

（4）其他表明企业没有明确意图将该金融资产持有至到期的情况。

据此，对于发行方可以赎回的债务工具，如发行方行使赎回权，投资者仍可收回其几乎所有初始净投资（含支付的溢价和交易费用），那么投资者可以将此类投资划分为持有至到期投资。但是，对于投资者有权要求发行方赎回的债务投资工具，投资者不能将其划分为持有至到期投资。

3. 有能力持有至到期。有能力持有至到期，是指企业有足够的财务资源，并不受外部因素影响将投资持有至到期。

存在下列情况之一的，表明企业没有能力将具有固定期限的金融资产投资持有至到期：

（1）没有可利用的财务资源持续地为该金融资产投资提供资金支持，以使该金融资产投资持有至到期。

（2）受法律、行政法规的限制，使企业难以将该金融资产投资持有至到期。

（3）其他表明企业没有能力将具有固定期限的金融资产投资持有至到期的情况。

企业应当于每个资产负债表日对持有至到期投资的意图和能力进行评价。发生变化的应当将其重分类为可供出售金融资产进行处理。

4. 到期前处置或重分类对所持有剩余非衍生金融资产的影响。企业将持有至到期投资在到期前处置或重分类，通常表明其违背了将投资持有到期的最初意图。如果处置或重分类为其他类金融资产的金额相对于该类投资（即企业全部持有至到期投资）在出售或重分类前的总额较大，则企业在处置或重分类后，应立即将其剩余的持有至到期投资（即全部持有至到期投资扣除已处置或重分类的部分）重分类为可供出售金融资产。

例如，某企业在 2007 年将尚未到期的某项持有至到期投资出售了 80%，则应当将该项持有至到期投资的剩余部分（即其余的 20%）重分类为可供出售金融资产，而且在 2007 年会计年度及 2008 年和 2009 年两个完整的会计年度内不得再将该金融资产划分为持有至到期投资。

但是，需要说明的是，遇到以下情况时可以例外：

（1）出售日或重分类日距离该项投资到期日或赎回日较近（如到期前三个月内），且市场利率变化对该项投资的公允价值没有显著影响。

（2）根据合同约定的偿付方式，企业已收回几乎所有初始本金。

（3）出售或重分类是由于企业无法控制、预期不会重复发生且难以合理预计的独立事件所引起。此种情况主要包括：①因被投资单位信用状况严重恶化，将持有至到期投资予以出售；②因相关税收法规取消了持有至到期投资的利息税前可抵扣政策，或显著减少了税前可抵扣金额，将持有至到期投资予以出售；③因发生重大企业合并或重大处置，为保持现行利率风险头寸或维持现行信用风险政策，将持有至到期投资予以出售；④因法律、行政法规对允许投资的范围或特定投资品种的投资限额作出重大调整，将持有至到期投资予以出售；⑤因监管部门要求大幅度提高资产流动性，或大幅度提高持有至到期投资在计算资本充足率时的风险权重，将持有至到期投资予以出售。

（三）贷款和应收款项

贷款和应收款项，是指在活跃市场中没有报价、回收金额固定或可确定的非衍生金融资产。通常情况下，一般企业因销售商品或提供劳务形成的应收款项、商业银行发放的贷款等，由于在活跃的市场上没有报价，回收金额固定或可确定，从而可以划分为此类金融资产。

但是，企业不应当将下列非衍生金融资产划分为贷款和应收款项：

（1）准备立即出售或在近期出售的非衍生金融资产。

（2）初始确认时被指定为以公允价值计量且其变动计入当期损益的非衍生金融资产。

（3）初始确认时被指定为可供出售的非衍生金融资产。

（4）因债务人信用恶化以外的原因，使持有方可能难以收回几乎所有初始投资的非衍生金融资产。

企业所持证券投资基金或类似基金不应当划分为贷款和应收款项。

贷款和应收款项泛指一类金融资产，主要指金融企业发放的贷款和其他债权，但不限于金融企业发放的贷款和其他债权。非金融企业持有的现金和银行存款、销售商品或提供劳务形成的应收款项、企业持有的其他企业的债权（不包括在活跃市场上有报价的债务工具）等，只要符合贷款和应收款项的定义，可以划分为这一类金融资产。划分为贷款和应收款项类的金融资产，与划分为持有至到期投资的金融资产，其主要差别在于前者不是在活跃市场上有报价的金融资产，并且不像持有至到期投资那样在出售或重分类方面受到较多限制。如果某债务工具投资在活跃市场上没有报价，则企业不能将其划分为持有至到期投资。

（四）可供出售金融资产

可供出售金融资产，是指初始确认时即被指定为可供出售的非衍生金融资产，以及没有划分为持有至到期投资、贷款和应收款项、以公允价值计量且其变动计入当期损益的金融资产。通常情况下，划分为此类的金融资产应当在活跃的市场上有报价，因此，企业从二级市场上购入的、有报价的债券投资、股票投资、基金投资等，可以划分为可供出售金融资产。

二、不同类金融资产之间的重分类

（1）企业在初始确认时将某金融资产划分为以公允价值计量且其变动计入当期损益的金融资产后，不能重分类为其他类金融资产；其他类金融资产也不能重分类为以公允价值计量且其变动计入当期损益的金融资产。

（2）持有至到期投资、贷款和应收款项、可供出售金融资产三类金融资产之间也不得随意重分类。

当企业的持有意图或能力发生改变，满足划分为持有至到期的要求、可供出售金融资产的公允价值不再能够可靠地计量、或持有可供出售金融资产的期限超过两个完整的会计年度时，可供出售金融资产可以重分类为持有至到期投资。

企业违背了将投资持有至到期的最初意图，出售或重分类持有至到期投资金额相对于出售或重分类前的总额较大的，剩余部分应划分为可供出售金融资产类，且随后两个完整的会计年度内不能将任何金融资产划分为持有至到期投资。

可见，持有至到期投资、贷款和应收款项、可供出售金融资产三类金融资产之间的重分类是有条件的。

第三节　金融资产的初始计量

企业初始确认金融资产应当按照公允价值计量。例如，企业从二级市场购入一批公司债券，其支付的价款（不含交易费用）就可以认为是该公司债券的公允价值。

交易费用是否应计入金融资产的初始入账金额，取决于其分类。如果企业在初始确认某项金融资产时将其划分为以公允价值计量且其变动计入当期损益的金融资产，那么发生的相关交易费用，应直接计入当期损益，不计入该金融资产的初始入账金额。但是，如果企业将该金融资产划分为其他三类，那么发生的相关交易费用，应当计入初始确认金额。

交易费用，是指可直接归属于购买、发行或处置金融工具新增的外部费用。新增的外部费用，是指企业不购买、发行或处置金融工具就不会发生的费用。交易费用包括支付给代理机构、咨询公司、券商等的手续费和佣金及其他必要支出，不包括债券溢价、折价、融资费用、内部管理成本及其他与交易不直接相关的费用。

企业取得金融资产支付的价款中包含已宣告但尚未发放的现金股利或已到付息期但尚未领取的债券利息，应当单独确认为应收项目，不构成金融资产的初始入账金额。

对于取得的金融资产，企业应当分不同类别进行计量。

一、以公允价值计量且其变动计入当期损益的金融资产的初始计量

企业划分为以公允价值计量且其变动计入当期损益的金融资产的股票、债券、基金，以及不作为有效套期工具的衍生工具，应当按照取得时的公允价值作为初始确认金额，相关的交易费用在发生时计入当期损益。支付的价款中包含已宣告但尚未发放的现金股利或已到付息期但尚未领取的债券利息，应当单独确认为应收项目。

企业应当设置"交易性金融资产"科目，核算企业为交易目的所持有的债券投资、股票投资、基金投资等交易性金融资产的公允价值，以及企业持有的直接指定为以公允价值计量且其变动计入当期损益的金融资产。企业取得交易性金融资产的公允价值、资产负债表日交易性金融资产的公允价值高于其账面余额的差额等，记入该科目的借方；出售交易性金融资产，按该金融资产的账面余额，记入该科目的贷方；科目期末借方余额，反映企业持有的交易性金融资产的公允价值。该科目可以按交易性金融资产的类别和品种，分别"成本"、"公允价值变动"等进行明细核算。

【例5-1】甲公司于2006年12月20日购入乙公司流通股股票10000股，每股价格10元（其中含有宣告发放的现金股利每股0.5元），共发生交易费用1000元，款项已用银行存款支付。甲公司购买股票是为了利用闲置资金，以赚取差价为目的。则甲公司2006年12月20日购入股票时，应做的会计分录为：

借：交易性金融资产——成本　　　　　　　　　95000
　　投资收益　　　　　　　　　　　　　　　　　1000
　　应收股利　　　　　　　　　　　　　　　　　5000

　　　　　贷：银行存款　　　　　　　　　　　　　　101000

二、持有至到期投资的初始计量

　　持有至到期投资应当按取得时的公允价值和相关交易费用之和作为初始确认金额。支付的价款中包含的已到付息期但尚未领取的债券利息，应单独确认为应收项目。

　　企业应当设置"持有至到期投资"科目，核算企业持有至到期投资的摊余成本。企业取得的持有至到期投资的面值、持有至到期投资为一次还本付息债券投资的，应于资产负债表日按票面利率计算确定的应收未收利息、应调整的利息等，记入该科目的借方；应调整的利息也可能记入该科目的贷方，将持有至到期投资重分类为可供出售金融资产或出售持有至到期投资，应按其账面余额，贷记本科目（成本、利息调整、应计利息）；该科目期末借方余额，反映企业持有至到期投资的摊余成本。该科目可按持有至到期投资的类别和品种，分别"成本"、"利息调整"、"应计利息"等进行明细核算。

　　【例5-2】甲公司2007年1月1日购入乙公司发行的五年期公司债券，票面利率为12%，债券面值为1000元，准备持有至到期。甲公司按1050元的价格购入80张该债券。则甲公司2007年1月1日购入债券时，应做的会计分录为：

　　　　借：持有至到期投资——成本　　　　　　　80000
　　　　　　持有至到期投资——利息调整　　　　　 4000
　　　　　贷：银行存款　　　　　　　　　　　　 84000

三、贷款和应收款项的初始计量

　　贷款和应收款项在活跃市场中没有报价。金融企业按当前市场条件发放的贷款，应按发放贷款的本金和相关交易费用之和作为初始确认金额。一般企业对外销售商品或提供劳务形成的应收债权，通常应按从购货方应收的合同或协议价款作为初始确认金额。

　　企业应当设置"应收账款"、"应收票据"等科目核算企业因销售商品、提供劳务等经营中应收取的款项。

　　金融企业应设置"贷款"科目核算企业（银行）按规定发放的各种客户贷款，包括质押贷款、抵押贷款、保证贷款、信用贷款等。

（一）应收票据

应收票据，是指企业因销售商品、产品、提供劳务等而收到的商业汇票，包括银行承兑汇票和商业承兑汇票。

应收票据一般按其面值计价，即企业收到应收票据时，按照票据的票面价值或票面金额入账。但对于带息的应收票据，应于期末按应收票据的票面价值和确定的利率计提利息，计提的利息应增加应收票据的账面余额。需要指出的是，到期不能收回的应收票据，应按其账面余额转入应收账款，并不再计提利息。

为了反映和监督企业应收票据的取得和回收情况，企业应设置"应收票据"科目进行核算。

1. 不带息应收票据。不带息票据的到期价值等于应收票据的面值。企业销售商品、产品或提供劳务收到开出、承兑的商业汇票时，按应收票据的面值，借记"应收票据"科目，按实现的营业收入，贷记"主营业务收入"科目，按专用发票上注明的增值税额，贷记"应交税费——应交增值税（销项税额）"科目。应收票据到期收回时，按票面金额，借记"银行存款"科目，贷记"应收票据"科目。商业承兑汇票到期，承兑人违约拒付或无力支付票款，企业收到银行退回的商业承兑汇票、委托收款凭证、未付票款通知书或拒绝付款证明等，将到期票据的票面金额转入"应收账款"科目。

【例5－3】甲公司销售一批产品给乙公司，货已发出，货款50000元，增值税额为8500元。按合同约定3月以后付款，乙公司交给A企业一张不带息3月到期的商业承兑汇票，面额58500元。甲公司应作如下账务处理：

借：应收票据　　　　　　　　　　　　　　58500
　　贷：主营业务收入　　　　　　　　　　50000
　　　　应交税费——应交增值税（销项税额）　8500

如果该票据到期，B公司无力偿还票款，A企业应将到期票据的票面金额转入"应收账款"科目。

借：应收账款　　　　　　　　　　　　　　58500
　　贷：应收票据　　　　　　　　　　　　58500

2. 带息应收票据。企业收到的带息应收票据，除按照上述原则进行核算外，还应于期末，按应收票据的票面价值和确定的利率计提票据利息，并增加应收票据的账面余额，同时，冲减"财务费用"。到期不能收回的带息应收票据，转入"应收账款"科目核算后，期末不再计提利息，其所包含的利息，在有关备查簿中进行登记，待实际收到时再冲减收到当期的财务费用。

票据利息的计算公式为：

应收票据利息 = 应收票据票面金额 × 票面利率 × 期限

上式中，"票面利率"一般指年利率；"期限"指签发日至到期日的时间间隔（有效期）。票据的期限，有按月表示和按日表示两种。

票据期限按月表示时，应以到期月份中与出票日相同的那一天为到期日。如 4 月 15 日签发的三个月票据，到期日应为 7 月 15 日。月末签发的票据，不论月份大小，以到期月份的月末那一天为到期日。与此同时，计算利息使用的利率要换成月利率（年利率 ÷ 12）。

票据期限按日表示时，应从出票日起按实际经历天数计算。通常出票日和到期日，只能计算其中的一天，即"算头不算尾"或"算尾不算头"。例如，4 月 15 日签发的 90 天票据，其到期日应为 7 月 14 日［90 天 − 4 月份剩余天数 − 5 月份实有天数 − 6 月份实有天数 = 90 − （30 − 15）− 31 − 30 = 14（天）］。同时，计算利息使用的利率，要换算成日利率（年利率 ÷ 360）。

带息应收票据到期收回款项时，应按收到的本息，借记"银行存款"科目，按账面余额，贷记"应收票据"科目，按其差额（未计提利息部分），贷记"财务费用"科目。

【例 5 − 4】B 企业 2006 年 9 月 1 日销售一批产品给 A 公司，货已发出，专用发票上注明的销售收入为 100000 元，增值税额 17000 元。收到 A 公司交来的商业承兑汇票一张，期限为 6 个月，票面利率为 5%。B 企业应作如下账务处理：

（1）收到票据时：

借：应收票据　　　　　　　　　　　　　117000

　　贷：主营业务收入　　　　　　　　　　100000

　　　　应交税费——应交增值税（销项税额）　17000

（2）年度终了（2006 年 12 月 31 日），计提票据利息：

票据利息 = 117000 × 5% ÷ 12 × 4 = 1950（元）

借：应收票据　　　　　　　　　　　　　1950

　　贷：财务费用　　　　　　　　　　　　1950

（3）票据到期收回款项：

收款金额 = 117000 × （1 + 5% ÷ 12 × 6）= 119925（元）

2007 年未计提的票据利息 = 117000 × 5% ÷ 12 × 2 = 975（元）

借：银行存款　　　　　　　　　　　　　119925

　　贷：应收票据　　　　　　　　　　　　118950

　　　　财务费用　　　　　　　　　　　　975

3. 应收票据贴现。应收票据贴现是指持票人因急需资金，将未到期的商业汇票背书后转让给银行，银行受理后，从票面金额中扣除按银行的贴现率计算确定的贴现利息后，将余额付给贴现企业的业务活动。在贴现中，企业付给银行的利息称为贴现利息，银行计算贴现利息的利率称为贴现率，企业从银行获得的票据到期值扣除贴现利息后的货币收入，称为贴现所得。其公式为：

贴现所得 = 票据到期值 - 贴现利息

贴现利息 = 票据到期值 × 贴现率 × 贴现期

贴现期 = 票据期限 - 企业已持有票据期限

带息应收票据的到期值，是其面值加上按票据载明的利率计算的票据全部期间的利息；不带息应收票据的到期值就是其面值。

如果贴现的商业承兑汇票到期，承兑人的银行账户不足支付，银行即将已贴现的票据退回申请贴现企业，同时从贴现企业的账户中将票据款划回。此时，贴现企业应按所付票据本息转作"应收账款"，借记"应收账款"科目，贷记"银行存款"科目。如果申请贴现企业的银行存款账户余额不足，银行将作为逾期贷款处理，贴现企业应借记"应收账款"科目，贷记"短期借款"科目。

（二）应收账款

应收账款是指企业因销售商品、产品、提供劳务等业务，应向购货单位或接受劳务单位收取的款项，是企业因销售商品、产品、提供劳务等经营活动所形成的债权。

应收账款通常应按实际发生额计价入账。计价时还需要考虑商业折扣和现金折扣等因素。

1. 商业折扣。商业折扣是指企业根据市场供需情况，或针对不同的顾客，在商品标价上给予的扣除。商业折扣是企业最常用的促销手段。商业折扣一般在交易发生时即已确定，它仅仅是确定实际销售价格的一种手段，不需在买卖双方任何一方的账上反映，所以商业折扣对应收账款的入账价值没有影响。因此，在存在商业折扣的情况下，企业应收账款入账金额应按扣除商业折扣以后的实际售价确认。

2. 现金折扣。现金折扣是指债权人为鼓励债务人在规定的期限内付款，而向债务人提供的债务扣除。现金折扣通常发生在以赊销方式销售商品及提供劳务的交易中。企业为了鼓励客户提前偿付货款，通常与债务人达成协议，债务人在不同期限内付款可享受不同比例的折扣。现金折扣一般用符号"折扣/付款期限"表示。例如买方在 10 天内付款可按售价给予 2% 的折扣，用符号"2/10"表示；在 20 天内付款按售价给予 1% 的折扣，用符号"1/20"表示；在 30 天内付款，则不给折扣，用符号"n/30"表示。

在存在现金折扣的情况下，应收账款应以未减去现金折扣的金额作为入账价值。实际发生的现金折扣，作为一种理财费用，计入发生当期的损益。

企业销售商品或提供劳务发生应收账款时，借记"应收账款"科目，按实现的营业收入，贷记"主营业务收入"等科目，按专用发票上注明的增值税额，贷记"应交税费——应交增值税（销项税额）"等科目。收回应收账款时，按实收金额，借记"银行存款"等科目，贷记"应收账款"科目。如果应收账款改用商业汇票结算，在收到承兑的商业汇票时，按照票面金额，借记"应收票据"科目，贷记"应收账款"科目。

企业代购货单位垫付的包装费、运杂费，借记"应收账款"科目，贷记"银行存款"等科目；收回代垫费用时，借记"银行存款"科目，贷记"应收账款"科目。

【例5-5】甲公司为增值税一般纳税企业，适用的增值税税率为17%。2007年3月1日，甲公司向乙公司销售一批商品，按价目表上标明的价格计算，其不含增值税额的售价总额为20000元。因属批量销售，甲公司同意给予乙公司10%的商业折扣，信用期为一个月。该批量销售业务符合销售商品收入确认条件。则甲公司2007年3月1日销售商品时，应做的会计分录为：

借：应收账款　　　　　　　　　　　　　　21060
　　贷：主营业务收入　　　　　　　　　　18000
　　　　应交税费——应缴增值税（销项税额）　3060
收到货款时：
借：银行存款　　　　　　　　　　　　　　21060
　　贷：应收账款　　　　　　　　　　　　21060

（三）其他应收款

其他应收款是指除应收票据、应收账款和预付账款以外的其他各种应收、暂付款项。主要包括：①应收的各种赔款、罚款；②应收出租包装物的租金；③应向职工收取的各种垫付款项；④备用金（向企业各职能科室、车间等拨出的备用金）；⑤存出的保证金，如租入包装物支付的押金；⑥预付账款转入；⑦其他各种应收、暂付款项。

为了反映和监督其他应收款的发生和结算情况，企业应设置"其他应收款"科目，并按其他应收款的项目分类，按不同的债务人设置明细账。

企业发生其他应收款时，按应收金额借记"其他应收款"科目，贷记有关科目。收回各种款项时，借记有关科目，贷记"其他应收款"科目。企业拨出用于投资、购买物资的各种款项，不得通过"其他应收款"科目核算。

企业应定期或者至少于每年年度终了，对其他应收款进行检查，预计其可能发生的坏账损失，并计提坏账准备。

四、可供出售金融资产的初始计量

可供出售金融资产应当按取得该金融资产的公允价值和相关交易费用之和作为初始确认金额。支付的价款中包含的已到付息期但尚未领取的债券利息或已宣告但尚未发放的现金股利，应单独确认为应收项目。

企业应当设置"可供出售金融资产"科目，核算企业持有的可供出售金融资产的公允价值，包括划分为可供出售的股票投资、债券投资等金融资产。企业取得可供出售的金融资产的公允价值与交易费用之和、可供出售债券为一次还本付息债券投资的，于资产负债表日按票面利率计算确定的应收未收利息、资产负债表日可供出售金融资产的公允价值高于其账面余额的差额、将持有至到期投资重分类为可供出售金融资产时，在重分类日的公允价值以及应调整的利息等，记入该科目的借方；应调整的利息也可能记入该科目的贷方，出售可供出售的金融资产，应按其账面余额，贷记本科目（成本、公允价值变动、利息调整、应计利息）。该科目期末借方余额，反映企业可供出售金融资产的公允价值。该科目按可供出售金融资产的类别和品种，分别"成本"、"利息调整"、"应计利息"、"公允价值变动"等进行明细核算。

【例5-6】甲公司2006年8月购入乙公司股票100万股，每股市价10元，发生的交易税费为5万元，公司管理层将其划分为可供出售金融资产。则甲公司2006年8月购入股票时，应做的会计分录为（以万元为金额单位）：

借：可供出售金融资产——股票投资（成本）　　1005
　　贷：银行存款　　　　　　　　　　　　　　　　1005

第四节　金融资产的后续计量

一、金融资产的后续计量

金融资产的后续计量主要是指资产负债表日对金融资产的计量。不同类别的金融资产其后续计量采用的计量基础也不完全相同。

（一） 以公允价值计量且其变动计入当期损益的金融资产的后续计量

以公允价值计量且其变动计入当期损益的金融资产，应当以公允价值进行后续计量，公允价值变动计入当期损益（公允价值变动损益）。资产负债表日，交易性金融资产的公允价值高于其账面余额的差额，借记"交易性金融资产"科目（公允价值变动），贷记"公允价值变动损益"科目；公允价值低于其账面余额的差额，做相反的会计分录。

企业持有该金融资产期间取得的债券利息或现金股利，应当在计息日或现金股利宣告发放日，确认为投资收益，借记"应收股利"或"应收利息"科目，贷记"投资收益"科目。

处置该金融资产时，其公允价值与初始入账金额之间的差额应当确认为投资收益，同时调整公允价值变动损益。应按实际收到的金额，借记"银行存款"等科目，按该金融资产的账面余额，贷记"交易性金融资产"科目，按其差额，贷记或借记"投资收益"科目。同时，将原计入该金融资产的公允价值变动转出，借记或贷记"公允价值变动损益"科目，贷记或借记"投资收益"科目。

【例5-7】接【例5-1】资料，2006年12月31日，该股票每股市价是15元。2007年1月20日，甲公司收到现金股利共计5000元。2007年6月5日，乙公司宣告发放现金股利，每股0.3元，6月20日，甲公司收到现金股利3000元。2007年6月28日将该项投资出售，售价为160000元。则甲公司应做的相关会计处理为：

（1）2006年12月31日，该金融资产应当以公允价值进行后续计量，公允价值变动计入当期损益（公允价值变动损益）。

借：交易性金融资产——公允价值变动　　　　55000（15×10000-95000）
　　贷：公允价值变动损益　　　　　　　　　55000

（2）2007年1月20日，甲公司收到现金股利共计5000元。

借：银行存款　　　　　　　　　　　　　　5000
　　贷：应收股利　　　　　　　　　　　　5000

（3）2007年6月5日，乙公司宣告发放现金股利，甲公司应确认投资收益。

借：应收股利　　　　　　　　　　　　　　3000
　　贷：投资收益　　　　　　　　　　　　3000

（4）2007年6月20日，甲公司收到现金股利共计3000元。

借：银行存款　　　　　　　　　　　　　　3000
　　贷：应收股利　　　　　　　　　　　　3000

（5）2007 年 6 月 28 日，甲公司将该项投资出售。

借：银行存款　　　　　　　　　　　　　160000

　　贷：交易性金融资产——成本　　　　　95000

　　　　交易性金融资产——公允价值变动　55000

　　　　投资收益　　　　　　　　　　　　10000

借：公允价值变动损益　　　　　　　　　　55000

　　贷：投资收益　　　　　　　　　　　　55000

（二）持有至到期投资的后续计量

持有至到期投资应当以摊余成本进行后续计量。持有至到期投资在持有期间应当按照摊余成本和实际利率计算确认利息收入，计入投资收益。实际利率应当在取得持有至到期投资时确定，在该持有至到期投资预期存续期间或适用的更短期间内保持不变。实际利率与票面利率差别较小的，也可按票面利率计算利息收入，计入投资收益。资产负债表日，持有至到期投资为分期付息、一次还本债券投资的，应按票面利率计算确定的应收未收利息，借记"应收利息"科目，按持有至到期投资摊余成本和实际利率计算确定的利息收入，贷记"投资收益"科目，按其差额，借记或贷记"持有至到期投资"科目（利息调整）。持有至到期投资为一次还本付息债券投资的，应于资产负债表日按票面利率计算确定的应收未收利息，借记"持有至到期投资"科目（应计利息），按持有至到期投资摊余成本和实际利率计算确定的利息收入，贷记"投资收益"科目，按其差额，借记或贷记"持有至到期投资"科目（利息调整）。

处置持有至到期投资时，应将所取得价款与该投资账面价值之间的差额计入投资收益。将持有至到期投资重分类为可供出售金融资产的，应在重分类日按其公允价值，借记"可供出售金融资产"科目，按其账面余额，贷记"持有至到期投资"科目（成本、利息调整、应计利息），按其差额，贷记或借记"资本公积——其他资本公积"科目。已计提减值准备的，还应同时结转减值准备。出售持有至到期投资，应按实际收到的金额，借记"银行存款"等科目，按其账面余额，贷记"持有至到期投资"科目（成本、利息调整、应计利息），按其差额，贷记或借记"投资收益"科目。已计提减值准备的，还应同时结转减值准备。

1. 摊余成本。金融资产的摊余成本，是指该金融资产的初始确认金额经下列调整后的结果：

（1）扣除已收回的本金。

（2）加上或减去采用实际利率法将该初始确认金额与到期日金额之间的差额进行摊销形成的累计摊销额。

（3）扣除已发生的减值损失。

2. 实际利率。实际利率，是指将金融资产在预期存续期间或适用的更短期间内的未来现金流量，折现为该金融资产当前账面价值所使用的利率。

在确定实际利率时，应当在考虑金融资产所有合同条款（包括提前还款权、看涨期权、类似期权等）的基础上预计未来现金流量，但不应当考虑未来信用损失。

金融资产合同各方之间支付或收取的、属于实际利率组成部分的各项收费、交易费用及溢价或折价等，应当在确定实际利率时予以考虑。金融资产的未来现金流量或存续期间无法可靠预计时，应当采用该金融资产在整个合同期内的合同现金流量。

【例5-8】2000年初，甲公司购买了一项债券，剩余年限5年，划分为持有至到期投资，公允价值为90万元，交易费用为5万元，每年按票面利率可收得固定利息4万元。该债券在第五年兑付（不能提前兑付）时可得本金110万元。

在初始确认时，计算实际利率如下：

$$4 \times (1+r)^{-1} + 4 \times (1+r)^{-2} + 4 \times (1+r)^{-3} + 4 \times (1+r)^{-4} + 114 \times (1+r)^{-5} = 95$$

计算结果：$r \approx 6.96\%$

（采用四舍五入方式取数）

表5-1　　　　　　　　　　　　甲公司债券的计量　　　　　　　　金额单位：万元

年　份	年初摊余成本 a	利息收益 $b = a \times r$	现金流量 c	年末摊余成本 $d = a + b - c$
2000	95	6.61	4	97.61
2001	97.61	6.79	4	100.41
2002	100.41	6.99	4	103.39
2003	103.39	7.19	4	106.58
2004	106.58	7.42	4 + 110	0

【例5-9】2000年初，乙公司购买了一项债券，剩余年限5年，划分为持有至到期投资，公允价值为1000万元（无交易费用）。该债券的面值1250万元，年票面利率4.7%（即每年支付利息59万元）。该债券发行方可以提前

赎回，且不付罚金。乙公司预期发行方不会提前赎回。假定计算确定的实际利率为10%。

表5-2　　　　　　　　　　乙公司债券的计量　　　　　金额单位：万元

年　份	年初摊余成本 a	利息收益 b=a×10%	现金流量 c	年末摊余成本 d=a+b-c
2000	1000	100	59	1041
2001	1041	104	59	1086
2002	1086	109	59	1136
2003	1136	113	59	1190
2004	1190	119	1250+59	0

【例5-10】接【例5-2】资料，假定不考虑相关税费，该债券每年付息一次，最后一年归还本金并支付最后一期利息，甲公司计提利息并按实际利率法摊销债券的溢价。经计算债券的实际利率为10.66%。

则甲公司编制与该债权投资相关的会计分录如下（计算结果保留整数）：

（1）2007年12月31日，应当按照摊余成本和实际利率计算确认利息收入，计入投资收益。

借：应收利息　　　　　　　　　9600（80000×12%）
　贷：投资收益　　　　　　　　8954（84000×10.66%）
　　　持有至到期投资——利息调整　646

收利息时：

借：银行存款　　　　　　　　　9600
　贷：应收利息　　　　　　　　　9600

（2）2008年12月31日，应当按照摊余成本和实际利率计算确认利息收入，计入投资收益。

借：应收利息　　　　　　　　　9600
　贷：投资收益　　　　　　　　8886〔（84000-646）×10.66%〕
　　　持有至到期投资——利息调整　714

收利息时：

借：银行存款　　　　　　　　　9600
　贷：应收利息　　　　　　　　　9600

（3）2009 年 12 月 31 日，应当按照摊余成本和实际利率计算确认利息收入，计入投资收益。

借：应收利息　　　　　　　　　9600

　　贷：投资收益　　　　　　　　　8809 ［（84000 – 646 – 714）×10.66%］

　　　　持有至到期投资——利息调整

　　　　　　　　　791

收利息时：

借：银行存款　　　　　　　　　　　　　　9600

　　贷：应收利息　　　　　　　　　　　　　　9600

（4）2010 年 12 月 31 日，应当按照摊余成本和实际利率计算确认利息收入，计入投资收益。

借：应收利息　　　　　　　　　9600

　　贷：投资收益　　　　　　　　8725 ［（84000 – 646 – 714 – 791）×10.66%］

　　　　持有至到期投资——利息调整

　　　　　　　　　875

收利息时：

借：银行存款　　　　　　　　　　　　　　9600

　　贷：应收利息　　　　　　　　　　　　　　9600

（5）2011 年 12 月 31 日，应当按照摊余成本和实际利率计算确认利息收入，计入投资收益。

借：应收利息　　　　　　　　　9600

　　贷：投资收益　　　　　　　　8626

　　　　持有至到期投资——利息调整　974（4000 – 646 – 714 – 791 – 875）

（6）到期，收回本息。

借：银行存款　　　　　　　　　　　　　　89600

　　贷：应收利息　　　　　　　　　　　　　　9600

　　　　持有至到期投资——成本　　　　　　80000

（三）贷款和应收款项的后续计量

贷款和应收款项应当以摊余成本进行后续计量。贷款持有期间所确认的利息收入，应当根据实际利率计算。实际利率应在取得贷款时确定，在该贷款预期存续期间或适用的更短期间内保持不变。实际利率与合同利率差别较小的，也可按合同利率计算利息收入。一般工商企业的期限短、不附息应收账款，基于重要性原则，可不按实际利率法确定摊余成本。

企业收回或处置贷款和应收款项时，应将取得的价款与该贷款和应收款项账面价值之间的差额计入当期损益。

（四）可供出售金融资产的后续计量

可供出售金融资产应当以公允价值进行后续计量。公允价值变动形成的利得或损失，除减值损失和外币货币性金融资产形成的汇兑差额外，应当直接计入所有者权益（资本公积——其他资本公积），在该金融资产终止确认时转出，计入当期损益（投资收益）。

可供出售外币货币性金融资产形成的汇兑差额，应当计入当期损益（财务费用等）。采用实际利率法计算的可供出售金融资产的利息，应当计入当期损益（投资收益等）；可供出售权益工具投资的现金股利，应当在被投资单位宣告发放股利时，计入当期损益（投资收益等）。

以公允价值计量且其变动计入当期损益的金融资产、持有至到期投资、贷款和应收款项、可供出售金融资产四类金融资产因价值变动形成的利得或损失，与套期保值有关的，应当按照套期保值会计方法处理。

【例5-11】接【例5-6】资料，2006年12月31日，乙公司股票每股市价为9元。2007年3月20日乙公司宣告分红，甲公司分享30万元。2007年4月10日收到现金股利。2007年12月31日，乙公司股票每股市价为7元。2008年12月31日，乙公司股票市价恢复，每股市价为8.50元。2009年3月15日，甲公司将乙公司的股票全部售出，取得价款合计为920万元。

则甲公司编制与该可供出售金融资产相关的会计分录如下（以万元为金额单位）：

（1）2006年12月31日，将公允价值变动形成的损失，直接计入所有者权益（资本公积——其他资本公积）。

借：资本公积——其他资本公积（9×100-1005）　　105
　　贷：可供出售金融资产——股票投资（公允价值变动）　105

（2）2007年3月10日，确认投资收益。

借：应收股利　　　　　　　　　　　　　　　　　30
　　贷：投资收益　　　　　　　　　　　　　　　　　30

（3）2007年4月10日，收到现金股利。

借：银行存款　　　　　　　　　　　　　　　　　30
　　贷：应收股利　　　　　　　　　　　　　　　　　30

（4）2007年12月31日，将公允价值变动形成的损失，直接计入所有者权益（资本公积——其他资本公积）。

借：资本公积——其他资本公积（7×100-900）　　200
　　贷：可供出售金融资产——股票投资（公允价值变动）　200

（5）2008 年 12 月 31 日，将公允价值变动形成的利得，直接计入所有者权益（资本公积——其他资本公积）。

　　借：可供出售金融资产——股票投资（公允价值变动）　　150

　　　　贷：资本公积——其他资本公积（$8.5 \times 100 - 700$）　　　　150

（6）2009 年 3 月 15 日，处置可供出售金融资产。

　　借：银行存款　　　　　　　　　　　　　　　　　　　920

　　　　可供出售金融资产——股票投资（公允价值变动）　　155

　　　　贷：可供出售金融资产——股票投资（成本）　　　　1005

　　　　　　投资收益　　　　　　　　　　　　　　　　　　70

　　借：资本公积——其他资本公积　　　　　　　　　　　155

　　　　贷：投资收益　　　　　　　　　　　　　　　　　　155

（五）不同类金融资产之间转换

1. 企业因持有意图或能力发生改变，使某项投资不再适合划分为持有至到期投资的，应当将其重分类为可供出售金融资产，并以公允价值进行后续计量。重分类日，该投资的账面价值与公允价值之间的差额，计入所有者权益（资本公积——其他资本公积），在该可供出售金融资产发生减值或终止确认时转出，计入当期损益（投资收益）。

2. 持有至到期投资部分出售或重分类的金额较大且不属于例外情况，使该投资的剩余部分不再适合划分为持有至到期投资的，企业应当将该投资的剩余部分重分类为可供出售金融资产，并以公允价值进行后续计量。重分类日，该投资剩余部分的账面价值与其公允价值之间的差额，计入所有者权益（资本公积——其他资本公积），在该可供出售金融资产发生减值或终止确认时转出，计入当期损益（投资收益）。

3. 对于按规定应以公允价值计量，但以前公允价值不能可靠计量的金融资产，企业应当在其公允价值能够可靠计量时改按公允价值计量。

4. 因持有意图或能力发生改变，或公允价值不再能够可靠计量，或持有期限已超过"两个完整的会计年度"，使金融资产不再适合按照公允价值计量时，企业可以将该金融资产改按成本或摊余成本计量，该成本或摊余成本为重分类日该金融资产的公允价值或账面价值。与该金融资产相关、原直接计入所有者权益的利得或损失，应当按照下列规定处理：

（1）该金融资产有固定到期日的，应当在该金融资产的剩余期限内，采用实际利率法摊销，计入当期损益。该金融资产的摊余成本与到期日金额之间的差额，也应当在该金融资产的剩余期限内，采用实际利率法摊销，计入当期损益。该金融资产在随后的会计期间发生减值的，原直接计入所有者权益的相关利得或损失，应当转出计入当期损益。

（2）该金融资产没有固定到期日的，仍应保留在所有者权益中，在该金融资产被处置时转出，计入当期损益。该金融资产在随后的会计期间发生减值的，原直接计入所有者权益的相关利得或损失，应当转出计入当期损益。

二、金融资产减值的处理

（一）金融资产减值测试

企业应当在资产负债表日对以公允价值计量且其变动计入当期损益的金融资产以外的金融资产的账面价值进行检查，有客观证据表明该金融资产发生减值的，应当计提减值准备。

表明金融资产发生减值的客观证据，包括下列各项：

1. 发行方或债务人发生严重财务困难。

2. 债务人违反了合同条款，如偿付利息或本金发生违约或逾期等。

3. 债权人出于经济或法律等方面因素的考虑，对发生财务困难的债务人作出让步。

4. 债务人很可能倒闭或进行其他财务重组。

5. 因发行方发生重大财务困难，该金融资产无法在活跃市场继续交易。

6. 无法辨认一组金融资产中的某项资产的现金流量是否已经减少，但根据公开的数据对其进行总体评价后发现，该组金融资产自初始确认以来的预计未来现金流量确已减少且可计量，如该组金融资产的债务人支付能力逐步恶化，或债务人所在国家或地区失业率提高、担保物在其所在地区的价格明显下降、所处行业不景气等。

7. 债务人经营所处的技术、市场、经济或法律环境等发生重大不利变化，使权益工具投资人可能无法收回投资成本。

8. 权益工具投资的公允价值发生严重或非暂时性下跌。

9. 其他表明金融资产发生减值的客观证据。

（二）金融资产减值损失的会计处理

1. 持有至到期投资、贷款和应收款项。

（1）持有至到期投资、贷款和应收款项等金融资产发生减值时，应当将该金融资产的账面价值减记至预计未来现金流量（不包括尚未发生的未来信用损失）现值，减记的金额确认为资产减值损失，计入当期损益。即：

摊余成本计量的金融资产减值损失＝金融资产的期末账面价值－预计未来现金流量现值

预计未来现金流量现值，应当按照该金融资产的原实际利率折现确定，并考虑相关担保物的价值（取得和出售该担保物发生的费用应当予以扣除）。原实际利率是初始确认该金融资产时计算确定的实际利率。对于浮动利率贷款、应收款项或持有至到期投资，在计算未来现金流量现值时，可采用合同规定的现行实际利率作为折现率。

短期应收款项的预计未来现金流量与其现值相差很小的，在确定相关减值损失时，可不对其预计未来现金流量进行折现。

（2）对于存在大量性质类似且以摊余成本后续计量金融资产的企业，在考虑金融资产减值测试时，应当先将单项金额重大的金融资产区分开来，单独进行减值测试。如有客观证据表明其已发生减值，应当确认减值损失，计入当期损益。对单项金额不重大的金融资产，可以单独进行减值测试，或包括在具有类似信用风险特征的金融资产组合中进行减值测试。实务中，企业可以根据具体情况确定单项金额重大的标准。该项标准一经确定，应当一致运用，不得随意变更。

一般工商企业应收款项期末坏账损失计量：单项金额重大且发生损失的应收款项，采用未来现金流折现法；其他（含单项金额重大且非发生损失的）应收款项，采用账龄分析法、余额百分比法等。

坏账是指企业无法收回或收回的可能性极小的应收款项。由于发生坏账而产生的损失，称为坏账损失。企业确认坏账时，应具体分析各应收款项的特性、金额的大小、信用期限、债务人的信誉和当时的经营情况等因素。一般来讲，企业对有确凿证据表明确实无法收回的应收款项，如债务单位已撤销、破产、资不抵债、现金流量严重不足等，根据企业管理权限，经股东大会或董事会，或经理（厂长）办公会或类似机构批准作为坏账损失。

实务中，企业还应根据其本身的情况，采取不同的方式，调查和了解债务单位其他方面的情况，在综合分析各种可能影响因素的基础上，确定合理的坏账准备计提比例。

需要说明的是，在计提坏账准备时，应注意：除有确凿证据表明该项应收款项不能够收回或收回的可能性不大外（如债务单位已撤销、破产、资不抵债、现金流量严重不足、发生严重的自然灾害等导致停产而在短时间内无法偿付债务等，以及3年以上的应收款项），下列各种情况不能全额计提坏账准备：①当年发生的应收款项；②计划对应收款项进行重组；③与关联方发生的应收款项；④其他已逾期，但无确凿证据表明不能收回的应收款项。

企业需设置"坏账准备"科目，核算企业应收款项的坏账损失。

资产负债表日，应收款项发生减值的，按应减记的金额，借记"资产减值损失"科目，贷记"坏账准备"科目。本期应计提的坏账准备大于其账面余额的，应按其差额计提；应计提的坏账准备小于其账面余额的差额做相反的会计分录。

对于确实无法收回的应收款项，按管理权限报经批准后作为坏账，转销应收款项，借记"坏账准备"科目，贷记"应收票据"、"应收账款"、"其他应收款"、"长期应收款"等科目。

已确认并转销的应收款项以后又收回的，应按实际收回的金额，借记"应收票据"、"应收账款"、"其他应收款"、"长期应收款"等科目，贷记"坏账准备"科目；同时，借记"银行存款"科目，贷记"应收票据"、"应收账款"、"其他应收款"、"长期应收款"等科目。

对于已确认并转销的应收款项以后又收回的，也可以按照实际收回的金额，借记"银行存款"科目，贷记"坏账准备"科目。

"坏账准备"科目期末贷方余额，反映企业已计提但尚未转销的坏账准备。

①应收款项余额百分比法。

应收款项余额百分比法，是根据会计期末应收款项的余额和估计的坏账率，估计坏账损失，计提坏账准备的方法。

【例5－12】某企业从2003年开始计提坏账准备。2003年末应收账款余额为120000元，该企业坏账准备的提取比例为5%。则计提的坏账准备为：

坏账准备提取额 = 120000 × 5% = 6000（元）

借：资产减值损失　　　　　　　　　　　　　6000

　　贷：坏账准备　　　　　　　　　　　　　6000

2004年11月，企业发现有1600元的应收账款无法收回，按有关规定确认为坏账损失。

借：坏账准备　　　　　　　　　　　　　　　1600

　　贷：应收账款　　　　　　　　　　　　　1600

2004年12月31日，该企业应收账款余额为144000元。按本年年末应收账款余额应保持的坏账准备金额（即坏账准备的余额）为：

144000 × 5% = 7200（元）

年末计提坏账准备前，"坏账准备"科目的贷方余额为：6000 – 1600 = 4400（元）

本年度应补提的坏账准备金额为：7200 – 4400 = 2800（元）

有关账务处理如下：

借：资产减值损失　　　　　　　　　　　　　2800

　　　　贷：坏账准备　　　　　　　　　　　　　　　2800

　　2005 年 5 月 20 日，接银行通知，企业上年度已冲销的 1600 元坏账又收回，款项已存入银行。有关账务处理如下：

　　　　借：应收账款　　　　　　　　　　　　　　1600
　　　　　　贷：坏账准备　　　　　　　　　　　　　　1600
　　　　借：银行存款　　　　　　　　　　　　　　1600
　　　　　　贷：应收账款　　　　　　　　　　　　　　1600

　　也可以制作一个会计分录：

　　　　借：银行存款　　　　　　　　　　　　　　1600
　　　　　　贷：坏账准备　　　　　　　　　　　　　　1600

　　2005 年 12 月 31 日，企业应收账款余额为 100000 元。

　　本年末坏账准备余额应为：$100000 \times 5\% = 5000$（元）

　　至年末，计提坏账准备前的"坏账准备"科目的贷方余额为：$7200 + 1600 = 8800$（元）

　　本年度应冲销多提的坏账准备金额为：$8800 - 5000 = 3800$（元）

　　有关账务处理如下：

　　　　借：坏账准备　　　　　　　　　　　　　　3800
　　　　　　贷：资产减值损失　　　　　　　　　　　　3800

　　②账龄分析法。

　　账龄分析法，是根据应收款项账龄的长短来估计坏账的方法。账龄指的是顾客所欠账款的时间。采用这种方法，企业利用账龄分析表所提供的信息，确定坏账准备金额。确定的方法按各类账龄分别估计其可能成为坏账的部分。

　　【例 5 - 13】某企业 2006 年 12 月 31 日应收账款账龄及估计坏账损失如表 5 - 3 所示：

表 5 - 3　　　　　　　　某企业应收账款账龄及估计坏账损失　　　　　金额单位：元

应收账款账龄	应收账款金额	估计损失（%）	估计损失金额
一年以内	600000	5	3000
1 ~ 2 年（含 1 年）	400000	10	4000
2 ~ 3 年（含 2 年）	300000	30	9000
3 ~ 4 年（含 3 年）	100000	100	10000
合　计	1400000		26000

如上表所示，该企业 2006 年 12 月 31 日估计的坏账损失为 26000 元，所以，"坏账准备"科目的账面余额应为 26000 元。

假设在估计坏账损失前，"坏账准备"科目有贷方余额 24000 元，则该企业还应计提 2000 元（26000 – 24000）坏账准备。有关账务处理如下：

借：资产减值损失　　　　　　　　　　　2000
　　贷：坏账准备　　　　　　　　　　　　2000

再假设在估计坏账损失前，"坏账准备"科目有贷方余额 29000 元，则该企业应冲减 3000 元（29000 – 26000）坏账准备。有关账务处理如下：

借：坏账准备　　　　　　　　　　　　　3000
　　贷：资产减值损失　　　　　　　　　　3000

单独测试未发现减值的金融资产（包括单项金额重大和不重大的金融资产），应当包括在具有类似信用风险特征的金融资产组合中再进行减值测试。已单项确认减值损失的金融资产，不应包括在具有类似信用风险特征的金融资产组合中进行减值测试。

（3）对持有至到期投资、贷款和应收款项等金融资产确认减值损失后，如有客观证据表明该金融资产价值已恢复，且客观上与确认该损失后发生的事项有关（如债务人的信用评级已提高等），原确认的减值损失应当予以转回，计入当期损益。但是，该转回后的账面价值不应当超过假定不计提减值准备情况下该金融资产在转回日的摊余成本。

（4）持有至到期投资、贷款和应收款项等金融资产确认减值损失后，利息收入应当按照确定减值损失时对未来现金流量进行折现采用的折现率作为利率计算确认。

2. 可供出售金融资产。可供出售金融资产发生减值时，即使该金融资产没有终止确认，原直接计入所有者权益的因公允价值下降形成的累计损失，也应当予以转出，计入当期损益。该转出的累计损失等于可供出售金融资产的初始取得成本扣除已收回本金和已摊销金额、当前公允价值和原已计入损益的减值损失后的余额。

对于已确认减值损失的可供出售债务工具，在随后的会计期间公允价值已上升且客观上与原减值损失确认后发生的事项有关的，原确认的减值损失应当予以转回，计入当期损益（资产减值损失）。

可供出售权益工具投资发生的减值损失，不得通过损益转回。但是在活跃市场中没有报价且其公允价值不能可靠地计量的权益工具投资，或与该权益工具挂钩并须通过交付该权益工具结算的衍生金融资产发生的减值损失，不得转回。

可供出售金融资产发生减值后，利息收入应当按照确定减值损失时对未来现金流量进行折现采用的折现率作为利率计算确认。

复习思考题

1. 简述金融资产及其分类。

2. 简述金融资产初始计量的原则。

3. 如何采用实际利率确定金融资产的摊余成本？

4. 简述不同类金融资产转换的原则和会计核算要求。

5. 如何对持有至到期投资进行确认？到期前处置或重分类持有至到期投资会产生什么影响？

6. 表明金融资产发生减值的客观证据有哪些？

7. 怎样对可供出售金融资产减值进行会计处理？

8. 简述金融资产减值的会计处理原则。

9. 试比较不同类别的金融资产其后续计量所采用的计量基础及其会计处理差异。

第六章 长期股权投资

第一节 长期股权投资的初始计量

一、长期股权投资初始计量原则

长期股权投资在取得时，应按初始投资成本入账。长期股权投资的初始投资成本，应分别企业合并和非企业合并两种情况确定。

长期股权投资包括：①企业持有的能够对被投资单位实施控制的权益性投资，即对子公司投资；②企业持有的能够与其他合营方一同对被投资单位实施共同控制的权益性投资，即对合营企业投资；③企业持有的能够对被投资单位施加重大影响的权益性投资，即对联营企业投资；④企业对被投资单位不具有控制、共同控制或重大影响、在活跃市场上没有报价且公允价值不能可靠计量的权益性投资。

二、企业合并形成的长期股权投资的初始计量

（一）企业合并概述

企业合并，是指将两个或者两个以上单独的企业合并形成一个报告主体的交易或事项。

以合并方式为基础对企业合并的分类。本质上看，企业合并是一个企业取得对另外一个企业的控制权、吸收另一个或多个企业的净资产以及将参与合并的企业相关资产、负债进行整合后成立新的企业等情况。因此，以合并方式为基础，企业合并包括控股合并、吸收合并及新设合并。

（1）控股合并，是指合并方（或购买方，下同）通过企业合并交易或事

项取得对被合并方（或被购买方，下同）的控制权，能够主导被合并方的生产经营决策，从而将被合并方纳入其合并财务报表范围形成一个报告主体的情况。控股合并中，被合并方在企业合并后仍保持其独立的法人资格继续经营，合并方在合并中取得的是对被合并方的股权。合并方在其账簿及个别财务报表中应确认对被合并方的长期股权投资，合并中取得的被合并方的资产和负债仅在合并财务报表中确认。

（2）吸收合并，是指合并方在企业合并中取得被合并方的全部净资产，并将有关资产、负债并入合并方自身的账簿和报表进行核算。企业合并后，注销被合并方的法人资格，由合并方持有合并中取得的被合并方的资产、负债，在新的基础上继续经营。

（3）新设合并，是指企业合并中注册成立一家新的企业，由其持有原与合并各方的资产、负债在新的基础上经营。原参与合并各方在合并后均注销其法人资格。

（二）同一控制下的企业合并形成的长期股权投资

合并方以支付现金、转让非现金资产或承担债务方式作为合并对价的，应当在合并日按照取得被合并方所有者权益账面价值的份额作为长期股权投资的初始投资成本。长期股权投资初始投资成本与支付的现金、转让的非现金资产以及所承担债务账面价值之间的差额，应当调整资本公积；资本公积不足冲减的，调整留存收益。

合并方以发行权益性证券作为合并对价的，应当在合并日按照取得被合并方所有者权益账面价值的份额作为长期股权投资的初始投资成本。按照发行股份的面值总额作为股本，长期股权投资初始投资成本与所发行股份面值总额之间的差额，应当调整资本公积；资本公积不足冲减的，调整留存收益。

会计处理如下：

同一控制下企业合并形成的长期股权投资，应在合并日按取得被合并方所有者权益账面价值的份额，借记"长期股权投资——××公司（成本）"科目，按应自被投资单位收取的已宣告但尚未发放的现金股利或利润，借记"应收股利"科目，按支付的合并对价的账面价值，贷记或借记有关资产、负债科目，按其差额，贷记"资本公积——资本溢价（或股本溢价）"科目；如为借方差额，借记"资本公积——资本溢价（或股本溢价）"科目，资本公积——资本溢价（或股本溢价）不足冲减的，应依次借记"盈余公积"、"利润分配——未分配利润"科目。

【例6-1】甲公司和乙公司同为A集团的子公司，2007年6月1日，甲公司以银行存款取得乙公司所有者权益的80%，同日乙公司所有者权益的账面价值为 1000 万元。

（1）若甲公司支付银行存款 720 万元。

借：长期股权投资——乙公司（成本）　　　　　800（1000×80%）

　　贷：银行存款　　　　　　　　　　　　　　720

　　　　资本公积——资本溢价　　　　　　　　80

（2）若甲公司支付银行存款 900 万元。

借：长期股权投资——乙公司（成本）　　　　　800

　　资本公积——资本溢价　　　　　　　　　　100

　　贷：银行存款　　　　　　　　　　　　　　900

如资本公积不足冲减，冲减留存收益。

【例6-2】甲公司和乙公司同为 A 集团的子公司，2007 年 8 月 1 日甲公司发行 600 万股普通股（每股面值 1 元）作为对价取得乙公司 60% 的股权，同日乙公司账面净资产总额为 1300 万元。

借：长期股权投资——乙公司（成本）　　　　　780（1300×60%）

　　贷：股本　　　　　　　　　　　　　　　　600

　　　　资本公积——股本溢价　　　　　　　　180

（三）同一控制下的企业合并形成的长期股权投资

非同一控制下的企业合并，购买方在购买日应当按照《企业会计准则第 20 号——企业合并》确定的合并成本作为长期股权投资的初始投资成本。

购买方应当区别下列情况确定合并成本：①一次交换交易实现的企业合并，合并成本为购买方在购买日为取得对被购买方的控制权而付出的资产、发生或承担的负债以及发行的权益性证券的公允价值；②通过多次交换交易分步实现的企业合并，合并成本为每一单项交易成本之和；③购买方为进行企业合并发生的各项直接相关费用也应当计入企业合并成本；④在合并合同或协议中对可能影响合并成本的未来事项作出约定的，购买日如果估计未来事项很可能发生并且对合并成本的影响金额能够可靠计量的，购买方应当将其计入合并成本。

会计处理如下：

非同一控制下企业合并形成的长期股权投资，应在购买日按企业合并成本，借记"长期股权投资——××公司（成本）"科目，按支付合并对价的账面价值，贷记或借记有关资产、负债科目，按发生的直接相关费用，贷记"银行存款"等科目，按其差额，贷记"营业外收入"或借记"营业外支出"等科目。企业合并成本中包含的应自被投资单位收取的已宣告但尚未发放的现金股利或利润，应作为应收股利进行核算。

非同一控制下企业合并涉及以库存商品等作为合并对价的，应按库存商品的公允价值，贷记"主营业务收入"科目，并同时结转相关的成本。

【例6-3】2007年1月1日，甲公司以一台固定资产和银行存款200万元向乙公司投资（甲公司和乙公司不属于同一控制的两个公司），占乙公司注册资本的60%，该固定资产的账面原价为8000万元，已计提累计折旧500万元，已计提固定资产减值准备200万元，公允价值为7600万元。不考虑其他相关税费。甲公司的会计处理如下：

借：固定资产清理　　　　　　　　　　　　7300
　　累计折旧　　　　　　　　　　　　　　 500
　　固定资产减值准备　　　　　　　　　　 200
　贷：固定资产　　　　　　　　　　　　　8000
借：长期股权投资——乙公司（成本）　　　7800（200 + 7600）
　贷：固定资产清理　　　　　　　　　　　7300
　　　银行存款　　　　　　　　　　　　　 200
　　　营业外收入　　　　　　　　　　　　 300

【例6-4】2007年5月1日，甲公司以一项专利权和银行存款200万元向丙公司投资（甲公司和丙公司不属于同一控制的两个公司），占乙公司注册资本的70%，该专利权的账面原价为5000万元，已计提累计摊销600万元，已计提无形资产减值准备200万元，公允价值为4000万元。不考虑其他相关税费。甲公司的会计处理如下：

借：长期股权投资——乙公司（成本）　　　4200（200 + 4000）
　　累计摊销　　　　　　　　　　　　　　 600
　　无形资产减值准备　　　　　　　　　　 200
　　营业外支出　　　　　　　　　　　　　 200
　贷：无形资产　　　　　　　　　　　　　5000
　　　银行存款　　　　　　　　　　　　　 200

【例6-5】甲公司2007年4月1日与乙公司原投资者A公司签订协议，甲公司和乙公司不属于同一控制下的公司。甲公司以存货和承担A公司的短期还贷款义务换取A公司持有的乙公司股权，2007年7月1日合并日乙公司可辨认净资产公允价值为1000万元，甲公司取得70%的份额。甲公司投出存货的公允价值为500万元，增值税85万元，账面成本400万元，承担归还贷款义务200万元。会计处理如下：

借：长期股权投资——乙公司（成本）　　　 785
　贷：短期借款　　　　　　　　　　　　　 200

　　　　主营业务收入　　　　　　　　　　　　　　　　500

　　　　应交税费——应交增值税（销项税额）　　　　85

　　借：主营业务成本　　　　　　　　　　　　400

　　　　贷：库存商品　　　　　　　　　　　　　400

注：合并成本＝500＋85＋200＝785（万元）。

三、以企业合并以外的其他方式取得的长期股权投资

　　以支付现金、非现金资产等其他方式取得的长期股权投资，应按根据长期股权投资准则确定的初始投资成本，借记"长期股权投资——××公司（成本）"科目，按应自被投资单位收取的已宣告但尚未发放的现金股利或利润，借记"应收股利"科目，贷记"银行存款"等科目。

　　1. 以支付现金取得的长期股权投资，应当按照实际支付的购买价款作为初始投资成本。初始投资成本包括与取得长期股权投资直接相关的费用、税金及其他必要支出。

　　【例6-6】2007年4月1日，甲公司从证券市场上购入丁公司发行在外的1000万股股票作为长期股权投资，每股8元（含已宣告但尚未发放的现金股利0.5元），实际支付价款8000万元，另支付相关税费40万元。

　　甲公司的会计处理如下（假定按照权益法核算）：

　　借：长期股权投资——丁公司（成本）　　7540

　　　　应收股利　　　　　　　　　　　　　500（1000×0.5）

　　　　贷：银行存款　　　　　　　　　　　8040

　　2. 以发行权益性证券取得的长期股权投资，应当按照发行权益性证券的公允价值作为初始投资成本。

　　【例6-7】2007年7月1日，甲公司发行股票100万股作为对价向A公司投资，每股面值为1元，实际发行价为每股3元。不考虑相关税费。

　　甲公司的会计处理如下（假定按照权益法核算）：

　　借：长期股权投资——A公司（成本）　　300

　　　　贷：股本　　　　　　　　　　　　　100

　　　　　资本公积——股本溢价　　　　　　200

　　3. 投资者投入的长期股权投资，应当按照投资合同或协议约定的价值作为初始投资成本，但合同或协议约定价值不公允的除外。

　　【例6-8】2007年8月1日，A公司接受B公司投资，B公司将持有的对C公司的长期股权投资投入到A公司。B公司持有的对C公司的长期股权投资

的账面余额为 800 万元，未计提减值准备。A 公司和 B 公司投资合同约定的价值为 1000 万元，A 公司的注册资本为 5000 万元，B 公司投资后持股比例为 20%。A 公司的会计处理如下：

借：长期股权投资——C 公司（成本）　　　　　1000
　贷：实收资本——B 公司　　　　　　　　　　　　　　1000

4. 通过非货币性资产交换取得的长期股权投资，其初始投资成本应当按照《企业会计准则第 7 号——非货币性资产交换》确定。

（1）非货币性资产交换具有商业实质且换入或换出资产的公允价值能够可靠计量。

换入资产入账价值 = 换出资产公允价值 + 支付的相关税费 + 支付的补价 − 收到的补价 − 可抵扣的增值税进项税额

【例 6 - 9】A 公司以 5 辆小汽车换取 B 公司持有的对 D 公司的长期股权投资，A 公司 5 辆小汽车的账面原价为 200 万元，已提折旧 40 万元，未计提减值准备，公允价值为 150 万元，B 公司持有的对 D 公司的长期股权投资的账面价值为 180 万元，公允价值为 170 万元，A 公司支付了 20 万元现金，不考虑相关税费。假定该交换具有商业实质。

A 公司的会计处理如下：

换入长期股权投资的入账价值 = 150 + 20 = 170（万元）

借：固定资产清理　　　　　　　　　　　　　160
　　累计折旧　　　　　　　　　　　　　　　　40
　贷：固定资产　　　　　　　　　　　　　　　　　200
借：长期股权投资——D 公司（成本）　　　　170
　　营业外支出　　　　　　　　　　　　　　　10
　贷：固定资产清理　　　　　　　　　　　　　　　160
　　　银行存款　　　　　　　　　　　　　　　　　20

（2）非货币性资产交换不具有商业实质。

换入资产入账价值 = 换出资产账面价值 + 支付的相关税费 + 支付的补价 − 收到的补价 − 可抵扣的增值税进项税额

【例 6 - 10】A 公司以持有 M 公司的长期股权投资换入 C 公司持有的 N 公司的长期股权投资。A 公司持有 M 公司的长期股权投资的账面余额为 200 万元（采用成本法核算），公允价值为 210 万元；C 公司持有 N 公司的长期股权投资的账面余额为 170 万元（采用成本法核算），公允价值为 190 万元。A 公司收到补价 20 万元。假定该交换不具有商业实质。

A 公司会计处理如下：

换入长期股权投资的入账价值 = 200 - 20 = 180（万元）

借：长期股权投资——N 公司　　　　　　　180

　　　银行存款　　　　　　　　　　　　　　20

　　贷：长期股权投资——M 公司　　　　　　200

5. 通过债务重组取得的长期股权投资，其初始投资成本应当按照《企业会计准则第 12 号——债务重组》确定。

取得的长期股权投资按其公允价值入账。

【例 6 - 11】A 公司应收 D 公司账款余额为 300 万元，因 D 公司发生财务困难，A 公司同意 D 公司用其持有 E 公司的一项长期股权投资抵偿账款。该项长期股权投资的账面余额为 260 万元，未计提减值准备，公允价值为 270 万元。A 公司取得对 E 公司股权投资后也作为长期股权投资。

A 公司的会计处理如下（假定按照权益法核算）：

借：长期股权投资——E 公司（成本）　　　270

　　　营业外支出　　　　　　　　　　　　　30

　　贷：应收账款　　　　　　　　　　　　　300

第二节　长期股权投资的后续计量

一、长期股权投资后续计量原则

长期股权投资应分别不同的情况采用成本法或权益法进行后续计量，确定长期股权投资的期末账面余额。

二、长期股权投资的成本法

（一）成本法的适用范围

1. 对子公司投资。

2. 对被投资单位的影响力在重大影响以下，且在活跃市场中没有报价、公允价值不能可靠计量的投资。

（二）成本法的核算

采用成本法核算的长期股权投资应当按照初始投资成本计价。追加或收回投资应当调整长期股权投资的成本。被投资单位宣告分派的现金股利或利润，确认为当期投资收益。投资企业确认投资收益，仅限于被投资单位接受投资后产生的累积净利润的分配额，所获得的利润或现金股利超过上述数额的部分作为初始投资成本的收回。

在成本法下，关于现金股利的处理涉及三个账户，即"应收股利"账户、"投资收益"账户和"长期股权投资"账户。在实际进行账务处理时，可先确定应记入"应收股利"账户和"长期股权投资"账户的金额，然后根据借贷平衡原理确定应记入"投资收益"账户金额。当被投资企业宣告现金股利时，投资企业按应得部分借记"应收股利"账户。"长期股权投资"账户金额的确定比较复杂，具体做法是：当投资后应收股利的累积数大于投资后应得净利的累积数时，其差额即为累积冲减投资成本的金额，然后再根据前期已累积冲减的投资成本调整本期应冲减或恢复的投资成本；当投资后应收股利的累积数小于或等于投资后应得净利的累积数时，若前期存有尚未恢复的投资成本，则首先将尚未恢复数额全额恢复，然后再确认投资收益。"应收股利"科目和"长期股权投资"科目发生额的计算公式如下：

1."应收股利"科目发生额＝被投资单位宣告分派的现金股利×投资持股比例

2."长期股权投资"科目发生额＝（投资后至本年年末止被投资单位累积分派的利润或现金股利－投资后至上年年末止被投资单位累积实现的净损益）×投资持股比例－投资企业已冲减的投资成本

或：

"长期股权投资"科目发生额＝（应收股利的累积数－投资后应得净利的累积数）－投资企业已冲减的投资成本

应用上述公式计算时，若计算结果为正数，则为本期应冲减的投资成本，在"长期股权投资"科目贷方反映；若计算结果为负数，则为本期应恢复的投资成本，在"长期股权投资"科目借方反映，但恢复数不能大于原冲减数。

【例6－12】A企业2007年1月1日，以银行存款购入C公司10%的股份，并准备长期持有，采用成本法核算。C公司于2007年5月2日宣告分派2006年度的现金股利100000元，C公司2007年实现净利润400000元。

2007年5月2日宣告发放现金股利时，投资企业按投资持股比例计算的份额应冲减投资成本。

会计分录为：

借：应收股利　　　　　　　　　　　　　　10000
　　贷：长期股权投资——C公司　　　　　　　10000

（1）若 2008 年 5 月 1 日 C 公司宣告分派 2007 年现金股利 300000 元。

应收股利 = 300000 × 10% = 30000（元）

应收股利累积数 = 10000 + 30000 = 40000（元）

投资后应得净利累积数 = 0 + 400000 × 10% = 40000（元）

因应收股利累积数等于投资后应得净利累积数，所以应将原冲减的投资成本 10000 元恢复。

或："长期股权投资"科目发生额 =（40000 - 40000）- 10000 = - 10000（元），应恢复投资成本 10000 元。

会计分录为：

借：应收股利 30000

　　长期股权投资——C 公司 10000

　贷：投资收益 40000

（2）若 C 公司 2008 年 5 月 1 日宣告分派 2007 年现金股利 450000 元。

应收股利 = 450000 × 10% = 45000（元）

应收股利累积数 = 10000 + 45000 = 55000（元）

投资后应得净利累积数 = 0 + 400000 × 10% = 40000（元）

累计冲减投资成本的金额为 15000 元（55000 - 40000），因已累计冲减投资成本 10000 元，所以本期应冲减投资成本 5000 元。

或："长期股权投资"科目发生额 =（55000 - 40000）- 10000 = 5000（元），应冲减投资成本 5000 元。

会计分录为：

借：应收股利 45000

　贷：长期股权投资——C 公司 5000

　　投资收益 40000

（3）若 C 公司 2008 年 5 月 1 日宣告分派 2007 年现金股利 360000 元。

应收股利 = 360000 × 10% = 36000（元）

应收股利累积数 = 10000 + 36000 = 46000（元）

投资后应得净利累积数 = 0 + 400000 × 10% = 40000（元）

累计冲减投资成本的金额为 6000 元（46000 - 40000），因已累计冲减投资成本 10000 元，所以本期应恢复投资成本 4000 元。

或："长期股权投资"科目发生额 =（46000 - 40000）- 10000 = - 4000（元），应恢复投资成本 4000 元。

会计分录为：

借：应收股利 36000

　　　　　长期股权投资——C 公司　　　　　　　　4000
　　　　贷：投资收益　　　　　　　　　　　　　　40000
　　（4）若 2008 年 5 月 1 日 C 公司宣告分派 2007 年现金股利 200000 元。
　　应收股利 = 200000 × 10% = 20000（元）
　　应收股利累积数 = 10000 + 20000 = 30000（元）
　　投资后应得净利累积数 = 0 + 400000 × 10% = 40000（元）
　　因应收股利累积数小于投资后应得净利累积数，所以应将原冲减的投资成本 10000 元恢复。注意这里只能恢复投资成本 10000 元。
　　或："长期股权投资"科目发生额 =（30000 − 40000）− 10000 = −20000（元），因原冲减的投资成本只有 10000 元，所以本期应恢复投资成本 10000 元，不能盲目代公式恢复投资成本 20000 元。
　　会计分录为：
　　借：应收股利　　　　　　　　　　　　　　　20000
　　　　长期股权投资——C 公司　　　　　　　　10000
　　　　贷：投资收益　　　　　　　　　　　　　　30000

三、长期股权投资的权益法

（一）权益法的适用范围

　　权益法，是指投资以初始投资成本计量后，在投资持有期间根据投资企业享有被投资单位所有者权益份额的变动对投资的账面价值进行调整的方法。
　　投资企业对被投资单位具有共同控制或重大影响的长期股权投资，应当采用权益法核算。

（二）权益法的核算

　　长期股权投资采用权益法核算的，还应当分别"成本"、"损益调整"、"其他权益变动"进行明细核算。
　　企业的长期股权投资采用权益法核算的，应当分别下列情况进行处理：
　　1. 初始成本的调整。长期股权投资的初始成本大于投资时应享有被投资单位可辨认净资产公允价值份额的，该部分差额直接构成初始成本，不进行调整。
　　长期股权投资的初始成本小于投资时应享有被投资单位可辨认净资产公允价值份额的，该部分差额可以看做是被投资单位的股东给予投资企业的让步，或者出于其他方面的考虑，被投资单位的原有股东无偿赠与投资企业的价值，因而应确认为当期收益，记入"营业外收入"科目，同时调整长期股权投资的成本。

【例6-13】A公司以2100万元取得B公司40%的股权，取得投资时被投资单位可辨认净资产的账面价值为4500万元，公允价值为5000万元。其中取得投资时被投资单位固定资产、无形资产的账面价值为2000万元，公允价值为2500万元。

①如A公司能够对B公司施加重大影响，则A公司应进行的会计处理为：

借：长期股权投资——B公司（成本）　　　　2200

　　贷：银行存款　　　　　　　　　　　　　　2200

注意：不再反映股权投资差额，2200-5000×40%＝200（万元）的商誉反映在长期股权投资成本中，不需要单独核算。

②如A公司以1700万元取得B公司40%的股权，则A公司应进行的处理为：

借：长期股权投资——B公司（成本）

　　　　　　　　　　　　5000×40%＝2000

　　贷：银行存款　　　　　　　　　　　　　　1700

　　　　营业外收入　　　　　　　　　　　　　 300

2. "损益调整"的会计核算。投资企业取得长期股权投资后，应当按照应享有或应分担的被投资单位实现的净损益的份额，确认投资损益并调整长期股权投资的账面价值。投资企业按照被投资单位宣告分派的利润或现金股利计算应分得的部分，相应减少长期股权投资的账面价值。

投资企业在确认应享有被投资单位实现的净损益的份额时，应当以取得投资时被投资单位各项可辨认资产等的公允价值为基础，对被投资单位的净利润进行调整后确认。

比如，以取得投资时被投资单位固定资产、无形资产的公允价值为基础计提的折旧额或摊销额，相对于被投资单位已计提的折旧额、摊销额之间存在差额的，应按其差额对被投资单位净损益进行调整，并按调整后的净损益和持股比例计算确认投资损益。在进行有关调整时，应当考虑具有重要性的项目。

被投资单位发生盈利：

借：长期股权投资——××公司（损益调整）

　　贷：投资收益

被投资单位发生亏损：

借：投资收益

　　贷：长期股权投资——××公司（损益调整）

被投资单位宣告分派现金股利：

借：应收股利

　　贷：长期股权投资——××公司（损益调整）

【例6-14】某投资企业于2007年1月1日取得对联营企业30%的股权，取得投资时被投资单位的固定资产公允价值为600万元，账面价值为300万元，固定资产的预计使用年限为10年，预计净残值为零，按照直线法计提折旧。被投资单位2007年度利润表中净利润为300万元，其中被投资单位当期利润表中已按其账面价值计算扣除的固定资产折旧费用为30万元，按照取得投资时固定资产的公允价值计算确定的折旧费用为60万元，不考虑所得税影响，按照被投资单位的账面净利润计算确定的投资收益应为90（300×30%）万元。按该固定资产的公允价值计算的净利润为270（300-30）万元，投资企业按照持股比例计算确认的当期投资收益应为81（270×30%）万元。

值得注意的是，存在下列情况之一的，可以按照被投资单位的账面净损益与持股比例计算确认投资损益，但应当在附注中说明这一事实及其原因。

（1）无法可靠确定投资时被投资单位各项可辨认资产等的公允价值。

（2）投资时被投资单位可辨认资产等的公允价值与其账面价值之间的差额较小。

（3）其他原因导致无法对被投资单位净损益进行调整。

投资企业确认被投资单位发生的净亏损，应当以长期股权投资的账面价值以及其他实质上构成对被投资单位净投资的长期权益减记至零为限，投资企业负有承担额外损失义务的除外。

其他实质上构成对被投资单位净投资的长期权益，通常是指长期应收项目。比如，企业对被投资单位的长期债权，该债权没有明确的清收计划，且在可预见的未来期间不准备收回的，实质上构成对被投资单位的净投资。在确认应分担被投资单位发生的亏损时，应当按照以下顺序进行处理：

首先，冲减长期股权投资的账面价值。

其次，长期股权投资的账面价值不足以冲减的，应当以其他实质上构成对被投资单位净投资的长期权益账面价值为限继续确认投资损失，冲减长期应收款项目等的账面价值。

最后，经过上述处理，按照投资合同或协议约定企业仍承担额外义务的，应按预计承担的义务确认预计负债，计入当期投资损失。

被投资单位以后期间实现盈利的，企业扣除未确认的亏损分担额后，应按与上述相反的顺序处理，减记已确认预计负债的账面余额、恢复其他实质上构成对被投资单位净投资的长期权益及长期股权投资的账面价值，同时确认投资收益。

【例 6 - 15】甲企业持有乙企业 40% 的股权，2006 年 12 月 31 日投资的账面价值为 4000 万元。乙企业 2007 年亏损 6000 万元。假定取得投资时点被投资单位各资产公允价值等于账面价值，双方采用的会计政策、会计期间相同。

则：甲企业 2007 年应确认投资损失 2400 万元，长期股权投资账面价值降至 1600 万元。

上述如果乙企业当年度的亏损额为 12000 万元，当年度甲企业应分担损失 4800 万元，长期股权投资账面价值减至 0。如果甲企业账上有应收乙企业长期应收款 1600 万元，则应进一步冲减长期应收款 800 万元

借：投资收益　　　　　　　　　　　　800
　　贷：长期应收款　　　　　　　　　　　800

注意：除按上述顺序已确认的投资损失外仍有额外损失的，应在账外备查登记。

被投资单位采用的会计政策及会计期间与投资企业不一致的，应当按照投资企业的会计政策及会计期间对被投资单位的财务报表进行调整，并据以确认投资损益。

3. "其他权益变动"的会计处理。投资企业对于被投资单位除净损益以外所有者权益的其他变动，应当调整长期股权投资的账面价值并计入所有者权益。

在持股比例不变的情况下，被投资单位除净损益以外所有者权益的其他变动，企业按持股比例计算应享有的份额，借记或贷记"长期股权投资——公司（其他权益变动）"科目，贷记或借记"资本公积——其他资本公积"科目。

【例 6 - 16】A 公司对 C 公司的投资占其有表决权资本的比例为 40%，C 公司 2007 年 8 月 20 日将自用房地产转换为采用公允价值模式计量的投资性房地产，该项房地产在转换日的公允价值大于其账面价值的差额为 100 万元。

A 公司的会计处理如下：

借：长期股权投资——C 公司（其他权益变动）　40
　　贷：资本公积——资本公积　　　　　　　　　40

【例 6 - 17】A 公司为增值税一般纳税人，适用的增值税税率为 17%。2007 年 1 月 20 日，A 公司与 D 公司签订资产置换协议，以一幢房屋及部分库存商品换取 D 公司所持有 E 公司股权的 40%。上述协议涉及的股权及资产的所有权变更手续于 2007 年 4 月 1 日完成。资产置换日，A 公司换出的房屋账面原价为 2200 万元，已计提折旧为 300 万元，已计提减值准备为 100 万元，其公允价值为 2200 万元；换出的库存商品实际成本为 200 万元，未计提存货

跌价准备，该部分库存商品的市场价格和计税价格均为 240 万元。A 公司获得
E 公司股权后对 E 公司有重大影响。2007 年 4 月 1 日，E 公司所有者权益总额
为 5500 万元（假定与可辨认净资产公允价值相等）。2007 年度，E 公司实现
净利润的情况如下：1 月至 3 月实现净利润 340 万元；4 月至 12 月实现净利润
800 万元，假如不考虑其他税金。假定取得投资时被投资单位各项资产的公允
价值与账面价值的差额不具重要性。

要求：编制 A 公司 2007 年对 E 公司长期股权投资相关的会计分录(万元)：

(1) 2007 年 4 月 1 日：

借：固定资产清理	1800	
累计折旧	300	
固定资产减值准备	100	
贷：固定资产	2200	
借：长期股权投资——E 公司（成本）	2480.8	（2200 + 240×117%）
贷：固定资产清理	1800	
主营业务收入	240	
应交税费——应交增值税（销项税额）	40.8	（240×17%）
营业外收入	400	
借：主营业务成本	200	
贷：库存商品	200	

按照 E 公司权益份额计算 5500×40% = 2200（万元），投出资产公允价值
大于享有对方权益份额不作调整。

(2) 2007 年 12 月 31 日：

因取得投资时被投资单位各项资产的公允价值与账面价值的差额不具重要
性，所以按被投资单位账面利润进行调整。

借：长期股权投资——E 公司（损益调整）	320	（800×40%）
贷：投资收益	320	

【例 6 - 18】如果上题 2007 年 4 月 1 日，E 公司所有者权益总额为 6500 万
元，其他条件不变。

A 公司投资日的会计分录。

E 公司权益份额计算 6500×40% = 2600（万元），投出资产公允价值小于
权益份额部分计入当期损益并调整投资账面价值。

借：固定资产清理	1800
累计折旧	300
固定资产减值准备	100

　　　　贷：固定资产　　　　　　　　　　　　　2200
　　借：长期股权投资——E 公司（成本）　　2480.8（2200 + 240 × 117%）
　　　　贷：固定资产清理　　　　　　　　　　1800
　　　　　　主营业务收入　　　　　　　　　　240
　　　　　　应交税费——应交增值税（销项税额）　40.8（240 × 17%）
　　　　　　营业外收入　　　　　　　　　　　400
　　借：主营业务成本　　　　　　　　　　　　200
　　　　贷：库存商品　　　　　　　　　　　　200
　　借：长期股权投资——E 公司（成本）　　119.2（2600 - 2480.8）
　　　　贷：营业外收入　　　　　　　　　　　119.2

四、成本法与权益法的转换

（一）权益法转为成本法

　　投资企业因减少投资等原因对被投资单位不再具有共同控制或重大影响的，并且在活跃市场中没有报价、公允价值不能可靠计量的长期股权投资，应当改按成本法核算，并以权益法下长期股权投资的账面价值作为按照成本法核算的初始投资成本。

（二）成本法改为权益法

　　企业根据长期股权投资准则将长期股权投资自成本法转按权益法核算的，应按转换时该项长期股权投资的账面价值作为权益法核算的初始投资成本，初始投资成本小于转换时占被投资单位可辨认净资产公允价值份额的差额，借记"长期股权投资——××公司（成本）"科目，贷记"营业外收入"科目。

　　【例6－19】A 公司于 2007 年 1 月 1 日以 520000 元购入 B 公司股票，占 B 公司实际发行在外股数的 10%，另支付 2000 元相关税费等，A 公司采用成本法核算。2007 年 5 月 2 日 B 公司宣告分派 2006 年度的股利，每股分派 0.1 元的现金股利，A 公司可以获得 40000 元的现金股利。2008 年 1 月 2 日 A 公司再以 1809000 元购入 B 公司实际发行在外股数的 25%，至此持股比例达 35%，改用权益法核算此项投资。2007 年度实现的净利润为 400000 元，2008 年年初 B 公司可辨认净资产公允价值为 4500000 元（与账面所有者权益相等）。2008 年度实现净利润为 400000 元。A 公司和 B 公司的所得税税率均为 33%。假定取得投资时被投资单位各项资产的公允价值与账面价值的差额不具重要性。

　　要求：编制 A 公司与投资有关业务的会计分录。

　　（1）2007 年 1 月 1 日投资时：

借：长期股权投资——B 公司　　　　　　　522000（520000＋2000）
　　贷：银行存款　　　　　　　　　　　　522000

（2）2007 年宣告分派股利：

借：应收股利　　　　　　　　　　　　　40000
　　贷：长期股权投资——B 公司　　　　　40000

（3）2008 年 1 月 2 日再次投资时：

借：长期股权投资——B 公司（成本）　　2291000（1809000 ＋ 482000）
　　贷：银行存款　　　　　　　　　　　　1809000
　　　　长期股权投资——B 公司　　　　　482000

追加投资后长期股权投资的投资成本 2291000 元，大于应享有 B 公司可辨认净资产公允价值的份额 1575000 元（4500000 ×35%），不需调整长期股权投资的投资成本。

（4）计算 2008 年应享有的投资收益 ＝400000 ×35% ＝140000（元）

借：长期股权投资——B 公司（损益调整）　140000
　　贷：投资收益　　　　　　　　　　　　140000

2008 年 12 月 31 日，长期股权投资的账面价值 ＝ 2291000 ＋ 140000 ＝ 2431000（元）。

五、减值

当长期股权投资的可收回金额低于其账面价值的，应当将长期股权投资的账面价值减记至可收回金额，减记的金额确认为长期股权投资减值损失，计入当期损益，同时计提相应的长期股权投资减值准备。

长期股权投资减值损失一经确认，在以后会计期间不得转回。

六、处置

处置长期股权投资，其账面价值与实际取得价款的差额，应当计入当期损益。采用权益法核算的长期股权投资，因被投资单位除净损益以外所有者权益的其他变动而计入所有者权益的，处置该项投资时应当将原计入所有者权益的部分按相应比例转入当期损益。

出售长期股权投资时，应按实际收到的金额，借记"银行存款"等科目，原已计提减值准备的，借记"长期股权投资减值准备"科目，按其账面余额，贷记"长期股权投资"科目，按尚未领取的现金股利或利润，贷记"应收股利"科目，按其差额，贷记或借记"投资收益"科目。出售采用权益法核算的长期股权投资时，还应按处置长期股权投资的投资成本比例结转原记入"资本公积——其他资本公积"科目的金额，借记或贷记"资本公积——其他资本公积"科目，贷记或借记"投资收益"科目。

【例6－20】东方股份有限公司（以下简称东方公司）2007年至2010年投资业务的有关资料如下：

（1）2007年11月1日，东方公司与甲股份有限公司（以下简称甲公司）签订股权转让协议。该股权转让协议规定：东方公司收购甲公司持有A公司股份总额的30%，收购价格为270万元，收购价款于协议生效后以银行存款支付；该股权协议生效日为2007年12月31日。

该股权转让协议于2007年12月25日分别经东方公司和甲公司临时股东大会审议通过，并依法报经有关部门批准。

（2）2008年1月1日，A公司股东权益总额为800万元，其中股本为400万元，资本公积为100万元，未分配利润为300万元（均为2007年度实现的净利润）。

（3）2008年1月1日，A公司董事会提出2007年利润分配方案。该方案如下：按实现净利润的10%提取法定盈余公积；不分配现金股利。对该方案进行会计处理后，A公司股东权益总额仍为800万元，其中股本为400万元，资本公积为100万元，盈余公积为30万元，未分配利润为270万元。假定2008年1月1日，A公司可辨认净资产的公允价值为800万元。假定取得投资时被投资单位各项资产的公允价值与账面价值的差额不具重要性。

（4）2008年1月1日，东方公司以银行存款支付收购股权价款270万元，并办理了相关的股权划转手续。

（5）2008年5月1日，A公司股东大会通过2007年度利润分配方案。该分配方案如下：按实现净利润的10%提取法定盈余公积；分配现金股利200万元。

（6）2008年6月5日，东方公司收到A公司分派的现金股利。

（7）2008年6月12日，A公司因长期股权投资业务核算确认资本公积80万元。

（8）2008年度，A公司实现净利润400万元。

（9）2009年5月4日，A公司股东大会通过2008年度利润分配方案。该方案如下：按实现净利润的10%提取法定盈余公积；不分配现金股利。

（10）2009年度，A公司发生净亏损200万元。

（11）2009年12月31日，东方公司对A公司投资的预计可收回金额为

272 万元。

(12) 2010 年 1 月 5 日，东方公司将其持有的 A 公司股份全部对外转让，转让价款 250 万元，相关的股权划转手续已办妥，转让价款已存入银行。假定东方公司在转让股份过程中没有发生相关税费。

要求：

(1) 确定东方公司收购 A 公司股权交易中的"股权转让日"。

(2) 编制东方公司上述经济业务有关的会计分录。

（答案中的金额单位用万元表示）

(1) 东方公司收购 A 公司股权交易中的"股权转让日"为 2008 年 1 月 1 日。

(2)

①借：长期股权投资——A 公司（成本）　　　　270
　　　贷：银行存款　　　　　　　　　　　　　　　270

东方公司初始投资成本 270 万元，大于应享有 A 公司可辨认净资产公允价值的份额 240 万元（800×30%），东方公司不调整长期股权投资的初始投资成本。

②借：应收股利　　　　　　　　　　　　　　60
　　　贷：长期股权投资——A 公司（成本）　　　60

③借：银行存款　　　　　　　　　　　　　　60
　　　贷：应收股利　　　　　　　　　　　　　　60

④借：长期股权投资——A 公司（其他权益变动）
　　　　　　　　　　　　　　　　　　　　　24
　　　贷：资本公积——其他资本公积　　　　　　24

⑤借：长期股权投资——A 公司（损益调整）　120
　　　贷：投资收益　　　　　　　　　　　　　120

⑥借：投资收益　　　　　　　　　　　　　　60
　　　贷：长期股权投资——A 公司（损益调整）　60

2009 年 12 月 31 日，长期股权投资的账面余额 = 270 - 60 + 24 + 120 - 60 = 294（万元），因可收回金额为 272 万元，所以应计提减值准备 22 万元。

⑦借：资产减值损失　　　　　　　　　　　　22
　　　贷：长期股权投资减值准备——A 公司　　　22

⑧借：银行存款　　　　　　　　　　　　　　250
　　　长期股权投资减值准备——A 公司　　　　22
　　　资本公积——其他资本公积　　　　　　　24

贷：长期股权投资——A公司（成本）　　　　210

　　　　　　　　——A公司（损益调整）　　　60

　　　　　　　　——A公司（其他权益变动）

　　　　　　　　　　　　　　　　　　　　　24

　　　　投资收益　　　　　　　　　　　　　2

七、披露

投资企业应当在附注中披露与长期股权投资有关的下列信息：

（1）子公司、合营企业和联营企业清单，包括企业名称、注册地、业务性质、投资企业的持股比例和表决权比例。

（2）合营企业和联营企业当期的主要财务信息，包括资产、负债、收入、费用等合计金额。

（3）被投资单位向投资企业转移资金的能力受到严格限制的情况。

（4）当期及累计未确认的投资损失金额。

（5）与对子公司、合营企业及联营企业投资相关的或有负债。

第七章 非货币性资产交换

第一节 非货币性资产交换概述

一、非货币性资产交换的概念

非货币性交换是指交易双方主要以存货、固定资产、无形资产和长期股权投资等非货币性资产进行的交换。该交换不涉及或只涉及少量的货币性资产（即补价）。

二、货币性资产与非货币性资产的概念与特征

（一）货币性资产

货币性资产是指企业将以固定或可确定金额的货币收取的资产，包括现金、银行存款、应收账款和应收票据以及准备持有至到期的债券投资等。

货币性资产的主要特征是：这些资产为企业带来未来经济利益的金额是可以确定的。如应收账款为企业带来未来的经济利益就是企业未来应收的金额，如果应收账款存在坏账损失的话，坏账准备的金额可以采用一定方法合理估计，因此应收账款的净金额同样是可以确定的。再如准备持有至到期的债券投资，当公司投资该项债券时，就可以计算出债券到期应收到的本金和利息，所以持有至到期的债券投资为企业带来经济利益的金额是可以事先确定的。

（二）非货币性资产

非货币性资产是指货币性资产以外的资产。具体包括：存货、固定资产、在建工程、无形资产、股权投资以及不准备持有至到期的债券投资。

非货币性资产的主要特征是：这些资产为企业带来未来的经济利益是不固

定的或不确定的。例如企业生产的存货为企业带来未来的经济利益，是这些存货在市场上销售出去后的金额，而销售存货的金额是需要通过市场需求才能得以证实的。如果市场需求发生了供过于求的变化，企业生产的产品难以顺畅销售时只能降价出售，这些存货为企业带来的经济利益就比较低；如果企业生产的产品备受市场欢迎时，则产品以较高的价格可以销售出去的话，可以为企业带来较多的经济利益。所以存货为企业带来的经济利益，受很多因素影响是不确定的金额。固定资产、在建工程、无形资产、长期股权投资以及不准备持有至到期的债券投资等，同样为企业带来经济利益的金额是难以确定的。

三、非货币性资产交换设置的主要会计账户

1. 营业外收入——非货币性资产交换利得。本账户核算企业进行非货币性资产交换时的利得，按照"非货币性资产交换利得"设置明细账户并进行明细核算。期末，将该账户余额转入"本年利润"账户，结转后该账户无余额。

2. 营业外支出——非货币性资产交换损失。本账户核算企业进行非货币性资产交换时的损失，按照"非货币性资产交换损失"设置明细账户并进行明细核算。期末，将该账户余额转入"本年利润"账户，结转后该账户无余额。

第二节　　非货币性资产交换的确认和计量

企业之间进行非货币性资产交换时，对于换入资产的入账价值有两种确认方法：第一，以公允价值加应支付的相关税费作为资产的入账价值；第二，以换出资产的账面价值加应支付的相关税费作为换入资产的入账价值。

一、非货币性资产交换的确认

由于非货币性交换涉及少量的货币交易，为了区分货币性资产交换与非货币性资产的交换，必须确定一个比例。确认涉及少量货币性资产的交换为非货币性资产交换，通常以补价占整个资产交换金额的比例低于25%作为参考，这一比例适用于收付款双方对非货币性资产交换的确认。

（一）支付补价的企业

支付补价的企业，所支付的货币性资产占换入资产公允价值，或占换出资产公允价值与支付货币性资产合计数的比例，低于 25% 为非货币性交易，大于或等于 25% 的比例则属于货币性资产交易，要按照货币性资产交易进行核算。

付款方确认非货币性资产交换的计算比例公式如下：

（支付补价÷换入资产公允价值）<25%

或：

［支付补价÷（换出资产公允价值+支付的货币性资产）］<25%

（二）收取补价的企业

收取补价的企业，收到的货币性资产占换出资产公允价值，或占换入资产公允价值和收到的货币性资产之和的比例低于 25%，该项交易为非货币性交易。大于或等于 25% 的比例则属于货币性资产交易，要按照货币性资产交易进行核算。

收款方确认非货币性交换的计算比例公式如下：

（收取的货币资产÷换出资产公允价值）<25%

或：

［收取的货币资产÷（换入资产公允价值+收到的货币性资产）］<25%

【例7-1】A 公司以一辆微型汽车换取 B 公司的一辆运货车，A 公司的微型汽车账面价值为 17 万元，公允价值为 18 万元。B 公司的运货车账面价值为 25 万元，公允价值为 23 万元。A 公司支付了 5 万元。要求判断 A 公司与 B 公司进行资产交换是否属于非货币性资产交换？

（1）付款方 A 公司。

解析：

判断非货币性资产交换比例 = 5÷（18+5）= 22%，<25%

A 公司应确认为非货币性资产交换

（2）收款方 B 公司。

解析：

判断非货币性资产交换比例 = 5÷23 = 22%，<25%

B 公司应确认为非货币性资产交换

二、非货币性资产交换的计量

（一）换入资产以公允价值计量

非货币性资产交换同时满足下列两个条件时，应当以公允价值和应支付的相关税费作为换入资产的成本：第一，该项交换具有商业实质；第二，换入资产或换出资产的公允价值能够可靠计量。公允价值与换出资产账面价值的差额计入当期损益。如不满足上述两个条件之一的非货币性资产交换，应当按照换出资产的账面价值计量。

1. 公允价值计量的依据。符合下列条件之一的，表明换入资产或换出资产的公允价值能够可靠地计量。

（1）换入资产或换出资产存在活跃市场，对于存在活跃市场的存货、长期股权投资、固定资产、无形资产等非货币性资产，应当以该资产的市场价格为基础确定其公允价值。

（2）换入资产或换出资产不存在活跃市场，但同类或类似资产存在活跃市场。对于同类或类似资产存在活跃市场的存货、长期股权投资、固定资产、无形资产等非货币性资产，应当以同类或类似资产的市场价格为基础确定其公允价值。

（3）换入资产或换出资产不存在同类或类似资产的可比市场，应当采用估值技术确定其公允价值。该公允价值估计数的变动区间很小，或者在公允价值估计数变动区间内，各种用于确定公允价值估计数的概率能够合理确定的，视为公允价值能够可靠计量。

2. 没有补价时换入资产成本的计量。如果非货币性资产交换按照公允价值计量，双方企业没有支付或收到补价的，应当以公允价值和应支付的相关税费作为换入资产的成本。计算公式如下：

换入资产的入账价值 = 换出资产的公允价值 + 应支付的相关税费

3. 支付补价的企业换入资产成本的计量。如果非货币性资产交换按照公允价值计量，按照换出资产的公允价值和应支付的相关税费及支付补价的和作为换入资产成本。计算公式如下：

换入资产入账价值 = 换出资产的公允价值 + 支付补价 + 应支付的相关税费

支付补价的企业，按照换入资产成本与换出资产的账面价值加上支付补价和应支付相关税费之和的差额，应当计入当期损益。

4. 收到补价的企业换入资产成本的计量。如果非货币性资产交换按照公允价值计量，按照换出资产的公允价值和应支付的相关税费减去收到补价金额作为换入资产成本。计算公司如下：

换入资产入账价值＝换出资产的公允价值－收到补价＋应支付的相关税费

收到补价的企业，换入资产的成本与收到的补价之和与换出资产账面价值加应支付的相关税费之和的差额，应当计入当期损益。

（二）换入资产以账面价值计量

非货币性资产交换如果不具有下列两个条件之一的，按照换出资产的账面价值加应支付的相关税费作为换入资产的入账价值。第一，该项交换具有商业实质；第二，换入资产或换出资产的公允价值能够可靠计量。

1. 没有补价时换入资产的计量。如果非货币性资产交换按照账面价值计量，双方企业没有支付或收到补价的，按照换出资产的账面价值加应支付的相关税费作为换入资产的入账价值。交换双方企业均不确认损益。

如果换出资产已经提取减值准备的，在计算换入资产成本时应减去已提取的减值准备金额；如果换入资产有可以抵扣的增值税进项税额，在计算换入资产成本时应减去可以抵扣的增值税进项税额。计算公式如下：

换入资产入账成本＝换出资产的账面价值＋应支付的税费

2. 支付补价的企业换入资产的计量。如果非货币性资产交换按照账面价值计量，支付补价的企业，应当以换出资产的账面价值，加上支付补价和应支付相关税费合计数，作为换入资产的成本，不确认损益。计算公式如下：

换入资产入账成本＝换出资产的账面价值＋支付的补价＋应支付的税费

3. 收到补价的企业换入资产的计量。如果非货币性资产交换按照账面价值计量，收到补价的企业，应当以换出资产的账面价值，减去收到的补价并加上应支付的相关税费，作为换入资产的成本，不确认损益。计算公式如下：

换入资产成本＝换出资产的账面余额－收到的补价＋应支付的税费

三、非货币性资产交换具有商业实质的条件

满足下列条件之一的，非货币性资产交换具有商业实质：

1. 换入资产的未来现金流量在风险、时间和金额方面与换出资产显著不同。这种情况通常包括下列情形：

第一，未来现金流量的风险、金额相同，时间不同。

这一情形是指换入资产和换出资产产生的未来现金流量总额相同，获得这些现金流量的风险相同，但现金流量流入企业的时间明显不同。

第二，未来现金流量的时间、金额相同，风险不同。

此种情形是指换入资产和换出资产产生的未来现金流量时间和金额相同，

但企业获得现金流量的不确定性程度存在明显差异。

第三，未来现金流量的风险、时间相同，金额不同。

此种情形是指换入资产和换出资产产生的未来现金流量总额相同，预计为企业带来现金流量的时间跨度相同，风险也相同，但各年产生的现金流量金额存在明显差异。

2. 换入资产与换出资产的预计未来现金流量现值不同，且其差额与换入资产和换出资产的公允价值相比是重大的。这种情况是指换入资产对换入资产企业的特定价值，即预计未来现金流量现值与换出资产存在明显差异。

资产的预计未来现金流量现值，应当按照资产在持续使用过程中和最终处置时所产生的预计税后未来现金流量，根据企业自身而不是市场参与者对资产特定风险的评价，选择恰当的折现率对其进行折现后的金额加以确定。

企业应当遵循实质重于形式的要求判断非货币性资产交换是否具有商业实质。根据换入资产的性质和换入企业经营活动的特征等，换入资产与换入企业其他现有资产相结合能够产生更大的效用，从而导致换入企业受该换入资产影响产生的现金流量与换出资产明显不同，表明该项资产交换具有商业实质。

【例 7 - 2】A 公司与 B 公司分别拥有一块位于市区和郊区的地皮，各公司对自己所拥有的地皮具有独自的使用权，这两块地皮的面积相同、各公司所拥有的使用年限相同。现在 A 公司与 B 公司交换这两块地皮。要求判断该项交易是否符合商业实质？

解析：

不符合商业实质。

A 公司将拥有市区的地皮换出，换入了 B 公司拥有的郊区地皮。这两块地皮目前的公允价值显然不相同，同样面积的地皮市区要比郊区贵。

A 公司与 B 公司的交换如要符合商业实质，B 企业需要支付给 A 公司一部分补价。

四、关联方非货币性资产交换

在确定非货币性资产交换是否具有商业实质时，企业应当关注交易各方之间是否存在关联方关系。关联方关系的存在可能导致发生的非货币性资产交换不具有商业实质。

由于一些企业之间具有关联方关系的存在，这些企业之间的非货币性资产的交换就会出现虽然不具有商业实质，但为了达到操纵利润的目的，资产仍然是按照公允价值入账，而此时的公允价值已不再是资产真实的公允价值，是双方企业为了操纵利润所创造的公允价值。

五、不具有商业实质的非货币性资产交换的核算

(一) 不涉及补价的会计核算

1. 以存货交换其他非货币性资产的核算。

【例 7 – 3】本年度 12 月 20 日，A 公司与 B 公司决定进行非货币性资产交换。A 公司以账面价值 10000 元的甲种材料与 B 公司的乙种材料进行交换。B 公司的乙种材料账面价值为 11000 元。A 公司支付运费 300 元，B 公司支付运费 500 元。两个公司的增值税税率均为 17%，均未对存货提取跌价准备。要求判断该项交易是否属于非货币性交换，并编制相关的会计分录。

解析：

双方企业因为没有货币收付，所以属于非货币性资产交换。

(1) 计算 A 公司换入资产的入账价值及编制会计分录。

①计算存货的入账价值。

乙材料入账价值 = 换出资产的账面价值 10000 + 应支付的相关税费 300 = 10300 （元）

②A 公司编制如下会计分录。

借：原材料——乙材料　　　　　　　　　　10300

　　应交税金——应交增值税（进项税额）　　1700

　　贷：原材料——甲材料　　　　　　　　　　10000

　　　　应交税金——应交增值税（销项税额）　　1700

　　　　银行存款　　　　　　　　　　　　　　300

(2) 计算 B 公司换入资产的入账价值及编制会计分录。

①计算存货的入账价值。

甲材料入账价值 = 换出资产的账面价值 11000 + 应支付的相关税费 500 = 11500 （元）

②B 企业编制如下会计分录。

借：原材料——甲材料　　　　　　　　　　11500

　　应交税金——应交增值税（进项税额）　　1700

　　贷：原材料——乙材料　　　　　　　　　　11000

　　　　应交税金——应交增值税（销项税额）　　1700

　　　　银行存款　　　　　　　　　　　　　　500

【例 7 – 4】本年度 12 月 30 日，A 公司与 B 公司决定进行非货币性资产交

换。A 公司以账面余额为 10000 元的甲种材料与 B 公司的可供出售金融资产进行交换。B 公司的可供出售金融资产账面余额为 11000 元。A 公司已经提取存货跌价准备 300 元。两个公司的增值税税率均为 17%，要求判断该项交易是否属于非货币性交换，并编制相关的会计分录。

解析：

双方企业因为没有货币收付，所以属于非货币性资产交换。

（1）计算 A 公司换入资产的入账价值及编制会计分录。

①计算可供出售金融资产的入账价值。

换入资产入账成本＝换出资产的账面价值 10000＋应支付的相关税费 1700－已提取的减值准备金额 300＝11400（元）

②A 公司编制如下会计分录。

借：可供出售金融资产　　　　　　　　　　　11400

　　存货跌价准备　　　　　　　　　　　　　　300

　　贷：原材料——甲材料　　　　　　　　　10000

　　　　应交税金——应交增值税（销项税额）　1700

（2）计算 B 公司换入资产的入账价值及编制会计分录。

①计算存货的入账价值。

换入资产入账价值＝换出资产的账面价值 11000＋应支付的相关税费 0－可以抵扣的进项税额 1700＝9300（元）

②B 企业编制如下会计分录。

借：原材料——甲材料　　　　　　　　　　　9300

　　应交税金——应交增值税（进项税额）　　1700

　　贷：可供出售金融资产　　　　　　　　　11000

2. 以固定资本交换其他非货币性资产的核算。

【例 7-5】本年度 12 月 3 日，A 公司与 B 公司决定进行非货币性资产交换。A 公司以一台正在使用的机器换入 B 公司的一辆微型轿车，该机器的账面原值为 50 万元，累计折旧为 20 万元；B 公司的微型轿车账面原值为 35 万元，已提取折旧 3 万元，已提减值准备 1 万元。A 公司负责把机器运到 B 公司后交换资产，A 公司支付相关税费 3 万元；B 公司支付相关税费 1 万元。要求判断该项交易是否属于非货币性交换，并编制相关的会计分录。

解析：

双方企业因为没有货币收付，所以属于非货币性资产交换。

（1）计算 A 公司换入资产的入账价值及编制会计分录。

①计算固定资产的入账价值。

换入资产入账成本 = 换出资产的账面价值（500000 - 200000） + 支付的相关税费 30000 = 330000（元）

②A 公司编制如下会计分录。

借：固定资产清理	300000
累计折旧	200000
贷：固定资产——机器	500000
借：固定资产清理	30000
贷：银行存款	30000
借：固定资产——微型汽车	330000
贷：固定资产清理	330000

（2）计算 B 公司换入资产的入账价值及编制会计分录。

①计算固定资产的入账价值。

换入资产入账成本 = 换出资产的账面价值（350000 - 30000 - 10000） + 支付的相关税费 10000 = 320000（元）

②B 公司编制如下会计分录。

借：固定资产清理	320000
累计折旧	30000
贷：固定资产——微型汽车	350000
借：固定资产减值准备	10000
贷：固定资产清理	10000
借：固定资产清理	10000
贷：银行存款	10000
借：固定资产——机器	320000
贷：固定资产清理	320000

【例 7 - 6】本年度 12 月 3 日，A 公司与 B 公司决定进行非货币性资产交换。A 公司以一台正在使用的机器换入 B 公司的库存商品，该机器的账面原值为 50 万元，累计折旧为 20 万元；B 公司的库存商品账面余额为 35 万元，已提减值准备 3 万元。A 公司负责把机器运到 B 公司后交换资产，A 公司支付相关税费 3 万元；B 公司支付相关税费 1 万元。双方企业的增值税税率均为 17%，要求根据上项经济业务编制相关的会计分录。

（1）计算 A 公司换入资产的入账价值及编制会计分录。

①计算固定资产的入账价值。

换入资产入账成本 = 换出资产的账面价值（500000 - 200000） + 支付的相关税费 30000 - 可抵扣增值税 59500 = 270500（元）

②A 公司编制如下会计分录。

借：固定资产清理　　　　　　　　　　　300000
　　累计折旧　　　　　　　　　　　　　200000
　　贷：固定资产——机器　　　　　　　　　　500000
借：固定资产清理　　　　　　　　　　　30000
　　贷：银行存款　　　　　　　　　　　　　30000
借：库存商品　　　　　　　　　　　　270500
　　应交税金——应交增值税（进项税额）　59500
　　贷：固定资产清理　　　　　　　　　　　330000

（2）计算 B 公司换入资产的入账价值及编制会计分录。

①计算固定资产的入账价值。

换入资产入账成本 = 换出资产的账面价值（350000 − 30000）+ 支付的相关税费 10000 + 应交增值税销项税额 59500 = 389500（元）

②B 公司编制如下会计分录。

借：固定资产　　　　　　　　　　　　389500
　　存货跌价准备　　　　　　　　　　30000
　　贷：库存商品　　　　　　　　　　　　　350000
　　　　银行存款　　　　　　　　　　　　　10000
　　　　应交税金——应交增值税（进项税额）　59500

3. 以可供出售金融资产交换其他货币性资产的核算。

【例 7 – 7】本年度 12 月 30 日，A 公司与 B 公司决定进行非货币性资产交换。A 公司以账面余额为 11000 元可供出售金融资产，与 B 公司的账面余额为 12000 元的长期股权投资进行交换，B 公司已经提取 2000 元长期股权投资减值准备。A 公司支付税费 200 元，B 公司支付税费 220 元。要求根据上项经济业务编制相关的会计分录。

（1）计算 A 公司换入资产的入账价值及编制会计分录。

①计算固定资产的入账价值。

换入资产入账成本 = 换出资产的账面价值 11000 + 支付的相关税费 200 = 11200（元）

②A 公司编制如下会计分录。

借：长期股权投资　　　　　　　　　　11200
　　贷：可供出售金融资产　　　　　　　　　11000
　　　　银行存款　　　　　　　　　　　　　200

（2）计算 B 公司换入资产的入账价值及编制会计分录。

①计算换入资产的入账价值。

换入资产入账成本 = 换出资产的账面价值 12000 - 已经提取的减值准备金额 2000 + 支付的相关税费 220 = 10220（元）

②B 公司编制如下会计分录。

借：可供出售金融资产　　　　　　　　　　10220
　　长期股权投资减值准备　　　　　　　　2000
　　贷：长期股权投资　　　　　　　　　　　12000
　　　　银行存款　　　　　　　　　　　　　220

4. 多项非货币性资产交换。

【例 7 - 8】本年度 12 月 10 日，A 公司与 B 公司决定进行非货币性资产交换。A 公司以下列资产与 B 公司进行交换：原材料的账面余额 30 万元，已提取资产减值准备 1 万元；库存商品的账面余额 20 万元，已提取资产减值准备 2 万元；固定资产的原始价值 40 万元，已提折旧 10 万元。B 公司以一项专利技术与 A 公司进行交换，该项专利技术账面余额 100 万元，未提取资产减值准备。为进行非货币性资产交换，A 公司支付 5000 元运输费，双方企业均为一般纳税企业。要求编制 A 公司与 B 公司的相关会计分录。

（1）A 公司计算换入资产的入账价值并编制相关的会计分录。

①计算换入资产的入账价值。

换入资产的入账价值 = 换出资产的账面价值（300000 + 200000 + 400000 - 30000 - 100000）+ 支付的相关税费 5000 + 原材料的增值税销项税额 51000 + 库存商品的增值税销项税额 34000）= 860000（元）

②A 公司编制如下会计分录。

借：固定资产清理　　　　　　　　　　　　300000
　　累计折旧　　　　　　　　　　　　　　100000
　　贷：固定资产　　　　　　　　　　　　　400000
借：无形资产——专利技术　　　　　　　　860000
　　存货跌价准备　　　　　　　　　　　　30000
　　贷：原材料　　　　　　　　　　　　　　300000
　　　　库存商品　　　　　　　　　　　　　200000
　　　　应交税金——应交增值税（销项税额）　85000
　　　　固定资产清理　　　　　　　　　　　300000
　　　　银行存款　　　　　　　　　　　　　5000

（2）计算 B 公司换入资产的入账价值及编制会计分录。

①计算换入资产的入账价值。

按照换入各项资产的账面价值占换入资产账面价值总额与支付相关税费合计数的比例，计算换入的各资产的入账价值。换入资产账面价值总额为860000元。

换入原材料账面价值占换入资产账面价值总额的比例

= 341000 ÷ 860000 × 100% = 40%

换入原材料的入账价值（含增值税）= 1005000 × 40% = 402000（元）

换入库存商品账面价值占换入资产账面价值总额的比例

= 214000 ÷ 860000 × 100% = 25%

换入库存商品的入账价值（含增值税）= 1005000 × 25% = 251250（元）

换入固定资产账面价值占换入资产账面价值总额的比例

= 300000 ÷ 860000 × 100% = 35%

换入固定资产的入账价值 = 1005000 × 35% = 351750（元）

②B公司编制如下会计分录。

借：原材料　　　　　　　　　　　　　　351000
　　库存商品　　　　　　　　　　　　　217250
　　应交税费——应交增值税（进项税额）　85000
　　固定资产　　　　　　　　　　　　　351750
　贷：无形资产——专利技术　　　　　　1000000
　　银行存款　　　　　　　　　　　　　　5000

（二）涉及补价的会计核算

1. 以存货交换其他非货币性资产的核算。

【例7-9】本年度12月20日，A公司与B公司决定进行非货币性资产交换。A公司以账面价值10000元的甲种材料与B公司的乙种材料进行交换。B公司的乙种材料账面价值为11000元。A公司支付运费300元并支付给B公司1000元现金，B公司支付运费500元。两个公司的增值税税率均为17%，均未对存货提取跌价准备。要求编制相关的会计分录。

（1）计算A公司换入资产的入账价值及编制相关会计分录。

①计算存货的入账价值。

乙材料入账价值 = 换出资产的账面价值10000 + 支付的补价1000 + 应支付的相关税费300 + 增值税销项税额1700 - 可抵扣的进项税额1870 = 11130（元）

②A公司编制如下会计分录。

借：原材料——乙材料　　　　　　　　　11130
　　应交税金——应交增值税（进项税额）　1870

贷：原材料——甲材料　　　　　　　　　　10000
　　应交税金——应交增值税（销项税额）　1700
　　银行存款　　　　　　　　　　　　　　1300

（2）计算 B 公司换入资产的入账价值及编制相关会计分录。

①计算存货的入账价值。

甲种材料入账成本＝换出资产的账面价值11000＋支付的相关税费500－收到补价1000＋增值税销项税额1870－可抵扣的进项税额1700＝10670（元）

②B 公司编制如下会计分录。

借：原材料——甲材料　　　　　　　　　　10670
　　应交税金——应交增值税（进项税额）　1700
　　银行存款　　　　　　　　　　　　　　1000
　　贷：原材料——乙材料　　　　　　　　11000
　　　　应交税金——应交增值税（销项税额）1870
　　　　银行存款　　　　　　　　　　　　 500

【例7－10】本年度12月30日，A 公司与 B 公司决定进行非货币性资产交换。A 公司以账面余额为10000元的甲种材料与 B 公司的可供出售金融资产进行交换。B 公司的可供出售金融资产账面余额为11000元。A 公司已经提取存货跌价准备300元，并支付给 B 公司1000元补价。两个公司的增值税税率均为17%。要求编制 A 公司与 B 公司非货币性资产交换的会计分录。

（1）计算 A 公司换入资产的入账价值及编制会计分录。

①计算可供出售金融资产的入账价值。

换入资产入账成本＝换出资产的账面价值10000＋支付的补价1000＋应支付的相关税费1700－已提取的减值准备金额300＝12400（元）

②A 公司编制如下会计分录。

借：可供出售金融资产　　　　　　　　　12400
　　存货跌价准备　　　　　　　　　　　　300
　　贷：原材料——甲材料　　　　　　　10000
　　　　应交税金——应交增值税（销项税额）1700
　　　　银行存款　　　　　　　　　　　　1000

（2）计算 B 公司换入资产的入账价值及编制会计分录。

①计算存货的入账价值。

换入资产入账价值＝换出资产的账面价值11000－收到的补价1000＋应支付的相关税费0－可以抵扣的进项税额1700＝8300（元）

②B 企业编制如下会计分录。

借：原材料——甲材料　　　　　　　　　　　8300

　　应交税金——应交增值税（进项税额）　　1700

　　银行存款　　　　　　　　　　　　　　　1000

　　贷：可供出售金融资产　　　　　　　　　　　　11000

2. 以固定资产交换其他非货币性资产的核算。

【例7-11】本年度12月3日，A公司与B公司决定进行非货币性资产交换。A公司以一台正在使用的机器换入B公司的一辆微型轿车，该机器的账面原值为50万元，累计折旧为20万元；B公司的微型轿车账面原值为35万元，已提取折旧3万元，已提减值准备1万元。A公司负责把机器运到B公司后交换资产，A公司支付给B公司8000元补价并支付相关税费3万元；B公司支付相关税费1万元。要求根据上项经济业务编制相关的会计分录。

（1）计算A公司换入资产的入账价值及编制会计分录。

①计算固定资产的入账价值。

换入资产入账成本＝换出资产的账面价值（500000－200000）＋支付补价8000＋支付的相关税费30000＝338000（元）

②A公司编制如下会计分录。

借：固定资产清理　　　　　　　　　　　　300000

　　累计折旧　　　　　　　　　　　　　　200000

　　贷：固定资产——机器　　　　　　　　　　　500000

借：固定资产清理　　　　　　　　　　　　8000

　　贷：银行存款　　　　　　　　　　　　　　　8000

借：固定资产清理　　　　　　　　　　　　30000

　　贷：银行存款　　　　　　　　　　　　　　　30000

借：固定资产——微型汽车　　　　　　　　338000

　　贷：固定资产清理　　　　　　　　　　　　　338000

（2）计算B公司换入资产的入账价值及编制会计分录。

①计算固定资产的入账价值。

换入资产入账成本＝换出资产的账面价值（3500000－30000）－收到的补价8000＋支付的相关税费10000－已经提取的减值准备10000＝312000（元）

②B公司编制如下会计分录。

借：固定资产清理　　　　　　　　　　　　320000

　　累计折旧　　　　　　　　　　　　　　30000

　　贷：固定资产——微型汽车　　　　　　　　　350000

```
借：固定资产减值准备                    10000
    贷：固定资产清理                         10000
借：银行存款                            8000
    贷：固定资产清理                          8000
借：固定资产清理                       10000
    贷：银行存款                             10000
借：固定资产——机器                   312000
    贷：固定资产清理                        312000
```

【例 7 - 12】本年度 12 月 3 日，A 公司与 B 公司决定进行非货币性资产交换。A 公司以一台正在使用的机器换入 B 公司的库存商品，该机器的账面原值为 50 万元，累计折旧为 20 万元；B 公司的库存商品账面余额为 35 万元，已提减值准备 3 万元。A 公司负责把机器运到 B 公司后交换资产，A 公司支付 B 公司 2 万元并支付相关税费 3 万元；B 公司支付相关税费 1 万元。双方企业的增值税税率均为 17%，要求根据上项经济业务编制相关的会计分录。

（1）计算 A 公司换入资产的入账价值及编制会计分录。

①计算固定资产的入账价值。

换入资产入账成本 = 换出资产的账面价值（500000 - 200000）+ 支付的相关税费 30000 + 支付补价 20000 - 可抵扣增值税额 59500 = 290500（元）

②A 公司编制如下会计分录。

```
借：固定资产清理                       300000
    累计折旧                           200000
    贷：固定资产——机器                    500000
借：固定资产清理                        50000
    贷：银行存款                             50000
借：库存商品                           290500
    应交税金——应交增值税（进项税额）    59500
    贷：固定资产清理                        350000
```

（2）计算 B 公司换入资产的入账价值及编制会计分录。

①计算固定资产的入账价值。

换入资产入账成本 = 换出资产的账面价值（350000 - 30000）+ 支付的相关税费 10000 - 收到补价 20000 + 应交增值税销项税额 59500 = 369500（元）

②B 公司编制如下会计分录。

```
借：固定资产——机器                   369500
    存货跌价准备                       30000
```

银行存款	20000
贷：库存商品	350000
银行存款	10000
应交税金——应交增值税（进项税额）	59500

3. 以可供出售金融资产交换其他货币性资产的核算。

【例7-13】本年度12月30日，A公司与B公司决定进行非货币性资产交换。A公司以账面余额为11000元可供出售金融资产，与B公司的账面余额为12000元的长期股权投资进行交换，B公司已经提取2000元长期股权投资减值准备。A公司支付B公司800元补价并支付相关税费200元，B公司支付税费220元。要求根据上项经济业务编制相关的会计分录。

（1）计算A公司换入资产的入账价值及编制会计分录。

①计算长期股权投资的入账价值。

换入资产入账成本=换出资产的账面价值11000+支付的补价800+支付的相关税费200=12000（元）

②A公司编制如下会计分录。

借：长期股权投资	12000
贷：可供出售金融资产	11000
银行存款	1000

（2）计算B公司换入资产的入账价值及编制会计分录。

①计算可供出售金融资产的入账价值。

换入资产入账成本=换出资产的账面价值12000-已经提取的减值准备金额2000-收到的补价800+支付的相关税费220=9420（元）

②B公司编制如下会计分录。

借：可供出售金融资产	9420
长期股权投资减值准备	2000
银行存款	800
贷：长期股权投资	12000
银行存款	220

六、具有商业实质的非货币性资产交换的核算

（一）不涉及补价的会计核算

1. 以存货交换其他非货币性资产的核算。

【例7-14】本年度12月1日，A公司与B公司决定进行非货币性资产交

换。A 公司以账面价值 11000 元、公允价值 10000 元的甲种材料与 B 公司的乙种材料进行交换。B 公司的乙种材料账面价值为 9000 元、公允价值为 10000 元。A 公司支付运费 300 元，B 公司支付运费 200 元。两个公司的增值税税率均为 17%，均未对存货提取跌价准备。要求根据上项经济业务编制相关会计分录。

（1）计算 A 公司换入资产的入账价值及编制会计分录。

①计算存货的入账价值。

乙材料入账价值 = 换出资产的公允价值 10000 + 应支付的相关税费 300 = 10300（元）

②A 公司编制如下会计分录。

借：原材料——乙材料　　　　　　　　　　10300

　　应交税金——应交增值税（进项税额）　　1700

　　营业外支出——非货币性资产交换损失　　1000

　　贷：原材料——甲材料　　　　　　　　　　11000

　　　　应交税金——应交增值税（销项税额）　1700

　　　　银行存款　　　　　　　　　　　　　　300

（2）计算 B 公司换入资产的入账价值及编制会计分录。

①计算存货的入账价值。

甲材料入账价值 = 换出资产的公允价值 10000 + 应支付的相关税费 200 = 10200（元）

②B 企业编制如下会计分录。

借：原材料——甲材料　　　　　　　　　　10200

　　应交税金——应交增值税（进项税额）　　1700

　　贷：原材料——乙材料　　　　　　　　　　9000

　　　　应交税金——应交增值税（销项税额）　1700

　　　　银行存款　　　　　　　　　　　　　　200

　　　　营业外收入——非货币性资产交换利得　1000

2. 以固定资产交换其他非货币性资产的核算。

【例 7 - 15】本年度 12 月 3 日，A 公司与 B 公司决定进行非货币性资产交换。A 公司以一台正在使用的机器换入 B 公司的一辆微型轿车，该机器的账面原值为 50 万元，累计折旧为 20 万元，公允价值为 28 万元；B 公司的微型轿车账面原值为 35 万元，已提取折旧 3 万元，已提减值准备 8000 元，公允价值为 28 万元。A 公司负责把机器运到 B 公司后交换资产，A 公司支付相关税费 3 万元；B 公司支付相关税费 1 万元。要求根据上项经济业务编制相关的会计分录。

（1）计算 A 公司换入资产的入账价值及编制会计分录。

①计算资产的入账价值。

换入微型汽车的成本 = 换出资产的公允价值 280000 + 应支付的相关税费 30000 = 310000（元）

②A 公司编制如下会计分录。

借：固定资产清理 300000

　　累计折旧 200000

　　贷：固定资产——机器 500000

借：固定资产清理 30000

　　贷：银行存款 30000

借：固定资产——微型汽车 310000

　　贷：固定资产清理 310000

借：营业外支出——非货币性资产交换损失 20000

　　贷：固定资产清理 20000

（2）计算 B 公司换入资产的入账价值及编制会计分录。

①计算资产的入账价值。

换入汽车的成本 = 换出资产的公允价值 280000 + 应支付的相关税费 10000 - 资产减值准备 8000 = 282000（元）

②B 公司编制如下会计分录。

借：固定资产清理 320000

　　累计折旧 30000

　　贷：固定资产——机器 350000

借：固定资产减值准备 8000

　　贷：固定资产清理 8000

借：固定资产清理 10000

　　贷：银行存款 10000

借：固定资产——微型汽车 282000

　　贷：固定资产清理 282000

借：营业外支出——非货币性资产交换损失 40000

　　贷：固定资产清理 40000

3. 以可供出售金融资产交换其他货币性资产的核算。

【例 7 - 16】本年度 12 月 30 日，A 公司与 B 公司决定进行非货币性资产交换。A 公司以账面余额 10000 元、公允价值为 11000 元的可供出售金融资产，与 B 公司的账面余额为 12000 元、公允价值为 11000 元的长期股权投资进行交换，B 公司已经提取了 2000 元长期股权投资减值准备。B 公司支付相关税费 200 元，A 公司支付税费 220 元。要求根据上项经济业务编制相关的会计分录。

（1）计算 A 公司换入资产的入账价值及编制会计分录。

①计算固定资产的入账价值。

换入资产入账成本＝换出资产的公允价值 11000 ＋ 支付的相关税费 220 ＝ 11220（元）

②A 公司编制如下会计分录。

借：长期股权投资　　　　　　　　　　　　11220
　　贷：可供出售金融资产　　　　　　　　　11000
　　　　银行存款　　　　　　　　　　　　　　220

（2）计算 B 公司换入资产的入账价值及编制会计分录。

①计算固定资产的入账价值。

换入资产入账成本＝换出资产的公允价值 11000 － 已经提取的减值准备金额 2000 ＋ 支付的相关税费 200 ＝ 9200（元）

②B 公司编制如下会计分录。

借：可供出售金融资产　　　　　　　　　　9200
　　长期股权投资减值准备　　　　　　　　2000
　　营业外支出——非货币性资产交换损失　1000
　　贷：长期股权投资　　　　　　　　　　12000
　　　　银行存款　　　　　　　　　　　　　200

（二）涉及补价的会计核算

1. 以存货交换其他非货币性资产的核算。

【例 7 - 17】本年度 10 月 20 日，A 公司与 B 公司决定进行非货币性资产交换。A 公司以账面价值 11000 元、公允价值 10000 元的甲种材料与 B 公司的乙种材料进行交换。B 公司的乙种材料账面价值为 8000 元、公允价值为 9000 元。A 公司支付运费 300 元，B 公司支付给 A 公司 1000 元补价并支付运费 200 元。两个公司的增值税税率均为 17%，均未对存货提取跌价准备。要求根据上项经济业务编制相关会计分录。

（1）计算 A 公司换入资产的入账价值及编制会计分录。

①计算存货的入账价值。

乙材料入账价值＝换出资产的公允价值 10000 － 收到的补价 1000 ＋ 应支付的相关税费 300 ＋ 增值税销项税额 1700 － 可抵扣的进项税额 1530 ＝ 9470（元）

②A 公司编制如下会计分录。

借：原材料——乙材料　　　　　　　　　　　9470

　　应交税金——应交增值税（进项税额）　　　1530

　　银行存款　　　　　　　　　　　　　　　1000

　　营业外支出——非货币性资产交换损失　　　1000

　　贷：原材料——甲材料　　　　　　　　　　11000

　　　　应交税金——应交增值税（销项税额）　　1700

　　　　银行存款　　　　　　　　　　　　　　300

（2）计算 B 公司换入资产的入账价值及编制会计分录。

①计算存货的入账价值。

甲材料入账价值 = 换出资产的公允价值 9000 + 应支付的相关税费 200 + 支付的补价 1000 + 增值税销项税额 1530 - 可抵扣的进项税额 1700 = 10030（元）

②B 企业编制如下会计分录。

借：原材料——甲材料　　　　　　　　　　　10030

　　应交税金——应交增值税（进项税额）　　　1700

　　贷：原材料——乙材料　　　　　　　　　　8000

　　　　应交税金——应交增值税（销项税额）　　1530

　　　　银行存款　　　　　　　　　　　　　　1200

　　　　营业外收入——非货币性资产交换利得　　1000

2. 以固定资产交换其他非货币性资产的核算。

【例 7 - 18】本年度 12 月 3 日，A 公司与 B 公司决定进行非货币性资产交换。A 公司以一台正在使用的机器换入 B 公司的一辆微型轿车，该机器的账面原值为 500000 元，累计折旧为 200000 元，公允价值为 295000 元；B 公司的微型轿车账面原值为 350000 元，已提取折旧 30000 元，已提减值准备 8000 元，公允价值为 280000 元。A 公司负责把机器运到 B 公司后交换资产，A 公司支付相关税费 30000 元；B 公司支付给 A 公司 15000 元补价并支付相关税费 10000 元。要求根据上项经济业务编制相关的会计分录。

（1）计算 A 公司换入资产的入账价值及编制会计分录。

①计算资产的入账价值。

换入微型汽车的成本 = 换出资产的公允价值 295000 + 应支付的相关税费 30000 - 收到的补价 15000 = 310000（元）

②A 公司编制如下会计分录。

借：固定资产清理　　　　　　　　　　　　　300000

　　累计折旧　　　　　　　　　　　　　　　200000

```
　　贷：固定资产——机器                    500000
借：银行存款                              15000
　　贷：固定资产清理                        15000
借：固定资产清理                          30000
　　贷：银行存款                            30000
借：固定资产——微型汽车                   310000
　　贷：固定资产清理                       310000
借：营业外支出——非货币性资产交换损失      5000
　　贷：固定资产清理                         5000
```

（2）计算 B 公司换入资产的入账价值及编制会计分录。

①计算资产的入账价值。

换入汽车的成本 = 换出资产的公允价值 280000 + 支付的补价 15000 + 应支付的相关税费 10000 - 资产减值准备 8000 = 297000（元）

②B 公司编制如下会计分录。

```
借：固定资产清理                         320000
　　累计折旧                              30000
　　贷：固定资产——机器                   350000
借：固定资产清理                          15000
　　贷：银行存款                            15000
借：固定资产减值准备                        8000
　　贷：固定资产清理                         8000
借：固定资产清理                          10000
　　贷：银行存款                            10000
借：固定资产——微型汽车                   297000
　　贷：固定资产清理                       297000
借：营业外支出——非货币性资产交换损失     40000
　　贷：固定资产清理                        40000
```

【例 7 - 19】本年度 12 月 3 日，A 公司与 B 公司决定进行非货币性资产交换。A 公司以一台正在使用的机器换入 B 公司的库存商品，该机器的账面原值为 50 万元，公允价值为 29 万元，累计折旧为 20 万元；B 公司的库存商品账面余额为 35 万元，公允价值为 31 万元，已提减值准备 3 万元。A 公司负责把机器运到 B 公司后交换资产，A 公司支付 B 公司 2 万元补价并支付相关税费 3 万元；B 公司支付相关税费 1 万元。双方企业的增值税税率均为 17%，要求根据上项经济业务编制相关的会计分录。

（1）计算 A 公司换入资产的入账价值及编制会计分录。

①计算固定资产的入账价值。

换入资产入账成本＝换出资产的公允价值290000＋支付的补价20000＋支付的相关税费30000－可抵扣增值税52700＝287300（元）

②A 公司编制如下会计分录。

借：固定资产清理　　　　　　　　　　300000
　　累计折旧　　　　　　　　　　　　200000
　　　贷：固定资产——机器　　　　　　　　　500000
借：固定资产清理　　　　　　　　　　50000
　　　贷：银行存款　　　　　　　　　　　　　50000
借：库存商品　　　　　　　　　　　　287300
　　　应交税金——应交增值税（进项税额）　52700
　　　营业外支出——非货币性资产交换损失　10000
　　　贷：固定资产清理　　　　　　　　　　　350000

（2）计算 B 公司换入资产的入账价值及编制会计分录。

①计算固定资产的入账价值。

换入资产入账成本＝换出资产的公允价值310000－收到的补价20000－已经提取的资产减值准备30000＋支付的相关税费10000＋应交增值税销项税额52700＝322700（元）

②B 公司编制如下会计分录。

借：固定资产　　　　　　　　　　　　322700
　　存货跌价准备　　　　　　　　　　30000
　　银行存款　　　　　　　　　　　　20000
　　营业外支出——非货币性资产交换损失　40000
　　　贷：库存商品　　　　　　　　　　　　　350000
　　　　银行存款　　　　　　　　　　　　　10000
　　　　应交税金——应交增值税（进项税额）　52700

3. 以可供出售金融资产交换其他货币性资产的核算。

【例7－20】本年度12月30日，A 公司与 B 公司决定进行非货币性资产交换。A 公司以账面余额1000元、公允价值为11000元的可供出售金融资产，与 B 公司的账面余额为12000元、公允价值为10000元的长期股权投资进行交换，B 公司已经提取了2000元长期股权投资减值准备。B 公司支付 A 公司1000元补价并支付相关税费200元，A 公司支付税费220元。要求根据上项经济业务编制相关的会计分录。

（1）计算 A 公司换入资产的入账价值及编制会计分录。

①计算固定资产的入账价值。

换入资产入账成本 = 换出资产的公允价值 11000 − 收到的补价 1000 + 支付的相关税费 220 = 10220（元）

②A 公司编制如下会计分录。

借：长期股权投资　　　　　　　　　　　　10220

　　银行存款　　　　　　　　　　　　　　1000

　贷：可供出售金融资产　　　　　　　　　　11000

　　　银行存款　　　　　　　　　　　　　　220

（2）计算 B 公司换入资产的入账价值及编制会计分录。

①计算固定资产的入账价值。

换入资产入账成本 = 换出资产的公允价值 10000 − 已经提取的减值准备金额 2000 + 支付的补价 1000 + 支付的相关税费 200 = 9200（元）

②B 公司编制如下会计分录。

借：可供出售金融资产　　　　　　　　　　9200

　　长期股权投资减值准备　　　　　　　　2000

　　营业外支出——非货币性资产交换损失　2000

　贷：长期股权投资　　　　　　　　　　　　12000

　　　银行存款　　　　　　　　　　　　　　1200

4. 多项非货币性资产交换。

【例 7 − 21】本年度 12 月 10 日，A 公司与 B 公司决定进行非货币性资产交换。A 公司以下列资产与 B 公司进行交换：原材料的账面余额 30 万元，公允价值 28 万元，已提取资产减值准备 1 万元；库存商品的账面余额 20 万元，公允价值 25 万元，已提取资产减值准备 2 万元；固定资产的原始价值 40 万元，公允价值 32 万元，已提折旧 10 万元。B 公司以一项专利技术与 A 公司进行交换，该项专利技术账面余额 100 万元，公允价值 100 万元，该项专利技术未提取资产减值准备。为进行非货币性资产交换，A 公司支付给 B 公司 59900元补价，并支付 5000 元运输费，双方企业均为一般纳税企业，增值税税率均为 17% 。要求编制 A 公司与 B 公司的相关会计分录。

（1）A 公司计算换入资产的入账价值并编制相关的会计分录。

①计算换入资产的入账价值。

换入资产的入账价值 = 换出资产的公允价值（280000 + 250000 + 320000）− 已经提取的资产减值准备 30000 + 支付的相关税费 5000 + 原材料的增值税销项税额 47600 + 库存商品的增值税 42500 + 支付补价 59900 = 975000（元）

②A 公司编制如下会计分录。

借：固定资产清理　　　　　　　　　　　　300000

　　累计折旧　　　　　　　　　　　　　　100000

　　贷：固定资产　　　　　　　　　　　　400000

借：无形资产——专利技术　　　　　　　　975000

　　存货跌价准备　　　　　　　　　　　　30000

　　贷：原材料　　　　　　　　　　　　　300000

　　　　库存商品　　　　　　　　　　　　200000

　　　　应交税金——应交增值税（销项税额）　90100

　　　　固定资产清理　　　　　　　　　　300000

　　　　银行存款　　　　　　　　　　　　64900

　　　　营业外收入——非货币性资产交换利得　50000

（2）计算 B 公司换入资产的入账价值及编制会计分录。

①计算换入资产的入账价值。

按照换入各项资产的公允价值占换入资产公允价值总额的比例，计算换入的各资产的入账价值。换入资产公允价值总额为 940100 元。

换入原材料账面价值占换入资产账面价值总额的比例

$=327600 \div 940100 \times 100\% = 35\%$

换入原材料的入账价值（含增值税）$=1000000 \times 35\% = 350000$（元）

换入库存商品账面价值占换入资产账面价值总额的比例

$=292500 \div 940100 \times 100\% = 31\%$

换入库存商品的入账价值（含增值税）$=1000000 \times 31\% = 310000$（元）

换入固定资产账面价值占换入资产账面价值总额的比例

$=320000 \div 940100 \times 100\% = 34\%$

换入固定资产的入账价值 $=1000000 \times 34\% = 340000$（元）

②B 公司编制如下会计分录。

借：原材料　　　　　　　　　　　　　　　280000

　　库存商品　　　　　　　　　　　　　　250000

　　应交税金——应交增值税（销项税额）　90100

　　固定资产　　　　　　　　　　　　　　320000

　　银行存款　　　　　　　　　　　　　　59900

　　贷：无形资产——专利技术　　　　　　1000000

第三节　非货币性资产交换的披露

企业应当在附注中披露与非货币性资产交换有关的下列信息：

1. 换入、换出资产的类别。
2. 换入资产成本的确定方式。
3. 换入、换出资产的公允价值以及换出资产的账面价值。
4. 非货币性资产交换确认的损益。

复习思考题

1. 什么是非货币性资产交换？
2. 如何判断货币性资产交换与非货币性资产交换？
3. 如何理解非货币性资产交换具有商业实质？
4. 具有商业实质的非货币性资产交换如何计算换入资产的入账价值？
5. 不具有商业实质的非货币性资产交换如何计算换入资产的入账价值？

第八章 资产减值

第一节 资产可能发生减值的认定

一、资产减值概念

资产减值是指资产的可收回金额低于其账面价值。本章所指资产，除特别说明外，包括单项资产和资产组。

本章涉及的资产减值对象主要包括以下资产：对子公司、联营企业和合营企业的长期股权投资；采用成本模式进行后续计量的投资性房地产；固定资产；生产性生物资产；无形资产；商誉；以及探明石油天然气矿区权益和井及相关设施等。

本章不涉及下列资产减值的会计处理：存货、消耗性生物资产、以公允价值模式进行后续计量的投资性房地产、建造合同形成的资产、递延所得税资产、融资租赁中出租人未担保余值，以及"金融资产"所涉及的金融资产等。

二、资产减值的迹象

企业应当在资产负债表日判断资产是否存在可能发生减值的迹象；对于存在减值迹象的资产，应当进行减值测试，计算可收回金额，可收回金额低于账面价值的，应当按照可收回金额低于账面价值的金额，计提减值准备。

资产可能发生减值的迹象主要包括以下方面：

（1）资产的市价当期大幅度下跌，其跌幅明显高于因时间的推移或者正常使用而预计的下跌；

（2）企业经营所处的经济、技术或者法律等环境以及资产所处的市场在当期或者将在近期发生重大变化，从而对企业产生不利影响；

（3）市场利率或者其他市场投资报酬率在当期已经提高，从而影响企业计算资产预计未来现金流量现值的折现率，导致资产可收回金额大幅度降低；

（4）有证据表明资产已经陈旧过时或者其实体已经损坏；

（5）资产已经或者将被闲置、终止使用或者计划提前处置；

（6）企业内部报告的证据表明资产的经济绩效已经低于或者将低于预期，如资产所创造的净现金流量或者实现的营业利润（或者亏损）远远低于（或者高于）预计金额等；

（7）其他表明资产可能已经发生减值的迹象。

需要指出的是，因企业合并所形成的商誉和使用寿命不确定的无形资产，无论是否存在减值迹象，每年都应当进行减值测试。

第二节　资产可收回金额的计量和减值损失的确定

一、估计资产可收回金额应当遵循重要性要求

企业应当在资产负债表日判断资产是否存在可能发生减值的迹象。资产存在减值迹象的，应当进行减值测试，估计资产的可收回金额。在估计资产可收回金额时，应当遵循重要性要求。

（1）以前报告期间的计算结果表明，资产可收回金额显著高于其账面价值，之后又没有发生消除这一差异的交易或者事项的，资产负债表日可以不重新估计该资产的可收回金额。

（2）以前报告期间的计算与分析表明，资产可收回金额相对于某种减值迹象反应不敏感，在本报告期间又发生了该减值迹象的，可以不因该减值迹象的出现而重新估计该资产的可收回金额。比如，当期市场利率或市场投资报酬率上升，对计算资产未来现金流量现值采用的折现率影响不大的，可以不重新估计资产的可收回金额。

二、资产的公允价值减去处置费用后净额的确定

资产的公允价值减去处置费用后的净额，通常反映的是资产如果被出售或

者处置时可以收回的净现金收入。

其中，资产的公允价值是指在公平交易中，熟悉情况的交易双方自愿进行资产交换的金额。

处置费用是指可以直接归属于资产处置的增量成本，包括与资产处置有关的法律费用、相关税费、搬运费以及为使资产达到可销售状态所发生的直接费用等，但是财务费用和所得税费用等不包括在内。

企业在估计资产的公允价值减去处置费用后的净额时，应当按照下列顺序进行：

首先，应当根据公平交易中资产的销售协议价格减去可直接归属于该资产处置费用的金额确定资产的公允价值减去处置费用后的净额。这是估计资产的公允价值减去处置费用后的净额的最佳方法。

其次，在资产不存在销售协议但存在活跃市场的情况下，应当根据该资产的市场价格减去处置费用后的金额确定。资产的市场价格通常应当按照资产的买方出价确定。如果难以获得资产在估计日的买方出价的，企业可以以资产最近的交易价格作为其公允价值减去处置费用后的净额的估计基础，其前提是资产的交易日和估计日之间，有关经济、市场环境等没有发生重大变化。

最后，在既不存在资产销售协议又不存在资产活跃市场的情况下，企业应当以可获取的最佳信息为基础，根据在资产负债表日如果处置资产的话，熟悉情况的交易双方自愿进行公平交易愿意提供的交易价格减去资产处置费用后的金额，估计资产的公允价值减去处置费用后的净额。在实务中，该金额可以参考同行业类似资产的最近交易价格或者结果进行估计。

如果企业按照上述要求仍然无法可靠估计资产的公允价值减去处置费用后的净额的，应当以该资产预计未来现金流量的现值作为其可收回金额。

三、资产预计未来现金流量现值的确定

资产预计未来现金流量的现值，应当按照资产在持续使用过程中和最终处置时所产生的预计未来现金流量，选择恰当的折现率对其进行折现后的金额加以确定。因此，预计资产未来现金流量的现值，主要应当综合考虑以下三个方面的因素：

（1）资产的预计未来现金流量。

（2）资产的使用寿命。

（3）折现率。其中，资产使用寿命的预计与固定资产、无形资产准则等规定的使用寿命预计方法相同。

以下为预计资产未来现金流量和折现率的具体要求。

（一）资产未来现金流量的预计

1. 预计资产未来现金流量的基础。为了预计资产未来现金流量，企业管理层应当在合理和有依据的基础上对资产剩余使用寿命内整个经济状况进行最佳估计，并将资产未来现金流量的预计，建立在经企业管理层批准的最近财务预算或者预测数据之上。出于数据可靠性和便于操作等方面的考虑，建立在该预算或者预测基础上的预计现金流量最多涵盖 5 年，企业管理层如能证明更长的期间是合理的，可以涵盖更长的期间。

如果资产未来现金流量的预计还包括最近财务预算或者预测期之后的现金流量，企业应当以该预算或者预测期之后年份稳定的或者递减的增长率为基础进行估计。企业管理层如能证明递增的增长率是合理的，可以以递增的增长率为基础进行估计，所使用的增长率除了企业能够证明更高的增长率是合理的之外，不应当超过企业经营的产品、市场、所处的行业或者所在国家或者地区的长期平均增长率，或者该资产所处市场的长期平均增长率。在恰当、合理的情况下，该增长率可以是零或者负数。

在经济环境经常变化的情况下，资产的实际现金流量与预计数往往会有出入，而且预计资产未来现金流量时的假设也有可能发生变化，因此，企业管理层每次在预计资产未来现金流量时，应当首先分析以前期间现金流量预计数与现金流量实际数出现差异的情况，以评判当期现金流量预计所依据的假设的合理性。通常情况下，企业管理层应当确保当期现金流量预计所依据的假设与前期实际结果相一致。

2. 资产预计未来现金流量应当包括的内容。预计的资产未来现金流量应当包括下列各项：

（1）资产持续使用过程中预计产生的现金流入。

（2）为实现资产持续使用过程中产生的现金流入所必需的预计现金流出（包括为使资产达到预定可使用状态所发生的现金流出）。该现金流出应当是可直接归属于或者可通过合理和一致的基础分配到资产中的现金流出，后者通常是指那些与资产直接相关的间接费用。

对于在建工程、开发过程中的无形资产等，企业在预计其未来现金流量时，应当包括预期为使该类资产达到预定可使用（或者可销售）状态而发生的全部现金流出数。

（3）资产使用寿命结束时，处置资产所收到或者支付的净现金流量。该现金流量应当是在公平交易中，熟悉情况的交易双方自愿进行交易时，企业预期可从资产的处置中获取或者支付的、减去预计处置费用后的金额。

3．预计资产未来现金流量应当考虑的因素。企业预计资产未来现金流量，应当综合考虑下列因素：

（1）以资产的当前状况为基础预计资产未来现金流量；

（2）预计资产未来现金流量不应当包括筹资活动和所得税收付产生的现金流量；

（3）对通货膨胀因素的考虑应当和折现率相一致；

（4）涉及内部转移价格的需要作调整。

4．资产未来现金流量预计的方法。预计资产未来现金流量，通常应当根据资产未来每期最有可能产生的现金流量进行预测。它使用的是单一的未来每期预计现金流量和单一的折现率计算资产未来现金流量的现值。如果影响资产未来现金流量的因素较多，不确定性较大，使用单一的现金流量可能并不能如实反映资产创造现金流量的实际情况。在这种情况下，采用期望现金流量法更为合理，企业应当采用期望现金流量法预计资产未来现金流量。在期望现金流量法下，资产未来每期现金流量应当根据每期可能发生情况的概率及其相应的现金流量加总计算求得。

（二）折现率的预计

为了资产减值测试的目的，计算资产未来现金流量现值时所使用的折现率应当是反映当前市场货币时间价值和资产特定风险的税前利率。该折现率是企业在购置或者投资资产时所要求的必要报酬率。如果企业在预计资产的未来现金流量时已经对资产特定风险的影响做了调整的，折现率的估计不需要考虑这些特定风险。如果用于估计折现率的基础是税后的，应当将其调整为税前的折现率，以便于与资产未来现金流量的估计基础相一致。

折现率的确定，应当首先以该资产的市场利率为依据。如果该资产的市场利率无法从市场上获得的，可以使用替代利率估计折现率。

替代利率可以根据企业加权平均资金成本、增量借款利率或者其他相关市场借款利率作适当调整后确定。调整时，应当考虑与资产预计现金流量有关的特定风险以及其他有关货币风险和价格风险等。

企业在估计资产未来现金流量现值时，通常应当使用单一的折现率。但是，如果资产未来现金流量的现值对未来不同期间的风险差异或者利率的期限结构反应敏感的，企业应当在未来各不同期间采用不同的折现率。

（三）资产未来现金流量现值的预计

在预计资产的未来现金流量和折现率的基础上，企业将该资产的预计未来现金流量按照预计折现率在预计期限内予以折现后，即可确定该资产未来现金流量的现值。

(四) 外币未来现金流量及其现值的预计

企业使用资产所收到的未来现金流量为外币的，应当按照下列顺序确定资产未来现金流量的现值：

首先，应当以该资产所产生的未来现金流量的结算货币为基础预计其未来现金流量，并按照该货币适用的折现率计算资产的现值。

其次，将该外币现值按照计算资产未来现金流量现值当日的即期汇率进行折算，从而折现成按照记账本位币表示的资产未来现金流量的现值。

最后，在该现值基础上，将其与资产公允价值减去处置费用后的净额相比较，确定其可收回金额，根据可收回金额与资产账面价值相比较，确定是否需要确认减值损失以及确认多少减值损失。

四、资产减值损失的确定

资产可收回金额确定后，如果可收回金额低于其账面价值的，企业应当将资产的账面价值减记至可收回金额，减记的金额确认为资产减值损失，计入当期损益，同时计提相应的资产减值准备。资产的账面价值是指资产成本扣减累计折旧（或累计摊销）和累计减值准备后的金额。

资产减值损失确认后，减值资产的折旧或者摊销费用应当在未来期间作相应调整，以使该资产在剩余使用寿命内，系统地分摊调整后的资产账面价值（扣除预计净残值）。

资产减值损失一经确认，在以后会计期间不得转回。但是，遇到资产处置、出售、对外投资、以非货币性资产交换方式换出、在债务重组中抵偿债务等情况，同时符合资产终止确认条件的，企业应当将相关资产减值准备予以转销。

【例 8 - 1】某运输公司 2007 年年末对一艘远洋运输船舶进行减值测试。该船舶原值为 50000 万元，累计折旧 25000 万元，2007 年年末账面价值为 25000 万元，预计尚可使用 5 年。假定该船舶存在活跃市场，其公允价值为 19000 万元，直接归属于该船舶的处置费用为 200 万元。该公司在计算其未来现金流量的现值确定可收回金额时，考虑了与该船舶资产有关的货币时间价值和特定风险因素后，确定 6% 为该资产的最低必要报酬率，并将其作为计算未来现金流量现值时使用的折现率。公司根据有关部门提供的该船舶历史营运记录、船舶性能状况和未来每年运量发展趋势，预计未来每年营运收入和相关人工费用、燃料费用、安全费用、港口码头费用以及日常维护费用等支出，在此基础上估计该船舶在 2008 ～2012 年每年预计未来现金流量分别为：3750 万元、3690万元、3250万元、3060万元、2685万元。

（1）计算船舶的公允价值减去处置费用后净额。

资产的公允价值减去处置费用后净额 = 19000 - 200 = 18800（万元）

（2）计算船舶预计未来现金流量现值。

根据上述预计未来现金流量和折现率，公司计算船舶预计未来现金流量的现值。

资产预计未来现金流量的现值 = $\sum$ ［第 t 年预计资产未来现金流量/（1 + 折现率）t］ = 3750/（1 + 6%）^{1} + 3690/（1 + 6%）^{2} + 3250/（1 + 6%）^{3} + 3060/（1 + 6%）^{4} + 2685/（1 + 6%）^{5} = 13980.78（万元）

（3）计算船舶的可收回金额。

企业应比较资产的公允价值减去处置费用后的净额与资产未来现金流量的现值，取其较高者作为资产的可收回金额。可收回金额为 18800 万元。

（4）计算资产减值损失。

资产减值损失 = 25000 - 18800 = 6200（万元）

（5）编制会计分录。

借：资产减值损失　　　　　　　　　　　　　　6200

　贷：固定资产减值准备　　　　　　　　　　　6200

【例8-2】2007年末甲公司的一项专有技术账面成本2000万元，已摊销额为1500万元，已计提减值准备为零，该专有技术已被其他新的技术所代替，其为企业创造经济利益的能力受到重大不利影响。公司经分析，该无形资产公允价值总额为250万元；直接归属于该无形资产处置费用为10万元，尚可使用2年，预计其在未来2年内产生的现金流量分别为：200万元、100万元，在考虑相关因素的基础上，公司决定采用4%的折现率。

（1）预计未来现金流量的现值 = 200/（1 + 3%）^{1} + 100/（1 + 3%）^{2} = 284.76（万元）。

（2）资产的公允价值减去处置费用后的净额 = 250 - 10 = 240（万元）。

（3）可收回金额为 284.76 万元。

（4）计提无形资产减值准备 = 500 - 284.76 = 215.24（万元）。

第三节　资产组的认定及减值的处理

有迹象表明，一项资产可能发生减值的，企业应当以单项资产为基础估计其可收回金额。企业难以对单项资产的可收回金额进行估计的，应当以该资产所属的资产组为基础确定资产组的可收回金额。资产组是指企业可以认定的最小资产组合，其产生的现金流入应当基本上独立于其他资产或资产组产生的现金流入。

一、资产组的认定

资产组的认定，应当以资产组产生的主要现金流入是否独立于其他资产或者资产组的现金流入为依据。在认定资产组产生的现金流入是否基本上独立于其他资产组时，应当考虑企业管理层管理生产经营活动的方式（如是按照生产线、业务种类还是按照地区或者区域等）和对资产的持续使用或者处置的决策方式等。

企业的某一生产线、营业网点、业务部门等，如果能够独立于其他部门或者单位等创造收入、产生现金流量，或者其创造的收入和现金流入绝大部分独立于其他部门或者单位的，并且属于可认定的最小的资产组合的，通常应将该生产线、营业网点、业务部门等认定为一个资产组。

几项资产的组合生产的产品（或者其他产出）存在活跃市场的，无论这些产品或者其他产出是用于对外出售还是仅供企业内部使用，均表明这几项资产的组合能够独立创造现金流入，应当将这些资产的组合认定为资产组。

资产组一经确定，各个会计期间应当保持一致，不得随意变更。如需变更，企业管理层应当证明该变更是合理的，并在附注中说明。

二、资产组可收回金额和账面价值的确定

资产组的可收回金额应当按照该资产组的公允价值减去处置费用后的净额与其预计未来现金流量的现值两者之间较高者确定。

资产组账面价值的确定基础应当与其可收回金额的确定方式相一致。资产组的账面价值包括可直接归属于资产组与可以合理和一致地分摊至资产组的资产账面价值，通常不应当包括已确认负债的账面价值，但如不考虑该负债金额就无法确认资产组可收回金额的除外。

资产组在处置时如要求购买者承担一项负债（如环境恢复负债等）、该负债金额已经确认并计入相关资产账面价值，而且企业只能取得包括上述资产和负债在内的单一公允价值减去处置费用后的净额的，为了比较资产组的账面价值和可收回金额，在确定资产组的账面价值及其预计未来现金流量的现值时，

应当将已确认的负债金额从中扣除。

【例8-3】A公司属于矿业生产企业，根据我国有关法律规定，开采矿产品的企业必须在完成开采后应将该地区恢复原貌，恢复费用包括表土覆盖层的原貌，因为表土覆盖层在矿山开采前必须搬走，表土覆盖层一旦搬走，企业就应为其确定一笔预计负债。A公司为恢复费用确认预计负债的账面金额为1500万元。2007年12月31日A公司对矿山进行减值测试，矿山的资产组是整个矿山。A公司已经收到愿以2400万元的价格开采该矿山的合同（包括恢复表土覆盖层的原貌的成本），预计未来现金流量的现值3600万元，不包括恢复费用。矿山账面价值为3000万元，不考虑矿山的处置费用。

按照《企业会计准则第8号——资产减值》的规定，资产组在处置时如要求购买者承担一项负债（如环境恢复负债等）、该负债金额已经确认并计入相关资产账面价值，而且企业只能取得包括上述资产和负债在内的单一公允价值减去处置费用后的净额的，为了比较资产组的账面价值和可收回金额，在确定资产组的账面价值及其预计未来现金流量的现值时，应当将已确认的负债金额从中扣除。

（1）资产组的公允价值减去处置费用后的净额=2400万元。

（2）预计未来现金流量的现值3600万元-恢复费用1500万元=2100万元。

（3）资产组的可收回金额应当两者之间较高者，2400万元。

（4）资产组的账面价值=矿山的账面价值3000万元-恢复费用1500万元=1500万元。

（5）资产组的可收回金额2400万元>资产组的账面价值1500万元，没有减值。

三、资产组减值损失的会计处理

根据减值测试的结果，资产组（包括资产组组合）的可收回金额如低于其账面价值的，应当确认相应的减值损失。减值损失金额应当按照下列顺序进行分摊：

（1）首先抵减分摊至资产组中商誉的账面价值；

（2）然后根据资产组中除商誉之外的其他各项资产的账面价值所占比重，按比例抵减其他各项资产的账面价值。

以上资产账面价值的抵减，应当作为各单项资产（包括商誉）的减值损失处理，计入当期损益。抵减后的各资产的账面价值不得低于以下三者之中最高者：该资产的公允价值减去处置费用后的净额（如可确定的）、该资产预计未来现金流量的现值（如可确定的）和零。因此而导致的未能分摊的减值损失金额，应当按照相关资产组中其他各项资产的账面价值所占比重进行分摊。

【例 8-4】 AS 公司为一家高科技生产性企业，拥有一条甲产品生产线，该生产线由 A、B 和 C 三个机器设备组成并同时运转可生产出甲产品，该生产线于 2002 年 12 月达到预定可以使用状态并交付使用，A、B 和 C 三个机器设备的入账价值分别为 600 万元、900 万元、1500 万元，预计使用年限为 10 年，净残值为零，采用年限平均法计提折旧。三个机器设备无法单独使用，不能单独产生现金流量，因此作为一个资产组。2007 年末市场上出现替代甲产品的新产品，甲产品市场销量大幅度减少。2007 年末 A 机器设备的公允价值减去处置费用后净额 225 万元，B 和 C 机器设备的公允价值减去处置费用后净额以及预计未来现金流量现值无法单独确定，但该资产组的预计未来现金流量现值为 900 万元。

（1）计算资产组的账面价值。

A 机器设备的账面价值 $= 600 - 600 \div 10 \times 5 = 300$（万元）

B 机器设备的账面价值 $= 900 - 900 \div 10 \times 5 = 450$（万元）

C 机器设备的账面价值 $= 1500 - 1500 \div 10 \times 5 = 750$（万元）

合计 $= 300 + 450 + 750 = 1500$（万元）

（2）计算资产组的减值损失。

资产组的减值损失 $= 1500 - 900 = 600$（万元）

（3）将减值损失分摊至资产组 A、B 和 C 三个机器设备。

A 机器设备应分摊的资产减值损失 $= 600 \times 300/1500 = 120$（万元）

B 机器设备应分摊的资产减值损失 $= 600 \times 450/1500 = 180$（万元）

C 机器设备应分摊的资产减值损失 $= 600 \times 750/1500 = 300$（万元）

（4）计算将减值损失分摊至资产组中后 A、B 和 C 三个机器设备的账面价值。

A 机器设备的账面价值 $= 300 - 120 = 180$（万元），由于抵减后的各资产的账面价值不得低于以下三者之最高者：该资产的公允价值减去处置费用后的净额（如果可确定的话）、该资产预计未来现金流量的现值（如可确定的话）、零；因此 A 机器设备应分摊减值损失为 75 万元，其账面价值为 225 万元，未分摊至资产组 A 机器设备的减值损失 45 万元（225 - 180）需要再次在 B、C 机器设备按照现在的账面价值比例进行分配。

B 机器设备的账面价值 $= 450 - 180 = 270$（万元）

C 机器设备的账面价值 $= 750 - 300 = 450$（万元）

（5）计算将未分摊至资产组 A 机器设备的减值损失再次在 B、C 机器设备之间进行分配。

B 机器设备再次应分摊的资产减值损失 = 45 × 270/（270 + 450）= 16.88（万元）

C 机器设备再次应分摊的资产减值损失 = 45 × 450/（270 + 450）= 28.12（万元）

（6）计算两次分摊后 A、B、C 三个机器设备的减值损失。

A 机器设备的减值损失 = 75（万元）

B 机器设备的减值损失 = 180 + 16.88 = 196.88（万元）

C 机器设备的减值损失 = 300 + 28.12 = 328.12（万元）

（7）编制有关资产减值的会计分录。

借：资产减值损失　　　　　　　　　　　　600
　　贷：固定资产减值准备——A 机器　　　　　　　75
　　　　固定资产减值准备——B 机器　　　　196.88
　　　　固定资产减值准备——C 机器　　　　328.12

【例 8 - 5】甲公司 2007 年末对某资产组进行减值测试，该资产组包括固定资产 A、B、C、D、E 设备外，还包括一项负债，同时规定该资产组在处置时如要求购买者承担该负债，该负债金额已经确认并计入相关资产账面价值。2007 年末固定资产的账面价值为 4350 万元，其中 A、B、C、D、E 设备的账面价值分别为 885 万元、1170 万元、1425 万元、270 万元、600 万元；要求购买者承担该负债的账面价值为 225 万元。五个设备无法单独使用，不能单独产生现金流量，因此作为一个资产组，C 设备公允价值减去处置费用后的净额为 1233 万元，另外四个设备的公允价值减去处置费用后净额以及预计未来现金流量现值均无法单独确定，但甲公司确定该资产组的公允价值减去处置费用后的净额为 3225 万元，预计未来现金流量的现值为 3075 万元。

（1）计算资产组的减值损失。

①资产组的公允价值减去处置费用后的净额 = 3225 万元。

②预计未来现金流量的现值 = 3075（万元）– 负债 225（万元）= 2850万元。

③资产组的可收回金额应为两者之间较高者，3225 万元。

④资产组的账面价值 = 固定资产账面价值 4350（万元）– 负债 225（万元）= 4125 万元。

⑤资产组的减值损失 = 4125 – 3225 = 900（万元）。

（2）根据该资产组固定资产账面价值，按比例分摊减值损失至资产组内的各项固定资产（见表 8 - 1）。

表 8 - 1　　　　　　　　　　　　　　　　　　　　　　　　　　单位：万元

资产组合	分摊减值损失前账面价值	分摊的减值损失	分摊减值损失后账面价值
固定资产：			
——A 设备	885	900 × 885/4350 = 183.10	885 - 183.10 = 701.9
——B 设备	1170	900 × 1170/4350 = 242.07	1170 - 242.07 = 927.93
——C 设备	1425	192 （应分摊 900 × 1425/4350 = 294.83 万元，实际分摊 192 万元，未分摊减值损失 294.83 - 192 = 102.83）	1425 - 192 = 1233
——D 设备	270	900 × 270/4350 = 55.86	270 - 55.86 = 214.14
——E 设备	600	900 × 600/4350 = 124.14	600 - 124.14 = 475.86
合计	4350	797.17	3552.83

（3）计算将未分摊至资产组 C 设备的减值损失再次在 A、B、D、E 机器设备之间进行分配。

未分摊减值损失 = 294.83 - 192 = 102.83（万元）按照初次分摊后的账面价值进行分摊（见表 8 - 2）。

表8－2　　　　　　　　　　　　　　　　　　　　　　　　　　　　　单位：万元

资产组合	分摊减值损失后账面价值	再次分摊的减值损失	重新分摊减值损失后的实际负担减值损失	重新分摊减值损失后账面价值
固定资产：				
——A 设备	701.9	102.83 × 701.9/ 2319.83 = 31.11	183.10 + 31.11 = 214.21	701.9 – 31.11 = 670.79
——B 设备	927.93	102.83 × 927.93 /2319.83 = 41.13	242.07 + 41.13 = 283.2	927.93 – 41.13 = 886.8
——D 设备	214.14	102.83 × 214.14 /2319.83 = 9.49	55.86 + 9.49 = 65.35	214.14 – 9.49 = 204.65
——E 设备	475.86	102.83 × 475.86 /2319.83 = 21.10	124.14 + 21.1 = 145.24	475.86 – 21.1 = 454.76
小计	2319.83	102.83	708	2217
——C 设备	—	—	192	1233
合计	—		900	3450

（4）编制会计分录。

借：资产减值损失　　　　　　　　　　　　　900
　　贷：固定资产减值准备——A 设备　　　　　　214.21
　　　　固定资产减值准备——B 设备　　　　　　283.2
　　　　固定资产减值准备——C 设备　　　　　　192
　　　　固定资产减值准备——D 设备　　　　　　 65.35
　　　　固定资产减值准备——E 设备　　　　　　145.24

四、涉及总部资产的减值损失的会计处理

　　企业总部资产包括企业集团或其事业部的办公楼、电子数据处理设备、研发中心等资产。总部资产的显著特征是难以脱离其他资产或者资产组产生独立

的现金流入，而且其账面价值难以完全归属于某一资产组。因此，总部资产通常难以单独进行减值测试，需要结合其他相关资产组或者资产组组合进行。资产组组合，是指由若干个资产组组成的最小资产组组合，包括资产组或者资产组组合，以及按合理方法分摊的总部资产部分。

在资产负债表日，如果有迹象表明某项总部资产可能发生减值的，企业应当计算确定该总部资产所归属的资产组或者资产组组合的可收回金额，然后将其与相应的账面价值相比较，据以判断是否需要确认减值损失。

企业在对某一资产组进行减值测试时，应当先认定所有与该资产组相关的总部资产，再根据相关总部资产能否按照合理和一致的基础分摊至该资产组分别下列情况处理：

（1）对于相关总部资产能够按照合理和一致的基础分摊至该资产组的部分，应当将该部分总部资产的账面价值分摊至该资产组，再据以比较该资产组的账面价值（包括已分摊的总部资产的账面价值部分）和可收回金额，并按照前述有关资产组的减值损失处理顺序和方法处理。

（2）对于相关总部资产难以按照合理和一致的基础分摊至该资产组的，应当按照下列步骤处理：

首先，在不考虑相关总部资产的情况下，估计和比较资产组的账面价值和可收回金额，并按照前述有关资产组减值损失处理顺序和方法处理。

其次，认定由若干个资产组组成的最小的资产组组合，该资产组组合应当包括所测试的资产组与可以按照合理和一致的基础将该总部资产的账面价值分摊其上的部分。

最后，比较所认定的资产组组合的账面价值（包括已分摊的总部资产的账面价值部分）和可收回金额，并按照前述有关资产组减值损失的处理顺序和方法处理。

【例8-6】某公司在A、B、C三地拥有三家分公司，其中，C分公司是上年吸收合并的公司。这三家分公司的经营活动由一个总部负责运作。由于A、B、C三家分公司均能产生独立于其他分公司的现金流入，所以该公司将这三家分公司确定为三个资产组。2007年12月31日，企业经营所处的技术环境发生了重大不利变化，出现减值迹象，需要进行减值测试。假设总部资产的账面价值为2250万元，能够按照各资产组账面价值的比例进行合理分摊，A分公司资产的使用寿命为10年，B、C分公司和总部资产的使用寿命为20年。减值测试时，A、B、C三个资产组的账面价值分别为1500万元、2250万元和3000万元（其中合并商誉为225万元）。该公司计算得出A分公司资产的可收回金额为2000万元，B分公司资产的可收回金额为2340万元，C分公司资产的可收回金额为3000万元。

要求：对该公司A、B、C三个资产组进行减值测试。

对该公司进行减值测试时，首先要将总部资产采用合理的方法分配至各资产组，然后比较各资产组的可收回金额与其账面价值，确定各资产组的资产减值损失；最后将各资产组的资产减值额在总部资产和各资产组之间分配。

（1）将总部资产分配至各资产组。由于各资产组的使用寿命不同，不能直接按其账面价值分配总部资产，而应根据各资产组使用寿命对各资产组的账面价值进行调整，按各资产组调整后的账面价值来分配总部资产。B、C资产组的使用寿命是A资产组使用寿命的两倍。所以分配总部资产时的账面价值应为$1500 + 2 \times 2250 + 2 \times 3000 = 12000$（万元）。

总部资产应分配给A资产组的数额$= 2250 \times 1500/12000 = 281.25$（万元）；

总部资产应分配给B资产组的数额$= 2250 \times 4500/12000 = 843.75$（万元）；

总部资产应分配给C资产组的数额$= 2250 \times 6000/12000 = 1125$（万元）。

分配后各资产组的账面价值为：

A资产组的账面价值$= 1500 + 281.25 = 1781.25$（万元）；

B资产组的账面价值$= 2250 + 843.75 = 3093.75$（万元）；

C资产组的账面价值$= 3000 + 1125 = 4125$（万元）。

（2）进行减值测试。

A资产组的账面价值$= 1781.25$万元，可收回金额$= 2000$万元，没有发生减值；

B资产组的账面价值$= 3093.75$万元，可收回金额$= 2340$万元，发生减值753.75万元；

C资产组的账面价值$= 4125$万元，可收回金额$= 3000$万元，发生减值1125万元。

（3）将各资产组的减值额在总部资产和各资产组之间分配。

B资产组减值额分配给总部资产的数额$= 753.75 \times 843.75/$（$2250 + 843.75$）$= 205.5$（万元）。

分配给B资产组本身的数额：$753.75 \times 2250/$（$2250 + 843.75$）$= 548.25$（万元）；C资产组中的减值额先冲减商誉225万元，余下的分配给总部和C资产组。

分配给总部的资产减值：（$1125 - 225$）$\times 1125/$（$3000 + 1125$）$= 245.45$（万元）。

分配给C资产组本身的数额：（$1125 - 225$）$\times 3000/$（$3000 + 1125$）$= 654.55$（万元）。

第四节　　商誉减值的处理

　　企业合并所形成的商誉，至少应当在每年年度终了时进行减值测试。商誉应当结合与其相关的资产组或者资产组组合进行减值测试。相关的资产组或者资产组组合应当是能够从企业合并的协同效应中受益的资产组或者资产组组合，不应当大于企业所确定的报告数据。

　　对于已经分摊商誉的资产组或资产组组合，不论是否存在资产组或资产组组合可能发生减值的迹象，每年都应当通过比较包含商誉的资产组或资产组组合的账面价值与可收回金额进行减值测试。

一、商誉账面价值的分摊

　　企业进行资产减值测试，对于因企业合并形成的商誉的账面价值，应当自购买日起按照合理的方法分摊至相关的资产组；难以分摊至相关的资产组的，应当将其分摊至相关的资产组组合。

　　企业因重组等原因改变了其报告结构，从而影响到已分摊商誉的一个或者若干个资产组或者资产组组合构成的，应当按照合理的分摊方法，将商誉重新分摊至受影响的资产组或者资产组组合。

二、商誉减值损失的会计处理

　　企业合并所形成的商誉，至少应当在每年年度终了进行减值测试。商誉应当结合与其相关的资产组或者资产组组合进行减值测试。相关的资产组或者资产组组合应当是能够从企业合并的协同效应中受益的资产组或者资产组组合，不应当大于按照相关准则所确定的报告数据。

　　对于已经分摊商誉的资产组或资产组组合，不论是否存在资产组或资产组组合可能发生减值的迹象，每年都应当通过比较包含商誉的资产组或资产组组合的账面价值与可收回金额进行减值测试；减值测试可以在年度期间的任何时间进行，只要每年测试是在相同的时间完成即可。

　　（1）商誉账面价值的分摊。企业进行资产减值测试，对于因企业合并形成的商誉的账面价值，应当自购买日起按照合理的方法分摊至相关的资产组；

难以分摊至相关的资产组的，应当将其分摊至相关的资产组组合。

在将商誉的账面价值分摊至相关的资产组或者资产组组合时，应当按照各资产组或者资产组组合的公允价值占相关资产组或者资产组组合公允价值总额的比例进行分摊。公允价值难以可靠计量的，按照各资产组或者资产组组合的账面价值占相关资产组或者资产组组合账面价值总额的比例进行分摊。

企业因重组等原因改变了其报告结构，从而影响到已分摊商誉的一个或者若干个资产组或者资产组组合构成的，应当按照合理的分摊方法，将商誉重新分摊至受影响的资产组或者资产组组合。

（2）商誉减值损失的处理。在对包含商誉的相关资产组或者资产组组合进行减值测试时，如与商誉相关的资产组或者资产组组合存在减值迹象的，应当按照下列步骤处理：

首先，对不包含商誉的资产组或者资产组组合进行减值测试，计算可收回金额，并与相关账面价值相比较，确认相应的减值损失。

然后，再对包含商誉的资产组或者资产组组合进行减值测试，比较这些相关资产组或者资产组组合的账面价值（包括所分摊的商誉的账面价值部分）与其可收回金额，如相关资产组或者资产组组合的可收回金额低于其账面价值的（总部资产和商誉分摊至某资产组或者资产组组合的，该资产组或者资产组组合的账面价值应当包括相关总部资产和商誉的分摊额），应当确认相应的减值损失。

减值损失金额应当先抵减分摊至资产组或者资产组组合中商誉的账面价值，再根据资产组或者资产组组合中除商誉之外的其他各项资产的账面价值所占比重，按比例抵减其他各项资产的账面价值。

以上资产账面价值的抵减，应当作为各单项资产（包括商誉）的减值损失处理，计入当期损益。抵减后的各资产的账面价值不得低于该资产的公允价值减去处置费用后的净额（如可确定的）、该资产预计未来现金流量的现值（如可确定的）和零三者之中的最高者。由此而导致的未能分摊的减值损失金额，应当按照相关资产组或者资产组组合中其他各项资产的账面价值所占比重进行分摊。

【例8-7】甲企业在2007年1月1日以1600万元的价格收购了乙企业80%的股权。该收购在非同一控制下完成。在购买日，乙企业可辨认净资产的公允价值为1500万元，没有负债和或有负债。甲企业将乙企业所有资产认定为一个资产组。在20×7年末，甲企业确定该资产组的可收回金额为1000万元，可辨认净资产的账面价值为1350万元。

要求：在20×7年末，甲企业是否需要对因收购乙企业而形成的商誉进行减值测试？如果减值测试表明，商誉发生了减值，应当确认多少商誉减值损失和其他有关资产减值损失？

由于甲企业在 20×7 年 1 月 1 日以 1600 万元的价格收购了乙企业 80% 的股权。在购买日，乙企业可辨认净资产的公允价值为 1500 万元。因此，甲企业在其合并财务报表中应当确认商誉 400 万元（1600－1500×80%）、乙企业可辨认净资产 1500 万元和少数股东权益 300 万元（1500×20%）。根据资产减值会计准则的规定，对于因企业合并形成的商誉，至少应当于每年年度终了进行减值测试，因此，企业在 20×7 年末应当对商誉进行减值测试。

由于乙企业作为一个单独的资产组，其在 20×7 年末的可收回金额为 1000 万元，可辨认净资产的账面价值为 1350 万元。而其可收回金额 1000 万元中，包括归属于少数股东权益在商誉价值中享有的部分。因此，出于减值测试的目的，在与资产组的可收回金额进行比较之前，必须对资产组的账面价值进行调整，使其包括归属于少数股东权益的商誉价值 〔（1600/80%－1500）×20%〕。然后再据以比较该资产组的账面价值和可收回金额，确定是否发生了减值损失。其测试过程如下（见表 8－3）：

表 8－3

2007 年末	商誉 （万元）	可辨认净资产 （万元）	合计 （万元）
账面价值	400	1350	1750
未确认归属于少数股东权益的商誉价值	100	—	100
调整后账面价值	500	1350	1850
可收回金额			1000
减值损失			850

以上计算出的减值损失 850 万元应当首先冲减商誉的账面价值，然后再将剩余部分分摊至资产组中的其他资产。即 850 万元减值损失中有 500 万元应当属于商誉减值损失，其中由于确认的商誉仅限于甲企业持有乙企业 80% 股权部分，因此，甲企业只需要确认商誉减值损失的 80%，即 400 万元。剩余的 350 万元（850－500）减值损失应当冲减乙企业的各项可辨认净资产的账面价值，作为乙企业各项可辨认净资产的减值损失。

第三篇 负债

第九章　负债

负债按流动性分类，可分为流动负债和长期负债。

第一节　流动负债

流动负债是指预计在一个正常营业周期中清偿，或者主要为交易目的而持有，或者自资产负债表日起 1 年内（含 1 年）到期应予以清偿，或者企业无权自主地将清偿推迟至资产负债表日后 1 年以上的负债。流动负债主要包括短期借款、应付票据、应付账款、预收账款、应付职工薪酬、应付利息、应交税费、其他应付款等。

各项流动负债，应按实际发生额入账。短期借款、带息应付票据、短期应付债券应当按照借款本金或债券面值，按照确定的利率按期计提利息，计入损益。

一、短期借款

短期借款是指企业向银行或其他融机构等借入的期限在 1 年以下（含 1 年）的各种借款。短期借款一般是企业为维持正常的生产经营所需的资金而借入的或者为抵偿某项债务而借入的款项。会计核算主要涉及三个方面：第一，取得短期借款的处理；第二，短期借款利息的处理；第三，归还短期借款本金及利息的处理。

企业应通过"短期借款"科目核算借款的取得及偿还情况。

企业从银行或其他金融机构等借入的各种短期借款，借记"银行存款"科目，贷记"短期借款"科目。

在实际工作中，银行一般于每季度末收取短期借款的利息，可以采用预提的办法，按月预提计入当期损益。短期借款的利息属于筹资费用，预提时，借记"财务费用"科目，贷记"应付利息"科目；实际支付时，按已经预提的利息金额，借记"应付利息"科目，按实际支付的利息金额与已经预提的利息金额的差额（即尚未计提的部分），借记"财务费用"科目，按实际支付的利息金额，贷记"银行存款"科目。

偿还短期借款时，借记"短期借款"科目，贷记"银行存款"科目。

二、应付票据

应付票据是指企业购买材料、商品或接受劳务供应等而开出、承兑的商业汇票，包括商业承兑汇票和银行承兑汇票。企业应设置"应付票据备查簿"，详细登记商业汇票的种类、号数和出票日期、到期日期、到期日、票面余额、交易合同号和收款人姓名或单位名称及付款日期和金额等资料。到期结清时，应予以注销。

商业汇票付款期不超过 6 个月，作为流动负债管理和核算。按面值入账。

企业开出、承兑商业汇票或以承兑商业汇票抵付货款、应付账款时，借记"材料采购"、"库存商品"、"应付账款"、"应交税费——应交增值税（进项税额）"等科目，贷记"应付票据"科目。支付银行承兑汇票的手续费，借记"财务费用"科目，贷记"银行存款"科目。收到银行支付到期票据的付款通知，借记"应付票据"科目，贷记"银行存款"科目。

应付票据到期，企业如无力支付票款，应按应付票据的账面余额，借记"应付票据"科目，贷记"短期借款"科目。

三、应付和预收款项

（一）应付账款

应付账款是指企业因购买材料、商品和接受劳务供应等经营活动而应付的款项。这笔款项在未支付前构成企业的一项负债。

企业购入材料、商品等验收入库，但货款尚未支付，应根据有关凭证（发票账单、随货同行发票上记载的实际价款或估价值），借记"材料采购"等科目，按专用发票上注明的增值税额，借记"应交税费——应交增值税（进项税额）"科目，企业接受供应单位提供劳务而发生的应付未付款项，根据供应单位的发票账单，借记"生产成本"、"管理费用"等科目，贷记"应付账款"科目。企业支付应付账款时，借记"应付账款"科目，贷记"银行存款"科目；企业开出、承兑商业汇票抵付应付账款，借记"应付账款"科目，贷记"应付票据"科目。

（二）预收账款

预收账款是指企业按照合同规定向购货单位预收的款项。这笔款项构成企业的一项负债，以后要用商品、劳务等偿付。

企业预收账款的核算，应视具体情况而定。如果企业预收账款比较多，可以设置"预收账款"科目核算；而预收账款情况不多的企业，也可以将预收的款项直接记入"应收账款"科目的贷方，不设"预收账款"科目。

单独设置"预收账款"科目的企业，向购货单位预收款项，借记"银行存款"科目，贷记"预收账款"科目；销售实现时，按实现的收入和应交的增值税销项税额，借记"预收账款"科目，按实现的营业收入，贷记"主营业务收入"科目，按专用发票上注明的增值税税额，贷记"应交税费——应交增值税（销项税额）"等科目。购货单位补付的款项，借记"银行存款"科目，贷记"预收账款"科目；退回多付的款项，作相反的会计处理。

【例9-1】甲公司接受一批订货合同，按合同规定，货款金额总计400000元，预计6个月完成。订货方预付货款40%，另外60%待完工发货后再支付。该货物的增值税税率为17%。有关账务处理如下：

（1）收到预付的货款时：

借：银行存款　　　　　　　　　　　　　160000

　　贷：预收账款　　　　　　　　　　　　160000

（2）6个月后产品发出时：

借：预收账款　　　　　　　　　　　　　468000

　　贷：主营业务收入　　　　　　　　　　400000

　　　　应交税费——应交增值税（销项税额）　68000

（3）订货单位补付货款时：

借：银行存款　　　　　　　　　　　　　308000

　　贷：预收账款　　　　　　　　　　　　308000

四、应付职工薪酬

（一）应付职工薪酬核算的内容

职工薪酬是指企业为获得职工提供的服务而给予各种形式的报酬以及其他相关支出，包括职工在职期间和离职后提供给职工的全部货币性薪酬和非货币性福利。企业提供给职工配偶、子女或其他被赡养人的福利等，也属于职工薪酬。

职工薪酬包括：

（1）职工工资、奖金、津贴和补贴；

（2）职工福利费；

（3）医疗保险费、养老保险费（包括基本养老保险费和补充养老保险费）、失业保险费、工伤保险费和生育保险费等社会保险费；

（4）住房公积金；

（5）工会经费和职工教育经费；

（6）非货币性福利；

（7）因解除与职工的劳动关系而给予的补偿（下称"辞退福利"）；

（8）其他与获得职工提供的服务相关的支出。

企业以商业保险形式提供给职工的各种保险待遇、以现金结算的股份支付也属于职工薪酬；以权益工具结算的股份支付也属于职工薪酬，但本章不涉及此部分内容。

以上所指"职工"，包括与企业订立劳动合同的所有人员，含全职、兼职和临时职工；也包括未与企业订立劳动合同但由企业正式任命的人员，如董事会成员、监事会成员等。在企业的计划和控制下，虽与企业未订立劳动合同或企业未正式任命的人员，但为企业提供了类似服务，也视同企业职工处理。

（二）职工薪酬的确认和计量

1. 职工薪酬确认的原则。企业应当在职工为其提供服务的会计期间，将除辞退福利外的应付的职工薪酬确认为负债，并根据职工提供服务的受益对象，分别下列情况处理：

（1）应由生产产品、提供劳务负担的职工薪酬，计入产品成本或劳务成本。

（2）应由在建工程、无形资产负担的职工薪酬，计入建造固定资产或无形资产成本。

（3）上述两项之外的其他职工薪酬，计入当期损益。

2. 职工薪酬的计量标准。

（1）货币性职工薪酬。计量应付职工薪酬时，国家规定了计提基础和计提比例的，应当按照国家规定的标准计提。没有规定计提基础和计提比例的，企业应当根据历史经验数据和实际情况，合理预计当期应付职工薪酬。当期实际发生金额大于预计金额的，应当补提应付职工薪酬；当期实际发生金额小于预计金额的，应当冲回多提的应付职工薪酬。

对于在职工提供服务的会计期末以后1年以上到期的应付职工薪酬，企业应当选择恰当的折现率，以应付职工薪酬折现后的金额计入相关资产成本或当期损益；应付职工薪酬金额与其折现后金额相差不大的，也可按照未折现金额计入相关资产成本或当期损益。

（2）非货币性职工薪酬。企业以其自产产品作为非货币性福利发放给职工的，应当根据受益对象，按照该产品的公允价值，计入相关资产成本或当期损益，同时确认应付职工薪酬。

企业将拥有的房屋等资产无偿提供给职工使用的，应当根据受益对象，将该住房每期应计提的折旧计入相关资产成本或当期损益，同时确认应付职工薪酬。租赁住房等资产供职工无偿使用的，应当根据受益对象，将每期应付的租金计入相关资产成本或当期损益，并确认应付职工薪酬。难以认定受益对象的非货币性福利，直接计入当期损益和应付职工薪酬。

【例9-2】丙公司为总部部门经理级别以上职工每人提供一辆桑塔纳汽车免费使用，该公司总部共有部门经理以上职工20名，假定每辆桑塔纳汽车每月计提折旧1000元；该公司还为其5名副总裁以上高级管理人员每人租赁一套公寓免费使用，月租金为每套8000元（假定上述人员发生的费用无法认定受益对象）。有关会计处理如下：

借：管理费用　　　　　　　　　　　　60000
　　贷：累计折旧　　　　　　　　　　　20000
　　　　其他应付款　　　　　　　　　　40000

【例9-3】甲公司为一家空调生产企业，共有职工500名，其中生产空调的生产工人400人，生产车间技术人员、管理人员40人，企业管理人员60人。2006年4月，公司以自己生产的A型号空调作为福利发放给公司每名职工。A型号空调的单位生产成本为2000元，售价为每台3100元，甲公司适用的增值税税率为17%。

空调的增值税销项税额 $= 400 \times 3100 \times 17\% + 40 \times 3100 \times 17\% + 60 \times 3100$
$$\times 17\%$$
$$= 210800 + 21080 + 31620 = 263500（元）$$

借：生产成本　　　　　　　　1010800（800000 + 210800）
　　制造费用　　　　　　　　　101080（80000 + 21080）
　　管理费用　　　　　　　　　151620（120000 + 31620）
　　贷：应付职工薪酬　　　　　1263500
借：应付职工薪酬　　　　　　　1263500
　　贷：库存商品　　　　　　　1000000
　　　　应交税费——应交增值税（销项税额）　263500

【例9-4】上述的甲公司还外购了每件不含税价格为1000元的家具作为

福利发放给公司每名职工。公司购买的家具已开具了增值税专用发票，增值税税率为17%。

家具的进项税额 $= 400 \times 1000 \times 17\% + 40 \times 1000 \times 17\% + 60 \times 1000 \times 17\%$
$= 68000 + 6800 + 10200 = 85000$（元）

借：生产成本　　　　　　　　　　　　468000
　　制造费用　　　　　　　　　　　　46800
　　管理费用　　　　　　　　　　　　70200
　　贷：应付职工薪酬　　　　　　　　　　585000
借：应付职工薪酬　　　　　　　　　　585000
　　贷：库存商品　　　　　　　　　　　　500000
　　　　应交税费——应交增值税（进项税额转出）
　　　　　　　　　　　　　　　　　85000

（三）辞退福利的确认和计量

辞退福利包括：一是职工劳动合同到期前，不论职工本人是否愿意，企业决定解除与职工的劳动关系而给予的补偿；二是职工劳动合同到期前，为鼓励职工自愿接受裁减而给予的补偿，职工有权选择继续在职或接受补偿离职。

辞退福利通常采取在解除劳动关系时一次性支付补偿的方式，也有通过提高退休后养老金或其他离职后福利的标准，或者将职工工资支付至辞退后未来某一期间的方式。

辞退福利同时满足下列条件的，应当确认因解除与职工的劳动关系给予补偿而产生的预计负债，同时计入当期损益：

1. 企业已经制定正式的解除劳动关系计划或提出自愿裁减建议，并即将实施。该计划或建议应当包括拟解除劳动关系或裁减的职工所在部门、职位及数量；根据有关规定按工作类别或职位确定的解除劳动关系或裁减补偿金额；拟解除劳动关系或裁减的时间。

2. 企业不能单方面撤回解除劳动关系计划或裁减建议。

正式的辞退计划或建议应当经过批准。辞退工作一般应当在一年内实施完毕，但因付款程序等原因使部分款项推迟至一年后支付的，视为符合应付职工薪酬（辞退福利）的确认条件。满足辞退福利确认条件、实质性辞退工作在一年内完成，但付款时间超过一年的辞退福利，企业应当选择恰当的折现率，以折现后的金额计量应付职工薪酬。

企业应当严格按照辞退计划条款的规定，合理预计并确认辞退福利产生的应付职工薪酬。对于职工没有选择权的辞退计划，应当根据辞退计划条款规定的拟解除劳动关系的职工数量、每一职位的辞退补偿标准等，计提应付职工薪酬。企业对于自愿接受裁减的建议，应当预计将会接受裁减建议的职工数量，根据预计的职工数量和每一职位的辞退补偿标准等，计提应付职工薪酬。

【例9-5】W公司由于市场销售情况不佳，制订了一项辞退计划，拟从2007年1月1日起，企业将以职工自愿方式选择是否接受裁减。辞退计划的详细内容均已与职工沟通，并达成一致意见。辞退计划已于当年12月10日经董事会正式批准，并将于下一个年度内实施完毕。该辞退计划中的补偿标准如表9-1所示：

表9-1 辞退计划的补偿标准

职 位	工 龄	每人补偿标准
中层管理干部	1～10年	10万元
	10～20年	20万元
	20～30年	30万元
车间生产工人	1～10年	5万元
	10～20年	12万元
	20～30年	20万元

假定在本例中，对于工龄在10～20年的中层管理干部中接受辞退的数量及发生概率如下表所示：

接受辞退的职工数量	发生的概率	最佳估计数
5人	50%	2.5
6人	20%	1.2
8人	30%	2.4
合计		6.1

企业应确认工龄在10～20年的中层管理干部中预计的辞退福利金额为：$6.1 \times 20 = 122$（万元）。

借：管理费用　　　　　　　　　　　　　　　　122
　　贷：应付职工薪酬——解除职工劳动关系补偿　122

对于其他职级人员辞退福利的计算，比照此方法进行。

（四）以现金结算的股份支付

股份支付是指企业为获取职工和其他方提供服务而授予权益工具或者承担以权益工具为基础确定的负债的交易。股份支付分为以权益结算的股份支付和以现金结算的股份支付。

对职工以现金结算的股份支付，应当按照企业承担的以股份或其他权益工具为基础计算确定的负债的公允价值计量。除授予后立即可行权的以现金结算的股份支付外，授予日一般不进行会计处理。授予日是指股份支付协议获得批准的日期。其中，获得批准是指企业与职工就股份支付的协议条款和条件已达成一致，该协议获得股东大会或类似机构的批准。

等待期是指可行权条件得到满足的期间。可行权条件分为市场条件和非市场条件。市场条件是指行权价格、可行权条件以及行权可能性与权益工具的市场价格相关的业绩条件，如股份支付协议中关于股价至少上升到何种水平才可行权的规定。非市场条件是指除市场条件之外的其他业绩条件，如股份支付协议中关于达到最低盈利目标或销售目标才可行权的规定。

等待期长度确定后，业绩条件为非市场条件的，如果后续信息表明需要调整等待期长度，应对前期确定的等待期长度进行修改；业绩条件为市场条件的，不应因此改变等待期长度。对于可行权条件为业绩条件的股份支付，在确定权益工具的公允价值时，应考虑市场条件的影响，只要职工满足了其他所有非市场条件，企业就应当确认已取得的服务。

完成等待期内的服务或达到规定业绩条件以后才可行权的以现金结算的股份支付，在等待期内的每个资产负债表日，应当以对可行权情况的最佳估计为基础，按照资产负债表日企业承担的以股份或其他权益工具为基础计算确定的负债的公允价值重新计量，将当期取得的服务计入相关资产成本或费用，同时确认应付职工薪酬；在资产负债表日，企业应当根据最新取得的可行权职工人数变动等后续信息作出最佳估计，修正预计可行权的权益工具数量，计算截至当期累计应确认的成本费用金额，减去前期累计已确认金额，作为当期应确认的成本费用金额，同时确认应付职工薪酬。在可行权日，最终预计可行权权益工具的数量应当与实际可行权数量一致。

在可行权日之后，企业不再调整等待期内确认的成本费用，应付职工薪酬的公允价值变动计入当期损益（公允价值变动损益）。可行权日，是指可行权条件得到满足、职工具有从企业取得权益工具或现金的权利的日期。

【例9-6】2007年1月1日，B公司为其200名中层以上管理人员每人授予100份现金股票增值权，这些人员从2007年1月1日起必须在该公司连续服务3年，即可自2009年12月31日起根据股价的增长幅度获得现金，该增值权应在 2011 年 12 月 31 日之前行使完毕。B 公司估计，该增值权在负债结算之前的每一资产负债表日以及结算日的公允价值和可行权后的每份增值权现金支出额如表 9 - 2 所示：

表 9 - 2 单位：元

年 份	公允价值	支付现金
2007	14	
2008	15	
2009	18	16
2010	21	20
2011		25

第一年有 20 名管理人员离开 B 公司，B 公司估计三年中还将有 15 名管理人员离开；第二年又有 10 名管理人员离开公司，公司估计还将有 10 名管理人员离开；第三年又有 15 名管理人员离开。第三年年末，假定有 70 人行使股票增值权取得了现金。2010 年 12 月 31 日（第四年年末），有 50 人行使了股票增值权。2011 年 12 月 31 日（第五年年末），剩余 35 人全部行使了股票增值权。

有关费用和应付职工薪酬的计算过程如表 9 - 3 所示：

表 9 - 3 单位：元

年 份	负债计算（1）	支付现金（2）	当期费用（3）
2007	$(200 - 35) \times 100 \times 14 \times 1/3$ $= 77000$		77000
2008	$(200 - 40) \times 100 \times 15 \times 2/3$ $= 160000$		83000
2009	$(200 - 45 - 70) \times 100 \times 18$ $= 153000$	$70 \times 100 \times 16$ $= 112000$	105000
2010	$(200 - 45 - 70 - 50) \times 100 \times 21$ $= 73500$	$50 \times 100 \times 20$ $= 100000$	20500

续表

年　份	负债计算(1)	支付现金(2)	当期费用(3)
2011	73500 − 73500 = 0	$35 \times 100 \times 25$ $= 87500$	14000
总额		299500	299500

其中：（3）＝（1）−上期（1）＋（2）

B公司有关会计处理如下：

（1）2007年1月1日：授予日不做处理。

（2）2007年12月31日：

借：管理费用等　　　　　　　　　　　77000

　　贷：应付职工薪酬——股份支付　　　　　　77000

（3）2008年12月31日：

借：管理费用等　　　　　　　　　　　83000

　　贷：应付职工薪酬——股份支付　　　　　　83000

（4）2009年12月31日：

借：管理费用等　　　　　　　　　　　105000

　　贷：应付职工薪酬——股份支付　　　　　　105000

借：应付职工薪酬——股份支付　　　　112000

　　贷：银行存款　　　　　　　　　　　　　112000

（5）2010年12月31日：

借：公允价值变动损益　　　　　　　　20500

　　贷：应付职工薪酬——股份支付　　　　　　20500

借：应付职工薪酬——股份支付　　　　100000

　　贷：银行存款　　　　　　　　　　　　　100000

（6）2011年12月31日：

借：公允价值变动损益　　　　　　　　14000

　　贷：应付职工薪酬——股份支付　　　　　　14000

借：应付职工薪酬——股份支付　　　　87500

　　贷：银行存款　　　　　　　　　　　　　87500

（五）职工薪酬的核算

1.“应付职工薪酬”科目核算企业根据有关规定应付给职工的各种薪酬。企业（外商）按规定从净利润中提取的职工奖励及福利基金，也在“应付职工薪酬"科目核算。

2. "应付职工薪酬"科目可按"工资"、"职工福利"、"社会保险费"、"住房公积金"、"工会经费"、"职工教育经费"、"非货币性福利"、"辞退福利"、"股份支付"等进行明细核算。

3. 企业应付职工薪酬的核算。

(1) 生产部门人员的职工薪酬,借记"生产成本"、"制造费用"、"劳务成本"等科目,贷记"应付职工薪酬"科目。应由在建工程、研发支出负担的职工薪酬,借记"在建工程"、"研发支出"等科目,贷记"应付职工薪酬"科目。管理部门人员、销售人员的职工薪酬,借记"管理费用"或"销售费用"科目,贷记"应付职工薪酬"科目。

向职工支付工资、奖金、津贴、福利费等,从应付职工薪酬中扣还的各种款项(代垫的家属药费、个人所得税等)等,借记"应付职工薪酬"科目,贷记"银行存款"、"库存现金"、"其他应收款"、"应交税费——应交个人所得税"等科目。

支付工会经费和职工教育经费用于工会活动和职工培训,借记"应付职工薪酬"科目,贷记"银行存款"等科目。

按照国家有关规定缴纳社会保险费和住房公积金,借记"应付职工薪酬"科目,贷记"银行存款"科目。

(2) 企业以其自产产品发放给职工作为职工薪酬的,借记"管理费用"、"生产成本"、"制造费用"等科目,贷记"应付职工薪酬"科目。企业以其自产产品发放给职工时,借记"应付职工薪酬"科目,贷记"主营业务收入"科目;同时,还应结转产成品的成本。涉及增值税销项税额的,还应进行相应的处理。

无偿向职工提供住房等固定资产使用的,按应计提的折旧额,借记"管理费用"、"生产成本"、"制造费用"等科目,贷记"应付职工薪酬"科目;同时,借记"应付职工薪酬"科目,贷记"累计折旧"科目。

租赁住房等资产供职工无偿使用的,按每期应支付的租金,借记"管理费用"、"生产成本"、"制造费用"等科目,贷记"应付职工薪酬"科目。支付租赁住房等资产供职工无偿使用所发生的租金,借记"应付职工薪酬"科目,贷记"银行存款"等科目。

(3) 因解除与职工的劳动关系给予的补偿在核算时,借记"管理费用"科目,贷记"应付职工薪酬"科目。企业因解除与职工的劳动关系而给予职工的补偿性支付时,借记"应付职工薪酬"科目,贷记"银行存款"、"库存现金"等科目。

（4）企业以现金与职工结算的股份支付，在等待期内每个资产负债表日，按当期应确认的成本费用金额，借记"管理费用"、"生产成本"、"制造费用"等科目，贷记"应付职工薪酬"科目。在可行权日之后，以现金结算的股份支付当期公允价值的变动金额，借记或贷记"公允价值变动损益"科目，贷记或借记"应付职工薪酬"科目。

企业以现金与职工结算的股份支付，在行权日，借记"应付职工薪酬"科目，贷记"银行存款"、"库存现金"等科目。

（5）企业（外商）按规定从净利润中提取的职工奖励及福利基金，借记"利润分配——提取的职工奖励及福利基金"科目，贷记"应付职工薪酬"科目。

五、应交税费

企业依法缴纳的税金，主要包括增值税、消费税、营业税、所得税、资源税、土地增值税、城市维护建设税、房产税、土地使用税、车船使用税、印花税、耕地占用税等；此外，企业还代扣代交个人所得税等，这些代扣代交的税金，在上缴国家之前也形成企业的一项负债。

为了总括反映各种税金的缴纳情况，企业应设置"应交税费"科目，并在"应交税费"科目下设置有关明细科目进行核算。需要注意的是，企业缴纳的印花税、耕地占用税以及其他不需要预计应交数的税金，不通过"应交税费"科目核算。

（一）应交增值税

1. 增值税概述。增值税是指对我国境内销售货物、进口货物，或提供加工、修理修配的增值额征收的一种流转税。按照《中华人民共和国增值税暂行条例》规定，企业购入货物或接受应税劳务支付的增值税（即进项税额），可以从销售货物或提供劳务按规定收取的增值税（即销项税额）中抵扣。准予从销项税额中抵扣的进项税额，通常包括：①从销售方取得的增值税专用发票上注明的增值税税额；②从海关取得的完税凭证上注明的增值税税额。此外，购进免税农产品准予从销项税额中抵扣进项税额，准予抵扣的进项税额按买价和10%的扣除率计算，但纳税人从农业生产者购进的免税棉花和从国有粮食购销企业购进的免税粮食，应分别按收购凭证、销售发票所列金额和13%的扣除率计算进项税额；购进货物（不包括固定资产）和销售货物所付运输费用也准予从销项税额中抵扣进项税额，准予抵扣的进项税额按运费金额和7%的扣除率计算，但购、销免税货物所付运费不能计算进项税额抵扣。

2. 一般纳税企业增值税的核算。企业应交的增值税，应在"应交税费"科目下设置"应交增值税"明细科目进行核算。"应交税费——应交增值税"明细账内，分别设置"进项税额"、"已交税金"、"转出未交增值税"、"减免税款"、"销项税额"、"出口退税"、"进项税额转出"、"出口抵减内销产品应纳税额"、"转出多交增值税"等专栏。小规模纳税企业只需设置"应交增值税"明细科目，不需要在"应交增值税"明细科目中设置上述专栏。

（1）一般购销业务。国内采购的物资，按专用发票上注明的增值税，借记"应交税费——应交增值税（进项税额）"科目，按专用发票上记载的应当计入采购成本的金额，借记"材料采购"、"生产成本"、"管理费用"等科目，按应付或实际支付的金额，贷记"应付账款"、"应付票据"、"银行存款"等科目。购入物资发生的退货，作相反账务处理。

进口物资，按海关提供的完税凭证上注明的增值税，借记"应交税费——应交增值税（进项税额）"科目，按进口物资应计入采购成本的金额，借记"材料采购"、"库存商品"等科目，按应付或实际支付的金额，贷记"应付账款"、"银行存款"等科目。

销售物资或提供应税劳务（包括将自产、委托加工或购买的货物分配给股东），按实现的营业收入和按规定收取的增值税税额，借记"应收账款"、"应收票据"、"银行存款"、"应付股利"等科目，按专用发票上注明的增值税额，贷记"应交税费——应交增值税（销项税额）"科目，按实现的营业收入，贷记"主营业务收入"等科目。发生的销售退回，作相反的账务处理。

【例9-7】甲公司购入一批原材料，增值税专用发票上注明的原材料价款为5000000元，增值税税额为850000元。货款已经支付，材料已经到达并验收入库。该企业当期销售产品收入为10000000元（不含应向购买者收取的增值税），货款尚未收到。假如该产品的增值税税率为17%，不缴纳消费税。根据上述经济业务，该企业应作如下账务处理（假定该企业采用实际成本进行日常材料核算）：

借：原材料　　　　　　　　　　　　　5000000
　　应交税费——应交增值税（进项税额）　850000
　　贷：银行存款　　　　　　　　　　5850000
借：应收账款　　　　　　　　　　　11700000
　　贷：主营业务收入　　　　　　　　10000000
　　　　应交税费——应交增值税（销项税额）　1700000

购进免税农业产品，按购进农业产品的买价和规定的税率计算的进项税额，借记"应交税费——应交增值税（进项税额）"科目，按买价减去按规定计算的进项税额后的差额，借记"材料采购"、"库存商品"等科目，按应付或实际支出的价款，贷记"应付账款"、"银行存款"等科目。

【例9-8】甲公司收购免税农业产品，实际支付的买价为1500000元，收购的农业产品已验收入库。该农业产品准予抵扣的进项税额按买价的10%计算确定。

根据上述业务，该企业应作如下账务处理（假定该企业采用实际成本进行日常材料核算）：

进项税额 = 1500000 × 10% = 150000（元）

借：原材料　　　　　　　　　　　　　　　　1350000
　　　应交税费——应交增值税（进项税额）　　150000
　　贷：银行存款　　　　　　　　　　　　　　　1500000

（2）视同销售。按照《增值税暂行条例实施细则》的规定，对于企业将货物交付他人代销；销售代销货物；将自产或委托加工的货物用于非应税项目；将自产、委托加工或购买的货物作为投资，提供给其他单位或个体经营者；将自产、委托加工或购买的货物分配给股东或投资者；将自产、委托加工的货物用于集体福利或个人消费，将自产、委托加工或购买的货物无偿赠送他人等行为，应视同销售货物，计算应交增值税，借记"在建工程"、"长期股权投资"、"应付福利费"、"营业外支出"等科目，贷记"应交税费——应交增值税（销项税额）"科目。

【例9-9】甲公司将自己生产的产品用于工程。产品的成本为200000元，计税价格为200000元。假定该产品的增值税税率为17%。有关账务处理如下：

用于工程的产品的销项税额 = 200000 × 17% = 34000（元）

借：在建工程　　　　　　　　　　　　　　234000
　　贷：库存商品　　　　　　　　　　　　　　200000
　　　应交税费——应交增值税（销项税额）　　34000

（3）出口退税。企业出口产品按规定计算的当期应予抵扣的税额，借记"其他应收款"科目，贷记"应交税费——应交增值税（出口退税）"科目。

（4）发生非正常损失等。购进的物资、在产品、产成品发生非正常损失，以及购进物资改变用途等，其进项税额应相应转入有关科目，借记"待处理财产损溢"、"在建工程"、"应付福利费"等科目，贷记"应交税费——应交增值税（进项税额转出）"科目。属于转作待处理财产损失的部分，应与遭受非正常损失的购进货物、在产品、产成品成本一并处理。

（5）缴纳增值税。为了分别反映增值税一般纳税企业欠缴增值税税款和待抵扣增值税的情况，确保企业及时足额上缴增值税，企业会计制度规定：①在"应交税费"科目下增设"未交增值税"明细科目，核算一般纳税企业月度终了转入的应交未交增值税和多交的增值税。②在"应交税费——应交增值税"明细科目下增设"转出多交增值税"和"转出未交增值税"两个专栏，分别记录一般纳税企业月份终了转出多交或未交的增值税。

本月上缴本月的应交增值税，借记"应交税费——应交增值税（已交税金）"科目，贷记"银行存款"科目。月度终了，将本月应交未交增值税自"应交税费——应交增值税"明细科目转入"应交税费——未交增值税"明细科目，借记"应交税费——应交增值税（转出未交增值税）"科目，贷记"应交税费——未交增值税"科目；将本月多交的增值税自"应交税费——应交增值税（转出多交增值税）"明细科目转入"应交税费——未交增值税"明细科目，借记"应交税费——未交增值税"科目，贷记"应交税费——应交增值税（转出多交增值税）"科目。本月上缴上期应交未交的增值税，借记"应交税费——未交增值税"科目，贷记"银行存款"科目。

【例9-10】甲公司为增值税一般纳税企业，适用的增值税税率为17%，材料采用实际成本进行日常核算。2007年5月份发生如下涉及增值税的经济业务：

（1）购买原材料一批，增值税专用发票上注明价款为600000元，增值税税额为102000元，公司已开出承兑的商业汇票。该原材料已验收入库。

（2）销售产品一批，销售价格为200000元（不含增值税税额），实际成本为160000元，提货单和增值税专用发票已交购货方，货款尚未收到。该销售符合收入确认条件。

（3）在建工程领用原材料一批，该批原材料实际成本为300000元，应由该批原材料负担的增值税税额为51000元。

（4）月末盘亏原材料一批，该批原材料的实际成本为100000元，增值税额为17000元。

（5）用银行的存款缴纳本月增值税25000元。

根据以上资料，甲公司应作如下账务处理：

（1）借：原材料　　　　　　　　　　　　　　　　　600000
　　　　　应交税费——应交增值税（进项税额）　　102000
　　　　贷：应付票据　　　　　　　　　　　　　　　702000
（2）借：应收账款　　　　　　　　　　　　　　　　234000
　　　　贷：主营业务收入　　　　　　　　　　　　　200000
　　　　　　应交税费——应交增值税（销项税额）　　　34000

借：主营业务成本　　　　　　　　　　　　　　160000

　　贷：库存商品　　　　　　　　　　　　　　　160000

（3）借：在建工程　　　　　　　　　　　　　　351000

　　　　贷：原材料　　　　　　　　　　　　　　300000

　　　　　　应交税费——应交增值税（进项税额转出）　51000

（4）借：待处理财产损溢　　　　　　　　　　　117000

　　　　贷：原材料　　　　　　　　　　　　　　100000

　　　　　　应交税费——应交增值税（进项税额转出）　17000

（5）借：应交税费——应交增值税（已交税金）　25000

　　　　贷：银行存款　　　　　　　　　　　　　25000

3. 小规模纳税企业的核算。小规模纳税企业购入货物无论是否得到增值税专用发票，其支付的增值税税额均不计入进项税额，不得从销项税额中抵扣，而计入购入货物的成本。相应的，其他企业从小规模纳税企业购入货物或接受劳务支付的增值税税额，如果不能取得增值税专用发票，也不能作为进项税额抵扣，而应计入购入货物或应税劳务的成本。小规模纳税企业的销售收入应按不含税价格计算。小规模纳税企业的"应交税费——应交增值税"科目，应采用三栏式账户。

【例9－11】某工业企业为小规模纳税企业，适用的增值税税率为6%。该企业本期购入原材料，按照增值税专用发票上记载的原材料成本为500000元，支付的增值税税额为85000元，企业已开出承兑商业汇票，材料尚未收到。该企业本期销售产品，含税价格为800000元，货款尚未收到。有关账物处理如下：

（1）购进原材料。

借：材料采购　　　　　　　　　　　　　　　　585000

　　贷：应付票据　　　　　　　　　　　　　　　585000

（2）销售货物。

不含税价格 $= 800000 \div （1 + 6\%） = 754717$（元）

应交增值税 $= 754717 \times 6\% = 45283$（元）

借：应收账款　　　　　　　　　　　　　　　　800000

　　贷：主营业务收入　　　　　　　　　　　　　754717

　　　　应交税费——应交增值税　　　　　　　　45283

（二）应交消费税的核算

1. 销售应税消费品。企业销售应税消费品，实行价内征收，企业缴纳的消费税记入"营业税金及附加"科目。企业按规定应交的消费税，在"应交税费"科目下设置"应交消费税"明细科目核算。

企业销售应税消费品应交的消费税,借记"营业税金及附加"等科目,贷记"应交税费——应交消费税"科目。退税时,作相反会计处理。

【例9-12】甲公司3月份销售20辆摩托车,每辆销售价格10000元(不含应向购买方收取的增值税税额),货款尚未收到,摩托车每辆成本为5000元。摩托车的增值税税率为17%,消费税税率为10%。有关账务处理如下:

应向购买方收取的增值税 = 10000 × 20 × 17% = 34000(元)

应缴纳的消费税 = 10000 × 20 × 10% = 20000(元)

借:应收账款 234000
  贷:主营业务收入 200000
    应交税费——应交增值税(销项税额) 34000
借:营业税金及附加 20000
  贷:应交税费——应交消费税 20000
借:营业成本 100000
  贷:库存商品 100000

2. 委托加工应税消费品的账务处理。需要缴纳消费税的委托加工物资,于委托方提货时,由受托方代收代交税款(除受托加工或翻新改制金银首饰按规定由受托方缴纳消费税外)。委托加工物资收回后,直接用于销售的,应将代收代交的消费税计入委托加工物资的成本,借记"委托加工物资"等科目,贷记"应付账款"、"银行存款"等科目;委托加工物资收回后用于连续生产的,按规定准予抵扣的,应按代收代交的消费税,借记"应交税费——应交消费税"科目,贷记"应付账款"、"银行存款"等科目。

【例9-13】甲公司委托A企业加工材料(非金银首饰),原材料价款为150000元,加工费用为60000元,由受托方代收代交的消费税为6000元,材料已经加工完毕并验收入库,加工费用尚未支付。假设甲公司材料采用实际成本进行核算。甲公司应作如下账务处理:

(1)委托方甲公司收回加工后的材料用于继续生产时:

借:委托加工物资 150000
  贷:原材料 150000
借:委托加工物资 60000
  应交税费——应交消费税 6000
    贷:应付账款 66000
借:原材料 210000
  贷:委托加工物资 210000

（2）委托方甲公司收回加工后的材料直接用于销售时：

借：委托加工物资　　　　　　　　　　150000
　　贷：原材料　　　　　　　　　　　　　　150000
借：委托加工物资　　　　　　　　　　66000
　　贷：应付账款　　　　　　　　　　　　　66000
借：原材料　　　　　　　　　　　　　216000
　　贷：委托加工物资　　　　　　　　　　　216000

（三）应交营业税的核算

营业税是对提供劳务、出售无形资产或者销售不动产的单位和个人征收的税种。企业按规定应交的营业税，在"应交税费"科目下设置"应交营业税"明细科目核算。

1. 一般账务处理。企业主营业务应交的营业税通过"营业税金及附加"科目核算。企业按营业额和规定的税率计算应缴纳的营业税，借记"营业税金及附加"等科目，贷记"应交税费——应交营业税"科目。

2. 销售不动产的账务处理。企业销售不动产，应当向不动产所在地主管税务机关申报缴纳营业税。企业销售不动产按规定应交的营业税，记入"固定资产清理"科目；房地产开发企业经营房屋不动产所缴纳的营业税，记入"营业税金及附加"科目。

【例9－14】甲公司（非房地产开发企业）出售一栋厂房，厂房原价15000000元，已提折旧9000000元，出售所得款项10000000元已存入银行，用银行存款支付清理费用60000元。厂房已清理完毕，营业税税率为5%。

甲公司应作如下账务处理：

销售厂房应交的营业税＝10000000×5%＝500000（元）

借：固定资产清理　　　　　　　　　　6000000
　　累计折旧　　　　　　　　　　　　9000000
　　贷：固定资产　　　　　　　　　　　　15000000
借：固定资产清理　　　　　　　　　　560000
　　贷：银行存款　　　　　　　　　　　　　60000
　　　　应交税费——应交营业税　　　　　　500000
借：银行存款　　　　　　　　　　　10000000
　　贷：固定资产清理　　　　　　　　　　10000000
借：固定资产清理　　　　　　　　　　3440000
　　贷：营业外收入　　　　　　　　　　　3440000

（四）其他应交税费

1. 应交资源税。资源税是国家对在我国境内开采矿产品或者生产盐的单位和个人征收的税种。企业按规定应交的资源税，在"应交税费"科目下设置"应交资源税"明细科目核算。

企业销售应税产品，按规定应缴纳的资源税，借记"营业税金及附加"科目，贷记"应交税费——应交资源税"科目；企业自产自用应税产品，按规定应缴纳的资源税，借记"生产成本"科目，贷记"应交税费——应交资源税"科目。

2. 应交城市维护建设税的核算。城市维护建设税是国家为了加强城市的维护建设，扩大和稳定城市维护建设资金的来源而开征的一种税。企业按规定计算应交的城市维护建设税，借记"营业税金及附加"等科目，贷记"应交税费——应交城市维护建设税"科目；实际缴纳时，借记"应交税费——应交城市维护建设税"科目，贷记"银行存款"科目。

3. 应交的教育费附加。企业按规定计算应缴纳的各种款项，借记"营业税金及附加"、"其他业务支出"、"管理费用"等科目，贷记"应交税费——应交教育费附加"科目；缴纳时，借记"应交税费——应交教育费附加"科目，贷记"银行存款"科目。

4. 应交土地增值税。企业转让土地使用权应交的土地增值税，土地使用权与地上建筑物及其附着物一并在"固定资产"等科目核算的，借记"固定资产清理"等科目，贷记"应交税费——应交土地增值税"科目。土地使用权在"无形资产"科目核算的，按实际收到的金额，借记"银行存款"科目，按摊销的无形资产金额，借记"累计摊销"科目，按已计提的无形资产减值准备，借记"无形资产减值准备"科目，按无形资产账面余额，贷记"无形资产"科目，按应交的土地增值税，贷记"应交税费——应交土地增值税"科目，按其差额，借记"营业外支出"科目或贷记"营业外收入"科目。

企业按规定计算应交的房产税、土地使用税、车船使用税、矿产资源补偿费，借记"管理费用"科目，贷记"应交税费"科目。

转让国有土地使用权、地上建筑物及其附着物并取得收入的单位和个人，均应缴纳土地增值税。

转让的国有土地使用权连同地上建筑物及其附着物一并在"固定资产"或"在建工程"等科目核算的，转让时应缴纳的土地增值税，借记"固定资产"、"在建工程"等科目，贷记"应交税费——应交土地增值税"科目。

企业缴纳土地增值税时，借记"应交税费——应交土地增值税"科目，贷记"银行存款"科目。

5. 应交房产税、应交土地使用税和应交车船使用税。房产税是国家对在城市、县城、建制镇和工矿区征收的由产权所有人缴纳的一种税。土地使用税是国家为了合理利用城镇土地，调节土地级差收入，提高土地使用效益，加强土地管理而开征的一种税。车船使用税是由拥有并且使用车船的单位和个人缴纳的一种税。

企业按规定计算应交的房产税、土地使用税、车船使用税，借记"管理费用"科目，贷记"应交税费——应交房产税"、"应交税费——应交土地使用税"、"应交税费——应交车船使用税"科目；实际缴纳时，借记"应交税费——应交房产税"、"应交税费——应交土地使用税"、"应交税费——应交车船使用税"科目，贷记"银行存款"科目。

6. 应交个人所得税。企业职工按规定应缴纳的个人所得税通常由企业代扣代交。企业按规定计算应代扣代交的职工个人所得税，借记"应付职工薪酬"科目，贷记"应交税费——应交个人所得税"科目；实际缴纳个人所得税时，借记"应交税费——应交个人所得税"科目，贷记"银行存款"科目。

第二节　　长期负债

一、长期借款

（一）核算内容及科目设置

核算企业向银行或其他金融机构借入的期限在 1 年以上（不含 1 年）的各项借款。

"长期借款"科目应当按照贷款单位和贷款种类，分别"本金"、"利息调整"、"应计利息"等进行明细核算。

（二）长期借款的主要账务处理

1. 企业借入长期借款，应按实际收到的现金净额，借记"银行存款"科目，贷记"长期借款（本金）"科目，按其差额，借记"长期借款（利息调整）"科目。

2. 资产负债表日，应按摊余成本和实际利率计算确定的长期借款的利息费用，借记"在建工程"、"制造费用"、"财务费用"、"研发支出"等科目，按合同约定的名义利率计算确定的应付利息金额，贷记"长期借款（应计利息)"科目或"应付利息"科目,按其差额,贷记"长期借款(利息调整)"科目。

实际利率与合同约定的名义利率差异很小的,也可以采用合同约定的名义利率计算确定利息费用。

3. 归还长期借款本金时,借记"长期借款(本金)"科目,贷记"银行存款"科目。同时,按应转销的利息调整、应计利息金额,借记或贷记"在建工程"、"制造费用"、"财务费用"、"研发支出"等科目,贷记或借记"长期借款(利息调整、应计利息)"科目。

4. 企业与贷款人进行债务重组,应当比照"应付账款"科目的相关规定进行处理。

借:在建工程【按长期借款的摊余成本和实际利率计算确定的利息费用】
　　财务费用【按长期借款的摊余成本和实际利率计算确定的利息费用】
　　制造费用【按长期借款的摊余成本和实际利率计算确定的利息费用】
　贷:应付利息【按借款本金和合同利率计算确定的应付未付利息】
　　长期借款——利息调整【差额】

二、应付债券

"应付债券"科目核算企业为筹集(长期)资金而发行债券的本金和利息。企业发行的可转换公司债券,应将负债和权益成分进行分拆。分拆后形成的负债成分在"应付债券"科目核算。"应付债券"科目可按"面值"、"利息调整"、"应计利息"等进行明细核算。

(一) 一般公司债券

1. 企业发行债券时。企业发行的一般公司债券,无论是按面值发行,还是按溢价或折价发行,均按债券面值记入"应付债券"科目的"面值"明细科目,实际收到的款项与面值的差额,记入"利息调整"明细科目。企业发行债券时,按实际收到的款项,借记"银行存款"、"库存现金"等科目,按债券票面价值,贷记"应付债券——面值"科目,按实际收到的款项与票面价值之间的差额,贷记或借记"应付债券——利息调整"科目。

企业发行一般公司债券时:

借:银行存款【实际收到的款项】
　　库存现金【实际收到的款项】
　　应付债券——利息调整【差额】
　贷:应付债券——面值【债券票面价值】

　　　　　应付债券——利息调整【差额】

利息调整应在债券存续期间内采用实际利率法进行摊销。

资产负债表日，对于分期付息、一次还本的债券：

借：在建工程【确定的债券利息费用】

　　制造费用【确定的债券利息费用】

　　财务费用【确定的债券利息费用】

　　应付债券——利息调整【差额】

贷：应付利息【按票面利率计算确定的应付未付利息】【分期付息】

　　应付债券——应计利息【按票面利率计算确定的应付未付利息】

　　　　　　　　　　　　　　　　　　　　　　　　【一次还本付息】

　　应付债券——利息调整【差额】

2. 资产负债表日债券利息费用的确认。应付债券的利息调整应在债券存续期间内采用实际利率法进行摊销。实际利率法是指按照应付债券的实际利率计算其摊余成本及各期利息费用的方法；实际利率是指将应付债券在债券存续期间的未来现金流量，折现为该债券当前账面价值所使用的利率。

在溢价发行债券的情况下，由于债券的账面价值随着债券的利息调整而减少，利息费用随之逐期减少，每期利息调整数随之逐期增加；在折价发行债券的情况下，由于债券的账面价值随着债券的利息调整而增加，利息费用随之逐期增加，每期利息调整数随之逐期增加。

资产负债表日，对于分期付息、一次还本的债券，企业应按应付债券的摊余成本和实际利率计算确定的债券利息费用，借记"在建工程"、"制造费用"、"财务费用"等科目，按票面利率计算确定的应付未付利息，贷记"应付利息"科目，按其差额，借记或贷记"应付债券——利息调整"科目。对于一次还本付息的债券，应于资产负债表日按摊余成本和实际利率计算确定的债券利息费用，借记"在建工程"、"制造费用"、"财务费用"等科目，按票面利率计算确定的应付未付利息，贷记"应付债券——应计利息"科目，按其差额，借记或贷记"应付债券——利息调整"科目。

3. 长期债券到期时。长期债券到期，支付债券本息，借记"应付债券（面值、应计利息）"、"应付利息"等科目，贷记"银行存款"等科目。同时，存在利息调整余额的，借记或贷记"应付债券——利息调整"科目，贷记或借记"在建工程"、"制造费用"、"财务费用"、"研发支出"等科目。

【例9－15】甲公司2007年1月1日发行面值总额为40000万元的公司债券，发行价格总额为41730.8万元。该公司债券的期限为5年、票面年利率为6%，每年年末付息，到期还本。发行债券所得款项已收存银行。甲公司对应付债券的利息调整采用实际利率法摊销。该公司债券的利率为 5%。不考虑其他因素。

（1）甲公司 2007 年 1 月 1 日发行公司债券的会计分录。

借：银行存款　　　　　　　　　　　41730.8

　　贷：应付债券——面值　　　　　　　　40000

　　　　应付债券——利息调整　　　　　1730.8

（2）甲公司 2007 年 12 月 31 日与计提公司债券利息相关的会计分录。

借：在建工程（财务费用）　　〔（40000＋1730.8）×5%〕2086.54

　　应付债券——利息调整　　　　（2400－2086.54）313.46

　　贷：应付利息　　　　　　　　　　　　　　　2400

（3）甲公司 2007 年 12 月 31 日与支付公司债券利息相关的会计分录（以后各年支付利息的会计处理相同，略）。

借：应付利息　　　　　　　　　　　2400

　　贷：银行存款　　　　　　　　　　　2400

（4）甲公司 2008 年 12 月 31 日与计提公司债券利息相关的会计分录。

借：在建工程（财务费用）〔（41730.8－313.46）×5%〕2070.87

　　应付债券——利息调整　　　　（2400－2070.87）329.13

　　贷：应付利息　　　　　　　　　　　　　　　2400

（5）甲公司 2009 年 12 月 31 日与计提公司债券利息相关的会计分录。

借：在建工程（财务费用）〔（41417.34－329.13）×5%〕2054.41

　　应付债券——利息调整　　　　（2400－2054.41）345.59

　　贷：应付利息　　　　　　　　　　　　　　　2400

（6）甲公司 2010 年 12 月 31 日与计提公司债券利息相关的会计分录。

借：在建工程（财务费用）〔（41088.21－345.59）×5%〕2037.13

　　应付债券——利息调整　　　　（2400－2037.13）362.87

　　贷：应付利息　　　　　　　　　　　　　　　2400

（7）甲公司 2011 年 12 月 31 日与计提公司债券利息相关的会计分录。

借：在建工程（财务费用）　　　　（2400－379.75）2020.25

　　应付债券——利息调整　　　　　　　　　　379.75

　　贷：应付利息　　　　　　　　　　　　　　　2400

（8）甲公司 2011 年 12 月 31 日与偿还公司债券本金及利息相关的会计分录。

借：应付债券——面值　　　　　　　40000

　　应付利息　　　　　　　　　　　　2400

　　　　贷：银行存款　　　　　　　　　　　　　　　　　　42400

（二）可转换公司债券

　　企业发行的可转换公司债券，应当在初始确认时将其包含的负债成分和权益成分进行分拆，将负债成分确认为应付债券，将权益成分确认为资本公积。在进行分拆时，应当先对负债成分的未来现金流量进行折现确定负债成分的初始确认金额，再按发行价格总额扣除负债成分初始确认金额后的金额确定权益成分的初始确认金额。发行可转换公司债券发生的交易费用，应当在负债成分和权益成分之间按照各自的相对公允价值进行分摊。

　　企业发行的可转换公司债券，应按实际收到的金额，借记"银行存款"等科目，按该项可转换公司债券包含的负债成分的面值，贷记"应付债券——可转换公司债券（面值）"科目，按权益成分的公允价值，贷记"资本公积——其他资本公积"科目，按其差额，借记或贷记"应付债券——可转换公司债券（利息调整）"科目。

　　对于可转换公司债券的负债成分，在转换为股份前，其会计处理与一般公司债券相同，即按照实际利率和摊余成本确认利息费用，按照面值和票面利率确认应付债券，差额作为利息调整进行摊销。可转换公司债券持有者在债券存续期间内行使转换权利，将可转换公司债券转换为股份时，对于债券面额不足转换1股股份的部分，企业应当以现金偿还。

　　可转换公司债券持有人行使转换权利，将其持有的债券转换为股票，按可转换公司债券的余额，借记"应付债券——可转换公司债券（面值、利息调整）"科目，按其权益成分的金额，借记"资本公积——其他资本公积"科目，按股票面值和转换的股数计算的股票面值总额，贷记"股本"科目，按其差额，贷记"资本公积——股本溢价"科目。如用现金支付不可转换股票的部分，还应贷记"银行存款"等科目。

　　【例9－16】甲上市公司（以下简称甲公司）经批准于20×1年1月1日以50400万元的价格（不考虑相关税费）发行面值总额为50000万元的可转换债券。

　　该可转换债券期限为5年，面值年利率为3%，实际利率为4%。自20×2年起，每年1月1日付息。自20×2年1月1日起，该可转换债券持有人可以申请按债券面值转为甲公司的普通股（每股面值1元），初始转换价格为每股10元，不足转为1股的部分以现金结清。

　　其他相关资料如下：

　　（1）20×1年1月1日，甲公司收到发行价款50400万元，所筹资金用于某机器设备的技术改造项目，该技术改造项目于20×1年12月31日达到预定可使用状态并交付使用。

（2）20×2年1月1日，该可转换债券的50%转为甲公司的普通股，相关手续已于当日办妥；未转为甲公司普通股的可转换债券持有至到期，其本金及最后一期利息一次结清。

假定：①甲公司采用实际利率法确认利息费用；②每年年末计提债券利息和确认利息费用；③20×1年该可转换债券借款费用的100%计入该技术改造项目成本；④不考虑其他相关因素；⑤利率为4%、期数为5期的普通年金现值系数为4.4518，利率为4%、期数为5期的复利现值系数为0.8219；⑥按实际利率计算的可转换公司债券的现值即为其包含的负债成分的公允价值。

要求：

（1）编制甲公司发行该可转换债券的会计分录。

（2）计算甲公司20×1年12月31日应计提的可转换债券利息和应确认的利息费用。

（3）编制甲公司20×1年12月31日计提可转换债券利息和应确认的利息费用的会计分录。

（4）编制甲公司20×2年1月1日支付可转换债券利息的会计分录。

（5）计算20×2年1月1日可转换债券转为甲公司普通股的股数。

（6）编制甲公司20×2年1月1日与可转换债券转为普通股有关的会计分录。

（7）计算甲公司20×2年12月31日至20×5年12月31日应计提的可转换债券利息、应确认的利息费用和"应付债券——可转换债券"科目余额。

甲公司20×6年1月1日未转换为股份的可转换债券到期时支付本金计利息的会计核算：

（1）可转换公司债券的公允价值 = 50000 × 0.8219 + 50000 × 3% × 4.4518
　　　　　　　　　　　　　　 = 47772.7（万元）

借：银行存款　　　　　　　　　　　　　　50400
　　贷：应付债券——可转换公司债券　　　 47772.7
　　　　资本公积——其他资本公积　　　　　 2627.3

（2）20×1年12月31日计提可转换债券利息 = 50000 × 3% = 1500（万元），应确认的利息费用 = 47772.7 × 4% = 1910.91（万元）

（3）借：在建工程　　　　　　　　　　　　1910.91
　　　　贷：应付利息　　　　　　　　　　　 1500
　　　　　　应付债券——可转换公司债券　　　410.91

（4）借：应付利息　　　　　　　　　　　　1500

　　　　　　贷：银行存款　　　　　　　　　　　　　　1500

（5）转换的股数 $=25000 \div 10 = 2500$（万股）

（6）借：应付债券——可转换债券 24091.81 $[（47772.7 + 410.91）\div 2]$

　　　　　　资本公积——其他资本公积　　　　1313.65（2627.3 $\div$ 2）

　　　　贷：股本　　　　　　　　　　　　　　　　2500

　　　　　　资本公积——资本溢价　　　　　　22905.46

（7）

①20 $\times$ 2 年 12 月 31 日。

20 $\times$ 2 年 12 月 31 日计提可转换债券利息 $=25000 \times 3\% = 750$（万元），应确认的利息费用 $= [（47772.7 + 410.91）\div 2] \times 4\% = 24091.8 \times 14\% = 963.67$（万元），"应付债券——可转换债券"科目余额增加 $=963.67 - 750 = 213.67$（万元），"应付债券——可转换债券"科目余额 $=24091.81 + 213.67 = 24305.48$（万元）。

②20 $\times$ 3 年 12 月 31 日。

20 $\times$ 3 年 12 月 31 日计提可转换债券利息 $=25000 \times 3\% = 750$（万元），应确认的利息费用 $=24305.48 \times 4\% = 972.22$（万元），"应付债券——可转换债券"科目余额增加 $=972.22 - 750 = 222.22$（万元）。

第十章 债务重组

第一节 债务重组概述

随着我国市场经济的快速发展，加剧了公司之间的竞争。在激烈的市场竞争中，一些公司由于各种原因导致盈利能力下降，资金短缺以及不能及时偿还到期债务。企业之间债务纠纷事情时有发生，在这种情况下，解决债权人与债务人之间的矛盾就有两种情况：第一，非持续经营条件下的债务重组，即债权人向法院申请，要求债务人破产清算，以破产的财产偿还债权人的债务；第二，在持续经营条件下，公司之间进行债务重组。

一、债务重组的概念及特征

（一）债务重组的概念

债务重组是指在债务人发生财务困难的情况下，债权人按照其与债务人达成的协议或法院的裁定作出让步的事项。

债务重组的定义强调了重组债务的形式是企业之间在持续经营条件下进行的，同时也指出企业之间进行债务重组的前提是债务人发生了财务困难。

（二）债务重组的特征

企业之间在持续经营条件下进行的债务重组具有以下几个特征：

（1）债务重组是债务人发生了财务困难。债务人因出现资金周转困难、经营陷入困境或其他原因等，导致其无法或者没有能力按原定条件偿还债务；

（2）债务重组是债权人对债务人作出的让步。由于债务人发生了财务困难，债权人同意发生财务困难的债务人，现在或者将来某一时期，以低于重组债务账面价值的金额或者价值偿还债务。

公司进行债务重组的前提条件是债务人发生了财务困难，债务重组的实质条件是债权人对债务人作出了让步。例如，A 公司与 B 公司协商，B 公司以自己生产的存货抵偿债务，这一事项不属于债务重组，因为 B 公司并没有发生财务困难，B 公司用自己生产的存货按时偿还了全部债务，B 公司没有减少偿还的金额。又如，当甲公司发生财务困难时，乙公司同意甲公司用自己正在使用的固定资产偿还到期债务，但是不改变偿还金额和偿还的时间，这种情况同样不属于债务重组，因为债权人并没有对债务人作出让步。

（3）债务重组是债权人对债务人作出让步的形式。债权人作出让步的情形主要包括：债权人减免债务人部分债务本金或者利息，减低债务人应付债务的利率等。

二、债务重组的方式

在企业持续经营的前提下，债务重组的方式主要有以下四种：

（1）债务人以资产清偿债务。债务人进行债务重组时，用以清偿债务的资产可以是现金、存货、固定资产和无形资产等。

（2）将债务转为资本。当债务人不能按期清偿债务时，债权人将应收债权作为对债务公司的长期股权投资，而债务公司则将债务转作接受债权公司的股权投资，形成债务公司的股本。

（3）修改公司债务条件。这种债务重组方式主要有减少债务资本、减少债务利息、延长债务偿还期限、与加收利息或减少利息等，但不包括上面两种方式。

例如：当债务企业发生财务困难时，不能按期偿还 2000 万元债务，债权企业减少 500 万元应收款项的金额，作为对债务企业的让步。再如，当债务企业不能按期偿还债务金额 2000 万元及债务利息 200 万元时，债权企业减少全部应收利息的金额，作为对债务公司的让步。

（4）以上三种方式的重组。这种债务重组方式是一种混合性重组方式，以现金、非现金资产及债务转资本等方式组合进行债务重组。

三、债务重组完成日

债务重组完成日是指债务人履行协议或法院裁定，将有关资产转让给债权人，或将债务资本依修改后的偿还条件开始执行的日期。

【例 10-1】本年度 2 月 4 日，B 公司销售一批商品给 A 公司，货款及增值税税款共计 500 万元，双方企业协商，A 公司三个月后支付全部款项，到期日为 5 月 4 日。但本年度 5 月 4 日，A 公司发生财务困难无法支付全部款项。双方企业协商后决定，B 公司减免 A 公司 200 万元的债务，A 公司偿还债务的时间为本年度 5 月 20 日，则 5 月 20 日为债务重组日。

【例 10-2】依据【例 10-1】的资料，如果债务到期，A 公司不能偿还 B 公司的全部债务，双方企业协商后决定，A 公司以一台正在使用的设备进行抵债。本年度 5 月 30 日，A 公司将设备运抵 B 公司，则此项债务重组日为 5 月 30 日。

四、债务重组时主要使用的会计账户

（一）债权人主要使用的会计账户

1. 债务重组前主要使用的会计账户：

（1）应收账款——某单位。

（2）应收票据——某单位。

2. 债务重组后主要使用的会计账户：

应收账款——债务重组。

当债务人发生财务困难不能按期偿还债务时，债权人对债务人作出让步后，债权人贷记"应收账款——债务人"账户，按照重组债务后的未来应收金额借记"应收账款——债务重组"账户。

（二）债务人主要使用的会计账户

1. 债务重组前主要使用的会计账户：

（1）应付账款——某单位。

（2）应付票据——某单位。

2. 债务重组后主要使用的会计账户：

（1）应付账款——债务重组（某单位）

当债务人发生财务困难不能按期偿还债务时，债权人对债务人作出让步后，债务人应借记"应付账款——债权人"账户，按照债务重组后未来应付的金额贷记"应付账款——债务重组"账户。

（2）公允价值变动损益。

债务人以投资性房地产偿还债务时，本账户主要核算采用公允价值模式计量的投资性房地产公允价值变动形成的应计入当期损益的利得或损失。该账户借方反映投资性房地产公允价值变动形成的损失，贷方反映投资性房地产公允价值变动形成的收益。期末，将本账户余额转入"本年利润"账户，结转后无余额。

（三）债权人与债务人主要使用的会计账户

"营业外收入——债务重组收益"，这个账户主要核算债务重组后，债务人发生的净收益。

"营业外损失——债务重组损失"，这个账户主要核算债务重组后，债权人发生的净损失。

第二节　债务重组的确认与计量

一、债务重组时的确认

（一）债务重组时涉及现金时债权人与债务人的确认

1. 债务人支付现金时的确认。公司发生债务重组时，债务人以现金清偿债务，在满足负债终止确认的条件时，将其终止确认。债务人在会计核算中应当将终止确认的重组债务账面价值与实际支付现金的差额，计入当期损益即"营业外收入——债务重组收益"账户。

2. 债权人收到现金时的确认。债权人应当将重组债权的账面余额与收到的现金之间的差额，计入当期损益。如果债权人已对债权计提减值准备的，应当先将该差额冲减减值准备金额，已提取减值准备的金额不足以冲减时，其差额记入当期损益即"营业外支出——债务重组损失"科目。

（二）债务重组时不涉及现金时债权人与债务人的确认

1. 债务人以非现金资产清偿债务时的确认。债务重组时，债务人以非现金资产清偿债务时，应当将重组债务的账面价值与转让的非现金资产公允价值之间的差额，记入当期损益即"营业外收入——债务重组收益"科目。非现金资产公允价值与账面价值的差额，应当分别不同情况处理：

（1）非现金资产为存货的，应当作为销售处理，以公允价值确认销售收入，同时结转相应成本；

（2）非现金资产为固定资产和无形资产等，其公允价值和账面价值的差额，直接计入当期损益；

（3）非现金资产为长期股权投资的，其公允价值和账面价值的差额，计入投资损益。

2. 债权人接受非现金资产时的确认。债权人应当将重组债权的账面余额与受让资产的公允价值、所转股份的公允价值，或者重组后债权的账面价值之间的差额，在满足金融资产终止确认条件时，将其终止确认。

债务重组时，债权人应当对受让的非现金资产按其公允价值入账，重组债权的账面价值与受让的非现金资产的公允价值之间的差额，计入当期损益。如果债权人已对该项债权计提减值准备的，应当首先将该项差额冲减减值准备的金额，已提取减值准备的金额不足以冲减时，其差额记入当期损益即"营业外支出——债务重组损失"科目。

二、债务重组时的计量

（一）以非现金资产偿还债务时的计量

债务重组时，债务人以非现金资产清偿债务的，非现金资产的公允价值应当按照下列规定进行计量：

（1）非现金资产属于企业持有的股票、债券、基金等金融资产的，应当按照有关规定确定其公允价值；

（2）非现金资产属于存货、固定资产和无形资产等其他资产并且存在活跃市场的，应当以其市场价格为基础确定其公允价值；不存在活跃市场但与其类似资产存在活跃市场的，应当以类似资产的市场价格为基础确定其公允价值；采用上述两种方法仍不能确定非现金资产公允价值的，应当采用估值技术等合理的方法确定其公允价值。

（二）债务人以现金偿还债务时的计量

债务人以现金按照低于应偿还债务的金额进行债务重组时，债务人按照实际支付的现金计量并结束债务关系，同时按照账面价值转出资产。债权人按照实际收到的现金计量，并结束债权关系。

三、债务重组时修改其他债务条件

（一）修改其他债务条件时债权人的确认与计量

修改其他债务条件的，债权人应当将修改其他债务条件后的债权的公允价值，作为重组后债权的账面价值，重组债权的账面价值，与重组后债权的账面价值之间的差额，计入当期损益。如果债权人已对债权计提减值准备的，应当先将该差额冲减减值准备金额，已提取减值准备的金额不足以冲减时，其差额计入当期损益。

修改后的债务条款中涉及或有应收金额的，债权人不应当确认或有应收金额，不得将其计入重组后债权的账面价值。

或有应收金额，是指需要根据未来某种事项出现而发生的应收金额，而且该未来事项的出现具有不确定性。

（二）修改其他债务条件时债务人的确认与计量

修改其他债务条件的，债务人应当将修改其他债务条件后债务的公允价值作为重组后债务的入账价值。重组债务的账面价值与重组后债务的入账价值之间的差额，计入当期损益。

以修改后的债务条件进行债务重组如涉及或有应付金额，且该或有应付金额符合有关预计负债确认条件的，债务人应当将该或有应付金额确认为预计负债。例如，债务重组协议规定，债务人在债务重组后一定期间内，其业绩改善到一定程度或者符合一定要求的，如扭亏为盈、摆脱财务困境等，应向债权人额外支付一定款项。当债务人承担的或有应付金额符合预计负债确认条件时，应当将该或有应付金额确认为预计负债。如果上述应付金额在随后的会计期间没有发生时，企业应当冲销已确认的预计负债金额，同时将其金额计入当期损益。

或有应付金额是指需要根据未来某种事项出现而发生的应付金额，而且该未来事项的出现具有不确定性。

四、将债务转为资本的确认与计量

（一）债权人将债务转为资本的确认与计量

1. 债务转为资本的确认与计量。债务重组采用债务转为资本方式的，债权人应当将享有股份的公允价值确认为对债务人的投资，重组债权的账面余额与股份的公允价值之间的差额，计入当期损益。如果债权人已对该项债权计提减值准备的，应当先将该差额冲减减值准备金额，已提取减值准备的金额不足以冲减时，其差额计入当期损益。

2. 债务转为资本时的股权投资成本。债权企业在债权转为股权时，作为债权企业的长期股权投资，其投资成本包括股权的公允价值与实际支付的相关税费等。

（二）债务人将债务转为资本的确认、计量与核算

债务人将债务转为资本的确认与计量。将债务转为资本的，债务人应当将债权人放弃债权而享有股份的面值总额确认为股本（或者实收资本），股份的公允价值总额与股本（或者实收资本）之间的差额确认为资本公积。

重组债务的账面价值与股份的公允价值总额之间的差额，确认为债务重组利得，计入当期损益。

五、混合性重组

（一）混合性重组时债权人的确认与计量

如果债务企业在债务重组时采用以现金清偿债务、非现金资产清偿债务、债务转为资本、修改其他债务条件等方式的组合进行的，债权人应当依次以收到的现金、接受的非现金资产公允价值、债权人享有股份的公允价值冲减重组债权的账面余额，如果债权人已对债权计提减值准备的，应当先将该差额冲减减值准备金额，已提取减值准备的金额不足以冲减时，其差额计入当期损益。

（二）混合性债务重组时债务人的确认与计量

债务重组时，债务人以现金、非现金资产、债务转为资本及修改其他债务条件等组合方式进行清偿债务的，债务人应当依次以支付的现金、转让的非现金资产公允价值、债权人享有股份的公允价值冲减重组债务的账面价值，重组债务的账面价值与重组后债务的入账价值之间的差额，确认为债务重组收益，计入当期损益。

六、债务重组时的会计核算

（一）债务人以现金清偿债务的核算

【例 10 - 3】A 公司应偿还 B 公司 100 万元货款、17 万元增值税税款，共计 117 万元。B 公司对此项债权提取了 15 万元的坏账准备。由于 A 公司发生财务困难不能按期偿还到期的债务，双方公司协商进行债务重组，B 公司同意 A 公司以 80 万元的银行存款进行清偿。要求编制 A 公司与 B 公司的会计分录。

（1）A 公司编制如下会计分录：

借：应付账款——B 公司　　　　　　　1170000
　　贷：银行存款　　　　　　　　　　　　800000
　　　　营业外收入 ——债务重组收益　　　370000

（2）B 公司编制如下会计分录：

借：银行存款　　　　　　　　　　　　800000
　　营业外支出 ——债务重组损失　　　220000
　　坏账准备　　　　　　　　　　　　150000
　　贷：应收账款——A 公司　　　　　　1170000

（二）债务人以非现金资产偿还债务的核算

1. 债务人以交易性证券清偿债务。

【例10-4】A公司应偿还B公司100万元货款和17万元的增值税税款，共计117万元。B公司对此项债权提取了15万元的坏账准备。由于A公司遭受了非常损失，发生了财务困难，双方公司协商进行债务重组，B公司同意A公司以交易性证券偿还债务。A公司以公允价值90万元的交易性证券进行清偿。要求编制A公司与B公司的会计分录。

（1）A公司编制如下会计分录：

借：应付账款——B公司　　　　　　　　　1170000

　　贷：交易性证券　　　　　　　　　　　　900000

　　　　营业外收入——债务重组收益　　　　270000

（2）B公司编制如下会计分录：

借：交易性证券　　　　　　　　　　　　　900000

　　坏账准备　　　　　　　　　　　　　　150000

　　营业外支出——债务重组损失　　　　　120000

　　贷：应收账款——A公司　　　　　　　　1170000

2. 债务人以长期债权投资清偿债务。

【例10-5】B公司销售一批商品给A公司，A公司应偿还B公司100万元货款、17万元增值税税款，共计117万元。B公司对此项债权提取了15万元的坏账准备。由于A公司发生了财务困难，双方公司协商后决定进行债务重组。B公司同意A公司以票面金额100万元的持有至到期的债券偿还债务，A公司溢价购入该项债券投资，溢价金额为10万元并已摊销了5万元，还有5万元的溢价金额尚未摊销，该项投资的公允价值为80万元。要求编制A公司与B公司的会计分录。

（1）A公司编制如下会计分录：

借：应付账款——B公司　　　　　　　　　1170000

　　贷：持有至到期的债券投资　　　　　　1050000

　　　　营业外收入——债务重组收益　　　　120000

（2）B公司编制如下会计分录：

借：持有至到期的债券投资　　　　　　　　800000

　　坏账准备　　　　　　　　　　　　　　150000

　　营业外支出——债务重组损失　　　　　220000

　　贷：应收账款——A公司　　　　　　　　1170000

3. 债务人以存货清偿债务。

【例 10 - 6】A 公司应偿还 B 公司 120 万元货款、204000 元增值税税款，共计 1404000 元。B 公司对此项债权提取了 15 万元的坏账准备。由于 A 公司管理不善出现财务困难，双方公司协商进行债务重组，B 公司同意 A 公司以账面余额 60 万元的存货进行清偿，A 公司对该项存货提取了 2 万元的存货跌价准备，该批存货的公允价值为 100 万元。双方公司的增值税税率均为 17%。要求编制 A 公司与 B 公司的会计分录。

（1）A 公司编制如下会计分录：

借：应付账款——B 公司　　　　　　　　1404000

　　贷：主营业务收入　　　　　　　　　　1000000

　　　　应交税金——应交增值税（销项税额）　170000

　　　　营业外收入 ——债务重组收益　　　234000

借：主营业务成本　　　　　　　　　　　600000

　　贷：库存商品　　　　　　　　　　　　600000

借：管理费用　　　　　　　　　　　　　20000

　　贷：存货跌价准备　　　　　　　　　　20000

（2）B 公司接受存货时编制如下会计分录：

借：库存商品　　　　　　　　　　　　　1000000

　　应交税金——应交增值税（进项税额）　170000

　　坏账准备　　　　　　　　　　　　　150000

　　营业外支出——债务重组损失　　　　84000

　　贷：应收账款——A 公司　　　　　　1404000

【例 10 - 7】依据例【例 10 - 6】的资料，如果 A 公司以存货偿还债务，存货的账面余额为 100 万元，公允价值为 80 万元。其他条件不变。要求编制 A 公司与 B 公司的会计分录。

（1）A 公司编制如下会计分录：

借：应付账款——B 公司　　　　　　　　1404000

　　贷：主营业务收入　　　　　　　　　　800000

　　　　应交税金——应交增值税（销项税额）　136000

　　　　营业外收入 ——债务重组收益　　　468000

借：主营业务成本　　　　　　　　　　　600000

　　贷：库存商品　　　　　　　　　　　　600000

借：管理费用　　　　　　　　　　　　　20000

　　贷：存货跌价准备　　　　　　　　　　20000

（2）B 公司接受存货时编制如下会计分录：

借：库存商品　　　　　　　　　　　　　　　800000

　　应交税金——应交增值税（进项税额）　　136000

　　坏账准备　　　　　　　　　　　　　　　150000

　　营业外支出——债务重组损失　　　　　　318000

　　贷：应收账款——A 公司　　　　　　　　1404000

4. 债务人以固定资产清偿。

【例 10 – 8】A 公司应偿还 B 公司 100 万元货款、17 万元增值税税款，共计 117 万元，由于 A 公司发生财务困难，双方公司协商后进行债务重组。B 公司同意 A 公司以固定资产进行清偿，固定资产原始价值为 800000 元，累计折旧 100000 元，固定资产减值准备贷方余额 10000 元。B 公司以固定资产清偿债务时，支付 5000 元清理费用。该项固定资产公允价值为 900000 元，B 公司对该项债权已经提取了 15 万元的坏账准备金额。要求编制 A 公司与 B 公司的会计分录。

（1）A 公司编制如下会计分录：

①将报废固定资产转入清理。

借：累计折旧　　　　　　　　　　　　　　100000

　　固定资产清理　　　　　　　　　　　　700000

　　贷：固定资产　　　　　　　　　　　　800000

②支付清理费用。

借：固定资产清理　　　　　　　　　　　　5000

　　贷：银行存款　　　　　　　　　　　　5000

③计算"固定资产清理"账户余额。

"固定资产清理"账户余额 = 700000 + 5000 = 705000（元）

④计算处置固定资产净收益。

处置固定资产净收益 = 处置固定资产的公允价值 – "固定资产清理"账户余额 + "固定资产减值准备"账户贷方余额

= 900000 – 705000 + 10000 = 205000（元）

⑤结转固定资产清理净损益。

借：应付账款——B 公司　　　　　　　　　1170000

　　固定资产减值准备　　　　　　　　　　10000

　　贷：固定资产清理　　　　　　　　　　705000

　　　　营业外收入——债务重组收益　　　270000

　　　　营业外收入——处置固定资产净收益　205000

（2）B 公司接受固定资产时编制如下会计分录：

借：固定资产　　　　　　　　　　　　　900000
　　坏账准备　　　　　　　　　　　　　150000
　　营业外支出——债务重组损失　　　　120000
　　贷：应收账款——A 公司　　　　　　1170000

【例10-9】本年度3月10日，B公司销售一批商品给A公司，货款及增值税共计100000元。A公司签发并承兑商业汇票一张，票面价值为100000元，票面利率为6%，期限为6个月。合同规定，票据到期日A企业一次性支付全部本息。但票据到期时，A企业发生财务困难，双方公司协商后进行债务重组，B公司同意A公司以一台正在使用的生产设备抵偿债务。该项设备的原始价值为120000元，公允价值为90000元，A企业已提取的折旧金额为20000元，已提取减值准备2000元，A公司在债务重组日支付清理费用1000元。B公司对该项债权没有提取减值准备。要求编制A公司与B公司的会计分录。

（1）A公司编制如下会计分录：

①将固定资产转入清理。

借：固定资产清理　　　　　　　　　　100000
　　累计折旧　　　　　　　　　　　　20000
　　贷：固定资产　　　　　　　　　　120000

②支付清理费用。

借：固定资产清理　　　　　　　　　　1000
　　贷：银行存款　　　　　　　　　　1000

③计算清理固定资产清理账户余额。

"固定资产清理"账户余额 = 120000 - 20000 + 1000 = 101000（元）

④计算到期应付款的金额 = 100000 + 100000 × 6% × 6 ÷ 12 = 103000（元）

⑤计算处置固定资产的净损益 = 90000 - 101000 + 2000 = -9000（元）

⑥编制会计分录：

借：应付票据——B 公司　　　　　　　103000
　　固定资产减值准备　　　　　　　　2000
　　营业外支出——清理固定资产净损失　9000
　　贷：固定资产清理　　　　　　　　101000
　　　　营业外收入——债务重组收益　　13000

（2）B企业编制如下会计分录：

借：固定资产　　　　　　　　　　　　90000
　　营业外支出——债务重组损失　　　　13000
　　贷：应收票据——A 公司　　　　　103000

5. 债务人以无形资产清偿债务。

【例 10 - 10】B 企业于本年度 2 月 10 日销售一批商品给 A 企业，A 企业应偿还 B 企业 100 万元货款和 17 万元增值税款，共计 117 万元。A 企业于购买商品当日签发并承兑不带息的商业汇票一张，票据期限 3 个月。B 企业对此项债权提取了 15 万元的坏账准备。由于 A 企业发生财务困难，双方企业协商进行债务重组。B 企业同意 A 企业以账面余额 90 万元的无形资产进行清偿，A 企业对该项无形资产提取了 2 万元的减值准备，该项无形资产的公允价值为 100 万元，A 企业转让该项无形资产的应交营业税为 18000 元。要求编制 A 公司与 B 公司的会计分录。

（1）A 企业编制如下会计分录：

借：应付账款——B 企业　　　　　　　　　　1170000

　　无形资产减值准备　　　　　　　　　　　20000

　　贷：无形资产　　　　　　　　　　　　　900000

　　　　应交税金 ——应交营业税　　　　　　18000

　　　　营业外收入——债务重组收益　　　　272000

（2）B 企业编制如下会计分录：

借：无形资产　　　　　　　　　　　　　　1000000

　　坏账准备　　　　　　　　　　　　　　　150000

　　营业外支出——债务重组损失　　　　　　20000

　　贷：应收账款——A 企业　　　　　　　　1170000

6. 债务人以长期股权投资清偿债务。

【例 10 - 11】B 公司销售一批商品给 A 公司，A 公司应偿还 B 公司 100 万元货款和 17 万元增值税款，共计 117 万元。B 公司对此项债权提取了 15 万元的坏账准备。由于 A 公司发生了财务困难不能按期偿还全部款项，双方公司协商后决定进行债务重组。B 公司同意 A 公司以持有 D 公司的普通股股票抵偿债务，该股票目前市场价格为 90 万元，股票的账面余额为 100 万元，已经提取 10 万元长期股权投资减值准备。要求编制 A 公司与 B 公司的会计分录。

（1）A 公司编制如下会计分录：

借：应付账款——B 公司　　　　　　　　　1170000

　　长期股权投资减值准备　　　　　　　　　100000

　　贷：长期股权投资　　　　　　　　　　1000000

　　　　投资收益——债务重组收益　　　　　270000

（2）B 公司编制如下会计分录：

借：长期股权投资　　　　　　　　　　　　900000

　　营业外支出——债务重组损失　　　　　270000

　　　贷：应收账款——A公司　　　　　　　1170000

（三）修改债务条件时的债务重组的核算

【例10－12】A公司本年度12月20日应偿还B公司600万元货款及增值税款和利息50万元，货款及增值税款共计650万元。但由于A公司发生了财务困难，截至本年度末A公司尚未支付B公司全部款项。双方公司协商后进行债务重组，B公司同意免去A公司全部债务利息50万元，并同意A公司分三年等额偿还B公司600万元本金。从明年开始，每年的12月31日，偿还200万元的本金，如果A公司财务状况好转后，每年加收利息，年利息率为8%、单利计息。如果一年以后A公司财务状况仍存在一定问题，B公司同意A公司以后三年只偿还本金，不再偿还利息，B公司对此项债权未提取减值准备。要求编制A公司与B公司的会计分录。

　　（1）A公司编制如下会计分录：

　　①债务重组日。

　　借：应付账款——B公司　　　　　　　6500000

　　　贷：应付账款——债务重组　　　　　　6000000

　　　　营业外收入——债务重组收益　　　　500000

　　②A公司一年以后财务状况良好。

　　一年后A公司应付本金和利息金额＝200＋600×8%＝248（万元）

　　借：应付账款——债务重组　　　　　　2000000

　　　财务费用——债务重组利息　　　　　480000

　　　贷：银行存款　　　　　　　　　　　2480000

　　③如果A公司一年以后财务状况并没有完全转好。

　　借：应付账款——债务重组　　　　　　2000000

　　　贷：银行存款　　　　　　　　　　　2000000

　　④A公司二年以后财务状况良好。

　　二年后A公司应付本金和利息金额＝200＋400×8%＝232（万元）

　　借：应付账款——债务重组　　　　　　2000000

　　　财务费用——债务重组利息　　　　　320000

　　　贷：银行存款　　　　　　　　　　　2320000

　　⑤A公司二年财务状况并没有完全恢复。

　　借：应付账款——债务重组　　　　　　2000000

　　　贷：银行存款　　　　　　　　　　　2000000

　　⑥A公司三年以后财务状况良好。

三年后 A 公司应付本金和利息金额 = 200 + 200 × 8% = 216（万元）

借：应付账款——债务重组   2000000

   财务费用——债务重组利息   160000

  贷：银行存款   2160000

⑦A 公司二年财务状况并没有完全恢复。

借：应付账款——债务重组   2000000

  贷：银行存款   2000000

（2）B 公司编制如下会计分录：

①债务重组日。

借：应收账款——债务重组   6000000

   营业外支出——债务重组损失   500000

  贷：应收账款——A 公司   6500000

②一年后 A 公司按期偿还本金和利息。

借：银行存款   2480000

  贷：应收账款——债务重组   2000000

   财务费用——债务重组利息   480000

③一年后 A 公司只偿还本金。

借：银行存款   2000000

  贷：应收账款——债务重组   2000000

④二年后 A 公司按期偿还本金和利息。

借：银行存款   2320000

  贷：应收账款——债务重组   2000000

   财务费用——债务重组利息   320000

⑤二年后 A 公司只偿还本金。

借：银行存款   2000000

  贷：应收账款——债务重组   2000000

⑥三年后 A 公司按期偿还本金和利息。

借：银行存款   2160000

  贷：应收账款——债务重组   2000000

   财务费用——债务重组利息   160000

⑦三年后 A 公司只偿还本金。

借：银行存款   2000000

  贷：应收账款——债务重组   2000000

【例 10 - 13】本年度 5 月 15 日 B 公司销售一批商品给 A 公司，货款及增值税款共计 1000 万元，A 公司于购买商品当日签发并承兑商业汇票一张，期限 3 个月、票据利息率 5%。票据到期，A 公司由于遭受自然灾害损失而不能按期偿还全部款项，双方企业协商后进行债务重组。B 公司同意免去 A 公司全部利息，并同意 A 公司以 200 万元现金和投资性房地产抵偿全部债务。A 公司的投资性房地产的公允价值为 800 万元，账面价值为 780 万元，用该项资产抵偿债务后 A 公司应交营业税 5 万元。要求编制 A 公司与 B 公司的会计分录。

（1）A 公司编制如下会计分录：

应付票据的利息 = 1000 × 5% × 3 ÷ 12 = 12.5（万元）

借：应付票据——B 公司　　　　　　　　　10125000

　　贷：投资性房地产　　　　　　　　　　8000000

　　　　应交税金——应交营业税　　　　　　50000

　　　　银行存款　　　　　　　　　　　　2000000

　　　　营业外收入——债务重组收益　　　　75000

借：投资性房地产　　　　　　　　　　　　200000

　　贷：公允价值变动损益　　　　　　　　200000

（2）B 公司编制如下会计分录：

借：银行存款　　　　　　　　　　　　　2000000

　　投资性房地产　　　　　　　　　　　8000000

　　营业外支出——债务重组损失　　　　　125000

　　贷：应收账款——A 公司　　　　　　10125000

（四）债务人将债务转为资本时的会计核算

1. 债务人将债务转为资本时入账价值的确定。债务企业将债务转资本时，股权的公允价值一般小于债务的账面价值，此时，按股权份额或股份面值确认为"股本"账户或"实收资本"账户的金额，股权公允价值与股权份额或股份面值的差额，应计入"资本公积——资本溢价"账户，将原债务金额与转为资本金额之间的差额作为债务重组收益，计入"营业外收入——债务重组收益"账户。

2. 债务人将债务转为资本时发生费用的处理方法。在债务转为资本时，债务人会发生一些手续费及印花税等的税费支出，一般情况下，可以将这些税费在发生时直接计入当期损益，如将支付的印花税直接计入"管理费用——印花税"账户的借方。

【例 10 - 14】本年度 3 月 2 日，B 公司销售一批商品给 A 公司，销货款为 100000 元，增值税 17000 元，共计 117000 元。该批商品销售成本为 70000 元。B 公司于销售当日收到 A 公司签发并承兑的不带息的商业汇票一张，期限 6 个月。本年度 9 月 2 日，A 公司由于发生财务困难，不能按期偿还该批货款，双方企业协商后决定，A 公司将债务转为 B 公司的资本。A 公司用于抵债的普通股为 20000 股，每股面值为 1 元，目前每股股票市价为 5.1 元。印花税率为 4‰，不考虑其他税费。债务重组完成日为本年度的 9 月 2 日。要求编制 A 公司与 B 公司的会计分录。

（1）B 公司销售商品。

借：应收票据——A 公司　　　　　　　　　　　117000
　　贷：主营业务收入　　　　　　　　　　　　　100000
　　　　应交税金——应交增值税（销项税额）　　17000
借：主营业务成本　　　　　　　　　　　　　　　70000
　　贷：库存商品　　　　　　　　　　　　　　　70000

（2）A 公司购买商品。

借：物资采购　　　　　　　　　　　　　　　　100000
　　应交税金——应交增值税（销项税额）　　　17000
　　贷：应付票据——B 公司　　　　　　　　　117000

（3）债务重组时 A 公司计算重组差额。

①重组债务的账面价值 117000 元
②B 企业应享有股份的面值总额为 20000 元（20000 股 ×1 元）
③B 企业应享有的股份市价与股份面值之间的差额为 82000 元（5.1 × 20000 − 20000 = 82000）
④债务重组差额为 15000 元［117000 −（20000 + 82000）］
⑤印花税 = 102000 × 4‰ = 408（元）

（4）债务重组时 A 公司编制如下会计分录：

借：应付票据——B 公司　　　　　　　　　　117000
　　贷：股本　　　　　　　　　　　　　　　　20000
　　　　资本公积——股本溢价　　　　　　　　82000
　　　　营业外收入——债务重组收益　　　　　15000
借：管理费用——印花税　　　　　　　　　　　　408
　　贷：银行存款　　　　　　　　　　　　　　　408

（5）债务重组时 B 公司编制如下会计分录：

借：长期股权投资——A 公司　　　　　　　　102408
　　营业外支出——债务重组损失　　　　　　　15000
　　贷：应收票据——A 公司　　　　　　　　　117000
　　　　银行存款　　　　　　　　　　　　　　　408

【例 10 - 15】A 公司从 B 公司购入一批商品，货款及税款共计 500 万元，由于 A 公司发生了财务困难，双方企业协商后决定进行债务重组。B 公司同意 A 公司将其债务转为资本，B 公司转为资本的份额为 A 公司注册资本 2000 万元的20％。该股份的公允价值为 480 万元。B 公司对 A 公司有重大影响。B 公司对该项债权提取了 14 万元的坏账准备。要求编制 A 公司与 B 公司的会计分录。

（1）A 公司编制会计分录：

借：应付账款——B 公司　　　　　　　　　　5000000
　　贷：股本　　　　　　　　　　　　　　　　4000000
　　　　资本公积——资本溢价　　　　　　　　 800000
　　　　营业外收入——债务重组收益　　　　　 200000

（2）B 公司投资编制会计分录：

借：长期股权投资——A 公司（投资成本）　4800000
　　坏账准备　　　　　　　　　　　　　　　　 140000
　　营业外支出——债务重组损失　　　　　　　　60000
　　贷：应收账款——A 公司　　　　　　　　 5000000

（五）混合性债务重组的核算

【例 10 - 16】本年度 5 月 15 日，B 公司销售一批商品给 A 公司，A 公司购买该商品作为固定资产使用，设备验收入库，买价及增值税款共计 680 万元。双方公司签订的合同规定，A 公司于本年度 6 月 15 日以银行存款支付全部款项。本年度 6 月 15 日，由于 A 公司发生财务困难无法按期偿还全部款项，双方企业协商后决定进行债务重组。B 公司未对该项债权提取减值准备。A 公司除以 100 万元现金偿还该项债务后，还以公允价值 200 万元的库存商品偿还该项债务，该项库存商品的成本为 160 万元。另外 B 公司还有部分债权转为对 A 公司的股权投资，A 公司以 80 万股普通股股票抵偿了部分债务，每股面值为 1 元，目前该股票市场价为每股 4.2 元。要求编制 A 公司与 B 公司的会计分录。

（1）A 公司编制如下会计分录：

借：应付账款——B 公司　　　　　　　　　　2340000
　　贷：主营业务收入　　　　　　　　　　　 2000000
　　　　应交税金——应交增值税（销项税额）　 340000
借：主营业务成本　　　　　　　　　　　　　1600000
　　贷：库存商品　　　　　　　　　　　　　 1600000
借：应付账款——B 公司　　　　　　　　　　4460000

贷：银行存款	1000000
股本	800000
资本公积——资本溢价	2560000
营业外收入——债务重组收益	100000

（2）B公司编制如下会计分录：

借：银行存款	1000000
库存商品	2000000
应交税金——应交增值税（进项税额）	340000
长期股权投资	3360000
营业外支出——债务重组损失	100000
贷：应收账款——A公司	6800000

第三节　债务重组的披露

一、债务人应披露的内容

债务人应当在附注中披露与债务重组有关的下列信息：

1. 债务重组方式。债务人应当在资产负债表日披露债务重组的形式是以现金清偿债务、非现金资产清偿债务、债务转资本、修改债务条件还是混合重组等方式。

2. 确认债务重组利得总额。债务人只需要披露由于债务重组所形成收益的总金额，而不需要详细披露每项债务重组所形成的金额及形成的原因。

3. 债务转为资本。将债务转为资本所导致的股本（或者实收资本）增加额。

4. 或有应付金额。债务人只需要披露或有应付的总金额，不需要披露由于每项债务重组所形成的或有应付金额。

5. 公允价值的确定方法及依据。债务重组中转让的非现金资产的公允价值，由债务转成股份的公允价值和修改其他债务条件后债务的公允价值的确定方法及依据。

二、债权人应披露的内容

债权人应当在附注中披露有关债务重组的下列信息：

1. 债务重组方式。债权人应当在资产负债表日披露债务重组的形式是以现金清偿债务、非现金资产清偿债务、债务转资本、修改债务条件还是混合重组等方式。

2. 确认债务重组损失总额。债权人只披露由于债务重组所损失的总金额，而不需要详细披露每项债务重组所形成的金额及形成的原因。

3. 债务转为资本。债权转为股份所导致的投资增加额及该投资占债务人股份总额的比例。

4. 或有应收金额。债权人只需要披露或有应收的总金额，不需要逐项披露债务重组所形成的或有金额。

5. 公允价值确定方法及依据。债务重组中受让的非现金资产的公允价值、由债权转成股份的公允价值和修改其他债务条件后债权的公允价值的确定方法及依据。

复习思考题

1. 债务重组的概念及方式。

2. 债务重组方式。

3. 什么是债务重组日，举例说明债务重组日？

4. 债务重组时债务人支付现金，债务人与债权人如何计量资产的入账价值？

5. 债务重组时不涉及收支现金时，债务人与债权人如何计量资产的入账价值？

6. 债务人与债权人需要披露哪些债务重组事项？

第十一章 或有事项

第一节 或有事项的概述

一、或有事项的概念与主要特征

（一）或有事项的概念

或有事项是指由过去的交易或者事项形成的，其结果须由某些未来事项的发生或不发生才能决定的不确定事项。常见的或有事项主要包括未决诉讼、未决仲裁、债务担保、产品质量保证（包含产品安全保证）、承诺、亏损合同、重组义务、环境污染治理等。

或有事项的概念说明了下列几点内容：

第一，"由过去的交易或者事项形成"是指，或有事项的现存状况是过去交易或事项引起的客观存在。形成或有事项的原因是由于企业过去的交易或者事项，而未来发生的交易事项不会产生或有事项，如未来可能发生的自然灾害损失、交通事故损失、经营亏损等事项，不是或有事项。

第二，"结果具有不确定性"是指，或有事项的结果是否发生具有不确定性，比如，债务担保方到期是否承担和履行连带责任，需要根据债务到期时被担保方能否按时还款加以确定。

第三，"由未来实行决定"是指，或有事项的结果只能由未来不确定事项的发生或不发生才能决定。或有事项虽然是由于过去的交易或者事项形成的一种现存状况，但或有事项在未来可能会发生，也可能不发生，属于不确定的事项；或有事项最终的结果是发生还是不发生，要由未来的事项决定，而不再由过去的事项所决定。比如，债务担保事项只有在被担保方到期无力还款时担保企业才履行连带责任。

第四，或有事项的结果会对企业产生有利影响或不利影响，这些影响的因素有多大，在形成或有事项时不能肯定。

（二）或有事项的主要特征

1. 或有事项是由于过去的交易或事项形成的一种现存状况。或有事项作为一种现存的状况，是由于企业过去的交易或事项引起的，例如，当企业销售商品后对客户承诺，在商品保质期内如果出现质量问题客户可以无条件退货。企业提供的这种产品质量保证，就是由于已经销售商品所形成的，只要这种商品的保质期未满，销售企业就要承担这一潜在的义务。

或有事项是企业当前一种现存的状况，说明或有事项是资产负债表日客观存在的经济事项，需要在资产负债表中加以披露。

2. 或有事项具有不确定性。例如，当企业销售商品后所提供的产品质量保证，如果由于商品质量问题客户在保质期内退货，则企业就要承担退货的损失，但只要在产品的保质期未满时，企业就很难确定是否要承担客户退货的损失。所以，或有事项具有很大的不确定性，其结果是否发生，以及什么时间发生是难以预料的，即便企业预料到或有事项的结果将会发生，但具体发生的金额是多少同样是难以准确计算出来的。

3. 或有事项的结果只能由未来发生的事项确定。或有事项的结果，可以给企业带来有利的影响因素或不利的影响因素。当发生或有事项时到底可以给企业带来哪种影响因素，只能由未来发生的事项加以证实。如果客户在保质期内没有退货，企业就不用承担客户退货的损失。随着影响或有事项结果的因素消失，不确定的或有事项最终转为确定的事项。

4. 影响或有事项结果的因素。或有事项结果的不确定性，说明企业主观因素不能影响其结果的发生或不发生。当企业销售商品后所提供的产品质量保证，企业是否最终要承担退货的损失，不是由企业自身能够控制的。

二、或有负债的概念与主要特征

（一）或有负债的概念

或有负债是指由企业过去的交易或事项形成的潜在义务，或有负债的存在需要通过未来不确定事项的发生或不发生予以证实；或过去的交易或者事项形成的现时义务，履行该义务不是很可能导致经济利益流出企业或该义务的金额不能可靠计量。

（二）或有负债的主要特征

1. 或有负债是由过去的交易或事项产生的一种义务。

【例11-1】本年度3月31日，A企业从某金融机构借款，期限为9个月，借款本息共计1000万元。B企业为A企业提供债务担保，债务担保期限为9个月。问B企业对这一债务担保是否形成负债？

解析：

B企业所提供的债务担保，这一事项是由于过去的交易或事项产生的。如果在本年度12月31日，A企业没有能力偿还该项借款时，B企业承担连带偿还借款本息的义务。

【例11-2】B公司与其子公司C企业签订合同，合同约定B公司在3个月后为C公司提供债务担保。问B公司所签订的这份合同是否属于负债？

解析：

B公司所提供的债务担保这一事项是将来要发生的，对于将来这一事项的结果可能会使B公司承担连带付款义务，但如果将来C公司财务状况良好，B公司也可能不会承担连带责任。但这一事项不属于或有负债，因为它不是过去的交易或事项形成的。

2. 或有负债的结果具有不确定性。或有负债主要包括两类义务：第一类义务，属于潜在的义务；第二类义务，属于特殊的现时义务。

（1）或有负债是一种潜在的义务。或有负债作为一种潜在的义务，最终结果只能由未来不确定事项的发生或不发生加以证实。如例11-1资料，B公司为A公司提供债务担保，在债务担保期限未满时，B公司需要承担的义务就是潜在的义务。当债务期满时，如果A公司不能按期偿还本息，B企业则需要承担连带责任。

（2）或有负债是一种特殊的义务。或有负债作为特殊的现实义务，履行该项现实义务并不是很可能导致经济流出企业，或者该义务的金额不能可靠计量。这里所指的"不是很可能导致经济流出企业"的含义，指的是该项义务导致经济利益流出企业的可能性不超过50%，包含50%。依据例11-1资料，如果A企业财务状况良好，能够按期偿还本息，B企业则不需要承担连带责任，B企业也就不会有经济利益流出。为此B企业应该将该项现时义务作为或有负债披露。但只要债务担保期未满时，B企业所承担的该义务的金额不能可靠计量，同时也说明了该项现时义务导致经济利益流出企业的金额很难预计。

三、或有资产的概念与主要特征

（一）或有资产的概念

或有资产是指由企业过去的交易或事项形成的潜在资产，其存在须通过未来不确定事项的发生或不发生予以证实。

（二）或有资产的主要特征

1. 或有资产是由过去的交易或事项产生的。

【例11-3】本年度12月10日，D企业状告B企业侵犯了其自行开发研制的知识产权，并将B企业告上法庭。本年度12月31日，法院正在调查该项案件尚未对其公开审理。

解析：

D企业状告B企业这一经济事项，如果D企业胜诉，将来会获得一笔补偿，D企业所获得补偿的资产属于一项潜在的资产，它是由于过去的交易或者事项形成的。但如果D企业败诉的话，D企业不仅不能获得任何补偿，而且还要支付有关诉讼费用等。无论D企业是胜诉还是败诉，这一事项的产生是由于过去的交易或事项形成的。

2. 或有资产的结果具有不确定性。或有资产是一种潜在的资产，这一潜在资产是否会形成真正的资产，不完全由企业控制，而要随着该事项的发展变化加以证实。依据例11-3的资料，D企业的或有资产是否会形成真正的资产，要由法院调查、调解、双方辩论及法院的裁决等因素所决定。如果法院终审判决的结果是B企业败诉、D企业胜诉，则D企业的或有资产就转化为可以收到赔偿的真正资产；如果法院终审判决的结果是D企业败诉、B企业胜诉，则D企业的或有资产则不能转化为真正的资产。所以，这一或有事项的结果，要由法院最终的判决所决定，在法院没有判决之前具有不确定性。

四、企业不应当确认或有负债和或有资产

或有负债虽然作为一种现时义务，但其特殊性表现为履行该项义务不是很可能导致经济利益流出企业，或者该项义务的金额不能可靠地计量。因此，或有负债不符合负债确认的条件，因而不予以确认。但是，如果或有负债符合某些条件时，则应予以披露。

由于或有资产属于一种潜在的资产，不符合资产确认的条件，对应不予以确认。对于或有资产一般情况下只需要披露其形成的原因、预期对企业财务状

况和经营成果的影响等。

第二节　或有事项的确认与计量

一、或有事项的确认

（一）预计负债的确认

或有事项的确认是指与或有事项相关的义务应在什么条件下确认为负债。按照企业会计准则的要求，如果与或有事项相关的义务同时满足下列三个条件时，应当确认为预计负债：第一，该义务是企业承担的现时义务；第二，履行该义务很可能导致经济利益流出企业；第三，该义务的金额能够可靠计量。

1. 该项义务是企业承担的现时义务。"该义务是企业承担的现时义务"是指与或有事项有关的义务，不是企业承担的潜在义务。如果企业没有其他的选择，只能履行该义务，如法律要求企业必须履行，有关各方合理预期企业应当履行等。

依据例 11 - 3 的资料，本年度 12 月 10 日，D 企业状告 B 企业侵犯了其自行开发研制的知识产权，并将 B 企业告上法庭。为此，B 企业将要承担一笔赔偿金，这一赔偿义务是 B 企业承担的现时义务，而不是将来要承担的义务，也不是一种需要由未来不确定事项的结果加以证实的潜在义务。

2. 履行该项义务很可能导致经济利益流出企业。"履行该项义务很可能导致经济利益流出企业"，这一条件中所指的"很可能"是指：某一经济现象结果的可能性大于 50%，小于或等于 90%。企业履行或有事项产生的现时义务，导致经济利益流出企业的可能性超过 50%，但还尚未到达基本确定的程度。由于企业因或有事项承担的义务，虽然属于现时的义务，但并不等于该项现时义务会使经济利益流出企业。

3. 该项义务金额能够可靠地计量。"该项义务金额能够可靠地计量"，是指企业因或有事项而产生的现时义务金额能够合理进行估计。企业计量预计负债金额时，通常应当考虑下列情况：

第一，充分考虑或有事项有关的风险和不确定性，在此基础上按照最佳估计数确定预计负债的金额；

第二，预计负债的金额通常等于未来应付的金额，但未来应付金额与其现值相差较大的，如油气井及相关设施或核电站的弃置费用等，应当按照未来应支付金额的现值确定；

第三，有确凿证据表明相关未来事项将会发生的，如未来技术进步、相关法规出台等，确定预计负债金额时应考虑相关未来事项的影响；

第四，由于或有事项具有不确定性，使得或有事项产生的现时义务的金额具有不确定性，这一不确定的金额需要按照最可能的情况进行估计。如果要对或有事项确认为一项负债，相关的现时义务金额应该能够进行可靠的估计。

依据例 11 -3 的资料，本年度 12 月 10 日，D 企业状告 B 企业侵犯了其自行开发研制的知识产权，并将 B 企业告上法庭要求 B 企业赔偿一定数额的损失费。对于 B 企业来讲，由于被 D 企业告上法庭而承担了现时义务，B 企业履行该项现时义务后很可能导致经济利益流出企业。根据以往的经验推断，如果 B 企业败诉赔偿 D 企业的损失金额可以估算一个范围，则认为 B 企业因未决诉讼这一经济事项所承担的现时义务的金额能够可靠估计，从而因未决诉讼所形成的义务应确认为一项负债。

（二）经济利益流出企业可能性的判断

企业履行或有事项时，相关义务导致经济利益流出企业的可能性，通常按照下列情况加以判断，如表 11 -1 所示。

表 11 -1　　　　　　　经济利益流出企业可能性的判断标准

结果的可能性	对应的概率区间
基本确定	大于 95% 但小于 100%
很可能	大于 50% 但小于或等于 95%
可能	大于 5% 但小于或等于 50%
极小可能	大于 0 但小于或等于 5%

【例 11 -4】 本年度 1 月 10 日，A 企业从金融机构借款 1000 万元，期限为两年，B 企业为 A 企业提供债务担保。问 B 企业承担这一现实义务后经济利益是否会流出企业？

解析：

对于 B 企业而言，由于担保了此项债务因而也就承担了一项现实义务，这项现实义务的履行很可能导致经济利益流出企业。但经济利益流出企业的可能性到底有多大，需要由 A 企业的经营状况和财务状况等因素所决定。如果在本年度末，A 企业的经营状况及财务状况良好，B 企业履行承担的该项现时义务不是很可能导致经济利益流出。如果在本年度末，A 企业由于遭受了非常损失，财务状况出现了危机，并在一定时期内很难改变这一现状，B 企业履行承担的现时义务将很可能导致经济利益流出企业。

（三）预期可获得补偿的确认

企业清偿预计负债所需支出的金额，全部或部分预期由第三方补偿时，补偿金额只有在基本确定能够收到时才能作为资产单独确认。确认的补偿金额不应当超过预计负债的账面价值。

补偿金额基本确定能够收到是指，预期从其他单位获得补偿金额的可能性大于 95% 小于 100%。企业可获得补偿的情况通常有下列四种主要形式：

第一，当企业为其他企业提供债务担保后，被担保企业在债务到期时没有能力偿还，担保企业在履行现时义务的同时，通常可以向被担保企业提出合理的额外赔偿要求；

第二，在某些诉讼赔偿案中，被告企业可以通过反诉方式对索赔企业或第三方企业另行提出赔偿要求；

第三，当企业由于自然灾害等原因不能按期履行合同规定的义务，另一方企业要求赔偿时，企业可以从保险公司获得合理的赔偿；

第四，企业由于交通事故造成运输商品的损失，可以从保险公司获得合理的补偿。

二、或有事项的计量

或有事项的计量是指当与或有事项有关的现时义务在符合确认为负债的条件时，应该按照什么金额记账。

（一）预计负债的计量

预计负债应当按照履行相关现时义务所需支出的最佳估计数进行初始计量。

1. 最佳估计数的确定。最佳估计数的确定分为两种情况：第一，最佳估计数金额存在一个连续范围；第二，最佳估计数金额不存在一个连续范围。在计算最佳估计数时要分别不同的情况进行计算。

（1）最佳估计数存在一个连续范围。当企业履行某一义务时，所需支出的金额存在一个连续范围，并且在这一范围内各种结果发生的可能性相同，最佳估计数应当按照该范围内的中间值确定。即：最佳估计金额等于该范围的上限金额与该范围的下限金额的平均数，用这一平均数作为资产负债表日的负债金额。计算公式如下：

最佳估计金额 = （该范围的上限 + 该范围的下限）÷2

【例11－5】本年度11月10日，D企业状告B企业侵犯了其自行开发研制的知识产权，并将B企业告上法庭，要求B企业赔偿一定数额的损失费。B企业根据企业律师判断，法院最终判决很可能对B企业不利。B企业于本年度12月31日，尚未接到法院判决，但B企业因诉讼承担了现时的义务，赔偿金额不能准确确定。B企业有关专业人士估计，企业赔偿金额预计在100万元至120万元之间。要求计算B企业在本年度末的预计负债金额。

解析：

最佳估计金额 = （100 + 120）÷2 = 110（万元）

B企业在本年度12月31日的资产负债表中，应确认的预计负债金额为110万元。

（2）最佳估计数不存在一个连续范围。当企业因或有事项而确认的负债所需支出数不存在一个连续金额范围时，最佳估计数应该按照两种情况分别进行处理：第一，按照最可能发生的金额计算；第二，按照最可能发生的金额及相关概率计算。

①或有事项涉及单个项目时，最佳估计数按照最可能发生的金额确定。单个项目是指或有事项涉及的项目只有一个。例如，期末企业只发生了一项未决诉讼，或只发生了一项未决仲裁，或只提供了一项债务担保等事项。当企业期末只涉及单个项目时，最佳估计数按照最可能发生的金额计量。

【例11－6】B企业为E企业提供债务担保。本年度12月31日，E企业财务状况出现恶化，不能按期偿还借款金额。B企业由于为E企业提供债务担保从而承担了现时的义务，B企业的专业人士认为，B企业很可能为此承担连带付款的义务，但付款的金额不能准确确定。B企业的专业人士估计，B企业最有可能承担连带付款的金额为150万元。B企业应确认的最佳估计数是多少？

解析：

由于B企业期末只涉及一项或有事项，所以B企业应确认的最佳估计金额就是最可能发生的金额150万元。本年度12月31日，B企业应在资产负债表中确认150万元的预计负债金额。

②或有事项涉及多个项目的，按照各种可能结果及相关概率计算确定。多个项目是指或有事项涉及的项目为一个以上，不包括一个项目。例如，期末企业提供的产品质量保证中，所提出的保修条件有若干个，企业对这些若干个条件承担了现时的义务。

【例11－7】A公司本年度共销售甲种商品5万件，销售额共计5000万元。甲商品的质量保修条件是：产品销售三个月内，如发生质量问题，A 公司将免费修理。根据以往经验，售出的商品出现较小质量问题时，需要发生的修理费用为销售额的 0.5%；出现较大质量问题时，需要发生的修理费用为销售额的 1%。A 公司的专业人士对本年度已经销售的商品进行预测，其中有 90% 不会发生质量问题，有 8% 将会发生较小质量问题，有 2% 将会发生较大质量问题。要求计算 A 公司最佳数据数。

解析：

最佳估计金额 $= 5000 \times 0.5\% \times 8\% + 5000 \times 1\% \times 2\% = 3$（万元）

A 公司于本年度 12 月 31 日，应在资产负债表中确认 3 万元的预计负债。

2. 确定最佳估计数时要考虑综合因素。企业在确定最佳估计数时，应当综合考虑与或有事项有关的风险、不确定性和货币时间价值等因素。货币时间价值影响重大的，应当通过对相关未来现金流出进行折现后确定最佳估计数。

【例 11 - 8】A 公司本年度共销售甲商品 10 台，单位销售金额为每台 5000 万元，销售额共计 5 亿元。甲商品的质量保修条件是：

（1）产品销售两年内，如发生质量问题，A 公司将免费修理。根据以往经验，售出的商品在两年内基本不会发生质量问题。为了稳健起见，A 公司估计产品质量维修费第一年和第二年分别为销售额的 0.1% 和 0.15%。

（2）产品销售在第三年和第四年内，如发生质量问题 A 公司将免费修理。根据以往经验，售出的商品在第三年和第四年出现较小质量问题时，需要发生的修理费用为销售额的 1%；出现较大质量问题时，需要发生的修理费用为销售额的 1.5%。根据预测，其中有 90% 不会发生质量问题，有 8% 将会发生较小质量问题，有 2% 将会发生较大质量问题。

（3）产品销售的第五年内，如发生质量问题 A 公司将免费修理。根据以往经验，售出的商品在第五年内出现较小质量问题时，需要发生的修理费用为销售额的 4%；出现较大质量问题时，需要发生的修理费用为销售额的 5%。根据预测，其中有 90% 不会发生质量问题，有 8% 将会发生较小质量问题，有 2% 将会发生较大质量问题。资金成本率为 10%。要求计算在本年度末 A 公司的最佳数据数。

解析：

最佳估计金额 $= 5 \times 0.1\% + 5 \times 0.15\% + （5 \times 1\% \times 8\% + 5 \times 1.5\% \times 2\%） + （5 \times 1\% \times 8\% + 5 \times 1.5\% \times 2\%） + （5 \times 4\% \times 8\% + 5 \times 5\% \times 2\%） = 0.005 + 0.0075 + 0.004 + 0.0015 + 0.004 + 0.0015 + 0.016 + 0.005 = 0.0445$（亿元）

最佳估计金额的现值 $= 0.005 \times 0.909 + 0.0075 \times 0.826 + （0.0015 + $

0.004）×0.751+（0.0015+0.004）×0.683+（0.016+0.005）×0.621=0.031668（亿元）

A 公司于本年度 12 月 31 日，应在资产负债表中确认上述预计负债。

（二）资产负债表日预计负债的复核

企业应当在资产负债表日对预计负债的账面价值进行复核，如有确凿证据表明该账面价值不能真实反映当前最佳估计数的，应当按照当前最佳估计数对该账面价值进行调整。

三、待执行合同变成亏损合同时的确认

（一）待执行合同与亏损合同的定义

1. 待执行合同定义。待执行合同是指合同各方尚未履行任何合同义务，或部分地履行了同等义务的合同。

2. 亏损合同定义。亏损合同是指履行合同义务不可避免会发生的成本超过预期经济利益的合同。其中"不可避免会发生的成本"是指企业履行合同发生的亏损与企业不履行合同将支付的违约金与赔偿金两者较低者。

（二）待执行合同变成亏损合同的条件

待执行合同变成亏损合同的，该项亏损合同产生的义务同时满足下列三个条件时，应当确认为一项预计负债。这三个条件是：第一，该义务是企业承担的现时义务；第二，履行该项义务很可能导致经济利益流出企业；第三，该义务的金额能够可靠地计量。在履行合同义务过程中，发生的成本预期将超过与合同相关的未来流入经济利益的，待执行合同即变成了亏损合同。

企业与其他方签订的尚未履行或部分履行了同等义务的合同，如商品买卖合同、劳务合同、租赁合同等，均属于待执行合同。待执行合同变成亏损合同时，有合同标的资产的，应当先对标的资产进行减值测试并按规定确认减值损失，如预计亏损超过该减值损失，应当将超过部分确认为预计负债；无合同标的资产的，亏损合同相关义务满足预计负债确认条件时，应当确认为预计负债。

四、未来经营亏损不属于负债

企业不应当就未来经营亏损确认为预计负债。例如，本年度 9 月末，D 企业出现经营亏损，D 企业的有关人士根据经验预计该企业本年度末很可能出现经营亏损，对于这一事项 D 企业不能将其作为预计负债并在资产负债表中披

露，该事项不属于企业预计负债的内容。

五、关于企业进行债务重组时预计负债的确认与计量

(一) 企业重组时预计负债金额的确定

1. 重组的定义。重组是指企业制订和控制的，将显著改变企业组织形式、经营范围或经营方式的计划实施行为。

2. 重组的事项。属于重组的事项主要包括以下几点内容：第一，出售或终止企业的部分经营业务；第二，对企业的组织结构进行较大的调整；第三，关闭企业的部分营业场所，或将营业活动由一个国家或地区迁移到其他国家或地区。

3. 重组确认为预计负债的条件。企业承担的重组义务满足以下三个条件规定时，应当确认为一项预计负债。这三个条件是：第一，该义务是企业承担的现时义务；第二，履行该项义务很可能导致经济利益流出企业；第三，该义务的金额能够可靠地计量。

企业在满足上面三个条件的同时，存在下列两种情况表明企业承担了重组义务：第一，有详细、正式的重组计划，包括重组涉及的业务、主要地点、需要补偿的员工人数及其岗位性质、预计重组支出、计划实施时间等；第二，该重组计划已对外公告。

(二) 企业重组时预计负债金额的计量

企业应当按照与重组有关的直接支出确定预计负债金额。直接支出不包括留用员工岗前培训、市场推广、新系统和营销网络投入等支出。

第三节　　或有事项的核算与披露

企业应当在附注中披露与或有事项有关的预计负债和或有负债，或有负债中不包括极小可能导致经济利益流出企业的或有负债，不披露或有资产。

一、或有事项的披露

(一) 预计负债的披露

(1) 预计负债的种类、形成原因以及经济利益流出不确定性的说明。

（2）预计负债的期初、期末余额和本期变动情况。

（3）与预计负债有关的预期补偿金额和本期已确认的预期补偿金额。

（二）或有负债的披露

企业披露的或有负债，不包括极小可能导致经济利益流出企业的或有负债，具体披露以下几点内容：

（1）或有负债的种类及其形成原因，包括已贴现商业承兑汇票、未决诉讼、未决仲裁、对外提供债务担保等形成的或有负债。

（2）经济利益流出不确定性的说明。

（3）或有负债预计产生的财务影响，以及获得补偿的可能性；无法预计的，应当说明原因。

（三）或有资产的披露

企业通常不应当披露或有资产。但或有资产很可能会给企业带来经济利益的，应当披露其形成的原因、预计产生的财务影响等。

（四）对于未决诉讼与未决仲裁的披露

在企业涉及未决诉讼与未决仲裁的情况下，如果披露预计负债的全部或部分信息后，预期会对企业造成重大不利影响的，企业无须披露这些信息，但应当披露未决诉讼与未决仲裁的性质，以及没有披露这些信息的事实和原因。

二、预计负债的具体核算

（一）设置有关账户

1. 设置"预计负债"账户。当企业发生预计负债时，需要设置"预计负债"账户进行核算。"预计负债"账户核算企业确认的对外提供担保、未决诉讼、产品质量保证、重组义务、亏损性合同等预计负债。预计负债按照形成预计负债的交易或事项进行明细核算。

企业对外提供担保、未决诉讼、重组义务产生的预计负债，应按确定的金额，借记"营业外支出"账户，贷记"预计负债"账户。由产品质量保证产生的预计负债，应按确定的金额，借记"销售费用"账户，贷记"预计负债"账户。有资产弃置义务产生的预计负债，应按确定的金额，借记"固定资产"账户或"油气资产"账户，贷记"预计负债"账户。在固定资产或油气资产的使用寿命内，按计算确定各期应负担的利息费用，借记"财务费用"账户，贷记"预计负债"账户。

当企业实际清偿或冲减"预计负债"账户时，应借记"预计负债"账户，贷记"银行存款"账户。根据确凿证据需要对已确认的"预计负债"账户进行调整的，调整增加"预计负债"账户时，借记有关账户，贷记"预计负债"账户；调整减少"预计负债"账户时，借记"预计负债"账户，贷记有关账户。"预计负债"账户期末贷方余额反映企业已确认尚未支付的预计负债。

2. 企业预计支出设置的会计账户。设置"营业外支出"账户，该账户按照可能发生的损失项目设置明细账户。企业可能承担的诉讼费，在"管理费用——诉讼费"账户中核算。

（二）提供债务担保产生预计负债的会计核算

【例 11 - 9】A 公司为解决生产经营中出现的资金短缺状况，本年度 1 月 5 日与某银行签订合同，从本年度的 1 月 15 日开始 A 公司从该银行借款 100 万元，期限 10 个月，年利率 6%，银行要求 A 公司提供债务担保企业。由于 A 公司与 B 公司是多年生意上的合作伙伴，A 公司要求 B 公司为其提供债务担保。B 公司于是与 A 公司签订合同，愿为 A 公司提供此项的债务担保。该项贷款到期，由于 A 公司出现严重财务危机，没有能够按期偿还全部本息。本年度末，由于 B 公司对该项贷款提供了债务担保，在 A 公司不能按期偿还的情况下，贷款银行已向法院提起诉讼，要求 B 公司承担连带偿还责任，并承担银行损失的利息 2 万元。B 公司专业人士认为，这一经济事项很可能会使经济利益流出企业，并承担银行损失的利息。要求编制 B 公司的会计分录并披露相关事项。

（1）计算债务到期应偿还的本息金额。A 公司到期应偿还本息 = 1000000 + 1000000 × 6% × 10 ÷ 12 = 1050000（元）

（2）B 公司承担连带责任的会计分录为：

借：营业外支出——担保赔偿损失　　　　　1050000
　　　　　　　　——罚息支出　　　　　　　　20000
　　贷：预计负债——提供债务担保　　　　　1070000

（3）B 公司披露或有事项的内容。本年度 12 月 31 日，B 公司应在会计报表附注中披露下列内容：

A 公司为解决资金短缺的现状从银行贷款 100 万元，本公司已与 A 公司签订合同为其提供债务担保。由于 A 公司出现财务危机，在贷款期满时不能按期偿还全部本息，本公司因此负有连带责任。目前本公司正在与 A 公司进一步协商，督促其尽快偿还所欠款项。本公司本年度末已确认为一项预计负债，金额为 107 万元。本公司本年度 12 月 31 日，在利润表中已确认 107 万元的"营业外支出"金额，并已与本公司其他"营业外支出"金额合并反映。

（4）贷款银行披露或有事项的内容。本年度 1 月 5 日 A 公司与本银行签订合同，从本年度的 1 月 15 日开始从本银行借款 100 万元，期限 10 个月，B

公司为 A 公司的贷款提供了债务担保。但该项贷款到期，A 公司没能够按期偿还全部本息，本银行已向法院提起诉讼，要求 B 公司承担连带付款责任，支付全部本息 105 万元，并支付罚息 2 万元。目前此案正在审理中。

（三）借款不能按期偿还产生预计负债的核算

【例 11 – 10】A 公司于一年前从某银行取得无担保贷款 100 万元，期限一年，年利率 8%。贷款期满时 A 公司认为银行并未履行合同规定的要求，没有及时提供贷款，因此尚未偿还全部本息 108 万元。银行曾多次要求 A 公司偿还该笔款项，但 A 公司并未归还。银行向法院提起诉讼，要求 A 公司支付全部本息并赔偿损失，截止到本年度末法院正在审理中。A 公司的律师认为，A 公司很可能败诉，如果 A 公司败诉的话，不仅要偿还全部的本息，而且还要承担罚息支出 20 万元和 3 万元的诉讼费。A 公司在本年度 12 月 31 日资产负债表中，应确认为一项预计负债。要求编制 A 公司的有关会计分录并披露相关事项。

（1）A 公司编制有关会计分录。

借：管理费用——诉讼费　　　　　　　　　30000
　　营业外支出——罚息支出　　　　　　　200000
　　贷：预计负债——未决诉讼　　　　　　　　230000

（2）A 公司披露或有事项的内容。本年度 12 月 31 日，A 公司应在会计报表附注中披露下列内容：

本公司去年 8 月从某银行贷款 100 万元，期限一年。由于本公司与银行发生纠纷，截止到目前，本公司尚未偿还已经到期的贷款本金 100 万元和利息 8 万元，银行已起诉本公司，银行要求本公司不仅要偿还全部本息，而且还要赔偿损失金额 20 万元，同时承担诉讼费 3 万元。目前，法院正在受理中。根据本公司律师的意见，本公司已于本年度报告末确认了一项负债，金额为 23 万元。在利润表中，已确认 20 万元的"营业外支出"金额和 3 万元的"管理费用"金额，这两项金额已在本年度利润表中，分别与本公司所发生的其他"营业外支出"和其他"管理费用"金额合并反映。

（3）贷款银行披露或有事项的内容。A 公司于一年前从本银行取得无担保贷款 100 万元，期限一年，年利率 8%。贷款期满时 A 公司认为本银行并未履行合同规定的要求，没有及时提供贷款，因此尚未归还全部本息 108 万元。本银行曾多次与 A 公司协商，但 A 公司到目前为止仍未偿还所欠款项，本银行将其告上法院，要求 A 公司立即支付所欠全部款项并赔偿利息损失 20 万元，同时承担诉讼费支出。目前，该案件法院正在审理中。

（四）购买商品产生预计负债的核算

【例 11 - 11】B 公司销售一批商品给 D 公司，商品款及增值税款共计 500 万元。按照双方协议规定，该批款项 D 公司应于本年度 5 月份之前偿还，但 D 公司认为 B 公司提供的货物部分存在质量问题，所以未按期偿还 B 公司的全部款项。B 公司向法院提起诉讼，要求 D 公司偿还全部款项及赔偿损失的利息 15 万元。本年度 12 月 31 日，D 公司的律师认为，D 公司很可能败诉，如果 D 公司败诉的话不仅要赔偿 B 公司的 500 万元，而且还要支付延期付款的利息 15 万元和诉讼费 4 万元。D 公司应在 12 月 31 日编制资产负债表时确认为一项负债。要求编制 D 公司的有关会计分录并披露相关事项。

（1）D 公司编制会计分录如下：

借：管理费用——诉讼费　　　　　　　　　40000
　　营业外支出——罚息支出　　　　　　　150000
　　　贷：预计负债——未决诉讼　　　　　　　190000

（2）D 公司披露或有事项的内容。本年度 12 月 31 日，D 公司应在会计报表附注中披露下列内容：

本公司从 B 公司购入一批商品，货款及增值税共计 500 万元，本公司认为所购商品部分存在质量问题。因此，截止到目前，本公司尚未归还全部到期的款项。B 公司已向法院起诉本公司，要求本公司除支付全部购货款及增值税款外，还要赔偿 B 公司的损失，此案目前法院正在审理过程中。本公司本年度 12 月 31 日，已确认了一项预计负债，金额为 19 万元。在利润表中，已确认 4 万元的"管理费用"金额和 15 万元的"营业外支出"金额，这两项金额已在本公司本年度利润表中，分别与本公司发生的其他"营业外支出"和其他"管理费用"金额合并反映。

（3）B 公司披露或有事项的内容。本公司销售一批商品给 D 公司，商品款及增值税款共计 500 万元。按规定该批款项 D 公司应于本年度 5 月份之前偿还，但 D 公司认为本公司提供的货物部分存在质量问题，所以未按期偿还本公司的全部款项，本公司曾多次与其协商，但 D 公司至今未偿还全部款项。本公司依法向法院提起诉讼，要求 D 公司偿还全部款项，并补偿由于延期还款使本公司损失的利息 15 万元。目前，该案件法院正在审理中。

（五）未决诉讼产生预计负债的核算

【例 11 - 12】本年度 10 月 10 日，D 公司状告 B 公司在市场上所销售的某种商品侵犯了其自行开发研制的知识产权，并将 B 公司告上法庭，同时要求 B 公司立即停止销售该种商品，并赔偿 300 万元的侵权费。B 公司认为其所销售的商品并未侵权，12 月 30 日，法院一审判决 B 公司应赔偿 D 公司 200 万元的侵权费及 3 万元的诉讼费。B 公司对法院的一审判决不服并提起上诉。

虽然 B 公司对法院一审判决不服，但 B 公司的专业人士却认为不能认为诉讼事项已经结束。12 月 31 日，应确认为一项负债并在资产负债表中披露。要求编制 B 公司有关会计分录并披露相关事项。

（1）B 公司编制如下会计分录。

借：管理费用——诉讼费　　　　　　　　　30000

　　营业外支出——赔偿支出　　　　　　　2000000

　　贷：预计负债——未决诉讼　　　　　　　2030000

（2）B 公司披露或有事项的内容。本年度 12 月 31 日，B 公司应在会计报表附注中披露下列内容：

本年度 D 公司状告本公司侵犯了其自行开发研制的知识产权，法院一审判决本公司赔偿 D 公司 200 万元的侵权费及 3 万元的诉讼费，但本公司认为并没有侵犯其知识产权，所以本公司对法院的一审判决不服并提起反诉。法院对本公司的反诉正在审理过程中。为了稳健起见，本公司在本年度 12 月 31 日已确认"营业外支出"200 万元和"管理费用"3 万元，这两项金额已在本公司本年度利润表中，分别与公司发生的其他"营业外支出"和其他"管理费用"金额合并反映。

（3）D 公司披露或有事项的内容。

本公司认为，B 公司在市场上所销售的某种商品侵犯了本公司自行开发研制的知识产权，按照法律程序将 B 公司告上法庭。法院一审判决 B 公司应赔偿本公司 200 万元的侵权费及 3 万元的诉讼费。B 公司对法院的一审判决不服并提起反诉。目前，该案件法院正在审理中。

（六）未决诉讼中预期可以获得赔偿金额的核算

【例 11 - 13】本年度 10 月 10 日，D 公司状告 B 公司在市场上所销售的某种商品侵犯了其自行开发研制的知识产权，并将 B 公司告上法庭，同时要求 B 公司立即停止销售该种商品，并赔偿 300 万元的侵权费。B 公司认为，公司目前在市场上所销售的商品是委托 C 公司研发的新产品，B 公司按照合同规定已向 C 公司支付了全部研发费。B 公司与 C 公司协商，C 公司最后同意赔偿 B 公司 110 万元。B 公司于 12 月 31 日并未收到 C 公司的赔款，但基本可以确定该项赔款可以收到。本年度末，B 公司的律师认为，B 公司基本可以确定赔偿 D 公司损失的金额为 200 万元，同时还要承担 3 万元的诉讼费，B 公司于本年度 12 月 31 日应确认为一项预计负债的金额。要求编制 B 公司有关会计分录并披露相关事项。

（1）B 公司编制如下会计分录：

借：管理费用——诉讼费　　　　　　　　　30000

　　营业外支出——赔偿支出　　　　　　　2000000

　　贷：预计负债——未决诉讼　　　　　　　　2030000

（2）B公司基本可以收到赔款编制如下会计分录：

借：其他应收款——应收赔款　　　　　　　1100000

　　贷：营业外收入——赔款收入　　　　　　　1100000

（3）B公司或有事项的披露。本年度12月31日，B公司应在会计报表附注中披露下列内容：

本年度D公司状告本公司侵犯了其自行开发研制的知识产权，但本公司认为，公司目前在市场上所销售的商品是委托C公司研发的新产品，本公司按照合同规定已向C公司支付了全部的研发费。经本公司与C公司协商，C公司最后同意赔偿本公司110万元。本年度12月31日本公司并未收到C公司的赔款，但基本可以确定能够收到该项赔款。目前，该案件正在审理过程中。本公司在本年度12月31日，本公司本年度利润表中，已确认"营业外支出"200万元和"管理费用"3万元，这两项金额已分别与公司发生的其他"营业外支出"和其他"管理费用"金额合并反映。

本年度末，由于基本可以收到C公司赔款，本公司已确认"营业外收入"110万元，该项金额已与本公司发生的其他"营业外收入"金额合并反映。

（4）D公司或有事项的披露。

本公司认为，B公司在市场上所销售的某种商品侵犯了本公司自行开发研制的知识产权，按照法律程序将B公司告上法庭，要求B公司应赔偿本公司300万元的侵权费并承担3万元的诉讼费。目前，该案件法院正在审理中。

【例11-14】依据例11-13的资料，本年度12月30日，D公司要求B公司赔偿300万元的侵权费及承担3万元的诉讼费。假设B公司与C公司协商，C公司最后同意赔偿B公司260万元。B公司于12月31日，基本可以确定该项赔款能够收到。B公司于12月31日同样应确认为一项预计负债的金额。要求编制B公司的会计分录并披露相关事项。

（1）B公司确认预计负债时编制如下会计分录：

借：管理费用——诉讼费　　　　　　　　　30000

　　营业外支出——赔偿支出　　　　　　　2000000

　　贷：预计负债——未决诉讼　　　　　　　　2030000

（2）B公司基本可以确定收到的赔款，但不应超过预计负债的金额。

借：其他应收款——应收赔款　　　　　　　2030000

　　贷：营业外收入——赔款收入　　　　　　　2030000

（3）B 公司披露或有事项的内容。本年度 12 月 31 日，B 公司应在会计报表附注中披露下列内容：

本年度 D 公司状告本公司侵犯了其自行开发研制的知识产权，但本公司认为，公司目前在市场上所销售的商品是委托 C 公司研发的新产品，本公司按照合同规定已向 C 公司支付了全部的研发费。经本公司与 C 公司协商，C 公司最后同意赔偿 B 公司 260 万元。本年度 12 月 31 日，由于 C 公司出现非常严重的财务困难，该笔赔偿款项基本确定无法收到。本公司在本年度 12 月 31 日，本公司本年度利润表中，已确认"营业外支出"200 万元和"管理费用"3 万元，这两项金额已分别与公司发生的其他"营业外支出"和其他"管理费用"金额合并反映。

本年度末，由于基本可以收到 C 公司赔款 260 万元，但是企业会计准则规定：全部预期由第三方补偿时，补偿金额只有在基本确定能够收到时才能作为资产单独确认，确认的补偿金额不应当超过预计负债的账面价值。因此，本公司本年度末已确认"营业外收入"203 万元，与"预计负债"账户的金额相等，该项金额已与本公司发生的其他"营业外收入"金额合并反映。

（4）D 公司或有事项的披露内容，同例 11 - 13。

（七）产品质量保证产生的预计负债的核算

【例 11 - 15】A 公司是生产销售大型设备的制造企业，本年度第一季度、第二季度、第三季度和第四季度分别销售了这种大型设备 200 台、300 台、400 台和 500 台，每台销售价为 10 万元。A 公司对所销售的商品承诺：商品在售出 2 年内如属于正常使用所出现质量问题，A 公司免费维修。A 公司的专业人士根据以往经验认为，发生维修费一般在销售额的 1% ~ 2%。A 公司在本年度的四个季度内实际支付的维修费分别为：5 万元、10 万元、28 万元和 24 万元。A 公司从本年度开始进行预计负债的核算，年初"预计负债"账户余额为零。要求计算 A 公司各季度预计负债的金额，编制 A 公司的会计分录并披露相关事项。

（1）第一季度。

①第一季度实际发生维修费时编制如下会计分录：

借：预计负债——产品质量保证 50000

　　贷：银行存款 50000

②计算第一季度预计负债的金额：

产品质量保证维修费金额 = 200 × 100000 × （1% + 2%）÷ 2 = 300000
（元）

③确认第一季度预计负债金额：

借：销售费用——产品质量保证　　　　　　　　300000
　　贷：预计费用——产品质量保证　　　　　　　300000
第一季度末"预计负债"账户余额为 250000 元（300000 – 50000）。
（2）第二季度。
①第二季度实际发生维修费时编制如下会计分录：
借：预计负债——产品质量保证　　　　　　　　100000
　　贷：银行存款　　　　　　　　　　　　　　　100000
②计算第二季度预计负债的金额：
产品质量保证维修费金额 = 300 × 100000 × （1% + 2%） ÷ 2 = 450000
（元）
③确认第二季度预计负债金额：
借：销售费用——产品质量保证　　　　　　　　450000
　　贷：预计费用——产品质量保证　　　　　　　450000
第二季度末，"预计负债"账户余额为 600000 元（250000 – 100000 +
450000）。
（3）第三季度。
①第三季度实际发生维修费时编制如下会计分录：
借：预计负债——产品质量保证　　　　　　　　280000
　　贷：银行存款　　　　　　　　　　　　　　　280000
②计算第三季度预计负债的金额：
产品质量保证维修费金额 = 400 × 100000 × （1% + 2%） ÷ 2 = 600000
（元）
③确认第三季度预计负债金额：
借：销售费用——产品质量保证　　　　　　　　600000
　　贷：预计费用——产品质量保证　　　　　　　600000
第三季度末，"预计负债"账户余额为 920000 元（600000 – 280000 +
600000）。
（4）第四季度。
①第四季度实际发生维修费时编制如下会计分录：
借：预计负债——产品质量保证　　　　　　　　240000
　　贷：银行存款　　　　　　　　　　　　　　　240000
②计算第四季度预计负债的金额：
产品质量保证维修费金额 = 500 × 100000 × （1% + 2%） ÷ 2 = 750000
（元）

③确认第四季度预计负债金额：

借：销售费用——产品质量保证　　　　　　750000

　　贷：预计费用——产品质量保证　　　　　　750000

第四季度末，"预计负债"账户余额为 1430000 元（920000 - 240000 + 750000）。

（5）A 公司披露或有事项的内容。本年度 12 月 31 日，A 公司应在会计报表附注中披露下列内容：

本公司是生产销售大型设备的制造企业，本公司对所销售的商品承诺是：商品在售出两年内如属于正常使用所出现质量问题，公司免费维修。根据以往经验判断，本公司发生维修费一般在销售额的 1% ~ 2%。本企业提取预计负债的金额，记入"销售费用——产品质量保证"账户中。本年度实际发生的维修费和企业提取的预计负债的费用，已与企业发生的其他"销售费用"金额合并反映。本年度末，"预计负债"账户余额为 143 万元。

（6）依据 11 - 15 的资料，如果年末不再生产该种产品，则需要冲减"预计负债——产品质量保证"账户余额，将该账户余额结转为零。编制如下会计分录：

借：预计负债——产品质量保证　　　　　1430000

　　贷：销售费用——产品质量保证　　　　　1430000

（7）依据 11 - 15 的资料，如果企业生产的该种产品，在产品质量保修期满时，则需要冲减"预计负债——产品质量保证"账户余额，将该账户余额结转为零。会计分录同（6）。

（八）待执行合同变为亏损合同的核算

【例 11 - 16】2007 年 8 月 10 日，A 公司与 B 公司签订购销合同，合同规定：2008 年 2 月 10 日 A 公司销售 1000 件甲种商品给 B 公司，每件销售价为 500 元，货款共计 50 万元；B 公司收到商品后支付全部款项。A 公司生产甲种商品的成本为每件 420 元。合同同时规定：如果 A 公司于 2008 年 2 月 10 日不能按时交货的话，推迟交货商品单价降为每件 400 元。

2007 年 12 月 31 日，A 公司由于原材料短缺只生产了 800 件甲种商品，这 800 件甲种商品能够按时交货。还有 200 件甲种商品尚未投入生产，由于 A 公司生产甲种商品的周期约为 3 个月，估计在 2008 年 2 月 10 日，200 件甲种商品不能按期交货。A 公司与 B 公司均为一般纳税企业，增值税税率均为 17%。要求确认 A 公司在 2007 年 12 月 31 日"预计负债"的金额并编制相应的会计分录。

（1）解析：

2007 年 12 月 31 日，A 公司可以合理预计未投入生产 200 件甲种商品的损失金额。由于推迟交货的商品销售单价降至 400 元，而生产甲种商品每件单位成本为 420 元，每件商品损失 20 元，200 件甲种商品共损失 4000 元。A 公司推迟交货 200 件甲种商品使得待执行合同转为亏损合同，所以 A 公司年末应将可能损失的金额确认为预计负债。

（2）A 公司编制如下会计分录：

借：营业外支出——违约损失　　　　　　　　　　4000

　　贷：预计负债——待执行合同转为亏损合同　　　4000

（3）当 200 件甲种商品完工验收入库时 A 公司编制如下会计分录：

借：库存商品——甲种商品　　　　　　　　　　84000

　　贷：生产成本——甲种商品　　　　　　　　　　84000

借：预计负债——待执行合同转为亏损合同　　　4000

　　贷：库存商品——甲种商品　　　　　　　　　　4000

（4）A 公司披露或有负债的内容。A 公司于本年度末，应在会计报表附注中披露下列内容：

本公司与本年度 8 月 10 日与 B 公司签订一项销售合同。合同规定：对于本公司不能按期交货的甲种商品，每件销售价由 500 元降至 400 元。截止到本年度末，由于本公司尚有 200 件甲种商品还未生产，估计不能按期交货。本公司生产甲种商品的单位成本为 420 元，从而使本公司的待执行合同转为亏损合同，同时形成一笔预计负债。因此，本公司本年度末已确认"营业外支出" 4000 元，与"预计负债"账户的金额相等，该项金额已与本公司发生的其他"营业外支出"金额合并反映。

（九）企业重组产生预计负债的核算

【例 11 – 17】B 公司于 2007 年 12 月 31 日与 A 公司签订一份不可撤销合同。合同规定：从 2008 年 1 月 1 日开始，B 公司以经营租赁方式从 A 公司租入一台设备生产乙种产品，所生产的乙种产品为盈利产品，设备租期为两年，B 公司每年年末支付当年租金 10 万元，租赁设备租金共计 20 万元。A 由于 B 公司用该项设备生产的乙产品造成当地环境污染，2008 年 12 月 30 日，当地有关政府部门要求 B 公司立即停止生产该产品。B 公司停止生产产品后，租入的设备无法转移。要求确认 B 公司 2008 年年末的预计负债金额并编制相应的会计分录。

（1）2008 年 12 月 31 日，B 公司停止生产乙种产品，但 2009 年的租金照常支付。所以，B 公司租赁设备的合同转为亏损合同。

（2）2008 年 12 月 31 日 B 公司编制如下会计分录：

借：营业外支出——重组损失　　　　　　　　100000
　　贷：预计负债——租赁合同转为亏损合同　　　100000

（3）B 公司披露或有负债的内容。B 公司于 2008 年度末，应在会计报表附注中披露下列内容：

本公司于 2007 年 12 月 31 日与 A 公司签订了一份不可撤销的租赁合同，合同规定本公司从本年度 1 月 1 日开始，从 A 公司租入一台设备生产乙种产品，设备租期为两年。由于本公司使用从 A 公司租入的设备生产乙种产品造成了环境污染，有关部门要求本公司立即停止生产乙产品，但停产后所租入的设备无法转让，2009 年的租金要照常支付，从而使租赁合同转为亏损合同。所以本年度末本公司确认了 10 万元"营业外支出"金额，与"预计负债"账户的金额相等，该项金额已与本公司发生的其他"营业外支出"金额合并反映。

（十）商业承兑汇票贴现产生的或有负债

【例 11－18】B 公司本年度 10 月 10 日销售一批商品给 A 公司，货款及增值税款共计 500 万元，同日 B 公司收到 A 公司签发并承兑的不带息商业承兑汇票一张，期限 5 个月。由于 B 公司急需资金，于本年度 11 月 1 日向银行申请贴现，贴现金额为 498 万元。

（1）解析：

本年度末，B 公司由于贴现了一张商业承兑汇票，从而承担一项现时的义务。对于 B 公司而言，该项现时义务并不一定流出企业。对于这一经济事项，B 公司应披露该项内容。

（2）B 公司披露或有负债的内容。B 公司于本年度末，应在会计报表附注中披露下列内容：

本公司本年度 10 月 10 日销售一批商品给 A 公司，货款及增值税款共计 500 万元，收到 A 公司签发并承兑的商业承兑汇票一张，期限 5 个月，明年 3 月 10 日票据到期。由于本企业需要资金，将这一未到期的商业承兑汇票向银行申请贴现，从而形成了或有负债。如果该票据到期，银行不能收到款项时，本公司承担连带付款的义务。

复习思考题

1. 或有事项的概念及特征是什么？
2. 什么是或有资产和或有负债？为什么不确认或有资产与或有负债？

3. 什么是重组？企业重组的情况有几种？企业重组与债务重组有什么区别？

4. 最佳估计数如何确定？

5. 或有事项满足哪些条件就应该确认为预计负债？

6. 如何披露预计负债？如何披露或有负债？

7. 什么是待执行合同？什么是亏损合同？待执行合同变成亏损合同的条件是什么？

第四篇　所有者权益

第十二章 所有者权益

第一节 所有者权益概述

一、所有者权益的概念

所有者权益是指企业资产扣除负债后由所有者享有的剩余权益。公司的所有者权益又称为股东权益。所有者权益是所有者对企业资产的剩余追索权。

所有者权益是企业所有者对企业净资产的要求权，是企业投资人在企业资产中享有的经济利益。所有者权益金额取决于资产和负债的计量。因为从数量上看，其金额为企业全部资产减去全部负债后的余额，所以，所有者权益又叫净资产。由于企业资产的提供者包括投资人和债权人，从权益原有的意义来讲，企业权益应包括所有者权益和债权人权益（即负债）两部分，即投资人和债权人对企业的资产都有相应的要求权，从而形成了"资产＝负债＋所有者权益"这一会计等式。然而，由于企业资产总额只有在满足了债权人的全部要求权之后，剩余的资产才能归企业投资人所有，因此，所有者权益实质上是对企业剩余资产的要求权，是企业的剩余权益。可见，所有者权益与债权人权益虽然同属于对企业资产的权益，但两者之间是存在区别的。主要表现在以下几个方面：

（1）债权人权益是企业债权人对企业全部资产的要求权，而所有者权益是企业投资者对企业净资产的要求权（即全部资产减去债权人权益后的余额）。可见，债权人对企业资产的要求权优先于所有者。当企业进行清算时，在支付了破产、清算费用之后，如有剩余资产，应先清偿负债，然后才能按比例返还所有者。

（2）负债有明确的偿还期限，到期时，债权人有权按约定收回其资金及利息；而所有者权益一般没有明确的偿还期限，对于企业所有者（即投资人）来讲，在企业持续经营的前提下，除按法律程序减资外，一般不能撤回投资。

（3）债权人对企业只有按约定要求偿还本金和获取利息收入的权利，不能参与企业利润的分配；而所有者以收取股利或利润的形式参与企业的利润分配，按投资比例享有利润分配权。

（4）债权人的权利仅限于借款合同约定内容，无权参与企业的经营管理，无权作出经营决策；而所有者凭借其对企业的所有权，具有法定参与企业经营管理的权利。

（5）债权人对企业投资的目的是获取固定金额的利息，按本金和事先约定的利率计算，一般不受企业盈亏的影响，投资风险较小；所有者对企业投资的目的之一是获取利润或现金股利，而其获取的利润或现金股利的多少取决于企业的盈利水平和企业利润分配政策，金额不固定，风险较大。

二、所有者权益的构成内容

从所有者权益的来源构成看，应由所有者享有的资金主要来自两种途径：一是外部投入，二是企业盈利积存形成。在外部投入资本不变的情况下，所有者权益增长主要依赖于企业盈利的增加。具体来讲，所有者权益的来源包括所有者投入的资本、直接计入所有者权益的利得和损失、留存收益等。

（一）投入资本

投入资本是指投资者按照企业章程或者合同、协议的约定，实际投入企业的资本部分。它既包括构成企业注册资本或者股本部分的金额，也包括投入资本超过注册资本或者股本部分的金额，即资本溢价或股本溢价。我国有关法律规定，投资者设立企业首先必须投入资本。《民法通则》规定，设立企业法人必须要有必要的财产；《企业法人登记管理条例》规定，企业申请开业，必须具备符合国家规定并与其生产经营和服务规模相适应的资金数额；《公司法》规定，在有限责任公司中，以生产经营或商品批发为主的，其注册资本不得少于 50 万元，以商业零售为主的，其注册资本不得少于 30 万元，科技开发、咨询、服务性公司，其注册资本不得少于 10 万元，而股份有限公司注册资本的最低限额为 1000 万元。

企业收到投资者出资，按其在注册资本或股本中所占份额作为实收资本或股本核算，超过其在注册资本或股本中所占份额的部分，作为资本溢价或股本溢价，在"资本公积"科目核算。实收资本包括国家投入资本、法人投入资本、个人投入资本和外商投入资本等。它反映不同投资者对企业享有的权益份额。

（二）直接计入所有者权益的利得和损失

直接计入所有者权益的利得和损失，是指不应计入当期损益、会导致所有者权益发生增减变动的、与所有者投入资本或者向所有者分配利润无关的利得或者损失。利得是指由企业非日常活动所形成的、会导致所有者权益增加的、与所有者投入资本无关的经济利益的流入。损失是指由企业非日常活动所发生的、会导致所有者权益减少的、与向所有者分配利润无关的经济利益的流出。

直接计入所有者权益的利得和损失在"资本公积"科目核算。资本公积是指投资者投入超出其在注册资本或股本中所占份额的部分以及利得和损失转入的、所有权归属于投资者，但不构成实收资本的那部分资本或资产。从形成来源上看，它不是由企业实现的净利润转化而来的，一般与企业的日常活动不存在直接联系，而有其特定的来源渠道。

（三）留存收益

留存收益是企业实现净利润并通过利润分配留存于企业用于特定用途的部分，由企业净利润转化形成。它是企业历年实现的净利润留存于企业的部分，主要包括计提的盈余公积和未分配利润。

1. 盈余公积。盈余公积是企业从净利润中提取的各种具有特定用途的资金，包括企业提取的法定盈余公积、任意盈余公积等。

2. 未分配利润。未分配利润是企业留待以后年度分配的利润，它是企业年度可供分配利润与已分配利润的差额。它包括两层含义：一是留待以后年度处理的利润；二是未指定用途的利润。

由于所有者权益体现的是所有者在企业中的剩余权益，因此，所有者权益的确认主要依赖于其他会计要素，尤其是资产和负债的确认；所有者权益金额的确定也主要取决于资产和负债的计量。

第二节　实收资本

一、实收资本概述

实收资本是投资者作为资本投入企业的各种资产的价值，是所有者向企业投入的资本。实收资本是企业注册登记的法定资本总额的来源，是企业承担民事责任的财务保证。我国《企业法人登记管理条例》规定，除国家另有规定外，企业的实收资本应与注册资本相一致；实收资本的构成比例，即投资者的出资比例或股东的股份比例表明所有者对企业的基本产权关系，是企业据以向投资者进行利润或股利分配的主要依据。实收资本一般情况下无须偿还，企业可以长期周转使用。

投资者对企业投入资金的方式有多种，可以用现金资产（指货币资金，下同）投资；也可以用现金以外的其他有形资产投资；符合国家规定比例的，还可以用无形资产投资。无论以何种方式出资，投资者如果在投资过程中违反投资合约，不按规定如期缴付出资额或不如期缴足规定的出资额，企业应依法追究投资者的违约责任。企业收到投资者投入企业的资本时，应当聘请注册会计师验资并由其出具验资报告，由企业签发所有者出资证明书。投资者向企业投入的资本，在企业持续经营期间，除依法转让外，不得以任何形式抽回。

（一）有限责任公司的实收资本

有限责任公司是指由 50 个以下股东共同出资，每个股东以其所认缴的出资额对公司承担有限责任，公司以其全部资产对其债务承担责任的企业法人。有限责任公司不同于合伙企业，它对外承担责任不是无限的，而是以其出资额为限；有限责任公司也不同于股份有限公司，其全部资产不分为等额股份，公司向股东签发出资证明而不发行股票。

国有独资公司，是指国家单独出资、由国务院或者地方人民政府授权本级人民政府国有资产监督管理机构履行出资人职责的有限责任公司。我国《公司法》将国有独资公司划入有限责任公司范围。

修订后的《公司法》对一人有限责任公司作出特别规定：一人有限责任公司，是指只有一个自然人股东或者一个法人股东的有限责任公司。一人有限责任公司的股东不能证明公司财产独立于股东自己的财产的，应当对公司债务承担连带责任。一人有限责任公司的注册资本最低限额为人民币 10 万元。股东应当一次足额缴纳公司章程规定的出资额。一个自然人只能投资设立一个一人有限责任公司。该一人有限责任公司不能投资设立新的一人有限责任公司。

对于国有独资公司和一人有限责任公司的投入资本，在会计核算上设置"实收资本"科目，将国有独资公司组建时所有者投入的资本全部作为实收资本（其他有限责任公司所有者投入的资本不一定全部作为实收资本）；追加投资时，也不会为维持一定投资比例而产生资本公积。

对于一般有限责任公司的投入资本，在会计核算上设置"实收资本"科目，其特点是：第一，组建时，按合同、协议或公司章程所规定的出资方式、出资额和出资期限出资，所有者投入企业的资本应全部记入"实收资本"科目；一般情况下，企业的实收资本应等于企业的注册资本。第二，在企业增资扩股时，如有新投资者介入，新介入的投资者缴纳的出资额大于其在注册资本中所占约定比例的部分，不记入"实收资本"科目，而应作为资本溢价记入"资本公积"科目。第三，转让出资应经其他投资者同意。有限责任公司的投资者是有限的，除了以产权关系为纽带把各投资者联系在一起外，各投资者间的信誉、名誉、管理技能等，均可作为共同经营的先决条件。因此，在某个投资者要将其出资转让给有意介入的新投资者时，要事先经企业原有的其他超过半数的投资者同意。如果其他投资者有异议，应由其他投资者购买该转让的出资；如果不购买该转让的出资，视为同意转让。如其他投资者无异议，在同等条件下，原投资者具有优先购买权。

（二）股份有限公司的股本

股份有限公司是指全部资本由等额股份构成并通过发行股票筹集资本，股东以其所持股份对公司承担有限责任，公司以其全部资本对公司债务承担责任的企业法人。股份有限公司与有限责任公司的不同之处在于：股份公司的全部资本划分为等额股份；以发行股票方式筹集资金；股票可以交易或转让；股东人数有下限（2个）但没有上限等。

在会计核算上，设置"股本"科目核算股东投入企业的股本，将核定的股本总额、股份总数、每股面值，在股本账户中作备查记录。为提供企业股份的构成情况，企业应在"股本"科目下，按普通股和优先股及股东单位或姓名设置明细账。企业的股本应在核定的股本总额范围内，发行股票取得。但值得注意的是，企业发行股票取得的收入与股本总额往往不一致，公司发行股票取得的收入大于股本总额的，称为溢价发行；小于股本总额的，称为折价发行；等于股本总额的，称为面值发行。我国不允许企业折价发行股票。在采用溢价发行股票的情况下，企业应将相当于股票面值的部分记入"股本"科目，其余部分在扣除发行手续费、佣金等发行费用后记入"资本公积——股本溢价"科目。

二、实收资本的核算

为了反映投资者投入资本的情况，除股份公司外，其他各类企业应设置"实收资本"科目，明确记录投资者认缴的出资额，反映各投资者对企业享有的权利与承担的义务。该科目的贷方登记实收资本的增加数，借方登记实收资本的减少数，期末余额在贷方，反映企业期末实收资本的实有数额。该科目应按投资者设置明细科目进行明细分类核算，反映企业各投资者在所有者权益中的份额及其变动情况。

股份有限公司应设置"股本"科目，核算公司在核定的股本总额及核定的股份总额范围内实际发行股票的数额。该科目贷方登记实际发行的股票面值总额，借方登记按法定程序经批准减少的股本数额，期末余额在贷方，反映公司期末股本的实有数额。"股本"科目的核算与"实收资本"科目的核算相同。

（一）接受投资的核算

投资者投入资本的形式可以有多种，如投资者可以用现金投资，也可以用非现金资产投资。

1. 企业接受现金资产投资。企业收到投资者的现金投入资本时，由于不存在资产估价问题，账务处理比较简单，应当以实际收到的金额，借记"现金"、"银行存款"等科目，贷记"实收资本"科目。对于实际收到的金额超过投资者在企业注册资本中享有份额的部分，应当记入"资本公积"科目。

2. 企业接受非现金资产投资。企业收到投资者以非现金资产投入的资本时，应按投资合同或协议约定的价值（合同或协议约定价值不公允的除外）将非现金资产入账，同时，按其投资在注册资本中享有的份额记入"实收资本"科目，将投资合同或协议约定的价值超过其在注册资本中所占份额的部分，记入"资本公积"科目。

（1）接受存货投资。企业接受投资者以其存货进行投资时，在办理完成有关产权转移手续后，应按投资合同或协议约定的价值，借记"原材料"、"库存商品"等科目，按增值税专用发票上注明的增值税税额，借记"应交税费——应交增值税（进项税额）"科目，按其在注册资本中应享有的份额，贷记"实收资本"科目，如果有差额，贷记"资本公积"科目。

【例 12-1】甲公司收到乙企业作为资本投入的存货一批，投资合同约定的价值为 210000 元。经税务部门认定应交增值税额为 35700 元，乙企业已开具增值税专用发票，甲公司为该批存货发生运杂费 3000 元，已开出现金支票付讫。

根据以上资料，甲公司应编制会计分录如下：

借：原材料　　　　　　　　　　　　　　213000
　　应交税费——应交增值税（进项税额）　35700
　　贷：实收资本　　　　　　　　　　　　245700
　　　　银行存款　　　　　　　　　　　　3000

（2）接受固定资产投资。企业接受投资者以其房屋建筑物、机器设备等固定资产进行的投资，在办理实物产权转移手续时，应按投资合同或协议约定的价值作为资产的入账价值，借记"固定资产"科目，按各方确认的投资在注册资本中占有的份额，贷记"实收资本"科目，对于投资合同或协议约定的价值超过其在注册资本中所占份额的部分，应记入"资本公积"科目。

（3）接受无形资产投资。企业接受无形资产投资，应按照有关规定，在收到移交的有关凭证时，按投资合同或协议约定的价值，借记"无形资产"科目；按其在注册资本中所拥有的份额，贷记"实收资本"科目；将其差额记入"资本公积"科目。

【例12-2】甲公司和乙公司投资设立A企业，注册资本500万元，双方商定甲公司以200万元现金和一项专利权投资，专利权公允价值100万元；乙公司以现金50万元和一栋房屋出资，房屋公允价值150万元。专利权和房屋的产权转移手续已办妥，款项也已划转到A企业在银行开立的账户中。

根据以上资料，A企业应编制会计分录如下：

借：银行存款　　　　　　　　　　2500000
　　固定资产　　　　　　　　　　1500000
　　无形资产　　　　　　　　　　1000000
　　贷：实收资本——甲公司　　　　3000000
　　　　　　——乙公司　　　　　2000000

（二）实收资本增减变动的核算

一般情况下，企业的实收资本应相对固定不变，但在某些特定情况下，实收资本也可能发生增减变动。《企业法人登记管理条例》规定，除国家另有规定外，企业的注册资本应当与实有资金相一致。当实有资金比注册资本数额增加或减少超过20%时，应持资金证明或者验资证明，向原登记机关申请变更登记。这说明企业实收资本通常情况下不得随意增减，如有必要增减，必须具备一定的条件。

1. 实收资本增加的核算。除接受投资外，还有以下增加实收资本的途径：①以资本公积、盈余公积转增资本。资本公积和盈余公积均属于所有者权益，转为实收资本时，如为国有独资公司比较简单，直接结转即可；如为有限责任公司或股份有限公司，应按原投资者所持股份同比例增加各股东的股权。②股份有限公司还可以发放股票股利的方法实现增资；其会计核算分别在本章资本公积和留存收益的核算中介绍。③可转换公司债券持有人行使转换权利，将其持有的债券转换为股票。④企业将重组债务转为资本。⑤以权益结算的股份支付换取职工或其他方提供服务的，在行权日根据实际行权情况确定增加股本。其会计核算分别在"金融负债"、"债务重组"、"股份支付"等章中介绍。

2. 实收资本减少的核算。企业实收资本减少的原因主要有两种：一是资本过剩，企业按法定程序报经批准减少注册资本；二是企业发生重大亏损。企业资本减少原因不同，其会计处理也有所不同。

（1）企业资本过剩，按法定程序报经批准减少注册资本。企业因资本过剩而减少资本，一般要发还股款。对有限责任公司，发还股款的账务处理比较简单，按发还股款数额，借记"实收资本"科目，贷记"银行存款"等科目。股份有限公司由于采用的是发行股票（或股权证）的方式筹集股本，发还股款时，要收购发行的股票。由于发行股票的价格与股票的面值可能不同，收回股票的价值也可能与发行价格不同，因此会计处理较为复杂。

股份有限公司采用收购本公司股票方式减资的，按法定程序报经批准注销库存股时，按股票面值和注销股数计算的股票面值总额，借记"股本"科目，按所注销库存股的账面余额，贷记"库存股"科目，按其差额，借记"资本公积——股本溢价"科目，股本溢价不足冲减的，应借记"盈余公积"、"利润分配——未分配利润"科目；购回股票支付的价款低于面值总额的，应按股票面值总额，借记"股本"科目，按所注销库存股的账面余额，贷记"库存股"科目，按其差额，贷记"资本公积——股本溢价"科目。

【例12-3】某股份有限公司因生产规模缩小，资本过剩，经过批准减少注册资本1000000元。该公司采用收购本公司股票的方法减资。公司原发行股票200000股，每股面值10元，发售价每股15元。该公司已提取盈余公积700000元，未分配利润800000元。

假设该公司以每股15元价格收购本公司股票，收购股票价格与发行股票价格相同。则回购公司股份时应作如下会计分录：

借：库存股   1500000
   贷：银行存款   1500000

按法定程序报经批准注销库存股时应作如下会计分录：

借：股本   1000000
    资本公积——股本溢价   500000
   贷：库存股   1500000

假设该公司以每股30元价格收购本公司股票，则回购公司股份时应作如下会计分录：

借：库存股   3000000
   贷：银行存款   3000000

按法定程序报经批准注销库存股时应作如下会计分录：

借：股本   1000000
    资本公积——股本溢价   1000000

盈余公积	700000
利润分配——未分配利润	300000
贷：库存股	3000000

（2）企业发生重大亏损。企业发生重大亏损而减资，一般可采用注销股份或注销每股部分金额的办法，这实际上是用股本弥补亏损。在账务处理上只需按注销的实收资本作如下会计分录：

　　借：实收资本（股本）

　　　　贷：利润分配——未分配利润

从理论上讲，实收资本或股本与未分配利润同属于股东权益，上述账务处理并不影响股东权益总额，似乎可不作此分录。但考虑到有些企业由于特殊原因发生了重大亏损，在短期内用利润、盈余公积弥补有困难；另外按照规定，企业如有未弥补亏损，不能发放股利。在这种情况下，企业如不进行减资，就是以后年度有了利润，也不能发放股利，而先要弥补亏损。如果企业长期不能发放股利，将会动摇投资者信念，影响其投资信誉。所以经股东会决议并履行减资手续后，用股本弥补了亏损，企业就可以放下包袱，转入正常生产经营。

三、库存股的核算

股份有限公司有下列情形之一的，可以收购本公司股份：①减少公司注册资本；②与持有本公司股份的其他公司合并；③将股份奖励给本公司职工；④股东因对股东大会作出的公司合并、分立决议持异议，要求公司收购其股份的。库存股就是企业收购的尚未转让或注销的本公司股份金额。

企业应设置"库存股"科目，核算企业收购、转让或注销的本公司股份金额。该科目借方核算企业因减少公司注册资本、以股份奖励本公司职工等原因收购本公司股份而支付的金额，贷方核算转让或注销的本公司股份金额，该科目期末借方余额，反映企业持有尚未转让或注销的本公司股份金额。

资产负债表日，库存股作为所有者投入资本的减项在会计报表上列报。

第三节　资本公积

一、资本公积概述

从其形成和来源分析，资本公积是由投资者投入超出其在注册资本或股本中所占份额的部分以及利得和损失转入等形成的，所有权归属于投资者，但不构成实收资本的那部分资本或资产。它与企业的净利润无关，但经过一定的程序可以转增资本，所以它是一种资本准备，或称准资本。

资本公积的来源主要包括两大类：

（1）资本（或股本）溢价。企业投资者投入的资金超过其在注册资本中所占份额的部分，在股份有限公司称之为股本溢价。此外，同一控制下企业合并形成的长期股权投资，在合并日取得被合并方所有者权益账面价值的份额与支付的合并对价的账面价值的差额；可转换公司债券持有人行使转换权利；将债务转为资本等形成的资本公积，也应确认为资本（或股本）溢价。

（2）利得和损失转入等。不应计入当期损益、会导致所有者权益发生增减变动的、与所有者投入资本或者向所有者分配利润无关的利得或者损失，形成企业的资本公积。包括可供出售金融资产公允价值变动净额、现金流量套期工具公允价值变动净额等。

此外，长期股权投资采用权益法核算的，在持股比例不变的情况下，被投资单位除净损益以外所有者权益的其他变动，企业按持股比例计算应享有的份额、以权益结算的股份支付换取职工或其他方提供服务确定的金额、自用房地产或存货转换为采用公允价值模式计量的投资性房地产，在转换日公允价值大于账面价值的差额等，也应确认为资本公积。

二、资本公积增加的核算

企业应设置"资本公积"科目核算资本公积的增减变动情况。该科目的贷方登记企业资本公积的增加数额；借方登记企业资本公积的减少数额；期末余额一般在贷方，反映期末企业资本公积的实有数额。该科目应当分别"资本溢价（股本溢价）"、"其他资本公积"进行明细核算。

（一）资本（或股本）溢价的核算

1. 资本溢价。在两个以上投资者合资经营的企业（股份有限公司除外）中，投资者通常依其出资额对企业承担有限责任并享有权益。如企业创立时，投资者往往按其在注册资本中所拥有的份额出资，所出资金全部记入"实收资本"科目，不会产生资本溢价。但在企业重组并有新的投资者加入时，为了维护原有投资者的权益，新加入投资者的出资额通常会大于其在注册资本中所占的份额。这是因为：第一，企业初创时投入资本与正常经营过程中投入资本即使数量一致，其获利能力却可能不一致。企业在初创时，要经过筹建、试生产、开拓市场等过程，其投资回报周期较长，又由于刚刚进入市场，产品价格定位不可能很高，而成本费用等相对较大，资金利润率不会很高；相反，正常生产经营过程中投入资本时，企业已走向正轨，不需要再长期垫付资金，企业资本获利能力增强。这种局面是由企业初创时必要的资本垫支带来的，企业创办者为此付出了代价，所以新投资者需要付出大于初创时原始投资者的出资额才能获得与其相同的投资份额。第二，企业初创时原始投资者所冒的风险比正常生产经营过程中新加入的投资者大。企业初创时，由于市场竞争性、不稳定性、自身经营管理以及产品质量等因素的影响，企业能否持续经营受到很大挑战，原始投资者随时有可能不能收回投资，风险较大；而正常生产经营时，产品市场稳定，获利能力不断增强，投资者可以获得稳定的投资回报，经营风险较小。因此，新加入的投资者为了取得与原始投资者相同的权益，需要付出大于原始投资者的出资额，以补偿原始投资者创业时所冒的风险。第三，企业从创办至增资时，经过一段时期的经营，可能会有内部积累，如企业每年实现的净利润通过利润分配形成盈余公积、未分配利润等留存于企业。这部分积累原本只属于企业原始投资者应享有的权益，但新投资者加入企业后，对这部分积累也要分享。所以，在获得相同资本份额的情况下，要求新投资者付出大于原始投资者的出资额。新加入的投资者按其投资比例计算的出资额应记入"实收资本"科目，超过部分应记入"资本公积——资本溢价"科目。

【例 12－4】A 有限责任公司原始投资者有甲、乙、丙三位股东，各自出资 1000000 元设立，设立时的实收资本为 3000000 元。经营 5 年后，丁投资者有意加盟，经协商，企业将注册资本增加到 4000000 元，丁投资者以货币资金出资 1400000 元拥有 A 公司 25% 的股权。

在这种情况下，A 公司收到 1400000 元投入资本后，只能将丁投资者出资额中的 1000000（4000000×25%）元作为实收资本入账，其余 400000 元作为资本溢价，记入"资本公积"科目。收到货币资金时，应编制会计分录如下：

借：银行存款　　　　　　　　　　　　　　　　1400000

　　　贷：实收资本——丁　　　　　　　　　　　　1000000
　　　　　资本公积——资本溢价　　　　　　　　　　400000

　　2. 股本溢价。股本溢价是指股份有限公司溢价发行股票时，实际收到的款项超出股票面值总额的数额。股份有限公司的注册资本由等额股份构成，并通过发行股票的方式筹集资本金。股票的每股面值与股份总数的乘积为股本，股本应等于企业的注册资本，股东按其所持企业股份享有权利和承担义务。但在发行股票时，股票的发行价格与股票面值可能不一致。股票的发行价格等于股票面值时，称平价发行或面值发行；股票的发行价格大于股票面值时，称溢价发行；股票的发行价格小于股票面值时，称折价发行。我国目前尚不允许折价发行股票。

　　股份有限公司在核定的股本总额及核定的股份总额范围内发行股票，应在发行工作结束实际收到现金资产时进行会计处理。按实际收到的款项，借记"银行存款"等科目；按每股面值和核定的股份总额的乘积，贷记"股本"科目；按其差额，贷记"资本公积——股本溢价"科目。

　　这里需要注意的是，委托证券商代理发行股票等权益性证券直接相关的手续费、佣金等交易费用，应借记"资本公积——股本溢价"科目等，贷记"银行存款"等科目。

　　【例 12－5】某公司委托 X 证券公司代理发行普通股 2000000 股，每股面值 1 元，按每股 3.6 元的价格发行。公司与受托单位约定，按发行收入的 2%收取手续费，从发行收入中扣除。假设该股票发行成功，股款已划入发行公司的银行账户。

　　根据上述资料，企业应作以下会计处理：

　　公司实际收到证券公司划入股款的金额为：2000000 股 × 3.6 元/股 × （1－2%）＝7056000 元

　　应记入"资本公积"科目的金额为：7056000 元 － 2000000 元 ＝5056000 元

　　应编制会计分录为：

　　借：银行存款　　　　　　　　　　　　　　　　7056000
　　　贷：股本　　　　　　　　　　　　　　　　　　2000000
　　　　　资本公积——股本溢价　　　　　　　　　　5056000

　　同一控制下控股合并（或吸收合并）形成的长期股权投资，应在合并日按取得被合并方所有者权益账面价值的份额，借记"长期股权投资"科目，按享有被投资单位已宣告但尚未发放的现金股利或利润，借记"应收股利"科目，按支付的合并对价的账面价值，贷记有关资产科目或借记有关负债科目，按其差额，贷记"资本公积——资本溢价或股本溢价"科目；为借方差额的，借记"资本公积——资本溢价或股本溢价"科目，资本公积（资本溢价或股本溢价）不足冲减的，借记"盈余公积"、"利润分配—— 未分配利润"科目。

3. 股份有限公司采用收购本公司股票方式减资的，按股票面值和注销股数计算的股票面值总额，借记"股本"科目，按所注销的库存股的账面余额，贷记"库存股"科目，按其差额，借记"资本公积——股本溢价"科目，股本溢价不足冲减的，应借记"盈余公积"、"利润分配—— 未分配利润"科目；购回股票支付的价款低于面值总额的，应按股票面值总额，借记"股本"科目，按所注销的库存股的账面余额，贷记"库存股"科目，按其差额，贷记"资本公积——股本溢价"科目。

（二）其他资本公积的核算

1. 长期股权投资采用权益法核算的，在持股比例不变的情况下，被投资单位除净损益以外所有者权益的其他变动，企业按持股比例计算应享有的份额，借记或贷记"长期股权投资——其他权益变动"科目，贷记或借记"资本公积——其他资本公积"科目。

处置采用权益法核算的长期股权投资，还应结转原记入资本公积的相关金额，借记或贷记"资本公积——其他资本公积"科目，贷记或借记"投资收益"科目。

【例12 –6】甲公司投资于 D 公司，持有 D 公司30% 的股权（具有重大影响）。D 公司 2007 年度因可供出售金融资产公允价值变动使资本公积增加 150万元。则甲公司 2007 年根据权益法的要求，按持股比例计算应享有的份额 $150 \times 30\% = 45$（万元）。编制如下会计分录：

借：长期股权投资——其他权益变动　　　　　45
　贷：资本公积——其他资本公积　　　　　　　　45

2. 以权益结算的股份支付换取职工或其他方提供服务的，应按照确定的金额，借记"管理费用"等科目，贷记"资本公积——其他资本公积"科目。在行权日，应按实际行权的权益工具数量计算确定的金额，借记"资本公积——其他资本公积"科目，按计入实收资本或股本的金额，贷记"实收资本"或"股本"科目，按其差额，贷记"资本公积——资本溢价或股本溢价"科目。

3. 自用房地产或存货转换为采用公允价值模式计量的投资性房地产，按照"投资性房地产"科目的相关规定进行处理，相应调整"资本公积——其他资本公积"科目。

【例12 –7】A 股份有限公司于 2007 年 3 月 31 日，以 18000 万元的价格购买一座办公楼，同时发生相关税费 20 万元。预计使用寿命 40 年，采用直线法计提折旧，预计净残值为零。2007 年 7 月 1 日由于经营需要将该办公楼出租，租赁期五年，公允价值 18200 万元，且有确凿证据表明该房地产的公允价值能够持续可靠取得。

A 股份有限公司应当对出租的办公楼作为投资性房地产进行会计核算，其后续计量采用公允价值模式。2007 年 7 月 1 日该房地产转换时，该项投资性房地产应当按照转换日的公允价值计量。转换日的公允价值大于原账面价值的差额作为资本公积（其他资本公积），计入所有者权益。此例中出租时该办公楼已计提折旧额为 112.625（18020/40/4）万元。

A 股份有限公司 2007 年 7 月 1 日该房地产转换时应当编制如下会计分录：

借：投资性房地产——成本　　　　　　　　18200
　　累计折旧　　　　　　　　　　　　　　112.625
　贷：固定资产　　　　　　　　　　　　　　18020
　　资本公积——其他资本公积　　　　　　　292.625

4. 将持有至到期投资重分类为可供出售金融资产，或将可供出售金融资产重分类为持有至到期投资的，按照"持有至到期投资"、"可供出售金融资产"等科目的相关规定进行处理，相应调整"资本公积——其他资本公积"科目。

将可供出售金融资产重分类为采用成本或摊余成本计量的金融资产的，对于原计入资本公积的相关金额，还应分别不同情况进行处理：有固定到期日的，应在该项金融资产的剩余期限内，在资产负债表日，按采用实际利率法计算确定的摊销金额，借记或贷记"资本公积——其他资本公积"科目，贷记或借记"投资收益"科目；没有固定到期日的，应在处置该项金融资产时，借记或贷记"资本公积——其他资本公积"科目，贷记或借记"投资收益"科目。

可供出售金融资产的后续计量，按照"可供出售金融资产"科目的相关规定进行处理，相应调整"资本公积——其他资本公积"科目。

【例 12-8】甲公司 2007 年 8 月购入乙公司股票 100 万股，每股市价 10 元，发生的交易税费为 5 万元，管理层将其作为可供出售金融资产。2007 年 12 月 31 日，乙公司股票每股市价为 9 元。

2009 年 3 月 15 日，甲公司将拥有的乙公司股票全部售出，取得价款合计为 920 万元。假定售出股票时"可供出售金融资产"科目账面价值为 850 万元，其中"成本"明细科目的余额为借方 1005 万元，"公允价值变动"明细科目的余额为贷方 155 万元；"资本公积——其他资本公积"科目中有关乙公司股票公允价值变动影响的金额为 155 万元。

甲公司关于可供出售金融资产的相关会计分录编制如下：

（1）2007 年 8 月购入时：

借：可供出售金融资产——股票投资（成本）　　　　　　1005

　　贷：银行存款　　　　　　　　　　　　　　　　　　　　　　1005

（2）2007 年 12 月 31 日，股票公允价值变动的影响：

借：资本公积——其他资本公积（9 × 100 – 1005）　　　105

　　贷：可供出售金融资产——股票投资（公允价值变动）　　105

（3）2009 年 3 月 15 日，出售所持有的股票：

借：银行存款　　　　　　　　　　　　　　　　　　　　920

　　可供出售金融资产——股票投资（公允价值变动）　　155

　　贷：可供出售金融资产——股票投资（成本）　　　　　1005

　　　投资收益　　　　　　　　　　　　　　　　　　　　　70

借：资本公积——其他资本公积　　　　　　　　　　　　155

　　贷：投资收益　　　　　　　　　　　　　　　　　　　　155

5. 资产负债表日，满足运用套期会计方法条件的现金流量套期和境外经营净投资套期产生的利得或损失，属于有效套期的，借记或贷记有关科目，贷记或借记"资本公积——其他资本公积"科目；属于无效套期的，借记或贷记有关科目，贷记或借记"公允价值变动损益"科目。

三、资本公积使用的核算

企业的资本公积应由企业投资者享有，但不属于法定资本。当企业需要扩大经营规模，增加注册资本时，在符合有关规定和法定程序的前提下，资本公积可以转增资本金。这种转增，是将企业资本公积中可以用来转增资本的部分，按所有者的持股份额增加每个投资者的实收资本。转增后，资本公积减少，实收资本增加，所有者权益内部结构发生变化，并不改变所有者权益总额，一般也不会改变每个投资者的持股份额。值得注意的是，并不是所有的资本公积项目都可以用来转增资本，资本公积明细科目中的资本溢价（股本溢价），可以用于转增资本（或股本）。

在经企业权力机构批准并履行相关程序后，将资本公积转增资本时，应按实际转增额借记"资本公积——资本溢价（股本溢价）"科目，将转增额按各股东的持股份额计算后，贷记"实收资本（或股本）"科目各明细科目。

资本公积不得用于弥补公司的亏损。

第四节　留存收益

一、留存收益概述

留存收益是指企业从历年实现的利润中提取或形成的留存于企业内部的积累，它来源于企业在日常生产经营活动中所实现的净利润。留存收益包括盈余公积和未分配利润。

获取利润是企业生存和发展的基础，也是企业经营的根本动力。企业运用投资者投入企业的资金进行经营活动，取得各种收入，以补偿生产经营活动中发生的各种耗费，形成盈利，并按照国家有关规定缴纳所得税。税后利润企业权力机构批准的利润分配方案进行分配：一方面，按照国家法律规定提取盈余公积（包括法定盈余公积和任意盈余公积），留存于企业形成内部积累；另一方面，向投资者分配利润或股利；剩余部分形成未分配利润留存于企业，参与以后年度利润分配。可见，无论是提取的盈余公积，还是形成的未分配利润均是净利润的转化形式，是企业留存收益，其实质是企业在生产经营活动中产生的资本增值，与所有者投入企业的资本和计入所有者权益的利得、损失一起共同构成企业的所有者权益。

（一）盈余公积

盈余公积是指企业按照规定从净利润中提取的各种积累资金。盈余公积是具有特定用途的企业积累资金，它的使用仅限于规定用途。

盈余公积可分为法定盈余公积和任意盈余公积两种：一是法定盈余公积，它是企业按照规定的比例从净利润中提取的公积金。我国公司法规定，公司制企业的法定盈余公积金按照税后利润的10%提取（非公司制企业可按照超过10%的比例提取），当提取的法定盈余公积累计额达到注册资本的50%时，可不再提取。二是任意盈余公积。公司法规定，公司从税后利润中提取法定公积金后，经股东会或者股东大会决议，还可以从税后利润中提取任意公积金。它与法定盈余公积的区别在于其提取比例由企业权力机构自行确定，而法定盈余公积的提取比例由国家法律规定。任意盈余公积主要是股份制企业提取。

企业提取盈余公积主要用于弥补公司的亏损、转为增加公司资本或者扩大公司生产经营。

（1）弥补亏损。企业发生亏损时，应由企业自行弥补。首先，可以用发生亏损后五年内实现的税前利润弥补；当发生的亏损在五年内仍不足弥补的，应使用之后实现的税后利润弥补。通常情况下，所得税后利润仍不能弥补的亏损，可以用所提取的盈余公积加以弥补。企业用盈余公积弥补亏损时，应当由董事会提议，并经股东大会或类似机构批准。

（2）转增资本。当企业提取的盈余公积累计较多，在企业需要增资时，经股东大会批准可以将盈余公积转增资本。盈余公积转增资本应当先办理相关的增资手续，然后按所有者原持股比例结转。法定公积金转为资本时，所留存的该项公积金不得少于转增前公司注册资本的25%。

（3）扩大公司生产经营。盈余公积的使用，并不是指其实际占用形态，提取盈余公积也不是单独将这部分资金从企业资金周转过程中抽出。企业提取的盈余公积，无论是用于弥补亏损，还是用于转增资本，只不过是在企业所有者权益内部结构的转换。如企业以盈余公积弥补亏损时，实际是减少盈余公积留存的数额，以此抵补未弥补亏损的数额，并不引起企业所有者权益总额的变动，企业以盈余公积转增资本时，也只是减少盈余公积结存的数额，并同时增加企业实收资本或股本的数额，也不引起所有者权益总额的变动。至于企业盈余公积的结存数，实际上只表现企业所有者权益的组成部分，表明企业生产经营资金的一个来源而已，其形成的资金可能表现为一定的货币资金，也可能表现为一定的实物资产，如存货和固定资产等，随同企业的其他来源所形成的资金循环周转，扩大公司生产经营。

（二）未分配利润

未分配利润是企业留待以后年度进行分配的结存利润，也是留存于企业的收益，是所有者权益的组成部分。

未分配利润从内容上看有两层含义：一是留待以后年度处理的收益；二是未指定特定用途的利润。相对于其他所有者权益项目而言，企业对未分配利润的使用有很大的自主权。从数量上看，未分配利润是企业可供分配的利润（即期初未分配利润加上本期实现的净利润）按规定顺序进行分配（即提取各种盈余公积和分出利润）后的余额。

二、留存收益的核算

（一）盈余公积的核算

为了核算盈余公积的提取和使用，应设置"盈余公积"科目。该科目贷方登记企业按规定从净利润中提取的盈余公积数额；借方登记使用的盈余公积数额；期末贷方余额反映企业提取的盈余公积结余额。本科目应当分别"法定盈余公积"、"任意盈余公积"进行明细核算。

1. 提取盈余公积的核算。提取盈余公积本身属于利润分配的一部分。企业按规定提取各项盈余公积时，应借记"利润分配——提取法定盈余公积、提取任意盈余公积"科目，贷记"盈余公积——法定盈余公积、任意盈余公积"科目。

外商投资企业按规定提取的储备基金、企业发展基金、职工奖励及福利基金，借记"利润分配——提取储备基金、提取企业发展基金、提取职工奖励及福利基金"科目，贷记"盈余公积——储备基金、企业发展基金"科目和"应付职工薪酬"科目。

【例 12 - 9】甲股份有限公司 2006 年实现净利润 72000000 元。2007 年 3 月公司董事会提出的利润分配方案为：按当年实现净利润的 10% 提取法定盈余公积；按当年实现净利润的 8% 提取任意盈余公积；向普通股股东分派现金股利 10000000 元。

根据以上资料，可以计算：

法定盈余公积提取额 = 72000000 元 × 10% = 7200000 元

任意盈余公积提取额 = 72000000 元 × 8% = 5760000 元

编制会计分录如下：

借：利润分配——提取法定盈余公积　　　　7200000
　　　　　　——提取任意盈余公积　　　　5760000
　　　　　　——应付现金股利或利润　　　10000000
　　贷：盈余公积——法定盈余公积　　　　　7200000
　　　　　　　　——任意盈余公积　　　　　5760000
　　　　应付股利　　　　　　　　　　　　10000000

2. 盈余公积使用的核算。

（1）盈余公积弥补亏损。企业发生的亏损以所得税后的利润仍不足弥补时，经股东大会或类似机构决议批准，可以用盈余公积补亏。经法定程序后，按照当期用盈余公积弥补亏损的数额，借记"盈余公积"科目，贷记"利润分配——盈余公积补亏"科目。

【例 12 - 10】M 公司截至 2006 年 12 月 31 日仍有以前年度发生的亏损 250000 元，已超过法定税后利润补亏的期限。经股东大会批准，M 公司用以前年度提取的盈余公积 200000 元弥补亏损。

根据上述资料，编制的弥补亏损的会计分录如下：

借：盈余公积——法定盈余公积或任意盈余公积　　　200000

贷：利润分配——盈余公积补亏　　　　　　　　　　　200000

（2）盈余公积转增资本。在企业需要增加注册资本时，所需资金除投资者投入外，也可以用以前年度计提的盈余公积在允许转增资本的前提下转作实收资本，而且应当按照转增资本前的实收资本结构进行处理。企业经批准用盈余公积转增资本时，应按照实际用于转增的盈余公积数额，借记"盈余公积"科目，贷记"实收资本（或股本）"科目。

（二）未分配利润的核算

为了反映企业未分配利润的情况，在"利润分配"科目中专门设置了"未分配利润"科目。年度终了，企业将全年实现的利润，自"本年利润"科目转入"利润分配——未分配利润"科目，如为盈利，应借记"本年利润"科目，贷记"利润分配——未分配利润"科目；如为亏损，则作相反分录。同时，将"利润分配"科目下的其他明细科目的余额，即已分配利润如提取法定盈余公积、提取任意盈余公积、应付现金股利或利润、转作股本的股利、盈余公积补亏等明细科目余额转入"未分配利润"明细科目中。结转后，"未分配利润"明细科目的借方余额为未弥补的亏损，贷方余额为未分配的利润。

【例12－11】M股份有限公司2006年年末，"未分配利润"科目的贷方余额为5100000元，2007年度实现的净利润为2000000元，董事会制订的利润分配方案为：按净利润的10%提取法定盈余公积；再按净利润的10%提取任意盈余公积；向股东分派现金股利400000元。

根据上述资料编制会计分录如下：

（1）结转净利润。

借：本年利润　　　　　　　　　　　　　　2000000
　贷：利润分配——未分配利润　　　　　　　　2000000

（2）结转提取的法定盈余公积。

借：利润分配——未分配利润　　　　　　　　200000
　贷：利润分配——提取法定盈余公积　　　　　　200000

（3）结转提取的任意盈余公积。

借：利润分配——未分配利润　　　　　　　　200000
　贷：利润分配——提取任意盈余公积　　　　　　200000

（4）结转应付股利。

借：利润分配——未分配利润　　　　　　　　400000
　贷：利润分配——应付现金股利或利润　　　　　400000

M公司2007年年末"利润分配——未分配利润"科目的贷方余额为：6300000（5100000＋2000000－200000－200000－400000＝6300000）元，表示

历年累计未分配的利润总额。

复习思考题

1. 试说明所有者权益的概念及构成内容。

2. 试比较所有者权益与债权人权益（负债）的异同。

3. 为什么说库存股属于所有者权益的抵减项目？它一般在何种情况下才会产生？

4. 实收资本增减变动的情况有哪些？分别说明其核算特点及内容。

5. 试举例说明资本公积的核算内容有哪些。

6. 留存收益包括哪些项目？试说明其用途及相关会计处理。

第五篇　收入、费用和利润

第十三章　收入

第一节　收入的定义与特征

一、收入的定义

在社会主义市场经济条件下，追求利润最大化是企业经营的一项重要目标，收入是形成企业利润的主要来源，也是构成会计报表的一大基本要素。对于收入的定义在会计界一直未能达成共识。其争议的焦点主要在于对收入范围的界定不同。收入的形成可能源于企业的日常活动，也可能源于日常活动之外的活动，通常称后者为利得。对收入范围的界定主要有两种观点：一是将收入限定为企业日常活动所形成的经济利益总流入，即将利得排除在收入之外；二是将企业日常活动及其之外的活动形成的经济利益流入均视作收入，即将利得包括在收入之中。颇具代表性和权威性的观点，是美国财务会计准则委员会［FASB］第6号财务会计概念公告将收入定义为："收入，指某一个体在其持续的、主要的或核心的业务中，因交付或生产了商品、提供了劳务，或进行了其他活动，而获得的或其他增加了的资产，或因而清偿了的负债（或两者兼有）。"第18号国际会计准则将收入定义为："收入是指企业在日常活动中形成的导致权益增加的经济利益的总流入。不包括投资者出资所导致的权益的增加。"在这个定义中，最关键的一个词是"日常活动"。根据《国际会计准则第8号——当期净损益、重大差错和会计政策的变更》的解释："日常活动，是指企业所从事的作为其业务组成部分的所有活动，以及企业为促进这些活动完成附带或因这些活动而形成的相关活动。"由此可以认为"日常活动"就相当于［FASB］第6号财务会计概念公告中所指的"持续的、主要的或核心的业务"。因此，第 6 号财务会计概念公告中有关收入的定义与第 18 号国际会计准则对收入的定义是类似的，都是将利得排除在收入之外了。

我国的《企业会计准则 14 号——收入》将收入定义为："收入是指企业在日常活动中形成的、会导致所有者权益增加的、与投资者投入资本无关的经济利益的总流入。它包括销售商品收入、提供劳务收入和让渡资产使用权收入。"由此可见，我国会计准则对收入的定义采纳了上述第一种观点，也将利得排除在收入之外。

国际会计准则中使用了收益的概念，并将收益定义为会计期间经济利益的增加，收益包括收入和利得。收入是来源于企业的日常活动，是属于企业主要的、经常性的业务收入。它包括商品销售收入、劳务收入、利息收入、使用费收入、股利收入等。而利得是在企业日常活动之外产生的收益，不是经常或定期发生的。利得有两个主要特征：其一，利得是企业边缘性或偶发性交易或事项的结果，如无形资产所有权转让的收入、固定资产处置的收入等；其二，利得属于那种不经过经营过程就能取得或不曾期望获得的收入，如企业接受政府的补贴、收取的违约金等。可见，利得具有不规则和难以预见的特点，这也是将利得排除在收入之外的重要原因。

二、收入的特征

1. 收入在企业的日常活动中形成，而不是从偶发的交易或事项中形成。其中"日常活动"，是指企业为完成其经营目标所从事的经常性活动以及与之相关的活动 。经常性活动包括企业制造并销售产品、商业企业销售商品、保险公司签发保单、咨询公司提供咨询服务、软件企业为客户开发软件、安装公司提供安装服务、商业银行对外贷款、租赁公司出租资产等；与经营活动相关的活动包括企业转让无形资产使用权、出售不需用原材料等。

企业处置固定资产、无形资产等活动，不是企业为完成其经营目标所从事的经常性活动，也不属于与经常性活动相关的活动，由此产生的经济利益的总流入不构成收入，应当确认为营业外收入。

2. 收入可能表现为企业资产的增加，如增加银行存款、应收账款等。也可能表现为企业负债的减少，如以商品或劳务抵偿债务；或者两者兼而有之，例如，商品销售的货款中部分抵偿债务，部分收取现金。

3. 收入能导致所有者权益的增加。收入能增加资产或减少负债或两者兼而有之。因此，根据"资产－负债＝所有者权益"的公式，企业取得收入一定能增加所有者权益。但收入扣除相关成本费用后的净额，则可能增加所有者权益，也可能减少所有者权益。这里仅指收入本身导致的所有者权益的增加，而不是指收入扣除相关成本费用后的毛利对所有者权益的影响。

4. 收入只包括本企业经济利益的流入，不包括为第三方或客户代收的款项。如企业代国家收取增值税、商业银行代委托贷款企业收取利息、旅行社代客户购买门票、飞机票而收取票款，等等。代收的款项，虽也流入企业，但不增加所有者权益，一方面增加企业的资产；另一方面增加企业的负债，因此不能作为本企业的收入。

三、收入的分类

收入一般可以分别按其性质和企业经营业务的主次进行分类。

1. 按收入的性质，可以分为销售商品收入、提供劳务收入和让渡资产使用权等取得的收入。

（1）销售商品收入：销售商品是指以取得货币资产方式的商品销售及正常情况下的以商品抵偿债务的交易。这里的"商品"主要包括企业为销售而生产或购进的商品，如工业企业生产的产品、商品流通企业购进的商品等，企业销售的其他存货如原材料、包装物等也视同商品。但企业以商品进行投资、捐赠及自用等，会计上均不作为销售商品处理，应按成本结转。

（2）提供劳务收入：提供劳务的种类比较多，主要包括旅游、运输、饮食、广告、理发、照相、洗染、咨询、代理、培训、产品安装等。另外还有一些特殊的劳务交易收入，如安装费收入、宣传媒介费收入、包括在商品售价内可区分的服务费收入、艺术表演、招待宴会和其他特殊活动收入、申请入会费和会员费收入、特许权费收入、为特殊客户开发软件收入等。

（3）让渡资产使用权产生的收入：让渡资产使用权产生的收入通常包括以下几个方面：①让渡现金使用权而形成的利息收入。这里主要是指金融企业存、贷款形成的利息收入及同业之间发生往来形成的利息收入等。②转让无形资产使用权的收入及出租固定资产的租金收入。③债权投资的利息收入及股权投资的现金股利收入。

2. 按企业经营业务的主次分类，可以分为主营业务收入和副营业务收入。

（1）主营业务收入：主营业务是指企业为完成其经营目标所从事的经常性活动，可根据企业营业执照上规定的主要业务范围确定，例如，工业企业的主营业务是生产和销售商品、商品流通企业的主营业务是销售商品、银行的主营业务是贷款和为企业办理结算等。主营业务是企业的重要业务，是企业收入的主要来源。主营业务收入一般占企业收入的比重较大，对企业的经济效益产生较大的影响。

（2）其他业务收入：其他业务是指主营业务以外的与经常性活动相关的其他活动，如工业企业销售材料、出租包装物、转让无形资产使用权、对外进行权益性投资（取得现金股利）或债权性投资（取得利息）、提供非工业性劳务等实现的收入。其他业务属于企业日常活动中次要的交易，其他业务收入一般占企业收入的比重较小。

第二节　销售商品收入的确认和计量

确认，是指将某个项目作为一项资产、负债、收入、费用等正式地列入企业财务报表的过程。具体到收入的确认，就是判断某个项目能否作为收入要素记账，并在利润表上反映的过程。由于收入的实现需要一个过程，因此要将某个项目作为收入在利润表中予以确认，除符合收入要素定义外，对不同种类的收入还有不同的确认条件。

一、销售商品收入的确认

由于销售商品的收入源于"销售商品交易"，因此，在对其确认时还须考虑对应的销售商品交易是否已经完成。在参照国际会计准则和其他国家的会计准则基础上，我国企业会计准则规定，销售商品的收入只有同时符合以下条件时，才能予以确认。

（一）企业已将商品所有权上的主要风险和报酬转移给购货方

企业已将商品所有权上的主要风险和报酬转移给购货方，是指与商品所有权有关的主要风险和报酬同时转移，这是确认销售商品收入的重要条件。与商品所有权有关的风险，是指商品可能发生减值或毁损等形成的损失；与商品所有权有关的报酬，是指商品价值增值或通过使用商品等产生的经济利益。如果某一售出商品发生的任何损失不需要销货方承担，带来的任何经济利益也不归销货方所有，则意味着该商品所有权上的风险和报酬转移给了购货方。

"主要风险和报酬"是相对于"次要风险和报酬"而言的。如果企业将商品所有权上的主要风险和报酬转移给购货方，只保留了其次要风险和报酬，则销售成立，相应的收入应予以确认；反之，如果企业保留了商品所有权上的主要风险和报酬，则该项交易不属于销售，收入也不予以确认。

判断企业是否已将商品所有权上的主要风险和报酬转移给购货方，应遵循"实质重于形式"的原则，关注交易的实质，并结合所有权凭证是否转移，视不同情况进行判断：

1. 通常情况下，转移商品所有权凭证并交付实物后，商品所有权上的主要风险和报酬随之转移，如大多数零售商品。

2. 在某些情况下，转移商品所有权凭证但未交付实物，商品所有权上的主要风险和报酬随之转移，企业保留了次要风险和报酬。比如交款提货方式销售商品。在这种方式下，购货方虽然还未提走货物，但企业已将发货票和提货单交与购货方，企业只保留了次要风险和报酬，此时应确认收入。又如某商场在销售 A 商品时向客户承诺，如果卖出的商品在三个月出现质量问题，则可以退货。根据以往的经验，商场估计退货的比例为销售额的 1%。在这种情况下，虽然商场仍保留一定的风险，但这种风险是次要的。所售商品所有权上的主要风险和报酬已转移给了客户，因此，该商场在 A 商品售出后即可确认相关的收入。

3. 在某些情况下，已交付实物但未转移商品所有权凭证，商品所有权上的主要风险和报酬未随之转移。如企业采用支付手续费方式委托代销商品时，销售商品的收入是否能够取得，取决于代售方或寄销方是否已将商品售出。当企业向受托方发出代销或寄销的商品后，其商品所有权上的主要风险和报酬并未随之转移给受托方，只有当受托方将商品售出后，商品所有权上的主要风险和报酬才移出委托方。因此，委托方应在受托方售出商品，并取得受托方提供的代销清单时确认收入。

4. 还有些情况下，转移商品所有权凭证并交付实物后，企业仍保留了商品所有权上的主要风险和报酬。这里可能会有以下几种情况：

（1）企业销售的商品在质量、品种、规格等方面不符合合同规定的要求，又未根据正常的保证条款予以弥补，因而仍负有责任。比如，企业销售的商品在质量上没达到合同的要求，买方则要求企业在价格上给予一定的减让，否则可能会退货。由于双方在商品质量的弥补方面未达成一致意见，买方尚未接受商品，商品可能被退回，因此商品所有权上的主要风险和报酬仍留在企业，企业此时不能确认收入。其收入应递延到已按买方要求进行弥补时予以确认。

（2）企业尚未完成对售出商品的安装或检验工作，而此项安装或检验任务又是销售合同的重要组成部分。比如，某电梯生产企业销售电梯时，按合同规定，该企业要负责电梯安装、调试到正常可使用状态。在这种合同条款下，电梯的售出并不表示商品所有权上的主要风险和报酬已转移给买方，因为电梯的安装、检验工作是销售合同中所规定的全部工作的一个重要组成部分。企业只有在安装完毕并检验合格后才能确认收入。但如果安装程序比较简单，可在发出商品时确认收入。

（3）销售合同中规定了由于特定原因买方有权退货的条款，而企业又不能确定退货的可能性。比如，某企业为推销一项新产品，规定凡购买该产品者均有一个月的试用期，不满意的，可以在试用期内退货。由于是新产品，企业无法估计其退货的可能性，尽管商品已售出，而商品所有权上的风险和报酬实质上并未转移给买方，因此，企业在售出商品时不能确认收入，只有当买方正式接受商品时或退货期满时才确认收入。

（二）企业既没有保留通常与所有权相联系的继续管理权，也没有对已售出的商品实施控制

对售出商品实施继续管理，既可能源于仍拥有商品的所有权，也可能与商品的所有权没有关系。如果商品售出后，企业仍保留有与该商品的所有权相联系的继续管理权，则说明此项销售商品交易没有完成，销售不能成立，不能确认收入。同样，如果商品售出后，企业仍对售出的商品可以实施控制，也说明此项销售没有完成，不能确认收入。比如，A制造商将一批商品销售给某中间商。合同规定，A企业有权要求中间商将售出的商品转移或退回。在这种情况下，A企业虽然已将商品售出，但仍对商品拥有实际控制权，因而不能确认收入。

但是，如果企业对售出的商品保留了与其所有权无关的继续管理权，则不受本条件的限制。比如，某软件咨询企业销售一个成套软件给某客户，并接受客户的委托对软件进行日常管理，包括软件的更新等。在这种情况下，尽管该企业对售出的软件仍实施继续管理，但与软件的所有权无关，软件的所有权已属于客户。此时，如果其他销售商品收入的条件也符合的话，该企业应确认收入。

（三）收入的金额能够可靠地计量

收入能否可靠地计量，是确认收入的基本前提，收入不能可靠计量，则无法确认收入。企业在销售商品时，售价通常已经确定。但销售过程中由于某种不确定因素，也有可能出现售价变动的情况，则新的售价未确定前不应确认收入。

（四）相关的经济利益很可能流入企业

在销售商品的交易中，与交易相关的经济利益主要表现为销售商品的价款。相关的经济利益很可能流入企业，就是指销售商品价款收回的可能性大于不能收回的可能性。销售商品的价款能否有把握收回，是收入确认的一个重要条件，企业在销售商品时，如估计价款收回的可能性不大，即使收入确认的其他条件均已满足，也不应当确认收入。

销售商品的价款能否收回，主要根据企业以前和买方交往的直接经验，或从其他方面取得的信息，或政府的有关政策等进行判断。比如，企业根据以前与买方交往的直接经验判断买方信誉较差；或销售时得知买方在另一项交易中发生了巨额亏损，资金周转十分困难；或在出口商品时，不能肯定进口企业所在国政府是否允许将款项汇出等。在这些情况下，企业应推迟确认收入，直至这些不确定因素消除。"很可能"是一个定性概念，但可以用一个数量范围来表示。通常情况下，"很可能"是指发生的概率超过50%的可能性。

当然，如果企业预计不是很可能收到货款，则一般不会轻易地将商品售给对方。但有时企业可能为了促销，也可能会发生在货款没有把握收回的情况下，将商品所有权转移给了购货方。因此，这一条规定，实际上是要求企业在消除了收取货款的不确定性之后才能考虑确认收入。

实务中，企业售出的商品符合合同或协议规定的要求，并已将发票账单交付买方，买方也承诺付款，即表明销售商品的价款能够收回。如企业判断价款不能收回，应指出判断的依据。

（五）相关的已发生或将发生的成本能够可靠地计量

根据收入和费用配比原则，与同一项销售有关的收入和成本应在同一会计期间予以确认。因此，成本不能可靠计量，相关的收入也不能确认，即使其他条件均已满足。比如，甲公司约定为乙公司生产并销售一台大型设备。甲公司因生产能力不足，委托丙公司生产某部件，丙公司发生的成本经甲公司认定后按成本总额的110%支付款项。假定甲公司、丙公司均完成生产任务，并将大型设备交付乙公司验收合格。由于丙公司还未将有关成本资料交甲公司认定，且甲公司无法合理估计成本金额，尽管产品已经售出，但不能确认相关的销售收入。只有等到该产品的成本能够可靠计量时，才能确认该产品的收入。

二、销售商品收入的计量与会计处理

（一）设置的主要会计科目

为了正确反映每一会计期间的收入，并及时结转与收入相关的成本、税金等，贯彻收益与费用的配比原则，企业应区分主营业务和其他业务分别设置会计科目进行核算。

对于主营业务的核算，企业应设置"主营业务收入"、"主营业务成本"、"营业税金及附加"等科目。其中"主营业务收入"科目核算企业确认的销售商品、提供劳务等主营业务的收入。本期销售商品或提供劳务实现的收入贷记本科目，本期发生的销售退回或销售折让应冲减的收入借记本科目。但如果销售退回发生在年度财务会计报告批准报出日之前，属于报告年度和以前年度的销售退回，应当调整报告年度拟对外提供的财务会计报告有关项目的数据，而不是冲减发生销售退回当期的收入。期末，应将本科目余额转入"本年利润"科目，结转后本科目应无余额；"主营业务成本"科目主要核算企业确认销售商品、提供劳务等主营业务收入时应结转的成本。企业根据本期应结转的主营业务成本借记本科目，本期发生的销售退回应冲减的销售成本贷记本科目。期末，应将本科目余额转入"本年利润"科目，结转后本科目应无余额；"营业税金及附加"科目主要核算企业经营活动发生的营业税、消费税、城乡维护建设税、资源税和教育费附加等相关税费。企业按规定计算确定的与经营活动相关的税费借记本科目。期末，应将本科目余额转入"本年利润"科目，结转后本科目应无余额。

对于其他业务的核算，企业应设置"其他业务收入"、"其他业务成本"等科目进行核算。其中"其他业务收入"核算企业确认的除主营业务活动以外的其他经营活动实现的收入，包括出租固定资产、出租无形资产、出租包装物和商品、销售材料、用材料进行非货币性交换或债务重组等实现的收入。企业确认的其他业务收入贷记本科目。期末，应将本科目余额转入"本年利润"科目，结转后本科目应无余额；"其他业务成本"科目核算企业确认的除主营业务活动以外的其他经营活动所发生的支出，包括销售材料的成本、出租固定资产的折旧额、出租无形资产的摊销额、出租包装物的成本或摊销额等。企业发生的其他业务成本借记本科目。期末，应将本科目余额转入"本年利润"科目，结转后本科目应无余额。

（二）一般销售商品收入的账务处理

1. 收入金额的计量。根据企业会计准则的规定，企业销售商品满足收入确认条件时，应当按照从购货方已收或应收合同或协议价款的公允价值确定销售商品收入金额。

2. 会计处理。在一般销售商品的账务处理中，主要是解决该项商品交易的收入是否能够予以确认。如果该交易的收入符合5个确认条件，企业应及时确认收入，并结转相关销售成本、税金等。

【例13-1】某企业按照合同销售一批产品，增值税发票上注明售价250000元，增值税42500元，货款尚未收到。该批产品适用的消费税税率为5%，生产成本为190000元。假定该项销售符合销售收入确认的四项条件，则应作如下会计分录：

借：应收账款　　　　　　　　　　　　　　292500

贷：主营业务收入	250000
应交税费——应交增值税（销项税额）	42500
借：主营业务成本	190000
贷：库存商品	190000
借：营业税金及附加	12500
贷：应交税费——应交消费税	12500

需要说明的是，在实务中，由于销售商品成本一般都是在期末一并结转的，因此，确认一笔收入时不需要同时结转一项销售成本。

如果销售商品收入经判断不能同时符合 5 个确认条件时，则不能确认收入。对于不符合收入的确认条件，但商品又已经发出的情况下，应将发出商品的成本通过"发出商品"科目进行核算。"发出商品"科目用来核算企业未满足收入确认条件但已发出商品的实际成本或计划成本。对于未满足收入确认条件的发出商品，按其实际成本或计划成本借记本科目，发出商品退回时，贷记本科目，当发出商品满足收入确认条件时，将其销售成本转入"主营业务成本"。本科目期末借方余额，反映企业发出商品的实际成本或计划成本。

【例 13 - 2】某企业于 5 月 21 日以托收承付的方式向 A 公司销售一批商品，成本为 50000 元，增值税发票上注明的售价为 100000 元，增值税为 17000元。该企业在销售时已知 A 公司资金周转发生困难，但为了减少存货积压，同时也为了维持与 A 公司长期以来建立的商业关系，该企业将商品售给了 A公司。该商品已经发出，并向银行办妥托收手续。假定该企业销售该商品的纳税义务已经发生。

在此例题中，由于购货方 A 公司资金周转发生困难，因而销货企业在货款收回方面存在着不确定性，经济利益的流入不是"很可能"。因此，销货企业对该笔销售交易不能确认收入。由于该企业已将商品发出且已发生纳税义务，则应作如下会计分录：

借：发出商品	50000
贷：库存商品	50000

同时根据增值税发票注明的增值税额：

借：应收账款——应收销项税额	17000
贷：应交税费——应交增值税（销项税额）	17000

假定 8 月 7 日销货企业得知 A 公司经营状况好转，A 公司承诺近期付款，销货企业可以确认收入：

借：应收账款——A 公司	100000
贷：主营业务收入	100000

同时结转成本：

借：主营业务成本　　　　　　　　　　　　　　　　50000
　　贷：发出商品　　　　　　　　　　　　　　　　　　50000

（三）商业折扣的账务处理

商业折扣是指企业为促进商品销售而在商品标价上给予的价格扣除。商业折扣是企业最常用的促销手段。商业折扣一般在交易发生时交易金额即已确定，买方和卖方都是根据实际发生的交易金额入账。因此，在有商业折扣的情况下，企业的收入金额应按商品标价中扣除了商业折扣后的实际售价确定。

（四）现金折扣的账务处理

现金折扣，是指债权人为鼓励债务人在规定的期限内付款，而向债务人提供的债务扣除。现金折扣主要发生在企业以赊销的方式销售商品及提供劳务的交易中。对现金折扣的处理方法一般有总价法和净价法两种。按照企业会计准则的规定，企业应采用总价法对现金折扣进行会计处理。即企业在确定销售商品收入金额时，不考虑各种预计可能发生的现金折扣。现金折扣在实际发生时计入发生当期的财务费用。

【例 13 - 3】某企业向 B 公司销售一批产品，按照价目表上标明的价格计算，其售价金额为 100000 元，适用的增值税税率为 17%，规定的现金折扣条件为 2/10、n/30。则应作如下会计分录：

1. 销售实现时，作会计分录如下：

借：应收账款——B 公司　　　　　　　　　　　　117000
　　贷：主营业务收入　　　　　　　　　　　　　　100000
　　　　应交税费——应交增值税（销项税额）　　　17000

2. 如果上述货款在 10 日内收到，B 公司获得的现金折扣为 2000 元（100000×2%），实际收回的货款为 115000 元（117000 - 2000）。如果在 10 日内收到 B 公司汇来的款项，作会计分录如下：

借：银行存款　　　　　　　　　　　　　　　　　115000
　　财务费用　　　　　　　　　　　　　　　　　　2000
　　贷：应收账款　　　　　　　　　　　　　　　　117000

3. 如果在 10 日后收到 B 公司汇来的款项。企业收到 B 公司的款项为 11700 元，作会计分录如下：

借：银行存款　　　　　　　　　　　　　　　　　117000
　　贷：应收账款　　　　　　　　　　　　　　　　117000

（五）销售折让的账务处理

销售折让，是指企业因售出的商品质量不合格等原因而在价格上给予的减让。销售折让可能发生在企业确认收入之前，也可能发生在企业确认收入之后。如为前者，则相当于商业折扣，可以采用与处理商业折扣相同的方法进行处理；如为后者，则在销售折让发生时，直接冲减发生当期的销售商品收入，如按规定允许扣减当期销项税额的，还应同时用红字冲减"应交税费——应交增值税"科目的"销项税额"专栏。销售折让属于资产负债表日后事项的，按照资产负债表日后事项准则中的有关规定处理。

【例13－4】某企业销售一批商品，增值税发票上的售价为70000元，增值税额11900元，货到后买方发现商品质量不合格，要求在价格上给予5%的折让。该企业同意并办妥了有关手续。企业应作如下会计分录：

1. 销售实现时：

借：应收账款　　　　　　　　　　　　81900
　　贷：主营业务收入　　　　　　　　70000
　　　　应交税费——应交增值税（销项税额）　11900

2. 发生销售折让时：

借：主营业务收入　　　　　　　　　　3500
　　应交税费——应交增值税（销项税额）　595
　　贷：应收账款　　　　　　　　　　4095

3. 实际收到款项时：

借：银行存款　　　　　　　　　　　　77805
　　贷：应收账款　　　　　　　　　　77805

（六）销售退回的账务处理

销售退回，指企业销售出去的商品，由于质量、品种不符合要求等原因而发生的退货。与销售折让相似，销售退回可能发生在企业确认之前，也可能发生在企业确认收入之后。如果发生在收入确认之前，应减少发出商品的数量。在会计处理上，只需将已记入"发出商品"科目的销售成本转回"库存商品"科目。收入的确认额为销售价款中扣除了退回货物价值的金额。如果发生在收入确认之后，会计处理应区别以下两种情况进行：

1. 一般销售退回。一般销售退回是指不属于资产负债表日后事项的退回。其会计处理，一般均应冲减退回当期的销售收入及销售成本。需注意的是，如果当月有与退回商品相同的商品在销售，则应冲减同种商品的销售收入和销售成本；如果当月没有该种商品销售，则以退回商品的金额冲减其他种商品的销售收入和销售成本；如该项销售已发生现金折扣或销售折让的情况，应在退回当期一并调整。企业发生销售退回时，如按规定允许扣减当期销项税额的，则应同时冲减相应税额。

2. 属于资产负债表日后事项的销售退回。属于资产负债表日后事项的销售退回是指资产负债表日及之前售出的商品在资产负债表日至财务会计报告批准报出日之间发生的退回。对这类退回，除应在退回当期作相关的账务处理外，还应作为资产负债表日后发生的调整事项，冲减报告年度的收入、成本和税金；如该项销售已经发生现金折扣或销售折让的，应同时冲减报告年度相关的折扣、折让。

【例13－5】某生产企业2000年12月20日销售商品10台，每台售价5000元，单位生产成本2600元，增值税税率为17％。合同规定的现金折扣条件为：2/10、1/20、n/30。买方于12月27日付款，享受现金折扣1000元。2001年5月10日该批产品有5台因质量问题被退回。

该企业应作如下会计分录：

（1）销售商品时：

借：应收账款　　　　　　　　　　　　　58500

　　贷：主营业务收入　　　　　　　　　　　　50000

　　　　应交税费——应交增值税（销项税额）　　8500

借：主营业务成本　　　　　　　　　　　26000

　　贷：库存商品　　　　　　　　　　　　　　26000

（2）收回货款时：

借：银行存款　　　　　　　　　　　　　57500

　　财务费用　　　　　　　　　　　　　　1000

　　贷：应收账款　　　　　　　　　　　　　　58500

（3）销售退回时：

借：主营业务收入　　　　　　　　　　　25000

　　应交税费——应交增值税（销项税额）　　4250

　　贷：银行存款　　　　　　　　　　　　　　28750

　　　　财务费用　　　　　　　　　　　　　　　500

借：库存商品　　　　　　　　　　　　　13000

　　贷：主营业务成本　　　　　　　　　　　　13000

如上述退回是在2006年12月31日以后和2007年3月10日财务报告批准报出之前发生的，该项销售退回应作为资产负债表日后事项处理，在2007年的账上应作如下调整分录（假定该企业所得税税率为33％）：

（1）调整销售收入：

借：以前年度损益调整　　　　（25000－500）24500

　　应交税费——应交增值税（销项税额）　　　4250

  贷：银行存款　　　　　　　　　　　　　　　28750

（2）调整销售成本：

借：库存商品　　　　　　　　　　　　　　13000

  贷：以前年度损益调整　　　　　　　　　　13000

（3）调整所得税费用：

借：应交税费——应交所得税　　　　　　　3795

  贷：以前年度损益调整　　　　　　　　　　3795

（4）将"以前年度损益调整"科目余额转入利润分配：

借：利润分配——未分配利润　　　　　　　7705

  贷：以前年度损益调整　　　　　　　　　　7705

  同时，在2006年度会计报表中作如下调整：①在资产负债表中冲减银行存款28750元，增加存货成本13000元，冲减应交税费4250元，冲减未分配利润7705元；②在利润表中冲减主营业务收入25000元，冲减主营业务成本13000元，冲减财务费用500元，冲减所得税费用3795元。值得注意的是，如现金折扣是在2007年发生的，则不需要在2006年度报表中冲减财务费用。

  在2007年的账上应作如下调整分录：

借：以前年度损益调整　　　　　　　　　　25000

  应交税费——应交增值税（销项税额）　　4250

  贷：银行存款　　　　　　　　　　　　　　28750

   财务费用　　　　　　　　　　　　　　　500

借：库存商品　　　　　　　　　　　　　　13000

  贷：以前年度损益调整　　　　　　　　　　13000

有关冲减所得税费用和结转以前年度损益调整的分录同上，这里省略。

（七）分期收款销售商品的账务处理

  分期收款销售商品，是指企业已将商品交付给购货方，但货款分期收回的一种销售方式。分期收款销售商品主要适用于所售的商品价值较高，如房产、汽车、重型设备等。由于分期收款销售商品的收款期限较长，使该项商品交易发生的已收或应收的合同或协议价款大于所售商品本身的公允价值，实质上具有了融资的性质。对于这种情况，企业应当按照应收的合同或协议价款的现值确定所售商品的公允价值。

  应收的合同或协议价款与其公允价值之间的差额，应当在合同或协议期间内，按照应收款项的摊余成本和实际利率计算确定的摊销金额，冲减财务费用。

  【例13-6】甲公司年初售出大型设备一套，合同价格为10000万元，合同约定采用分期收款方式，从销售当年的年末分5次收取，每年年末收取2000万元，共计10000万元。不考虑增值税。如果购货方在销售成立日一次性支付货款只需付8000万元。

解析：

根据上述条件，应收合同价款10000万元的公允价值可以认定为8000万元，销售商品收入的金额则按8000万元入账 。并据以计算该项应收账款的实际利率。

已知年金 A＝2000、期数 N＝5、年金现值 P－8000、年金现值系数（P/A，I，5）＝8000/2000＝4

查年金现值系数表得知：（P/A，6，5）＝4.2124　　（P/A，8，5）＝3.9927

用插值法计算得出实际利率 $I = 6\% + \dfrac{(4.2124 - 4)}{(4.2124 - 3.9927)} \times (8\% - 6\%)$

$$\approx 7.93\%$$

应收金额与公允价值的差额2000万元，应采用实际利率法于每期末进行摊销，每期摊销额的计算如表13－1所示：

表13－1 摊销额计算表 单位：万元

	未收的本金 A＝A－C	收取的利息 B＝A×7.93%	收取的本金 C＝D－B	收取的本利和 D
销售日	8000	0	0	0
第一年末	8000	634	1366	2000
第二年末	6634	526	1474	2000
第三年末	5160	410	1590	2000
第四年末	3570	283	1717	2000
第五年末	1853	147	1853	2000
总额		2000	8000	10000

（1）售出商品时：

借：长期应收款　　　　　　　　　　　　　　10000

　　贷：主营业务收入　　　　　　　　　　　　8000

　　　　未实现融资收益　　　　　　　　　　　2000

（2）第一年末：

借：银行存款　　　　　　　　　　　　　　2000

　　贷：长期应收款　　　　　　　　　　　　2000

同时，对应收金额与公允价值的差额（未确认融资收益）进行摊销：

借：未实现融资收益　　　　　　　　　　　634

　　贷：财务费用　　　　　　　　　　　　　634

（3）第五年末：

借：银行存款　　　　　　　　　　　　　　2000

　　贷：长期应收款　　　　　　　　　　　　2000

借：未实现融资收益　　　　　　　　　　　147

　　贷：财务费用　　　　　　　　　　　　　147

从第一年末到第五年末，账务处理相同，只是金额不同。

（八）委托代销商品的账务处理

委托代销商品是一家企业委托另一家企业代为销售商品的销售方式。对于委托代销商品业务，应注重分析交易的实质，判断是否符合收入确认的条件。

代销通常有两种方式：买断方式和收取手续费方式。

买断方式，即由委托方和受托方签订协议，委托方按协议价收取所代销的货款，实际售价可由受托方自定，实际售价与协议价之间的差额归受托方所有的销售方式。在采用买断方式销售商品时，委托方是否确认收入，要视其双方签订的协议中的有关规定。如果协议中规定，受托方取得代销商品后，无论是否卖出、是否获利，均与委托方无关，这种规定与委托方将该批商品直接卖给了受托方无本质上的区别，可以说与该批商品所有权有关的主要风险和报酬已经转移给了受托方，委托方应确认相关收入；但是，如果协议中规定受托方可以将未卖出的代销商品退还给委托方或当代销商品出现亏损时可以要求委托方给予补偿，在这种规定下，委托方交付商品时不能确认收入，只有在受托方将代销商品售出，并收到受托方开具的代销清单时才能确认收入。

收取手续费方式，即受托方须按照合同或协议约定的价格销售，受托方根据所代销的商品数量向委托方收取手续费的销售方式。在这种方式下，委托方向受托方发出商品时，商品的所有权上的主要风险和报酬并未发生转移，因此委托方在发出商品时不应确认销售商品收入。委托方只有在受托方已将商品售出并收到受托方开具的代销清单时，才能确认销售商品收入。受托方应在商品销售后，按合同或协议约定的方法计算确定手续费收入。

1. 买断方式下的账务处理：

【例13-7】2006年5月10日，A企业委托B企业代销一批商品，并签订了代销协议。该批商品的成本为8000元，协议价11000元，增值税税率为

17%，商品已发出。9月1日，A企业收到B企业开来的代销清单，并根据代销清单开具增值税发票，发票上注明售价11000元，增值税为1870元。B企业实际销售该批商品时开具的增值税发票上注明售价12000元，增值税为2040元。9月5日，A企业收到B企业按合同协议价支付的款项。假定按代销协议规定，B企业可以将未卖出的代销商品退回给A企业。

A企业应作如下会计分录：

（1）5月10日，将代销商品交付B企业：

借：发出商品　　　　　　　　　　　　　　　　8000

　　贷：库存商品　　　　　　　　　　　　　　　　8000

（2）9月1日，收到代销清单：

借：应收账款——B企业　　　　　　　　　　12870

　　贷：主营业务收入　　　　　　　　　　　　　11000

　　　　应交税费——应交增值税（销项税额）　　1870

借：主营业务成本　　　　　　　　　　　　　　8000

　　贷：发出商品　　　　　　　　　　　　　　　　8000

（3）9月5日，收到B企业汇来的货款12870元：

借：银行存款　　　　　　　　　　　　　　　12870

　　贷：应收账款——企业　　　　　　　　　　　12870

B企业应作如下会计分录：

（1）5月10日，收到代销商品时：

借：受托代销商品　　　　　　　　　　　　　11000

　　贷：受托代销商品款　　　　　　　　　　　　11000

（2）实际销售时：

借：银行存款　　　　　　　　　　　　　　　14040

　　贷：主营业务收入　　　　　　　　　　　　　12000

　　　　应交税费——应交增值税（销项税额）　　2040

借：主营业务成本　　　　　　　　　　　　　11000

　　贷：受托代销商品　　　　　　　　　　　　　11000

借：受托代销商品款　　　　　　　　　　　　11000

　　贷：应付账款——A企业　　　　　　　　　　11000

（3）收到增值税专用发票时

借：应交税费——应交增值税（进项税额）　　　1870

　　贷：应付账款　　　　　　　　　　　　　　　　1870

（4）按合同协议价将款项付给A企业时：

借：应付账款——A 企业   12870
　　贷：银行存款   12870

2. 收取手续费方式下的账务处理：

【例13 - 8】2006 年 5 月 10 日，A 企业委托 B 企业代销一批商品，该批商品的成本为 8000 元，增值税税率为 17%，商品已发出。双方签订的代销协议规定：B 企业按 11000 元的价格对外销售，A 企业按售价的 5% 支付 B 企业的手续费；9 月 1 日 A 企业收到 B 企业交来的代销清单，同时向 B 企业开具一张金额相同的增值税专用发票。9 月 5 日 A 企业收到 B 企业支付的商品代销款（已扣手续费）。

A 企业应作如下会计分录：

（1）5 月 10 日，将代销商品交付 B 企业时：

借：发出商品   8000
　　贷：库存商品   8000

（2）9 月 1 日，收到代销清单时：

借：应收账款 ——B 企业   12870
　　贷：主营业务收入   11000
　　　　应交税费——应交增值税（销项税额）   1870
借：主营业务成本   8000
　　贷：发出商品   8000

（3）支付代销手续费：

借：销售费用——代销手续费   550
　　贷：应收账款——B 企业   550

（4）9 月 5 日，收到 B 企业汇来的货款净额 12320（12870 - 550）元时：

借：银行存款   12320
　　贷：应收账款——B 企业   12320

B 企业应作如下会计分录：

（1）收到代销商品时：

借：受托代销商品   11000
　　贷：受托代销商品款   11000

（2）实际销售时：

借：银行存款   12870
　　贷：应付账款   11000
　　　　应交税费——应交增值税（销项税额）   1870

（3）收到增值税专用发票时：

借：应交税费——应交增值税（进项税额）   1870
    贷：应付账款   1870
借：受托代销商品款   11000
    贷：受托代销商品   11000
（4）结清代销商品款时：
借：应付账款   12870
    贷：银行存款   12320
        主营业务收入   550

（九）售后回购方式销售商品的账务处理

售后回购方式销售商品，是指销售方在销售商品的同时，同意日后再将同样的商品购回的销售方式。在这种附有回购协议的销售方式下，如果实质上未满足收入确认条件，销售方虽已将商品售出，但不能确认销售商品收入。由于售后回购交易本质上属于融资交易，通常回购价应大于原售价，两者差额相当于融资费用，这部分融资费用应在销售日与回购日的期间内按期计提利息，计入财务费用。

【例 13 - 9】2006 年 6 月 1 日，甲公司与乙公司签订销售协议，将一批成本为 16 万元的商品，按 20 万元的售价售给乙公司，增值税税率为 17%。销售协议规定，甲公司应在 10 月 31 日将所售商品购回，回购价为 21 万元（不含增值税）。商品已发出，货款已收到。

（1）发出商品时：
借：银行存款   234000
    贷：库存商品   160000
        应交税费——应交增值税（销项税额）   34000
        其他应付款   40000
（2）回购价格大于售出价的差额 1 万元按月计提，计入当期财务费用。6 月至 9 月，每月计提利息的会计分录：
借：财务费用   2000
    贷：其他应付款   2000
（3）10 月 31 日，甲企业按协议购回 6 月 1 日销售的商品：
借：库存商品   210000
    应交税费——应交增值税（进项税额）   35700
    贷：银行存款   245700
借：其他应付款   48000
    财务费用   2000

贷：库存商品   50000

采用售后回购方式销售商品的，如果有确凿证据表明售后回购交易实质上不属于融资交易，并满足销售商品收入确认条件的，销售的商品按售价确认收入，回购的商品作为购进商品处理。

（十）附有销售退回条件的商品销售

附有销售退回条件的商品销售，是指购买方依照合同或者协议有权退货的销售方式。如果企业承诺购货方由于特定原因有权退货时，则要分两种情况进行账务处理：

1. 如果根据以往经验能够合理估计退货可能性并确认与退货相关的负债的，通常应在发出商品时确认收入。

2. 如果不能合理估计退货可能性的，通常应在售出商品退货期满时确认收入。

【例 13 – 10】某企业于 3 月 1 日向 A 公司销售 500 件商品，单位成本 40 元，单位售价 60 元，总成本为 20000 元，增值税发票上注明的售价为 30000 元，增值税税额为 5100 元。销售协议约定，购货方于 2 个月内如发现质量问题可以退货。该企业根据以往经验估计该种商品的退货率为 20%。

（1）3 月 1 日销售成立时：

借：银行存款   35100
　　贷：主营业务收入   30000
　　　　应交税费——应交增值税（销项税额）   5100
借：主营业务成本   20000
　　贷：库存商品   20000

（2）3 月 31 日按退货率 20%（100 件）确认销售退回以及由此产生的负债：

借：主营业务收入   6000
　　贷：主营业务成本   4000
　　　　应付账款   2000

（3）如果 5 月 1 日之前退回 100 件：

借：库存商品   4000
　　应交税费——应交增值税（销项税额）   1020
　　应付账款   2000
　　贷：银行存款   7020

（4）如果退回 120 件：

借：库存商品   4800

	应交税费——应交增值税（销项税额）	1224
	主营业务收入	1200
	应付账款	2000
贷：	主营业务成本	800
	银行存款	8424

（5）如果退回 90 件：

借：库存商品	3600
应交税费——应交增值税（销项税额）	918
主营业务成本	400
应付账款	2000
贷：银行存款	6318
主营业务收入	600

【例13－11】某企业销售给 F 公司一批 W 商品，成本为 12000 元，增值税发票上注明的售价为 20000 元，增值税税额为 3400 元。该企业已收到货款并发出了商品，但协议约定试用期为 45 天，不满意者可以在试用期内退货。由于该企业销售 W 产品的时间不长，该企业无法根据以往经验估计其退货率。

（1）销售成立时：

借：应收账款	3400
贷：应交税费——应交增值税（销项税额）	3400
借：发出商品	12000
贷：库存商品	12000

（2）在试用期内收到货款时：

借：银行存款	23400
贷：应收账款	3400
预收账款	20000

（3）在试用期内没有退货，已经过了试用期时：

借：预收账款	20000
贷：主营业务收入	20000
借：主营业务成本	12000
贷：发出商品	12000

（4）在试用期内，发生退货 50% 时：

借：预收账款	20000
应交税费——应交增值税（销项税额）	1700
贷：主营业务收入	10000

	银行存款	11700
借：主营业务成本		6000
库存商品		6000
贷：发出商品		12000

第三节　提供劳务收入的确认和计量

一、提供劳务收入的确认和计量

企业提供劳务的种类有很多，如旅游、运输、饮食、广告、理发、照相、洗染、咨询、代理、培训、产品安装等。对劳务划分的标准也有多种，为便于会计核算，一般以提供的劳务是否跨年度作为划分标准，分为不跨年度的劳务和跨年度的劳务。不跨年度的劳务，是指劳务的开始和完成在同一个年度；跨年度的劳务，是指劳务的开始和完成分别在不同的年度。基于对劳务的这种划分，提供劳务收入的确认和计量应区别以下不同情况处理：

1. 对于不跨年度的劳务，应在劳务完成时确认收入，即按完成合同法确认收入。确认的金额为合同或协议的总金额。确认时，参照销售商品收入的确认原则。

2. 对于跨年度的劳务，应在资产负债表日，视提供劳务的结果是否能够可靠估计，而采用不同的处理方法：

（1）在资产负债表日，劳务交易的结果能够可靠地估计。

在资产负债表日，如果提供劳务交易的结果能够可靠地估计，则应采用完工百分比法确认提供劳务收入。完工百分比法，是指按照提供劳务交易的完工进度确认收入与费用的方法。对于跨年度的劳务，在资产负债表日采用完工百分比法，可以准确地反映每一个会计年度的收入、费用和利润情况。提供劳务交易的结果能够可靠估计，应同时满足下列条件：① 收入的金额能够可靠地计量；②相关的经济利益很可能流入企业；③交易的完工进度能够可靠地确定；④交易中已发生和将发生的成本能够可靠地计量。

只有上述四个条件同时满足时，才可按完工百分比法确认收入。采用完工百分比法确认收入的关键是确定劳务交易的完工进度。劳务交易的完工进度可以采用以下方法确定：① 已完工作的测量。这是一种比较专业的测量法，由专业测量师对已经完成的工作或工程进行测量,并按一定方法计算劳务交易的完工进度。② 已经提供的劳务占应提供劳务总量的比例。③ 已经发生的成本占估计总成本的比例。

在劳务交易的完工进度确定后,对收入和相关费用的确认应按以下公式计算:

$$\text{本年确认的劳务收入} = \text{提供劳务收入总额} \times \text{本年末止劳务的完工进度} - \text{以前年度已确认的收入}$$

$$\text{本年确认的劳务成本} = \text{提供劳务估计总成本} \times \text{本年末止劳务的完工进度} - \text{以前年度已确认的劳务成本}$$

(2) 在资产负债表日,劳务交易的结果不能可靠地估计。

企业在资产负债表日,如不能可靠地估计所提供劳务的交易结果,即不能满足上述四个条件中的任何一条,企业不能按完工百分比法确认收入。这时企业应正确预计已经收回或将要收回的款项能弥补多少已经发生的劳务成本,分别以下情况进行处理:① 已经发生的劳务成本预计能够得到补偿的,应按已经发生的劳务成本金额确认提供劳务的收入;并按相同的金额结转劳务成本,不确认利润。② 已经发生的劳务成本预计不能够得到补偿的,应当将已经发生的劳务成本计入当期损益,不确认提供劳务收入。

二、提供劳务收入的账务处理

企业对外提供劳务发生的成本费用有两种处理方法:对于一次就能完成的劳务,在劳务成本发生时直接记入"主营业务成本"科目,如饮食、理发、照相等;对于需要持续一段时间才能完成的劳务,在劳务成本发生时先记入"劳务成本"科目,待确认收入时,由"劳务成本"科目转入"主营业务成本"科目,如安装、培训、旅游等。

在采用完工百分比法确认劳务收入时,应按确定的收入金额,借记"应收账款"、"银行存款"等科目,贷记"主营业务收入"科目,同时结转相应的成本,借记"主营业务成本"科目,贷记"劳务成本"科目。

【例13-12】乙公司于2005年12月1日接受一项重型设备安装任务,安装期三个月,合同价款20万元,至年底已预收13万元,已经发生的成本7.8万元,估计还会发生5.2万元。按实际发生的成本占估计总成本的比例确定劳务交易的完工进度。

2005年末完工进度 = 78000 ÷ (78000 + 52 000) × 100% = 60%

确认2005年收入 = 200000 × 60% - 0 = 120000 (元)

确认 2005 年劳务成本 = 130000 × 60% − 0 = 78000（元）

根据上述计算，应作如下会计分录：

（1）预收劳务款时：

借：银行存款　　　　　　　　　　　　130000

　　贷：预收账款　　　　　　　　　　　　　130000

（2）实际发生成本时：

借：劳务成本　　　　　　　　　　　　78000

　　贷：银行存款等　　　　　　　　　　　　78000

（3）12 月 31 日确认收入：

借：预收账款　　　　　　　　　　　　120000

　　贷：主营业务收入　　　　　　　　　　　120000

（4）结转成本：

借：主营业务成本　　　　　　　　　　78000

　　贷：劳务成本　　　　　　　　　　　　　78000

三、特殊劳务交易收入的确认

下面所述不同种类劳务收入的确认条件，均是以完工百分比为基础的。

1. 安装费，在资产负债表日根据安装的完工进度确认收入。安装工作是商品销售附带条件的，安装费在确认商品销售实现时确认收入。

2. 宣传媒介的收费，在相关的广告或商业行为开始出现于公众面前时确认收入。广告的制作费，在资产负债表日根据制作广告的完工进度确认收入。

3. 为特定客户开发软件的收费，在资产负债表日根据开发的完工进度确认收入。

4. 包括在商品售价内可区分的服务费，在提供服务的期间内分期确认收入。

5. 艺术表演、招待宴会和其他特殊活动的收费，在相关活动发生时确认收入。收费涉及几项活动的，预收的款项应合理分配给每项活动，分别确认收入。

6. 申请入会费和会员费只允许取得会籍，所有其他服务或商品都要另行收费的，在款项收回不存在重大不确定性时确认收入。申请入会费和会员费能使会员在会员期内得到各种服务或商品，或者以低于非会员的价格销售商品或提供服务的，在整个受益期内分期确认收入。

7. 属于提供设备和其他有形资产的特许权费，在交付资产或转移资产所有权时确认收入；属于提供初始及后续服务的特许权费，在提供服务时确认收入。

8. 长期为客户提供重复的劳务收取的劳务费，在相关劳务活动发生时确认收入。

四、销售商品与提供劳务混合业务的处理

企业与其他企业签订的合同或协议包括销售商品和提供劳务时，销售商品部分和提供劳务部分能够区分且能够单独计量的，应当将销售商品的部分作为销售商品处理，将提供劳务的部分作为提供劳务处理。如某企业销售电梯时，合同中规定负责安装。由于电梯的销售与电梯的安装能够区分且能够单独计量，则应将销售电梯部分作为销售商品处理，安装电梯部分作为提供劳务处理。销售商品部分和提供劳务部分如果不能够区分，或虽能区分但不能够单独计量的，应当将销售商品部分和提供劳务部分全部作为销售商品处理。

【例 13－13】甲公司与乙公司签订销售合同，将一部售价为 110 万元的电梯销售给乙公司，增值税税率为 17%。电梯成本为 90 万元。销售合同规定，由甲公司负责安装，另收取安装费 3 万元。电梯安装过程中实际发生安装费 2.2 万元。安装工作是销售合同的重要组成部分。

（1）实际发生安装费用时：

借：劳务成本　　　　　　　　　　　22000
　　贷：银行存款等　　　　　　　　　　22000

（2）安装完毕，验收合格，确认安装收入并结转安装成本：

借：应收账款　　　　　　　　　　　30000
　　贷：主营业务收入　　　　　　　　　30000
借：主营业务成本　　　　　　　　　22000
　　贷：劳务成本　　　　　　　　　　　22000

（3）确认电梯销售实现：

借：应收账款　　　　　　　　　　1287000
　　贷：主营业务收入　　　　　　　1100000
　　　　应交税费——应交增值税（销项税额）　187000
借：主营业务成本　　　　　　　　900000
　　贷：库存商品　　　　　　　　　900000

【例 13－14】甲公司与乙公司签订销售合同，将一部售价为 80 万元的一条产品生产线销售给乙公司，增值税税率为 17%。产品生产线的成本为 70 万

元。销售合同规定，该条生产线由甲公司负责安装，安装费已包含在生产线的售价中。产品生产线安装过程中实际发生安装费 1.7 万元。安装工作是销售合同的重要组成部分。

（1）实际发生安装费用时：

借：劳务成本　　　　　　　　　　　　　17000

　　贷：应付职工薪酬等　　　　　　　　　　17000

（2）安装完毕，验收合格，确认销售实现：

借：应收账款　　　　　　　　　　　　　936000

　　贷：主营业务收入　　　　　　　　　　800000

　　　　应交税费——应交增值税（销项税额）　136000

借：主营业务成本　　　　　　　　　　　717000

　　贷：库存商品　　　　　　　　　　　　700000

　　　　劳务成本　　　　　　　　　　　　17000

第四节　让渡资产使用权收入的确认与计量

一、让渡资产使用权收入的确认

根据企业会计准则的规定，让渡资产使用权所形成的收入，主要包括因他人使用本企业现金而收取的利息收入以及因他人使用本企业的无形资产等而收取的使用费收入等。企业出租固定资产收取的租金、进行债权投资收取的利息、进行股权投资收取的现金股利，也属于让渡资产使用权形成的收入。与销售商品和提供劳务相比，让渡资产使用权的交易比较简单。

让渡资产使用权的收入，同时满足下列两个条件时，才能予以确认：

1. 相关的经济利益很可能流入企业。

2. 收入的金额能够可靠地计量。

二、让渡资产使用权收入的计量和账务处理

利息收入或使用费收入金额的计量方法：

1. 利息收入金额，按照他人使用本企业货币资金的时间和实际利率计算

确定。

2. 使用费收入金额，按照有关合同或协议约定的收费时间和方法计算确定。

下面以使用费收入的账务处理为例：

由于收费时间和收费方法的不同，使用费收入的核算，应按以下方法进行：

（1）如果合同或协议规定一次收取使用费，企业应于转让该项资产使用权时一次确认收入。

（2）如果合同或协议规定分期收取使用费，企业应按规定的收费时间和方法计算的金额分期确认收入。

【例 13 – 15】A 企业向 B 企业转让某项软件的使用权，一次性收取使用费 30000 元。

借：银行存款　　　　　　　　　　　　　30000

　　贷：其他业务收入　　　　　　　　　　30000

【例 13 – 16】A 企业向 B 企业转让某项专利权的使用权，转让合同规定 B 企业每年年末按年销售收入的 10% 支付 A 企业使用费，使用期 5 年。假定第一年 B 企业销售收入 500000 元，第一年的使用费已支付。

A 企业第一年年末应确认收入 50000 元：

借：银行存款　　　　　　　　　　　　　50000

　　贷：其他业务收入　　　　　　　　　　50000

第十四章　费用[①]

第一节　费用的概念及分类

一、费用的概念

费用是指企业为销售商品、提供劳务等日常活动所发生的经济利益的流出。费用具有以下基本特征：一是，费用最终会导致企业资源的减少，具体表现为企业的资金支出，或者表现为资产的耗费；二是，费用最终会减少企业的所有权益。

企业为生产一定种类和数量的产品所发生的费用，即直接材料、直接人工和制造费用的总和，就是这些产品的生产成本。企业一定期间所发生的不能直接归属于某个特定产品的生产成本的费用，包括企业为组织和管理生产经营活动等所发生的管理费用，筹集生产经营所需资金等所发生的财务费用，以及销售商品或提供劳务过程中所发生的销售费用，则归属于期间费用，在发生时直接计入当期损益。

二、费用的分类

（一）按照费用的经济内容分类

费用按照其经济内容进行分类，可以分为以下费用要素：

1. 外购材料费用，是指企业为进行生产而耗费的一切从外部购入的原材料、半成品、辅助材料、包装物、修理用备件和低值易耗品等。

---

① 本章具体内容将在《成本会计学》中详细学习，本课程为了使知识体系连贯，不深入学习。

2. 外购燃料费用，是指企业为进行生产而耗用的一切从外部购进的各种燃料。

3. 外购动力费用，是指企业为进行生产而耗用的一切从外部购进的各种动力。

4. 职工薪酬费用，是指企业应计入生产费用的职工工资以及支付的其他薪酬。

5. 折旧费用，是指企业所拥有的或控制的固定资产按照使用情况计提的折旧费用。

6. 利息支出，是指企业为筹集生产经营资金而发生的利息支出。

7. 税金，是指企业应计入生产费用的各种税金。如房产税、车船使用税、土地使用税等。

8. 其他支出，是指不属于以上各费用要素的费用支出。

按上列费用要素反映的费用称为要素费用。

（二）按照费用的经济用途分类

费用按照其经济用途，可以分为生产成本和期间费用两大类。

1. 生产成本。

（1）直接材料，是指企业在生产产品和提供劳务过程中所消耗的直接用于产品生产并构成产品实体的原料、主要材料、外购半成品以及有助于产品形成的辅助材料。

（2）直接人工，是指企业在生产产品和提供劳务过程中，直接参加产品生产的工人的薪酬费用。

（3）制造费用，是指企业各生产单位（如生产车间）为组织和管理生产而发生的各项费用，包括职工薪酬、折旧费、修理费、办公费、水电费、机物料消耗、劳动保护费以及其他制造费用。

2. 期间费用。期间费用是指企业当期发生的直接计入损益的费用，包括管理费用、销售费用和财务费用。

第二节　生产成本

一、生产成本核算的一般程序

1. 对企业的各项耗费进行审核和控制，确定费用应不应该开支；应开支的费用，应不应该计入生产成本。

2. 将本月发生的应计入生产成本的费用中应该留待以后月份摊销的费用，记作"预付费用"；将以前月份发生的待摊费用中属于本月应摊销的费用，摊入本月生产成本；将本月尚未发生但应由本月负担的费用，摊入本月生产成本；将本月发生的以前月份已经预提的费用，冲减"应付费用"。

3. 将本月生产成本在各种产品之间进行分配和归集，并按成本项目分别反映，算出按成本项目反映的各种产品的成本。

4. 对既有完工产品又有在产品的产品，将月初在产品成本与本月生产成本之和，在本月完工产品与月末在产品之间进行分配和归集，算出该种完工产品和月末在产品的成本。

二、要素费用

（一）生产车间要素费用核算概述

基本生产车间发生的各项要素费用，最终都要计入产品生产成本，即记入各种产品成本明细账。由于产品成本明细账按产品设立，账内按成本项目登记，因此，在生产车间发生材料、动力、职工薪酬等各种要素费用时，对于直接用于产品生产、专门设有成本项目的费用，应单独记入"生产成本——基本生产成本"科目。如果是某种产品直接耗用的费用，应直接记入这种产品成本明细账的相关成本项目；如果是几种产品共同耗用的费用，则应采用适当的分配方法，分配记入这几种产品成本明细账的相关成本项目。

基本生产车间发生的直接用于产品生产，但没有专门设立成本项目的费用，以及间接用于产品生产的费用，应先记入"制造费用"科目及其相应明细账；月末，再将归集的全部制造费用转入"生产成本——基本生产成本"科目。

通过上述要素费用的归集和分配，在"生产成本——基本生产成本"科目和所属各种产品成本明细账的各个成本项目中，就归集了应由本月基本生产车间的各种产品负担的全部生产费用。将这些费用加上月初在产品成本，在完工产品和月末在产品之间进行分配，就可算出各种完工产品和月末在产品的成本。

辅助生产车间发生的各项要素费用的分配方法，与基本生产车间基本相同。

（二）外购材料费用的核算

基本生产车间发生的直接用于产品生产的原材料费用，应专门设置"直接材料"成本项目。这些原料和主要材料一般分产品领用，应根据领退料凭证直接记入某种产品成本的"直接材料"项目。如果是几种产品共同耗用的原材料费用，则应采用适当的分配方法，分配记入各有关产品成本的"直接材料"成本项目。

直接用于产品生产、专设成本项目的各种原材料费用，应借记"生产成本——基本生产成本"科目及其所属各产品成本明细账"直接材料"成本项目。

辅助生产车间发生的直接用于辅助生产、专设成本项目的各种原材料费用分配，其分配方法与前述基本生产车间的原材料费用分配方法相同，应记入"生产成本——辅助生产成本"科目的借方。

基本生产车间和辅助生产车间发生的直接用于生产但没有专设成本项目的各种原材料费用以及用于组织和管理生产活动的各种原材料费用，一般应借记"制造费用"科目及其明细账（基本生产车间或辅助生产车间）的相关费用项目。

企业应根据发出原材料的费用总额，贷记"原材料"科目。

（三）职工薪酬的核算

直接进行产品生产、设有"直接人工"成本项目的生产工人的职工薪酬，应单独记入"生产成本——基本生产成本"科目和所属产品成本明细账的借方（在明细账中记入"直接人工"成本项目）；直接进行辅助生产、设有"直接人工"成本项目的生产工人工资，应记入"生产成本——辅助生产成本"科目和所属明细账的借方；基本生产车间和辅助生产车间管理人员的职工薪酬，应记入"制造费用"科目和所属明细账的借方；同时，贷记"应付职工薪酬"科目。

（四）职工福利费的核算

计提的职工福利费按用途进行分配，应分为计入产品成本的职工福利费和不计入产品成本的职工福利费。计入产品成本的职工福利费，应按计入产品成本的工资费用用途进行分配。按照产品的生产工人工资和规定比例计提的职工福利费，设有"直接人工"成本项目，应该单独地记入"生产成本——基本生产成本"科目和所属产品成本明细账的借方（在明细账中记入"直接人工"项目）；按照辅助生产车间工人工资和规定比例计提的职工福利费，应记入"生产成本——辅助生产成本"科目和所属明细账的借方；按照基本生产车间和辅助生产车间管理人员工资和规定比例计提的职工福利费，应记入"制造费用"科目和所属明细账的借方；同时，贷记"应付职工薪酬"科目。不计入产品成本的职工福利费，应分别借记"管理费用"、"销售费用"、"在建工程"等科目及所属明细账的借方；同时，贷记"应付职工薪酬"科目。

（五）折旧费用的核算

生产车间的固定资产折旧应该作为折旧费用计入产品成本。折旧费用的核算包括折旧费用的计算和分配。折旧费用一般应按使用固定资产的时间计提，借记"制造费用"科目及其明细账"折旧费"项目；同时，贷记"累计折旧"科目。

（六）其他费用的核算

企业要素费用中的其他费用，是指除了前面所述各项要素费用以外的费用，包括邮电费、租赁费、印刷费、办公用品费、试验检验费、排污费、差旅费、误餐补助费、交通费补贴、保险费、职工技术培训费等。这些费用都不专设成本项目，而是在费用发生时，按照发生的车间进行分配。

企业的各种要素费用通过以上分配后，计入产品成本的费用就按照费用的用途分别记入了"生产成本——基本生产成本"、"生产成本——辅助生产成本"、"制造费用"等科目的借方。

三、辅助生产费用

（一）辅助生产费用的归集

企业的辅助生产，是指为基本生产服务而进行的产品生产和劳务供应。其中，有的只生产一种产品或提供一种劳务，如供电、供水、供气、供风、运输等辅助生产；有的则生产多种产品或提供多种劳务，如从事工具、模具、修理用备件的制造，以及机器设备的修理等辅助生产。辅助生产提供的产品和劳务，有时也对外销售，但这不是辅助生产的主要任务。

辅助生产费用的归集和分配，是通过"生产成本——辅助生产成本"科目进行的。该科目一般应按车间以及产品和劳务设立明细账，明细账中按照成本项目设立专栏或专行，进行明细核算。

辅助生产车间发生的各项费用中，直接用于辅助生产，并专设成本项目的费用，应单独地直接记入"生产成本——辅助生产成本"科目和所属有关明细账的借方。直接用于辅助生产，但没有专设成本项目的费用（例如辅助生产车间管理人员工资及福利费、机物料消耗、修理费和运输费等），一般有两种归集方式。一是，先记入"制造费用"科目及所属明细账的借方进行归集，然后再从其贷方直接转入或分配转入"生产成本——辅助生产成本"科目及所属明细账的借方。二是，不通过"制造费用"科目核算，直接记入"生产成本——辅助生产成本"科目和所属明细账的借方。

（二）辅助生产费用的分配

分配辅助生产费用的方法主要有直接分配法、交互分配法和按计划成本分配法。

四、制造费用

（一）制造费用的归集

制造费用是指企业为生产产品或提供劳务而发生的、应计入产品成本但不专设成本项目的各项费用。

制造费用大部分是间接产生于产品生产的费用，例如机物料消耗、辅助生产工人应付职工薪酬、车间生产用房屋及建筑物的折旧费、修理费、租赁费和保险费、车间生产用的照明费、取暖费、运输费以及劳动保护费等。车间用于组织和管理生产的费用，也作为间接用于产品生产的费用进行核算。这些费用通常包括：车间管理人员的职工薪酬、车间管理用房屋和设备的折旧费、修理费、租赁费和保险费、车间管理用具摊销费、车间管理用的照明费、水费、取暖费、差旅费和办公费等。制造费用还包括直接用于产品生产，但管理上不要求或者不便于单独核算，因而不专设成本项目的费用，例如机器设备的折旧费和生产工具摊销费等。

制造费用归集和分配应该通过"制造费用"科目进行。该科目应该根据有关的付款凭证、转账凭证和前述各种费用分配表登记；此外，还应按不同的车间设立明细账，账内按照费用项目设立专栏，分别反映各车间各项制造费用的发生情况和分配转出情况。

（二）制造费用的分配

在基本生产车间只生产一种产品的情况下，制造费用可以直接计入该种产品的成本。在生产多种产品的情况下，制造费用应采用适当的分配方法计入各种产品的成本。

分配制造费用的方法很多，通常采用的方法有：生产工人工时比例法、生产工人工资比例法、机器工时比例法和按年度计划分配率分配法等。

五、生产费用在完工产品与在产品之间的分配

每月月末，当产品成本明细账中按照成本项目归集了该种产品的本月生产费用以后，如果产品已经全部完工，产品成本明细账中归集的月初在产品生产成本与本月发生的费用之和，就是该种完工产品的成本。如果产品全部没有完工，产品成本明细账中归集的月初在产品生产成本与本月发生的费用之和，就是该种在产品的成本。如果既有完工产品又有在产品，产品成本明细账中归集的月初在产品生产成本与本月发生的费用之和，则应在完工产品与月末在产品之间，采用适当的分配方法，进行分配和归集，以计算完工产品和月末在产品的成本。

生产费用在完工产品与在产品之间的分配方法有：不计算在产品成本法、在产品按固定成本计价法、在产品按所耗直接材料费用计价法、约当产量比例法、在产品按定额成本计价法、定额比例法等。

六、完工产品成本的结转

企业完工产品经产成品仓库验收入库以后，其成本应从"生产成本——基本生产成本"科目及所属产品成本明细账的贷方转出，转入"库存商品"科目的借方。"生产成本——基本生产成本"科目的月末余额，就是基本生产在产品的成本，也就是占用在基本生产过程中的生产资金，应与所属各种产品成本明细账中月末在产品成本之和核对相符。

七、产品成本计算方法

企业在进行成本计算时，还必须根据其生产经营特点、生产经营组织类型和成本管理要求，确定成本计算方法。成本计算的基本方法有品种法、分批法和分步法三种。

第三节 期间费用

期间费用是企业当期发生的费用中的主要组成部分，是指本期发生的直接计入损益的费用，包括管理费用、销售费用和财务费用。

一、管理费用

（一）管理费用的概念及其内容

管理费用是指企业为组织和管理企业生产经营所发生的各种费用，包括企业董事会和行政管理部门在企业的经营管理中发生的，或者应由企业统一负担的公司经费（包括行政管理部门职工薪酬、修理费、物料消耗、低值易耗品摊销、办公费和差旅费等）、工会经费、待业保险费、劳动保险费、董事会会费（包括董事会成员津贴、会议费和差旅费等）、聘诸中介机构费、咨询费（含顾问费）、诉讼费、业务招待费、房产税、车船使用税、土地使用税、印花税、技术转让费、矿产资源补偿费、无形资产摊销、职工教育经费、排污费、存货盘亏或盘盈（不包括应计入营业外支出的存货损失）等。

（二）管理费用的核算

企业发生的管理费用在"管理费用"科目核算，并按照费用项目设置明细科目进行明细核算。企业发生管理费用时，借记"管理费用"科目，贷记有关科目。

商品流通企业可以不设置"管理费用"科目，其核算内容可以并入"销售费用"科目核算。期末，应将"管理费用"科目的余额转入"本年利润"科目，结转后"管理费用"科目应无余额。

二、销售费用

（一）销售费用的概念及其内容

销售费用是指企业销售过程中发生的费用，包括运输费、装卸费、包装费、保险费、展览费和广告费以及为销售本企业产品而专设的销售机构（含销售网点、售后服务网点等）的应付职工薪酬、业务费等经营费用。

商品流通企业在购买商品过程中发生的运输费、装卸费、包装费、保险费、运输途中的合理损耗和入库前的挑选整理费等，也作为销售费用处理。

（二）销售费用的核算

企业发生的销售费用在"销售费用"科目核算，并按照费用项目设置明细科目进行明细核算。企业发生销售费用时，借记"销售费用"科目，贷记有关科目。

三、财务费用

（一）财务费用的概念及其内容

财务费用是指企业为筹集生产经营所需资金等而发生的费用，包括利息支出（减利息收入）、汇兑损失（减汇兑收益）以及相关的手续费等。为购建固定资产的专门借款所发生的借款费用，在固定资产达到预定可使用状态前按规定应予资本化的部分，不作为财务费用核算。

（二）财务费用的核算

企业发生的财务费用在"财务费用"科目核算，并按照费用项目设置明细科目进行明细核算。企业发生的财务费用，借记"财务费用"科目，贷记有关科目。期末，应将"财务费用"科目的余额转入"本年利润"科目，结转后"财务费用"科目应无余额。

第十五章　利润

第一节　利润的构成

一、利润的概念

利润是指企业在一定会计期间的经营成果，利润包括收入减去费用后的净额、直接计入当期利润的利得和损失等。

直接计入当期利润的利得，是指应当计入当期损益、会导致所有者权益发生增减变动的、与所有者投入资本或者向所有者分配利润无关的利得。

直接计入当期利润的损失，是指应当计入当期损益、会导致所有者权益发生增减变动的、与所有者投入资本或者向所有者分配利润无关的损失。

二、利润的构成

利润金额取决于收入和费用、直接计入当期利润的利得和损失金额的计量。

利润＝（收入－费用）＋（直接计入当期利润的利得－直接计入当期利润的损失）

（一）利润总额

企业的利润总额是指营业利润加上投资收益、营业外收入，减去营业外支出后的金额。用公式表示如下：

利润总额＝营业利润＋投资收益＋营业外收入－营业外支出

1. 营业利润。营业利润是企业利润的主要来源，等于主营业务利润加上其他业务利润，再减去营业费用、管理费用和财务费用后的金额。用公式表示如下：

营业利润 = 营业收入 + 营业成本 – 销售费用 – 管理费用 – 财务费用

营业利润，是指企业的全部营业行为取得的利润，包括主营业务利润和其他业务利润。具体包括：销售商品取得的利润、材料销售、代购代销、包装物出租等取得的利润。

2. 投资收益。投资收益是指企业对外投资所取得的收益，减去发生的投资损失和计提的投资减值准备后的净额。

3. 营业外收入和营业外支出。营业外收入和营业外支出是指企业发生的与其生产经营活动没有直接关系的各项收入和各项支出。

（二）净利润

净利润是指企业当期利润总额减去所得税后的金额，即企业的税后利润。用公式表示如下：

净利润 = 利润总额 – 所得税

所得税是指企业应计入当期损益的所得税费用。

第二节 营业外收入和营业外支出的核算

一、营业外收入的核算

营业外收入是指企业发生的与其生产经营无直接关系的各项收益，包括固定资产盘盈、处置固定资产净收益、非货币性交易收益、出售无形资产收益、罚款净收入等。企业应当设置"营业外收入"科目核算企业发生的营业外收入，并按各营业外收入项目设置明细账，进行明细核算。

企业在生产经营期间，固定资产清理所取得的收益，借记"固定资产清理"科目，贷记"营业外收入——处置固定资产净收益"科目。

企业在清查财产过程中，查明固定资产盘盈，借记"待处理财产损溢——待处理固定资产损溢"科目，贷记"营业外收入——固定资产盘盈"科目。

逾期未退包装物没收的加收的押金，按没收的押金，借记"其他应付款"科目；按应交的增值税、消费税等税费，贷记"应交税费"科目；按其差额，贷记"营业外收入"科目。

企业出售无形资产，按实际取得的转让收入，借记"银行存款"等科目，按该无形资产已计提的减值准备，借记"累计摊销"、"无形资产减值准备"科目，按无形资产的账面余额，贷记"无形资产"科目，按应支付的相关税费，贷记"应交税费"等科目，按其差额，贷记"营业外收入——出售无形资产收益"科目，或借记"营业外支出——出售无形资产损失"科目。

企业取得的罚款净收入，借记"银行存款"等科目，贷记"营业外收入"科目。

期末，企业应将"营业外收入"科目余额转入"本年利润"科目，结转后"营业外收入"科目应无余额。

二、营业外支出的核算

营业外支出是指企业发生的与其生产经营无直接关系的各项支出，如固定资产盘亏、处置固定资产净损失、出售无形资产损失、债务重组损失、罚款支出、捐赠支出、非常损失等。

企业应当设置"营业外支出"科目核算企业发生的营业外支出，并按各营业外支出项目设置明细账，进行明细核算。

企业在生产经营期间，固定资产清理所发生的损失，借记"营业外支出——处置固定资产净损失"科目，贷记"固定资产清理"科目。

企业在清查财产过程中，查明固定资产盘亏，借记"营业外支出——固定资产盘亏"科目，贷记"待处理财产损溢——待处理固定资产损溢"科目。

期末，企业应将"营业外支出"科目的余额转入"本年利润"科目，结转后"营业外支出"科目应无余额。

第三节　所得税费用核算

一、所得税会计概述

(一) 所得税会计的概念

任何企业的经营行为需要按照一定的规则以及制度加以反映，会计准则即是反映企业经营状况、财务成果以及现金流量的准绳，企业在经营过程中有会涉及纳税的问题，企业缴纳的各种税金需要按照税法的规定加以处理，由此产生了财务会计体系以及税务会计体系。财务会计和税务会计分别遵循不同的原则、服务于不同的目的。财务会计核算必须遵循一般会计原则，其目的是为了真实、完整地反映企业的财务状况、经营业绩，以及财务状况变动的全貌，为投资者、债权人、企业管理者以及其他会计报表使用者提供决策有用的信息。税法是以课税为目的，根据经济合理、公平税负、促进竞争的原则，依据有关的税收法规，确定一定时期内纳税人应缴纳的税额。从所得税角度考虑，主要确定企业的应税所得，以对企业的经营所得以及其他所得进行征税。税法还是国家调节经济活动、为宏观经济服务的一种必要手段。

财务会计原则和税收法规的区别在于确认收益实现和费用扣减的时间，以及费用的可扣减性。由于财务会计是按照会计准则核算收益、费用、利润、资产、负债等，税法是按照税收法规确认收益、费用、利润、资产、负债等。因此，按照财务会计方法计算的利润与按照税法规定计算的应税所得结果不一定相同。

所得税会计就是研究如何处理按照会计制度计算的税前会计利润（或亏损，下同）与按照税法计算的应税所得（或亏损，下同）之间差异的会计理论和方法。这里所指的会计准则是进行财务会计核算的基础，是各类会计法规的统称；这里所指的税前会计利润即为目前利润表中的利润总额。这里所指的应税所得是指按税法规定计算的应纳税所得额。

会计制度和税法两者的目的不同，对收益、费用、资产、负债等的确认时间和范围也不同，从而导致税前会计利润与应税所得之间产生差异，针对处理差异的不同观点将所得税的处理方法分为应付税款法和纳税影响会计法，而纳税影响会计法又分为利润表纳税影响会计法（递延法、债务法）和资产负债表纳税影响会计法（递延法、债务法）。我国长期以来一直是应付税款法与利润表纳税影响会计法并存。2006 年新颁布的《企业会计准则第 18 号——所得税》明确规定，从 2007 年 1 月 1 日所得税的核算开始实施资产负债表债务法（首先从上市公司开始实施，建议其他企业参照执行）。

按照《企业会计准则第 18 号——所得税》的规定，所得税会计是以企业的资产负债表及其附注为依据，结合相关账簿资料，分析计算各项资产、负债的计税基础，通过比较资产、负债的账面价值与其计税基础之间的差异，确定应纳税暂时性差异和可抵扣暂时性差异，并确定相应的所得税费用的学科。

所得税会计的关键在于确定资产、负债的计税基础，资产、负债的计税基础一经确定，即可计算暂时性差异并在此基础上确认递延所得税资产、递延所得税负债，并确定所得税费用。

（二）资产负债表债务法

资产负债表债务法是以资产负债观为理论起点，以资产负债表为基础，注重资产和负债的真实反映，侧重暂时性差异的处理。该方法需要解决的首要问题是资产以及负债的计税基础的计量，由于资产和负债的会计账面价值与其计税基础之间的不同，形成了暂时性差异，资产的账面价值大于其计税基础或者负债的账面价值小于其计税基础，产生应纳税暂时性差异；资产的账面价值小于其计税基础或者负债的账面价值大于其计税基础，产生可抵扣暂时性差异。按照税法规定允许抵减以后年度利润的可抵扣亏损，视同可抵扣暂时性差异。

按照暂时性差异与适用所得税税率计算的结果，确定递延所得税资产、递延所得税负债以及相应的递延所得税费用。其中，确认由可抵扣暂时性差异产生的递延所得税资产，应当以未来期间很可能取得用来抵扣可抵扣暂时性差异的应纳税所得额为限，该应纳税所得额为未来期间企业正常生产经营活动实现的应纳税所得额，以及因应纳税暂时性差异在未来期间转回相应增加的应税所得，并应提供相关的证据。

当期所得税费用 = （当期应纳税所得额） + （期末递延所得税负债 - 期初递延所得税负债） - （期末递延所得税资产 - 期初递延所得税资产）

由此可见，资产负债表债务法以权责发生制为基础，以资产负债观为基本理念，只有这样资产负债表上反映的递延所得税资产或递延所得税负债余额才真正代表收款权利或付款义务。

二、计税基础

根据企业会计准则的规定，企业应选用恰当的方法计量资产、负债，具体计量方法有：历史成本法、重置成本法、公允价值法、可变现净值以及现值。而税法规定企业资产、负债的计量只允许采用历史成本法，为此资产、负债的会计账面价值与其计税基础之间可能会产生差异。资产负债表债务法的核心就是确认有关资产、负债的计税基础。计税基础，是指计税时归属于该资产或负债的金额，即按照税法的规定，确认的某项资产或负债的金额。

1. 资产的计税基础。资产的计税基础，是指企业收回资产账面价值过程中，计算应纳税所得额时按照税法规定可以自应税经济利益中抵扣的金额。如果该经济利益不需要纳税，则该资产的计税基础就是其账面金额；如果该经济利益需要纳税，则该资产的计税基础就为零。通常情况下，资产取得时其入账价值与计税基础是相同的，后续计量因会计准则规定与税法规定不同，可能造成账面价值与计税基础的差异。

资产的计税基础＝未来可税前列支的金额

根据会计准则规定的不同计价方法，具体说明如下：

（1）初始成本计量产生的差异。各项资产的初始成本基本上采用实际成本加以确认，会计的初始成本与计税基础基本上是一致的，但是对于特殊的情况，也会产生初始成本与计税基础不同的情况。主要涉及借款购建固定资产、自行研发形成的资产。

①借款购建的固定资产的计税基础的确定。根据《企业会计准则第17号——借款费用》的规定，借款购建固定资产期间，符合资本化要求的借款可以计入固定资产的初始成本；而税法规定，借款购建的固定资产，其借款利息应计入当期的损益，未来可以税前列支的金额仅仅是不包括利息部分的实际支出。

【例15－1】某企业于2006年1月1日开始借款购建固定资产，该资产于2007年12月31日完工，施工期间符合资本化利息支出为100万元，其他购建支出为300万元，则该资产2007年12月31日的会计账面价值为400万元，计税基础为300万元。

②自行研发的无形资产的计税基础的确定。根据《企业会计准则第6号——无形资产》的规定，自行研发的无形资产在开发过程中发生的相关支出可以计入无形资产的初始成本，而税法规定无形资产的初始成本不包括该项支出，则会计账面价值与计税基础之间产生了差异。

【例15－2】某企业于2007年1月1日开始一项核心技术的研发，2007年1月至8月31日是研究阶段，其支出为80万元，2007年9月开始进入开发阶段，2008年10月研发成功，共发生研发成本400万元，其他支出为50万元。则2008年10月该无形资产的账面价值为450万元，计税基础为50万元。

（2）期末成本计量产生的差异。根据企业会计准则的规定，资产的期末计量可以采用公允价值，也可以采用可变现净值法，而税法原则上是采用历史成本法加以计量，由此产生资产的账面价值与计税基础之间的差异。具体说明如下：

①期末资产以公允价值加以计量产生的差异。根据企业会计准则的规定，交易性金融资产、可供出售金融资产、投资性房地产可以采用公允价值加以计量，以上资产的期末会计账面价值等于该资产的期末公允价值，该项资产不确定资产的减值准备，期末与期初公允价值的差额，计入当期的公允价值变动损益。

税法明确规定计税基础不包括公允价值变动损益，以上资产的计税基础等于该资产的初始成本。

②期末资产以摊余成本加以计量产生的差异。根据企业会计准则的规定，应收款项、在活跃市场没有报价的可供出售金融资产、持有至到期投资等期末按照摊余成本加以计量。上述资产的账面价值大于未来现金流量的差额，作为资产减值损失计入当期。

税法明确规定，上述资产除应收款项可以确认5‰的坏账准备金之外，其他资产一律不允许调整初始成本，以上资产的计税基础基本上等于初始成本（应收款项的计税基础等于初始成本扣减5‰的坏账准备金后的余额）。

③期末资产以成本与可变现净值孰低法加以计量产生的差异。根据其企业会计准则的规定，存货、消耗性生物资产、投资性房地产（成本模式）、长期股权投资（对子公司、联营及合营企业的部分投资）、固定资产、在建工程、工程物资、无形资产等期末按照资产的账面价值与该资产的可变现净值孰低法加以计量。

税法明确规定，以上资产的期末计量按照初始成本或根据税法要求确认的摊销余额加以计量。

会计的账面价值与计税基础之间形成暂时性差异。资产计税基础的具体计算如下：

表 15－1 资产计税基础的确认

资产的项目	会计账面价值	计税基础	结论
应收账款	应收账款余额－坏账准备余额	初始成本－税法规定计提的坏账准备	账面价值＝计税基础或账面价值≠计税基础见【例15－3】（注：主要取决于计提坏账的比例是否相同）
应收股利	被投资单位宣告分派时确认	被投资单位作出利润分配方案时确认，但是否征税，视双方所得税率而定	免税时：账面价值＝计税基础见【例15－4】
存货	存货的余额－存货跌价准备	存货的账面余额	账面价值＝计税基础或账面价值≠计税基础（注：主要取决于是否计提存货跌价准备）见【例15－5】

续表

资产的项目		会计账面价值	计税基础	结论
交易性金融资产		按公允价值确认	不认可持有利得或损失	账面价值≠计税基础 见【例15-6】
长期股权投资		根据成本法或权益法确定账面价值	一般按照初始成本确认	账面价值≠计税基础 见【例15-7】
可供出售金融资产		公允价值	维持原计税基础	账面价值≠计税基础
投资性房地产	成本模式	原始价值-累计折旧-资产减值准备	原始价值-累计折旧	账面价值≠计税基础（累计折旧的计算方法存在差异） 见【例15-8】
	公允价值模式	公允价值	原始价值-累计折旧	账面价值≠计税基础 见【例15-9】
固定资产		原始价值-累计折旧-资产减值准备	原始价值-累计折旧	账面价值≠计税基础（累计折旧的计算方法存在差异；资产减值准备不允许税前扣除） 见【例15-10】
无形资产	使用寿命确定的无形资产	原始价值-累计摊销-资产减值准备	原始价值-累计摊销	账面价值≠计税基础（摊销时间不同） 见【例15-11】
	使用寿命不确定的无形资产	原始价值-资产减值准备	原始价值-累计摊销	账面价值≠计税基础（税法要求无形资产按照不低于10年摊销） 见【例15-12】
商誉		企业合并成本-合并中取得被购买方可辨认净资产公允价值份额	外购商誉的计税基础为零	账面价值≠计税基础 见【例15-13】

【例 15 - 3】企业销售商品取得应收账款 100 万元，税法规定亦应于销售当期确认应税收入 100 万元，未计提坏账准备。由于应收账款的收入已经按照权责发生制的原则确认为当期的收入，计入到应税利润（可抵扣亏损）中，该资产在以后期间不需要纳税，则：

计税基础 = 200 万元

若该企业计提了 10 万元的坏账准备，而税法规定只允许税前按照 5‰的比例扣除。则：

会计账面价值 = 100 - 10 = 90（万元）

计税基础 = 100 - 100 × 5‰ = 99.5（万元）

【例 15 - 4】企业持有的某项投资，被投资单位宣告分派现金股利，企业按持股比例计算可分得 100 万元。投资企业与被投资单位适用的所得税税率均为 33%，则该项应收股利的账面价值为 100 万元。

由于双方适用所得税税率相同，该部分股利性收入是免税的，则：

会计账面价值 = 100 万元

计税基础 = 100 万元

【例 15 - 5】某企业期末持有一批存货，成本为 1000 万元，按照存货准则的规定，估计其可变现净值为 800 万元，对于可变现净值低于成本的差额，应当计提存货跌价准备 200 万元，由于税法规定资产的减值损失在发生实质性损失前不允许税前扣除，则：

存货的账面价值 = 800 万元

存货的计税基础 = 1000 万元

【例 15 - 6】企业持有的一项交易性金融资产，取得成本为 100 万元，该时点的计税基础为 100 万元，即可作为成本费用自未来流入企业的经济利益中扣除的金额为 100 万元。会计期末，公允价值变为 90 万元，则：

账面价值 = 90 万元

计税基础 = 100 万元

【例 15 - 7】企业长期股权投资采用权益法，最初以 1000 万元购入某企业股票，购入时其初始投资成本及计税基础均为 1000 万元，即企业为取得该项资产而实际支付的价款允许在未来期间作为成本费用税前扣除。假定取得当期期末，按照持股比例计算应享有被投资单位的净利润份额为 50 万元，则：

会计账面价值 = 1050 万元

税法计税基础 = 1000 万元

【例 15 - 8】一项用于出租的房屋，取得成本为 500 万元，会计处理按照双倍余额递减法计提折旧，税法规定按直线法计提折旧，使用年限为 10 年，净残值为 0。计提了一年的折旧后：

会计账面价值 = 500 – 500 × （2 ÷ 10） = 400（万元）

计税基础 = 500 – （500 ÷ 10） = 450（万元）

【例15 – 9】某项土地使用权，取得时实际支付的土地出让金为 2000 万元，使用年限 50 年。取得以后作为投资性房地产核算。一年后，公允价值为 2100 万元，则：

账面价值 = 2100 万元

计税基础 = 2000 – （2000 ÷ 50） = 1960（万元）

【例15 – 10】某项环保设备，原价为 1000 万元，使用年限为 20 年，会计处理时按照直线法计提折旧，税收处理允许加速折旧，企业在计税时对该项资产按双倍余额递减法计列折旧，净残值为 0。计提了 2 年的折旧后，会计期末，企业对该项固定资产计提了 80 万元的固定资产减值准备，则：

账面价值 = 1000 – 50 – 50 – 80 = 820（万元）

计税基础 = 1000 – 100 – 90 = 810（万元）

【例15 – 11】某项无形资产取得成本为 300 万元，因其使用寿命可以合理估计，会计上确认的摊销期限为 15 年，但税法规定按 10 年的期限摊销。取得该项无形资产 1 年后，计提了 40 万元的资产减值准备，则：

会计账面价值 = 300 – （300 ÷ 15） – 40 = 240（万元）

计税基础 = 300 – （300 ÷ 10） = 270（万元）

【例15 – 12】某项无形资产取得成本为 160 万元，因其使用寿命无法合理估计，会计上视为使用寿命不确定的无形资产，不予摊销，但税法规定按不短于 10 年的期限摊销。取得该项无形资产 1 年后：

账面价值 = 160 万元

计税基础 = 160 – （160 ÷ 10） = 144（万元）

【例15 – 13】企业支付了 3000 万元购入另一企业 100% 的股权，购买日被购买方各项可辨认净资产公允价值为 2600 万元，则企业应确认的合并商誉为 400 万元。

账面价值 = 400 万元

计税基础 = 0

2. 负债的计税基础。一般而言，短期借款、应付票据、应付账款、应交税费等负债的确认和偿还，不会对当期损益和应纳税所得额产生影响，其计税基础即为账面价值。某些情况下，负债的确认可能会涉及损益，进而影响不同期间的应纳税所得额，使得其计税基础与账面价值之间产生差额，如企业因或有事项确认的预计负债。会计上对于预计负债，按照最佳估计数确认，计入相关资产成本或者当期损益。按照税法规定，与预计负债相关的费用多在实际发生时税前扣除，该类负债的计税基础为 0，形成会计上的账面价值与计税基础之间的暂时性差异。

负债的计税基础 = 账面价值 − 未来可税前列支的金额

表 15 – 2   负债计税基础的确认

负债的项目		会计账面价值	计税基础	结　　论
预计负债	与企业正常生产经营活动相关的负债	按照估计的金额确认	在实际发生时允许税前扣除。计税基础 = 0	账面价值 ≠ 计税基础且计税基础 = 0 见【例15 – 14】
	与企业正常生产经营活动无关的负债	按照估计的金额确认	在实际发生时不允许税前扣除。	账面价值 = 计税基础 见【例 15 – 15】
预收账款	会计与税法确认收入的时点不同	按照实际收取的货款确认为负债	可能要作为收入反映。计税基础 = 0	账面价值 ≠ 计税基础且计税基础 = 0 见【例15 – 16】
	会计与税法确认收入的时点相同	按照实际收取的货款确认为负债	不计为应纳税所得额	账面价值 = 计税基础 见【例 15 – 17】
应付职工薪酬		按照支付与职工报酬相关的支出确认	按照税法规定的标准扣除	账面价值 = 计税基础 见【例 15 – 18】
应付利息		按照借款协议确认未来应支付的利息	在实际支付时允许扣除	账面价值 ≠ 计税基础 见【例 15 – 19】

【例 15 – 14】企业因销售商品提供售后三包服务等原因于当期确认了 100 万元的预计负债。税法规定，有关产品售后服务等与取得经营收入直接相关的费用于实际发生时允许税前列支。假定企业在确认预计负债的当期未发生三包费用。

预计负债的账面价值 = 100 万元

预计负债的计税基础

= 账面价值 100 万元 – 可从未来经济利益中扣除的金额 100 万元

= 0

【例 15 – 15】假如企业因债务担保确认了预计负债 1000 万元，但担保发生在关联方之间，担保方并未就该项担保收取与相应责任相关的费用。

账面价值 = 1000 万元

计税基础

= 账面价值 1000 万元 – 可从未来经济利益中扣除的金额 0

= 1000 万元

【例 15 – 16】企业收到客户的一笔款项 80 万元，因不符合收入确认条件，会计上作为预收账款反映，但符合税法规定的收入确认条件，该笔款项已计入当期应纳税所得额。

账面价值 = 80 万元

计税基础

= 账面价值 80 万元 – 可从未来经济利益中扣除的金额 80 万元

= 0

【例 15 – 17】税法规定的收入确认时点与会计准则保持一致，则上例中会计处理确认为负债的情况下，税收处理亦不能计入当期的应纳税所得额，则：

负债的账面价值 = 80 万元

负债的计税基础

= 账面价值 80 万元 – 可从未来经济利益中扣除的金额 0

= 80 万元

【例 15 – 18】某企业当期确认应支付的职工工资及其他薪金性质支出计 200 万元，尚未支付。按照税法规定的计税工资标准可以于当期扣除的部分为 170 万元。

应付职工薪酬账面价值 = 200 万元

应付职工薪酬计税基础

= 账面价值 200 万元 – 可从未来应税利益中扣除的金额 0

= 200 万元

【例 15 – 19】某企业当期确认短期借款利息 20 万元，规定本息到期时一并支付。

应付利息账面价值 = 20 万元

计税基础

=账面价值20万元－可从未来应税利益中扣除的金额20万元

=0

三、暂时性差异

暂时性差异，是指资产或负债的账面价值与其计税基础之间的差额。其中，资产的账面价值，是资产的账面余额减去资产减值准备后的金额。此外，某些不符合资产、负债的确认条件，未作为财务会计报告中资产、负债列示的项目，如果按照税法规定可以确定其计税基础，该计税基础与其账面价值之间的差额也属于暂时性差异。

根据暂时性差额对未来期间应税金额影响的不同，暂时性差异分为应纳税暂时性差异和可抵扣暂时性差异。

（一）应纳税暂时性差异

资产的确认表明该资产的账面金额将在未来期间以流入企业的经济利益加以收回。当资产的账面金额大于计税基础，或者负债的账面金额小于计税基础时，则产生应税暂时性差异。该差异的形成表明在以后期间按照资产账面金额收回的现金数额较大，而计税基础较小；或者按照负债的账面金额偿还的现金数额较小，而计税基础较大。该差异就是应税暂时性差异，两者差额被视为产生了经济利益而应该纳税，在未来期间所产生的所得税义务构成了一项递延所得税负债。

【例15－20】某项固定资产成本为200万元，账面价值为150万元，计税累计折旧为80万元，税率为33%。确认暂时性差异。

解析：

该项固定资产的计税基础为120（200－80）万元。

企业为了收回固定资产的账面价值150万元，必须赚取应税利润150万元，在未来只能抵扣计税折旧80万元。账面价值150万元与计税基础120万元之间的差额30万元即为应纳税暂时性差异。

【例15－21】企业于2004年1月1日购入面值为100万元，利率5%，期限为4年，到期还本付息的债券，购入价格为100万元，税率为33%。确认暂时性差异。

解析：

2004年12月31日企业应确认利息收入5（100×5%）万元

借：持有至到期投资——应计利息　　　　　　　5

　　贷：投资收益　　　　　　　　　　　　　　　　5

该收益列于 2004 年的会计利润中，但是税法规定在实际收到利息时才能计入应税利润，形成应纳税暂时性差异 5 万元。

【例 15－22】甲公司 2007 年末长期股权投资账面余额为 220 万元，其中原始投资成本为 200 万元，按权益法确认投资收益 20 万元，没有计提减值准备，则长期投资账面价值为 220 万元；按税法规定，可以在税前抵扣的是初始投资成本，其计税基础为 200 万元。因此，长期投资账面价值 220 万元与计税基础 200 万元的差额，形成暂时性差异为 20 万元；因资产的账面价值大于其计税基础，形成应纳税暂时性差异。现将资产价值、计税基础、暂时性差异比较如下：

表 15－3

项目	账面价值	计税基础	应纳税暂时性差异（资产账面＞资产计税基础）
长期股权投资	220	200	20

【例 15－23】甲公司 2007 年末商誉账面余额为 4000 万元，没有计提减值准备。税法规定，企业合并中产生的商誉不能抵税，即商誉的计税基础为 0。因此，无形资产账面价值 4000 万元与计税基础 0 之间的差额，形成暂时性差异为 4000 万元，因资产的账面价值大于其计税基础，形成应纳税暂时性差异。现将资产价值、计税基础、暂时性差异比较如下：

表 15－4

项目	账面价值	计税基础	应纳税暂时性差异（资产账面＞资产计税基础）
商誉	4000	0	4000

（二）可抵扣暂时性差异

负债的确认意味着该负债的账面价值在未来期间将以经济利益流出企业的形式加以偿还。当经济利益流出企业时，其部分或全部金额可以在负债确认期以后从应税利润中扣减。因此，该负债的会计计税基础与税法的计税基础产生了差异，即暂时性差异。相应的，如果该部分负债未来期间允许从应税利润中扣减，则会产生递延所得税资产。

【例 15－24】2004 年 12 月 1 日企业新增固定资产的成本为 1000 万元，使用年限为 5 年，然后再处置，该资产残值为零，税率为 33%，会计和税法规定均采用直线法计提折旧。本年末该资产可收回金额为 700 万元，会计上计提资产减值准备金为 100 万元。确认 2005 年末该资产的可抵扣暂时性差异。

解析：

2005 年会计应计提折旧 200（1000/5）万元；计提资产减值准备金 100 万元；本年共确认费用 300 万元，使本期会计利润减少 300 万元。会计计税基础为 700 万元。

2005 年根据税法的规定只允许确认 200 万元的费用。税法上的计税基础为 800 万元。产生暂时性差异 –100（700 – 800）万元，即可抵扣暂时性差异。则可抵扣暂时性差异为 100 万元。

【例 15 – 25】企业按规定计提产品保修费用 200 万元，将其确认为预计负债，所得税税率为 33%。确认可抵扣暂时性差异。

解析：

该负债的会计账面价值为 200 万元；税法的计税基础为零（账面价值 200 万元减去未来可以抵扣的金额 200 万元）。

企业在实际清偿该负债时，应减少应税利润 200 万元，同时减少未来应支付的所得税支出 66（200×33%）万元；形成可抵扣暂时性差异 200 万元。

【例 15 – 26】甲公司 2007 年末应收账款账面余额为 500 万元，已提坏账准备 100 万元，则应收账款账面价值为 400 万元；因在确认应收账款时已作为收入交纳所得税，在收回应收账款时不用再交税，即可抵扣 500 万元，其计税基础为 500 万元。账面价值 400 万元与计税基础 500 万元的差额，形成暂时性差异为 100 万元；因资产的账面价值小于其计税基础，形成可抵扣暂时性差异。现将资产价值、计税基础、暂时性差异比较如下：

表 15 – 5

项目	账面价值	计税基础	可抵扣暂时性差额（资产账面 < 资产计税基础）
应收账款	400	500	100

【例 15 – 27】甲公司 2007 年末存货账面余额 100 万元，已提存货跌价准备 10 万元，则存货账面价值为 90 万元；存货在出售时按历史成本可以抵税 100 万元，其计税基础为 100 万元。因此，存货账面价值 90 万元与计税基础 100 万元的差额，形成暂时性差异为 10 万元；因资产的账面价值小于其计税基础，形成可抵扣暂时性差异。现将资产价值、计税基础、暂时性差异比较如下：

表 15 - 6

项目	账面价值	计税基础	可抵扣暂时性差额（资产账面＜资产计税基础）
存货	90	100	10

【例 15 - 28】甲公司 2007 年预计负债账面金额为 100 万元（预提产品保修费用），假设产品保修费用在实际支付时抵扣，该预计负债计税基础为 0（负债账面价值 100 万元减去其在未来期间计算应税利润时可予抵扣的金额 100 万元）。因此，预计负债账面价值 100 万元与计税基础 0 的差额，形成暂时性差异 100 万元；因负债的账面价值大于其计税基础，形成可抵扣暂时性差异。现将负债账面价值、计税基础、暂时性差异比较如下：

表 15 - 7

项目	账面价值	计税基础	可抵扣暂时性差额（负债账面＞负债计税基础）
预计负债	100	0	100

【例 15 - 29】甲公司 2007 年预收账款账面余额为 600 万元（预收房款），假设预收房款在实际收款时交纳所得税，该预收账款计税基础为 0（负债账面价值 600 万元减去其在未来期间不征税的金额 600 万元）；因负债的账面价值大于其计税基础，形成可抵扣暂时性差异。现将负债账面价值、计税基础、暂时性差异比较如下：

表 15 - 8

项目	账面价值	计税基础	可抵扣暂时性差额（负债账面＞负债计税基础）
负债（预收账款）	600	0	600

四、递延所得税资产和递延所得税负债的确认和计量

在计算出应交所得税后，如何确定所得税费用，关键是确定暂时性差异影响额。在资产负债表债务法下，对于可抵扣暂时性差异的影响额应确认为递延所得税资产，对于应纳税暂时性差异的影响额应确认为递延所得税负债。

（一）递延所得税资产的确认和计量

1. 确认递延所得税资产的情况。企业对于可抵扣暂时性差异可能产生的未来经济利益，应以很可能取得用来抵扣可抵扣暂时性差异的应纳税所得额为限，确认相应的递延所得税资产，并减少所得税费用。在估计未来期间可能取得的应纳税所得额时，除正常生产经营所得外，还应考虑将于未来期间转回的应纳税暂时性差异导致的应税金额等因素。

【例15-30】甲公司2007年末存货账面余额为100万元，已提存货跌价准备10万元。则存货账面价值为90万元，存货的计税基础为100万元，形成可抵扣暂时性差异为10万元。假设甲公司所得税税率为33%，对于可抵扣暂时性差异可能产生的未来经济利益，应以很可能取得用来抵扣可抵扣暂时性差异的应纳税所得额为限，确认相应的递延所得税资产：

递延所得税资产 = 可抵扣暂时性差异 × 所得税税率 = 10 × 33% = 3.3（万元）

在不考虑期初递延所得税资产的情况下，甲公司的账务处理是：

借：递延所得税资产　　　　　　　　　　　　　　3.3
　　贷：所得税费用　　　　　　　　　　　　　　3.3

应该特别注意，下列交易或事项中产生的可抵扣暂时性差异，应根据交易或事项的不同情况确认相应的递延所得税资产：

（1）企业对于能够结转以后年度的未弥补亏损，应视同可抵扣暂时性差异，以很可能获得用来抵扣该部分亏损的未来应纳税所得额为限，确认相应的递延所得税资产。

【例15-31】甲公司2007年发生亏损400万元，假设可以由以后年度税前弥补，所得税税率为33%，则对于能够结转以后年度的未弥补亏损，应视同可抵扣暂时性差异，以很可能获得用来抵扣该部分亏损的未来应纳税所得额为限，确认相应的递延所得税资产：

递延所得税资产 = 可抵扣暂时性差异 × 所得税税率 = 400 × 33% = 132（万元）

在不考虑期初递延所得税资产的情况下，甲公司的账务处理是：

借：递延所得税资产　　　　　　　　　　　　　132
　　贷：所得税费用　　　　　　　　　　　　　132

【例15-32】：企业在2001～2004年间每年应税收益分别为：-100万元、40万元、20万元、50万元，适用税率始终为33%，假设无其他暂时性差异。

要求：采用资产负债表债务法进行账务处理。

2001年

借：递延所得税资产　　　　　　　　　　　　　33

贷：所得税费用－补亏减税　　　　　　　　33

2002 年

借：所得税费用　　　　　　　　　　　13.2

　　贷：递延所得税资产　　　　　　　　13.2

2003 年

借：所得税费用　　　　　　　　　　　6.6

　　贷：递延所得税资产　　　　　　　　6.6

2004 年

借：所得税费用　　　　　　　　　　　16.5

　　贷：递延所得税资产　　　　　　　　13.2

　　　　应交税费——应交所得税　　　　3.3

（2）对于与联营企业、合营企业等的投资相关的可抵扣暂时性差异，如果有关的暂时性差异在可预见的未来很可能转回并且企业很可能获得用来抵扣该可抵扣暂时性差异的应纳税所得额时，应确认相关的递延所得税资产。

对于与联营企业、合营企业等的投资相关的可抵扣暂时性差异，通常产生于因联营企业或合营企业发生亏损，投资企业按持股比例确认应予承担的部分而减少投资的账面价值，但税法规定投资应以其成本作为计税基础，从而形成可抵扣暂时性差异，该差异在满足确认条件时应确认相应的递延所得税资产。

【例 15 – 33】甲公司所得税税率为 33%，2007 年末长期股权投资账面余额为 150 万元，其中原始投资成本为 200 万元，按权益法确认投资损失 50 万元。则长期投资账面价值为 150 万元与计税基础 200 万元之间的差额，形成可抵扣暂时性差异，应确认为递延所得税资产：

递延所得税资产 = 可抵扣暂时性差异 × 所得税税率 = 50 × 33% = 16.5（万元）

在不考虑期初递延所得税资产的情况下，甲公司的账务处理是：

借：递延所得税资产　　　　　　　　　16.5

　　贷：所得税费用　　　　　　　　　　16.5

（3）非同一控制下的企业合并中，按照会计规定确定的合并中取得各项可辨认资产、负债的公允价值与其计税基础之间形成可抵扣暂时性差异的，应确认相应的递延所得税资产，同时调整合并中应予确认的商誉。

【例 15 –34】甲公司所得税税率为 33%，2007 年通过购买与其没有关联关系的乙公司 100% 的股份，使得乙公司成为甲公司的一个分公司，不再保留单独的法人地位。在企业合并中取得的各项可辨认资产的账面价值为 1000 万元，可辨认资产的公允价值为 900 万元。假设税法不允许按照公允价值调整。

则资产账面价值 900 万元小于资产计税基础 1000 万元的差额，形成可抵扣暂时性差异，应确认相应的递延所得税资产：

递延所得税资产＝可抵扣暂时性差异×所得税税率＝100×33%＝33（万元）

甲公司的账务处理是：

借：递延所得税资产　　　　　　　　　　　　　　　　33

　贷：商誉　　　　　　　　　　　　　　　　　　　　33

（4）与直接计入所有者权益的交易或事项相关的可抵扣暂时性差异，相应的递延所得税资产应计入所有者权益。如因可供出售金融资产公允价值下降而应确认的递延所得税资产。

【例 15－35】甲公司持有丙公司股票，这些股票被归类为可供出售金融资产。购买该股票时的公允价值为 300 万元，2007 年末，该股票的公允价值为 260 万元。按照《企业会计准则第 22 号——金融工具确认和计量》规定，可供出售金融资产公允价值变动形成的利得或损失，除减值损失和外币货币资金金融资产形成的汇兑损益外，应当直接计入所有者权益。按照税法规定，成本在持有期间保持不变。由于资产账面价值 260 万元与资产计税基础 300 万元之间的差额，形成可抵扣暂时性差异，应确认相应的递延所得税资产：

递延所得税资产＝可抵扣暂时性差异×所得税税率＝40×33%＝13.2（万元）

甲公司的账务处理是：

借：递延所得税资产　　　　　　　　　　　　13.2

　贷：资本公积——其他资本公积　　　　　　13.2

2. 不确认递延所得税资产的情况。除企业合并以外的交易中，如果交易发生时既不影响会计利润也不影响应纳税所得额，则交易中产生的资产、负债的入账价值与其计税基础之间的差额形成可抵扣暂时性差异的，相应的递延所得税资产不予确认。

例如，融资租赁中承租人取得的资产，按照会计准则规定应当将租赁开始日租赁资产公允价值与最低租赁付款额现值两者中较低者以及相关的初始直接费用作为租入资产的入账价值，而税法规定融资租入固定资产应当按照租赁协议或者合同确定的价款加上运输费、途中保险费等的金额计价，作为其计税基础。对于两者之间产生的暂时性差异，如确认其所得税影响，将直接影响到融资租入资产的入账价值，按照会计准则规定，该种情况下不确认相应的递延所得税资产。

（二）递延所得税负债的确认

1. 除明确规定不应确认递延所得税负债的情况以外，企业应当确认所有应纳税暂时性差异产生的递延所得税负债，并计入所得税费用。

【例15-36】甲公司所得税税率为33%，2007年末长期股权投资账面余额为220万元，其中原始投资成本为200万元，按权益法确认投资收益20万元，没有计提减值准备。长期投资账面价值为220万元与其计税基础为200万元之间形成应纳税暂时性差异，通常情况下应确认为递延所得税负债：

递延所得税负债＝应纳税暂时性差异×所得税税率＝20×33%＝6.6（万元）

在不考虑期初递延所得税负债的情况下，甲公司的账务处理是：

借：所得税费用　　　　　　　　　　　　　6.6

　　贷：递延所得税负债　　　　　　　　　　6.6

在确认递延所得税负债时还应注意：

（1）非同一控制下的企业合并中，按照会计准则的规定确定的合并中取得各项可辨认资产、负债的公允价值与其计税基础之间形成应纳税暂时性差异的，应确认相应的递延所得税负债，同时调整合并中应予确认的商誉。

【例15-37】甲公司所得税税率为33%，2007年通过购买与其没有关联关系的乙公司100%的股份，使得乙公司成为甲公司的一个分公司，不再保留单独的法人地位。在企业合并中取得的各项可辨认资产的账面价值为840万元，可辨认资产的公允价值为900万元。假设税法不允许按照公允价值调整。则资产账面价值900万元大于资产计税基础840万元的差额，形成应纳税暂时性差异，应确认相应的递延所得税负债：

递延所得税负债＝应纳税暂时性差异×所得税税率＝60×33%＝19.8（万元）

甲公司的账务处理是：

借：商誉　　　　　　　　　　　　　　　　19.8

　　贷：递延所得税负债　　　　　　　　　　19.8

（2）与直接计入所有者权益的交易或事项相关的应纳税暂时性差异，相应的递延所得税负债应计入所有者权益，如因可供出售金融资产公允价值上升而应确认的递延所得税负债。

【例15-38】甲公司持有丁公司股票，这些股票被归类为可供出售金融资产。购买该股票时的公允价值为500万元，2007年末，该股票的公允价值为520万元。按照《企业会计准则第22号——金融工具确认和计量》规定，可供出售金融资产公允价值变动形成的利得或损失，除减值损失和外币货币资金金融资产形成的汇兑损益外，应当直接计入所有者权益。按照税法规定，成本在持有期间保持不变。由于资产账面价值520万元与资产计税基础500万元之间的差额,形成应纳税暂时性差异,应确认相应的递延所得税负债:

递延所得税负债 = 应纳税暂时性差异 × 所得税税率 = 20 × 33% = 6.6(万元)

甲公司的账务处理是:

借:资本公积——其他资本公积　　　　　　　6.6
　　贷:递延所得税资产　　　　　　　　　　　　6.6

2. 不确认递延所得税负债的情况。

(1)商誉的初始确认。非同一控制下的企业合并中,因企业合并成本大于合并中取得的被购买方可辨认净资产公允价值的份额,按照会计准则规定应确认为商誉,但按照税法规定不允许确认商誉,即商誉的计税基础为0,两者之间的差额形成应纳税暂时性差异,因确认该递延所得税负债会增加商誉的价值,准则中规定对于该部分应纳税暂时性差异不确认其所产生的递延所得税负债。

可以想象,如果在这种情况下确认了商誉,则商誉增加;商誉增加后,又产生了应纳税暂时性差异,从而又产生了新的商誉,如此循环往复,不可穷尽。故商誉产生的应纳税暂时性差异不确认递延所得税负债。

(2)除企业合并以外的交易中,如果交易发生时既不影响会计利润也不影响应纳税所得额,则交易中产生的资产、负债的入账价值与其计税基础之间的差额形成应纳税暂时性差异的,相应的递延所得税负债不予确认。

(3)企业对与联营企业、合营企业等的投资相关的应纳税暂时性差异,在投资企业能够控制暂时性差异转回的时间并且预计有关的暂时性差异在可预见的未来很可能不会转回时,不确认相应的递延所得税负债。

(三)当期所得税和递延所得税的计量

以上两个问题着重说明了递延所得税资产和递延所得税负债确认的各种不同情况;与此相关的另一个问题是如何进行计量,即相应金额如何计算。

1. 当期所得税的计量。资产负债表日,对于当期和以前期间形成的当期所得税负债(或资产),应当按照税法规定计算的预期应交纳(或返还)的所得税金额计量。假定企业当期发生的交易和事项(未发生直接计入所有者权益的交易和事项)按照税法规定计算确定的应纳税所得额为100万元,适用的所得税税率为33%,在不考虑其他因素影响的情况下,确认的当期所得税和所得税负债为33万元。按照税法规定计算的当期所得税为:

当期所得税 = 当期应交所得税 = 应纳税所得额 × 所得税税率

应注意的是,当期所得税负债就是当期计算的应交所得税;当期应交所得税形成当期所得税，当期所得税是计入利润表的所得税费用的一个组成部分，另一部分是递延所得税，它是由暂时性差异的影响所形成的。

2. 递延所得税的计量。资产负债表日，对于递延所得税资产和递延所得税负债，应当按照预期收回该资产或清偿该负债期间的适用税率计量，而不是本期所得税税率。当然，如果税率不变，则这两个时期的税率是相同的。

企业经营过程中以各种方式取得的应税所得适用的所得税税率以及在不同会计期间适用的所得税税率一般不存在差别。某些情况下，适用税率发生变化的，应对已确认的递延所得税资产和递延所得税负债进行重新计量，除直接在所有者权益中确认的交易或者事项产生的递延所得税资产和递延所得税负债以外，应当将其影响数计入变化当期的所得税费用。

在计量递延所得税资产和负债时，应注意：

（1）递延所得税资产和递延所得税负债的计量，应当反映资产负债表日企业预期收回资产或清偿负债方式的所得税影响，即在计量递延所得税资产和递延所得税负债时，应当采用与收回资产或清偿债务的预期方式相一致的税率和计税基础。

（2）企业不应当对递延所得税资产和递延所得税负债进行折现。

（3）资产负债表日，企业应当对递延所得税资产的账面价值进行复核。如果未来期间很可能无法获得足够的应纳税所得额用以抵扣递延所得税资产的利益，应当减记递延所得税资产的账面价值。在很可能获得足够的应纳税所得额时，减记的金额应当转回。

（四）所得税费用的计量

企业在利润表中确认的所得税费用或收益由当期所得税和递延所得税两个部分组成。但应注意：计入当期损益的所得税费用或收益不包括企业合并和直接在所有者权益中确认的交易或事项产生的所得税影响；与直接计入所有者权益的交易或者事项相关的当期所得税和递延所得税，应当计入所有者权益。

在资产负债表债务法下，所得税核算有三个步骤：

1. 计算应交所得税。

应交所得税 = 应纳税所得额 × 所得税税率

2. 计算暂时性差异的影响额，分别确认递延所得税资产和负债期末余额。

（1）递延所得税资产期末余额 = 可抵扣暂时性差异期末余额 × 适用所得税税率

（2）递延所得税负债期末余额 = 应纳税暂时性差异期末余额 × 适用所得税税率。

3. 计算所得税费用。

所得税费用 = 当期所得税 + 递延所得税 = 应交所得税 + （期末递延所得税负债 – 期初递延所得税负债） – （期末递延所得税资产 – 期初递延所得税资产）

在前面分别说明了所得税的概念和所得税核算的三个步骤后，下面综合举例说明所得税核算全过程：

【例15 – 39】某企业 2007 年 12 月 31 日资产负债表中有关项目金额及其计税基础如表 15 – 9 所示（单位：元）：

表 15 – 9

项目	账面价值	计税基础	应纳税暂时性差异	可抵扣暂时性差异
存货	20000000	2200000	0	2000000
无形资产	6000000	0	6000000	0
预计负债	1000000	0	0	1000000
合计	—	—	6000000	3000000

除上述项目外，该企业其他资产、负债的账面价值与其计税基础不存在差异，且递延所得税资产和递延所得税负债不存在期初余额，适用的所得税税率为 33%。假定当期按照税法规定计算确定的应交所得税为 600 万元。该企业预计在未来期间能够产生足够的应纳税所得额用来抵扣可抵扣暂时性差异。

计算该企业计算确认的递延所得税负债、递延所得税资产、递延所得税费用以及所得税费用如下：

递延所得税负债 = 6000000 × 33% = 1980000 （元）

递延所得税资产 = 3000000 × 33% = 990000 （元）

递延所得税费用 = 1980000 – 990000 = 990000 （元）

所得税费用 = 6000000 + 990000 = 6990000 （元）

【例15 – 40】甲股份有限公司（下称甲公司）2007 年有关所得税资料如下：

(1) 甲公司所得税采用资产负债表债务法核算，所得税税率为 33%；年初递延所得税资产为 49.5 万元，其中存货项目余额 29.7 万元，未弥补亏损项目余额 19.8 万元。

(2) 本年度实现利润总额 500 万元，其中取得国债利息收入 20 万元，因发生违法经营被罚款 10 万元，因违反合同支付违约金 30 万元（可在税前抵扣），工资及相关附加超过计税标准 60 万元；上述收入或支出已全部用现金结算完毕。

（3）年末计提固定资产减值准备 50 万元（年初减值准备为 0），使固定资产账面价值比其计税基础小 50 万元；转回存货跌价准备 70 万元，使存货可抵扣暂时性差异由年初余额 90 万元减少到年末的 20 万元。税法规定，计提的减值准备不得在税前抵扣。

（4）年末计提产品保修费用 40 万元，计入销售费用，预计负债余额为 40 万元。税法规定，产品保修费在实际发生时可以在税前抵扣。

（5）至 2006 年末止尚有 60 万元亏损没有弥补，其递延所得税资产余额为 19.8 万元。

（6）假设除上述事项外，没有发生其他纳税调整事项。

甲公司所得税会计处理如下：

（1）计算 2007 年应交所得税。

2007 年应交所得税 = 应纳税所得额 × 所得税税率 = （利润总额 500 - 国债利息收入 20 + 违法经营罚款 10 + 工资超标 60 + 计提固定资产减值 50 - 转回存货跌价准备 70 + 计提保修费 40 - 弥补亏损 60）× 33% = （570 - 60）× 33% = 510 × 33% = 168.3（万元）

（2）计算暂时性差异影响额，确认递延所得税资产和递延所得税负债。

①固定资产项目的递延所得税资产年末余额 = 固定资产项目的年末可抵扣暂时性差异 × 所得税税率 = 50 × 33% = 16.5（万元）。

② 存货项目的递延所得税资产年末余额 = 存货项目的年末可抵扣暂时性差异 × 所得税税率 = 20 × 33% = 6.6（万元）。

③ 预计负债项目的递延所得税资产年末余额 = 预计负债项目的年末可抵扣暂时性差异 × 所得税税率 = 40 × 33% = 13.2（万元）。

④ 弥补亏损项目的递延所得税资产年末余额 = 亏损弥补项目的年末可抵扣暂时性差异 × 所得税税率 = 0 × 33% = 0（万元）。

⑤2007 年末递延所得税资产余额 = 固定资产项目的递延所得税资产年末余额 16.5 + 存货项目的递延所得税资产年末余额 6.6 + 预计负债项目的递延所得税资产年末余额 13.2 + 弥补亏损项目的递延所得税资产年末余额 0 = 36.3（万元）。

（3）计算 2007 年所得税费用。

2007 年所得税费用 = 本期应交所得税 + （期末递延所得税负债 - 期初递延所得税负债）- （期末递延所得税资产 - 期初递延所得税资产）= 168.3 + （0 - 0）- （36.3 - 49.5）= 168.3 + 0 - （- 13.2）= 181.5（万元）

（4）编制会计分录：

借：所得税费用　　　　　　　　　　　　181.5

　贷：应交税费——应交所得税　　　　　　168.3

　　　递延所得税资产　　　　　　　　　　13.2

五、所得税的列报

1. 递延所得税资产和递税所得税负债应当分别作为非流动资产和非流动负债在资产负债表中单独列示。在满足以下条件时，可以将当期所得税资产和当期所得税负债相互抵消后再列示。

（1）企业拥有抵消当期所得税资产和当期所得税负债的法定行使权；

（2）递延所得税资产和递延所得税负债与同一税务部门对以下任何一方征收的所得税相关。

同一纳税主体；不同的纳税主体，在预计清偿递延所得税负债或收回递延所得税资产重大金额的每一个未来期间中，计划一净额结算当期所得税负债和资产，或者计划同时收回这些资产和清偿该负债。

2. 正常经营活动产生的与损益相关的所得税费用（收益），应当在利润表中单独列示。

3. 企业应当在附注中披露与所得税有关的信息。

（1）所得税费用（收益）的主要组成部分；

（2）所得税费用（收益）与会计利润之间的关系；

（3）可抵扣暂时性差异、可抵扣亏损的金额；

（4）确认的递延所得税资产或递延所得税负债的金额，确认递延所得税资产的依据；

（5）所得税税率变化的影响金额；

（6）由于投资产生的暂时性差异未确认与其相关的递延所得税负债，应披露该暂时性差异的金额。

第六篇　财务会计报告

第十六章　会计政策、会计估计变更和差错更正

第一节　会计政策及其变更

一、会计政策的含义

会计政策，是指企业在会计确认、计量和报告中所采用的原则、基础和会计处理方法。企业采用的会计计量基础也属于会计政策。具体原则，是指企业按照企业会计准则和国家统一的会计制度规定的原则所制定的、适合于本企业的会计制度中所采用的会计原则；具体会计处理方法，是指企业在会计核算中对于诸多可选择的会计处理方法中所选择的、适合于本企业的会计处理方法。

会计政策定义概括说明了以下特点：

首先，会计政策包括内容广泛，具有不同层次，涉及会计的原则、会计基础和会计处理方法。其次，会计政策是在允许的会计原则和会计方法中作出的具体选择。最后，会计政策是企业会计核算的直接依据。

二、会计政策变更的概念及其变更条件

会计政策变更，是指企业对相同的交易或事项由原来采用的会计政策改用另一会计政策的行为。也就是说，在不同的会计期间执行不同的会计政策。

为保证会计信息的可比性，使财务会计报告使用者在比较企业一个以上期间的会计报表时，能够正确判断企业的财务状况、经营成果和现金流量的趋势，一般情况下，企业应在每期采用相同的会计政策，不应也不能随意变更会

计政策。否则，势必削弱会计信息的可比性，使会计报表使用者在比较企业的经营业绩时发生困难。但是，也不能认为会计政策不能变更，企业会计制度中规定，符合下列条件之一，应改变原采用的会计政策：

1. 法律或国家统一的会计制度等行政法规、规章的要求。这种情况是指，按照企业会计准则、国家统一的会计制度以及其他法规、规章的规定，要求企业采用新的会计政策，则应按照法规、规章的规定改变原会计政策，按新的会计政策执行。例如，《中华人民共和国增值税暂行条例》的颁布，改过去的价内税形式为价外税形式，在国家发布统一会计处理办法中要求改变增值税的会计核算等。

2. 会计政策的变更能够提供有关企业财务状况、经营成果和现金流量等更可靠、更相关的会计信息。这一情况是指，由于经济环境、客观情况的改变，使企业原采用的会计政策所提供的会计信息，已不能恰当地反映企业的财务状况、经营成果和现金流量等情况。在这种情况下，应改变原有会计政策，按变更后新的会计政策进行核算，以对外提供更可靠、更相关的会计信息。

会计政策变更，并不意味着以前期间的会计政策是错误的，这是由于情况发生变化，或者掌握了新的信息、积累了更多的经验，使得变更会计政策能够更好地反映企业的财务状况、经营成果和现金流量。如果以前期间会计政策的运用是错误的，则属于会计差错，应按前期差错变更的会计处理方法进行会计处理。

下列情况不属于会计政策变更：

1. 本期发生的交易或事项与以前相比具有本质差别而采用新的会计政策。例如，某企业以往租入的设备均为临时需要而租入的，企业按经营租赁会计处理方法核算，但自本年度起租入的设备均采用融资租赁方式，则该企业自本年度起对新租赁的设备采用融资租赁会计处理方法核算。由于该企业原租入的设备均为经营性租赁，本年度起租赁的设备均改为融资租赁，由于经营租赁和融资租赁有着本质差别，因而改变会计政策不属于会计政策的变更。

2. 对初次发生的或不重要的交易或事项采用新的会计政策。例如，某企业第一次签订一份建造合同，为另一企业建造三栋厂房，该企业对该份建造合同采用完工百分比法确认收入。由于该企业初次发生该项交易，采用完工百分比法确认该项交易的收入，不属于会计政策变更；又如，某企业原在生产经营过程中使用少量的低值易耗品，并且价值较低，故企业于领用低值易耗品时一次计入费用；该企业于近期转产，生产新的产品，所需低值易耗品比较多，且价值较大，企业对领用的低值易耗品处理方法，改为分期摊销的方法，分摊计入费用。该企业改变低值易耗品处理方法后，对损益的影响并不大，并且低值易耗品通常在企业生产经营中所占的费用比例并不大，属于不重要的事项，因而改变会计政策认为不属于会计政策的变更。

三、会计政策变更的会计处理方法

发生会计政策变更时，有两种会计处理方法，即追溯调整法和未来适用法，这两种方法适用于不同情形。

1. 追溯调整法。追溯调整法是指对某项交易或事项变更会计政策，视同该项交易或事项初次发生时即采用变更后的会计政策，并以此对财务报表相关项目进行调整的方法。

在追溯调整法下，应计算会计政策变更的累积影响数，并调整期初留存收益，会计报表其他相关项目也相应进行调整。追溯调整法的运用通常由以下几步构成：

（1）计算会计政策变更的累积影响数。会计政策变更的累积影响数，指按变更后的会计政策对以前各期追溯计算的变更年度期初留存收益应有的金额与现有的金额之间的差额。会计政策变更累积影响数，是指按照变更后的会计政策对以前各期追溯计算的列报前期最早期初留存收益应有金额与现有金额之间的差额。会计政策变更的累积影响数，是对变更会计政策所导致的对净损益的累积影响，以及由此导致的对利润分配及未分配利润的累积影响金额，不包括分配的利润或股利。留存收益包括当年和以前年度的未分配利润和按照相关法律规定提取并累积的盈余公积。累积影响数通常可以通过以下各步计算获得：

第一步，根据新的会计政策重新计算受影响的前期交易或事项；

第二步，计算两种会计政策下的差异；

第三步，计算差异的所得税影响金额；

第四步，确定前期中的每一期的税后差异；

第五步，计算会计政策变更的累积影响数。

（2）相关的账务处理。

（3）调整会计报表相关项目。

（4）会计报表附注说明。

采用追溯调整法时，会计政策变更的累积影响数应包括在变更当期期初留存收益中；如果提供可比会计报表，对于比较会计报表期间的会计政策变更，应调整各该期间净损益各项目和会计报表其他相关项目，视同该政策在比较会计报表期间一直采用。对于比较会计报表可比期间以前的会计政策变更的累积影响数，应调整比较会计报表最早期间的期初留存收益，会计报表其他相关项目的数字也应一并调整。确定会计政策变更对列报前期影响数不切实可行的，应当从可追溯调整的最早期间期初开始应用变更后的会计政策。

【例 16-1】甲公司 2004 年 1 月 1 日对乙公司投资占甲公司表决权资本的 30%，假定 2004 年按成本法核算该项长期股权投资，投资成本为 450 万元。从 2007 年起甲公司采用权益法核算，并要求对这项会计政策变更按追溯调整法进行会计处理。

假设乙公司 2004 年、2005 年和 2006 年实现净利润分别为 100 万元、50 万元和 75 万元。甲公司 2005 年和 2006 年分回现金股利分别为 10 万元和 7.5 万元。甲公司和乙公司的所得税税率均为 33%，甲公司所得税按债务法核算。按税法规定，企业对其他单位投资分得的利润或股利以被投资单位宣告分派利润或股利时计入应纳税所得额。乙公司按净利润的 15% 提取法定盈余公积。

（1）计算由成本法改为权益法后的累积影响数列表，计算如表 16-1 所示。

表 16-1   单位：万元

年度	权益法	成本法	税前差异	所得税影响	税后差异
2004	30	0	30	0	30
2005	15	10	5	0	5
2006	22.5	7.5	15	0	15
小计	67.5	17.5	50	0	50

甲公司在 2004 年、2005 年和 2006 年三年间按成本法和按权益法核算对乙公司的投资收益及长期股权投资的账面价值税前差异为 50 万元，由于甲公司与乙公司的所得税税率相同，甲公司从乙公司分回的利润已在乙公司交纳了所得税，故不需要再计算交纳所得税，按权益法核算与按成本法核算对所得税均无影响，因此，所得税影响为零，税后差异也为 50 万元，即甲公司由成本法改为权益法的累积影响数为 50 万元。

（2）账务处理。

①调整会计政策变更累积影响数：

借：长期股权投资——乙公司（损益调整）　　500000

　　贷：利润分配——未分配利润　　　　　　　500000

②调整利润分配：

借：利润分配——未分配利润　　　　　　　75000
　　贷：盈余公积　　　　　　　　　　　　　　75000

（3）报表调整。甲公司在编制 2007 年度的会计报表时，应调整资产负债表的年初数，利润及利润分配表的上年数也应作相应调整。

调整项目如下：资产负债表"长期股权投资"项目年初数调增 50 万元，"未分配利润"项目调增 42.5 万元，调增"盈余公积"项目 7.5 万元。利润表"投资收益"项目上年数调增 15 万元。利润分配表"年初未分配利润"项目上年实际数调增 29.75 万元（35×85%）；调增盈余公积 7.5 万元；调增"未分配利润"项目 42.5 万元。

（4）附注说明。甲公司按照会计制度的规定，对乙公司的股权投资原按成本法核算，从 2007 年起改按权益法核算，此项会计政策变更已采用追溯调整法，调整了期初留存收益及长期股权投资的期初数；利润及利润分配表的上年数栏，已按调整后的数字填列。此项会计政策变更的累积影响数为 50 万元；2004 年度的净利润调增了 15 万元；调增 2006 年期初留存收益 35 万元，其中，调增未分配利润 29.75 万元；利润及利润分配表上年数栏的年初未分配利润调增 29.75 万元。

2. 未来适用法。未来适用法是指对某项交易或事项变更会计政策时，新的会计政策适用于变更当期及未来期间发生的交易或事项的方法。即不计算会计政策变更的累积影响数，也不必调整变更当年年初的留存收益，只在变更当年采用新的会计政策。根据披露的要求，企业应计算确定会计政策变更对当期净利润的影响数。

四、会计政策变更的会计处理方法的选择

对于会计政策变更，企业应该根据具体情况，分别按照以下规定处理：

1. 企业依据法律或国家统一的会计制度等行政法规、规章的要求变更会计政策，应当按照国家发布的相关会计处理规定进行处理。例如，1993 年我国会计改革，会计政策发生了较大的变动，因此，国家统一的会计制度对各行业都制定了相关的新旧会计制度衔接处理办法，各行业在执行新制度过程中对于会计政策变更的处理，就应按照该衔接办法的规定进行处理。

2. 国家没有发布相关的会计处理办法，会计政策变更能够提供更可靠、更相关的会计信息的，应当采用追溯调整法处理。

3. 如果在当期期初确定会计政策变更对以前各期累积影响数不切实可行的，应当采用未来适用法处理。如企业如果因账簿、凭证超过法定保存期限而

销毁，或因不可抗力而毁坏、遗失，如火灾、水灾等，或因人为因素，如盗窃、故意毁坏等，也可能使会计政策变更的累积影响数无法计算。在这种情况下，会计政策的变更可以采用未来适用法进行处理。

五、会计政策变更的披露

企业应当在附注中披露与会计政策变更有关的下列信息：

1. 会计政策变更的性质、内容和原因。

2. 当期和各个列报前期财务报表中受影响的项目名称和调整金额。

3. 无法进行追溯调整的，说明该事实和原因以及开始应用变更后的会计政策的时点、具体应用情况。

在以后期间的财务报表中，不需要重复披露在以前期间的附注中已披露的会计政策变更的信息。

第二节　会计估计及其变更

一、会计估计变更概述

由于企业经营活动中内在不确定因素的影响，某些会计报表项目不能精确地计量，而只能加以估计。如果赖以进行估计的基础发生了变化，或者由于取得新的信息、积累更多的经验以及后来的发展变化，可能需要对会计估计进行修订。

会计估计变更，是指由于资产和负债的当前状况及预期经济利益和义务发生了变化，从而对资产或负债的账面价值或者资产的定期消耗金额进行调整。企业为了定期、及时提供有用的会计信息，将企业延续不断的营业活动人为地划分为各个阶段，如年度、季度、月度，并在权责发生制的基础上对企业的财务状况和经营成果进行定期确认和计量。在确认、计量过程中，当某项交易或事项涉及未来事项不确定性时，例如，关于未来事项是否发生的不确定性以及关于未来事项的影响或时间的不确定性，必须予以估计入账。运用合理的估计是会计核算中必不可少的部分，并不会削弱会计核算的可靠性。常见的需要进行估计的项目：坏账、存货遭受毁损、全部或部分陈旧过时、固定资产的耐用年限与净残值、无形资产的受益期、长期待摊费用的分摊期间、收入确认中的估计等。

但是估计毕竟是就现有资料对未来所作的判断，随着时间的推移，如果赖以进行估计的基础发生变化，或者由于取得了新的信息、积累了更多的经验或后来的发展可能不得不对估计进行修订。对会计估计进行修订并不表明原来的估计方法有问题或不是最适当的，只表明会计估计已经不能适应目前的实际情况，在目前已经失去了继续沿用的依据。会计估计具有以下特点：

1. 会计估计的存在是由于经济活动中内在的不确定性因素的影响。在会计核算中，企业总是力求保持会计核算的准确性，但有些交易或事项本身具有不确定性，因而需要根据经验作出估计；同时，采用权责发生制原则编制会计报表这一事项本身，也使得有必要充分估计未来交易或事项的影响。可以说，在会计核算和信息披露过程中，会计估计是不可避免的。例如，企业按备抵法计提坏账准备时，需要根据债务单位的财务状况、经营成果、现金流量，以及经验等具体情况作出估计，估计固定资产折旧年限和净残值，需要根据固定资产消耗方式、性能、技术发展等情况进行估计，等等。

2. 会计估计应当依据最近可利用的信息或资料为基础。由于经营活动内在的不确定性，企业在会计核算中，不得不经常进行估计。某些估计主要用于确定资产或负债的账面价值，例如，坏账准备、经济诉讼可能引起的赔偿等；另一些估计主要用于确定将在某一期间记录的收益或费用的金额。企业在进行会计估计时，通常应根据当时的情况和经验，以最近可利用的信息或资料为基础进行。但是，随着时间的推移、环境的变化，进行会计估计的基础可能会发生变化。因此，进行会计估计所依据的信息或资料不得不经常发生变化。

3. 进行会计估计并不会削弱会计核算的可靠性。进行会计估计是企业经济活动中不可避免的，进行合理的会计估计是会计核算中必不可少的部分，它不会削弱会计核算的可靠性。估计是建立在具有确凿证据的前提下，而不是随意的。例如，企业估计固定资产预计使用年限，应当考虑该项固定资产的技术性能、历史资料、同行业同类固定资产的预计使用年限、本企业经营性质等诸多因素，并掌握确凿证据后确定。

二、会计估计变更的会计处理

会计估计变更应采用未来适用法，其处理方法为：

1. 如果会计估计的变更仅影响变更当期，有关估计变更的影响应于当期确认。例如，企业原按应收账款余额的5%提取坏账准备，由于企业不能收回应收账款的比例已达 10%，则企业改按应收账款余额的 10% 提取坏账准备，这类会计估计的变更，只影响变更当期。因此，应于变更当期确认。

2. 如果会计估计的变更既影响变更当期又影响未来期间，有关估计变更的影响在当期及以后各期确认。例如，可计提折旧固定资产，其有效使用年限或预计净残值的估计发生的变更，常常影响变更当期及资产以后使用年限内各个期间的折旧费用。因此，这类会计估计的变更，应于变更当期及以后各期确认。

会计估计变更的影响数应计入变更当期与前期相同的项目中。为了保证不同期间的会计报表具有可比性，会计估计变更的影响如果以前包括在企业日常经营活动的损益中，则以后也应包括在相应的损益类项目中，如果会计估计变更的影响数以前包括在特殊项目中，则以后也应作为特殊项目反映。

【例 16－2】ABC 公司于 2003 年 1 月 1 日起计提折旧的管理用设备一台，价值 84000 元，预计使用年限为 8 年，预计净残值为 4000 元，按直线法计提折旧。至 2007 年初，由于新技术的发展等原因，需要对原估计的使用年限和净残值作出修正，修改后该设备的预计使用年限为 6 年，预计净残值为 2000 元。

ABC 公司对上述估计变更的处理方式如下：

（1）不调整以前各期折旧，也不计算累积影响数。

（2）变更日以后发生的经济业务改按新的估计提取折旧。

按原估计，每年折旧额为 10000 元，已提折旧 4 年，共计 40000 元，固定资产净值为 44000 元。改变预计使用年限后，2007 年起每年计提的折旧费用为 21000［（44000－2000）÷（6－4）］元。2007 年不必对以前年度已提折旧进行调整，只需按重新预计的使用年限和净残值计算确定年折旧费用，有关账务处理如下：

借：管理费用　　　　　　　　　　　　　　21000
　贷：累计折旧　　　　　　　　　　　　　　　　21000

（3）附注说明。

本公司一台管理用设备，原始价值 84000 元。原预计使用年限为 8 年，预计净残值 4000 元，按直线法计提折旧。由于新技术的发展，该设备已不能按原预计使用年限计提折旧，本公司于 2004 年初变更该设备的预计使用年限为 6 年，预计净残值为 2000 元，以反映该设备的真实预计使用年限和净残值。此估计变更影响本年度净利润减少数为 7370［（21000－10000）×（1－33%）］元。

三、会计估计变更和会计政策变更不易分清时的会计处理

在具体实务中，应当正确划分会计政策变更和会计估计变更，并按不同的方法进行相关会计处理。但有时很难区分会计估计变更和会计政策变更，例如，某企业固定资产原按直线法计提折旧，预计使用年限为 15 年，从某年年初起改按双倍余额递减法计提折旧，预计使用年限为 10 年。对于这一事项如果从会计政策变更角度考虑，固定资产折旧方法由直线法改为双倍余额递减法，属于会计政策变更；但从预计使用年限的变更看，属于会计估计变更。在这种情况下，如果不易区别是会计政策变更，还是会计估计变更，按企业会计制度规定均视为会计估计变更，按会计估计变更的会计处理方法进行处理。

四、会计估计变更在会计报表附注中的披露

在会计报表附注中披露以下与会计估计变更有关的事项：
1. 会计估计变更的内容和原因。
2. 会计估计变更对当期和未来期间的影响数。
3. 会计估计变更的影响数不能确定的，披露这一事实和原因。

第三节　前期差错更正

一、前期差错及其更正

企业在会计核算过程中可能会发生各种各样的差错，产生错账。会计差错按其发生的原因分为会计政策使用上的差错、会计估计上的差错和其他差错。按其发现及归属期间分为本期发现的、属于本期的会计差错以及本期发现的、属于以前年度的会计差错，即前期差错。前期差错，是指由于没有运用或错误运用下列两种信息，而对前期财务报表造成省略漏报或错报。
1. 编报前期财务报表时预期能够取得并加以考虑的可靠信息。
2. 前期财务报告批准报出时能够取得的可靠信息。
前期差错通常包括计算错误、应用会计政策错误、疏忽或曲解事实以及舞

弊产生的影响以及存货、固定资产盘盈等。

二、前期差错的会计处理

前期差错，应当是指重要的前期差错以及虽然不重要但故意造成的前期差错。前期差错的重要程度，应根据差错的性质和金额加以具体判断。例如，企业的存货盘盈，应将盘盈的存货计入当期损益。对于固定资产盘盈，应当查明原因，采用追溯重述法进行更正。

1. 企业应当采用追溯重述法更正重要的前期差错，但确定前期差错累积影响数不切实可行的除外。发现前期差错时，视同该项前期差错从未发生过，从而对财务报表相关项目进行重新列示和披露。追溯重述法的会计处理与追溯调整法相同。例如，2006 年 12 月发现 2005 年少提折旧 500 万元，则在编制2006 年年报时，调整 2006 年利润表中作为比较的 2005 年利润表中的相关数据；调整 2006 年资产负债表的年初数。

同时，企业还应当在附注中披露与前期差错更正有关信息。在以后期间的财务报表中，不需要重复披露在以前期间的附注中已披露的会计政策变更和前期差错更正的信息。

2. 对于不重要且非故意造成的前期差错，可以采用未来适用法。

3. 确定前期差错影响数不切实可行的，可以从可追溯重述的最早期间开始调整留存收益的期初余额，财务报表其他相关项目的期初余额也应当一并调整，也可以采用未来适用法。即对于前期重要差错，本应追溯重述，但因无法取得数据等原因无法重述，则不重述。

如果在资产负债表日后期间发现报告年度或前期会计差错，按《企业会计准则——资产负债表日后事项》的规定进行处理。

三、滥用会计政策、会计估计及其变更

滥用会计政策和会计估计及其变更，是指企业在具体运用国家统一的会计制度所允许选用的会计政策，以及企业在具体运用会计估计时，未按照规定正确运用或随意变更，从而不能恰当地反映企业的财务状况和经营成果的情形。滥用会计政策和会计估计及其变更的主要表现形式有：

1. 对按国家统一的会计制度规定应计提的各项资产减值准备，未按合理的方法估计各项资产的可收回金额（或可变现净值），从而多计提资产减值准备。

2. 企业随意变更其所选择的会计政策。企业对其所选择的固定资产折旧方法、发出存货实际成本的确定方法等，未按照会计政策变更的条件随意变更会计政策。例如，有些企业因当年利润未达到预定目标，或者有的上市公司当年度预计将发生亏损，为了达到预定的利润目标或不发生亏损，而变更折旧政策，将原采用加速折旧法计提固定资产折旧的方法改为按照年限平均法计提折旧，从而减少当期的折旧费用，增加利润。

3. 企业随意调整费用等的摊销期限。例如，有些企业随意调整无形资产的摊销期限。

4. 属于滥用会计政策和会计估计的其他情形。例如，随意调增或调减折旧年限等。

滥用会计政策和会计估计的结果，是导致企业财务状况和经营成果不实，从而导致会计信息缺乏可靠性，为此，企业会计制度规定，滥用会计政策和会计估计及其变更，应当作为重大会计差错予以更正。

企业应当按照企业会计制度的规定，恰当地选择和运用会计政策、会计估计及其变更，真实地反映企业的财务状况、经营成果和现金流量情况。

四、前期差错更正的披露

企业应当在附注中披露与前期差错更正有关的下列信息：

1. 前期差错的性质。

2. 各个列报前期财务报表中受影响的项目名称和更正金额。

3. 无法进行追溯重述的，说明该事实和原因以及对前期差错开始进行更正的时点、具体更正情况。

在以后期间的财务报表中，不需要重复披露在以前期间的附注中已披露的前期差错更正的信息。

复习思考题

1. 哪些情况下的变更属于政策变更？

2. 难以划分会计政策变更和会计估计变更的情况下，怎么处理？

3. 追溯重述法和未来适用法分别用在什么情况下？

第十七章　资产负债表日后事项

第一节　资产负债表日后事项概述

一、资产负债表日后事项的定义

资产负债表日后事项，是指资产负债表日至财务报告批准报出日之间发生的有利或不利事项。资产负债表日通常指年度资产负债表日，即每年的 12 月 31 日结账日。资产负债表日后事项限定在一个特定的期间内，即资产负债表日后至财务会计报告批准报出日之间发生的事项，它是对资产负债表日存在状况的一种补充或说明。这里的财务会计报告是指对外提供的财务会计报告，不包括为企业内部管理部门提供的内部会计报表。

在理解这个定义时，还需要明确以下几个问题：

1. 我国年度资产负债表日为 12 月 31 日，但如果母公司在国外，或子公司在国外，无论国外母公司或子公司如何确定会计年度，其向国内提供的会计报表均应按照我国对会计年度的规定，提供相应期间的会计报表，而不能以国外母公司或子公司确定的会计年度作为依据。

2. 财务会计报告批准报出日是指董事会，或经理（厂长）会议类似机构批准财务会计报告报出的日期。通常是指对财务会计报告的内容负有法律责任的单位或个人批准财务会计报告向企业外部公布的日期，这里的"对财务会计报告的内容负有法律责任的单位或个人"一般是指所有者、所有者中的多数、董事会或类似的管理单位。根据《公司法》的规定，董事会有权制订公司的年度财务预算方案、决算方案、利润分配方案和弥补亏损方案，董事会有权批准对外公布财务会计报告，因此，对于上市公司而言，财务会计报告批准报出日是指董事会批准财务会计报告报出的日期。对于其他企业而言，财务会计报告批准报出日是指经理（厂长）会议或类似机构批准财务会计报告报出的日期。

3. 资产负债表日后事项包括所有有利和不利的事项，即对于资产负债表日后有利或不利事项在会计核算中采取同一原则进行处理。

4. 不是在这个特定期间内发生的全部事项，而是与资产负债表日存在状况有关的事项，或虽然与资产负债表日存在状况无关，但对企业财务状况具有重大影响的事项。

5. 资产负债表日后事项定义中不包括中止营业的议题。中止营业，是指企业出售或放弃一项营业，如企业营业的某一个分部、某一条生产线、某一种主要产品等。这里所讲的营业，代表着企业一个独立、主要的业务种类，并且该营业的资产、净损益和活动能够从实物上、经营上和会计报告目的等方面区分开来。由于某项营业终止涉及运用的会计政策，如已不适用于持续经营的会计假设，对资产的计量等方面与在持续经营的会计假设前提下所适用的会计政策不同，需要作出特殊的会计处理规定，因此，资产负债表日后事项不涉及资产负债表日前、资产负债表日或资产负债表日后确定的中止营业。

二、资产负债表日后事项涵盖的期间

资产负债表日后事项所涵盖的期间是资产负债表日后至财务会计报告批准报出之间。对上市公司而言，在这个期间内涉及几个日期，包括完成财务会计报告编制日、注册会计师出具审计报告日、董事会批准财务会计报告可以对外公布日、实际对外公布日等。资产负债表日后事项以报告年度次年的1月1日起（含1月1日，下同），但应以哪个日期为截止日期？通常而言，审计报告日期是指注册会计师完成外勤审计工作的日期。实际对外公布日通常不早于董事会批准财务会计报告对外公布的日期。

资产负债表日后事项涵盖的期间应当包括：

1. 报告年度次年的1月1日至董事会，或经理（厂长）会议或类似机构批准财务会计报告可以对外公布的日期，即以董事会，或经理（厂长）会议或类似机构批准财务会计报告对外公布的日期为截止日期。

2. 董事会，或经理（厂长）会议或类似机构批准财务会计报告可以对外公布日，与实际对外公布日之间发生的与资产负债表日后事项有关的事项，由此影响财务会计报告对外公布日期的，应以董事会，或经理（厂长）会议或类似机构再次批准财务会计报告对外公布的日期为截止日期。如果由此影响审计报告的内容的，按照独立审计准则的规定，注册会计师可以签署双重报告日期，即保留原定审计报告日，并就该期后事项注明新的审计报告日；或更改审计报告日期，即将原定审计报告日推迟至完成追加审计程序时的审计报告日。

例如，某上市公司 2003 年的年度财务会计报告于 2004 年 2 月 15 日编制完成，注册会计师完成整个年度审计工作并签署审计报告的日期为 2004 年 4 月 22 日，经董事会批准财务会计报告可以对外公布的日期为 2004 年 4 月 23 日，财务会计报告实际对外公布日期为 2004 年 4 月 25 日，股东大会召开日期为 2004 年 5 月 6 日。根据资产负债表日后事项涵盖期间的规定，财务会计报告批准报出日为 2004 年 4 月 23 日，资产负债表日后事项的时间区间为 2004 年 1 月 1 日至 2004 年 4 月 23 日。假如该公司经董事会批准财务会计报告可以对外公布的日期为 2004 年 4 月 22 日，实际对外公布的日期为 2004 年 4 月 25 日，如果在 4 月 22 日至 25 日之间发生了重大事项，按照资产负债表日后事项处理规定需要调整会计报表相关项目的数字或需要在会计报表附注中披露的，经调整或说明后的财务会计报告再经董事会批准的报出日为 2004 年 4 月 28 日，实际对外公布的日期为 2004 年 4 月 30 日，则资产负债表日后事项涵盖的期间为 2004 年 1 月 1 日至 2004 年 4 月 28 日。

三、资产负债表日后事项的内容

资产负债表日后事项包括两类：一类是对资产负债表日存在的情况提供进一步证据的事项；一类是资产负债表日后才发生的事项。前者称为调整事项；后者称为非调整事项。

所谓调整事项、是指由于资产负债表日后获得新的或进一步的证据，以表明依据资产负债表日存在状况编制的会计报表已不再具有用性，应依据新发生的情况对资产负债表日所反映的收入、费用、资产、负债以及所有者权益进行调整。资产负债表日后调整事项的判断标准为："资产负债表日后获得新的或进一步的证据，有助于对资产负债表日存在状况的有关金额作出重新估计，应当作为调整事项。"企业应当根据调整事项的判断标准进行判断，以确定是否属于调整事项。调整事项的特点是：

1. 在资产负债表日或以前已经存在，资产负债表日后得以证实的事项。
2. 对按资产负债表日存在状况编制的会计报表产生重大影响的事项。

例如，甲企业应收乙企业账款 5600000 元，按合同约定应在 2003 年 11 月 10 日前偿还。在 2003 年 12 月 31 日结账时，甲企业尚未收到这笔应收账款，并已知乙企业财务状况不佳，近期内难以偿还债务，甲企业对该项应收账款提取 10% 的坏账准备。2004 年 2 月 10 日，在甲企业报出财务会计报告之前收到乙企业通知，乙企业已宣告破产，无法偿付部分欠款。从这一例子可见，甲企业于 2003 年 12 月 31 日结账时已经知道乙企业财务状况不佳，即在 2003 年 12 月 31 日资产负债表日，乙企业财务状况不佳的事实已经存在，但未得到乙企业破产的确切证据。2004 年 2 月 10 日甲企业正式收到乙企业通知，得知乙企业已破产，并且无法偿付部分货款，即 2004 年 2 月 10 日对 2003 年 12 月 31 日存在的情况提供了新的证据，表明根据 2003 年 12 月 31 日存在情况提供的资产负债表所反映的应收乙企业账款中已有部分成为坏账，依据资产负债表日存在状况编制的会计报表所提供的信息已不能真实反映企业的实际情况，因此，应据此对会计报表相关项目的数字进行调整。

所谓非调整事项，是指在资产负债表日该状况并不存在，而是期后才发生的事项。资产负债表日后才发生的事项，不涉及资产负债表日存在状况，但为了对外提供更有用的会计信息，必须以适当的方式披露这类事项，这类事项作为非调整事项。资产负债表日后非调整事项的判断标准为："资产负债表日以后才发生或存在的事项，不影响资产负债表日存在状况，但如不加以说明，将会影响财务会计报告使用者作出正确估计和决策，这类事项应当作为非调整事项。"非调整事项的特点是：

1. 资产负债表日并未发生或存在，完全是期后发生的事项。

2. 对理解和分析财务会计报告有重大影响的事项。

例如，A 企业应收 B 企业一笔货款，在 2003 年 12 月 31 日结账时，B 企业经营状况良好，并无显示财务困难的迹象。但在 2004 年 1 月 25 日，B 企业发生火灾，烧毁了全部厂房、设备和存货，无法偿还 A 企业的货款。对于这一事项，完全是由于资产负债表日后才发生的，与资产负债表日存在状况无关。

这两类事项的区别在于：调整事项是事项存在于资产负债表日或以前，资产负债表日后提供了证据对以前已存在的事项作出进一步说明；而非调整事项是在资产负债表日尚未存在，但在财务会计报告批准报出日之前才发生。这两类事项的共同点在于：调整事项和非调整事项都是在资产负债表日后至财务会计报告批准报出日之间存在或发生的，对报告年度的财务会计报告所反映的财务状况、经营成果都将产生重大影响。

在判断调整事项和非调整事项时，还需要明确以下问题：

第一，如何确定资产负债表日后的某一事项是调整事项还是非调整事项，是对资产负债表日后事项进行会计处理的关键。调整和非调整事项是一个广泛的概念，就事项本身来说，可以有各种各样的性质，只要符合这两类事项的判断原则即可；同一性质的事项可能是调整事项，也可能是非调整事项，这取决于有关状况是在资产负债表日或以前已经存在，还是在资产负债表日后才发生的。

例如，因债务人破产而使应收账款发生损失。如果债权人在 12 月 31 日或之前根据所掌握的资料判断债务人有破产清算的可能，或债务人正处于破产清算的过程中，在资产负债表日债权人已经按该项应收账款 10% 计提了坏账准备。如果在资产负债表日后至财务会计报告批准报出日之间，接到债务人的通知表明其已宣告破产清算，债权人无法收回全部应收账款，由于应收账款可能受到损失的状况在资产负债表日已经存在，只是在资产负债表日后提供了受损的进一步证据，表明原估计的坏账准备不足，应重新调整。因此，这一事项应当作为调整事项；如果在 12 月 31 日债务人财务状况良好，没有任何财务状况恶化的信息，债权人按照当时所掌握的资料按应收账款的 2% 计提了坏账准备，但在债权人财务会计报告批准报出前，有资料证明债务人由于火灾发生重大损失，债权人的应收账款有可能收不回来，由于这一情况在资产负债表日并不存在，是资产负债表日后才发生的事项。因此，应作为非调整事项在会计报表附注中进行披露。

又如，债务人由于遇到自然灾害而导致无法偿还债权人的应收账款。对于这一事项，如果债务人是在资产负债表日或以前已发生自然灾害，但由于种种原因，债权人在资产负债表日或之前不知道这一情况，在资产负债表日后才得知，应将这一事项作为调整事项，因为不论债权人知道与否，债务人遇到自然灾害的事实在资产负债表日已经存在，在资产负债表日后发生的事项只是对这一情况提供了进一步的证据；如果债务人的自然灾害是在资产负债表日后才发生的，即使债权人在灾害发生后立即得到消息，也应作为非调整事项在会计报表附注中披露。因为这是资产负债表日后才发生的事项，与资产负债表日存在状况无关，不能据此对资产负债表日存在状况的有关金额进行调整。

第二，企业会计制度对资产负债表日后事项以列举的方式，说明了哪些属于调整事项，哪些属于非调整事项，但并没有包括所有调整和非调整事项。会计人员应当按照企业会计制度中给出的判断标准，确定资产负债表日后事项中哪些属于调整事项，哪些属于非调整事项。需要说明的是，资产负债表日后事项，已经作为调整事项调整会计报表有关项目数字的，除法律、法规以及会计制度另有规定外，不需要在会计报表附注中进行披露。

第二节　资产负债表日后调整事项

一、调整事项的处理原则

资产负债表日后发生的调整事项，应当如同资产负债表所属期间发生的事项一样，作出相关账务处理，并对资产负债表日已编制的会计报表作相应的调整。这里的会计报表包括资产负债表、利润表及其相关附表和现金流量表的补充资料内容，但不包括现金流量表正表。由于资产负债表日后事项发生在次年，上年度的有关账目已经结转，特别是损益类科目在结账后已无余额。因此，资产负债表日后发生的调整事项，应当分别以下情况进行账务处理：

1. 涉及损益的事项，通过"以前年度损益调整"科目核算。调整增加以前年度收益或调整减少以前年度亏损的事项，及其调整减少的所得税，记入"以前年度损益调整"科目的贷方；调整减少以前年度收益或调整增加以前年度亏损的事项，以及调整增加的所得税，记入"以前年度损益调整"科目的借方。"以前年度损益调整"科目的贷方或借方余额，转入"利润分配——未分配利润"科目。

2. 涉及利润分配调整的事项，直接在"利润分配——未分配利润"科目核算（除根据董事会批准的利润分配方案分配利润外）。

3. 不涉及损益以及利润分配的事项，调整相关科目。

4. 通过上述账务处理后，还应同时调整会计报表相关项目的数字，包括：

（1）资产负债表日编制的会计报表相关项目的数字；

（2）当期编制的会计报表相关项目的年初数；

（3）提供比较会计报表时，还应调整相关会计报表的上年数；

（4）经过上述调整后，如果涉及会计报表附注内容的，还应当调整会计报表附注相关项目的数字。

二、调整事项的具体会计处理方法

1. 资产负债表日后诉讼案件结案，法院判决证实了企业在资产负债表日已经存在现时义务，需要调整原先确认的与该诉讼案件相关的预计负债，或确认一项新负债。

【例17-1】甲企业因违约，于2006年12月被乙企业告上法庭，要求赔偿900万元。2006年12月31日法院尚未判决，甲公司按或有事项准则已确认预计负债500万元。乙企业未确认收益。2007年3月10日，经法院判决甲企业应赔偿600万元，甲、乙双方均服从判决，甲企业已向乙企业支付赔偿款600万元。假设甲、乙企业2006年所得税汇算清缴在2007年2月10日完成，假定两企业的所得税税率均为33%，所得税采用资产负债表债务法核算，甲企业按10%提取法定盈余公积。

甲企业：

（1）2007年3月10日，记录支付的赔款。

借：以前年度损益调整（调整营业外支出）　1000000
　　贷：其他应付款　　　　　　　　　　　　　　1000000
借：递延所得税资产　　　　　　　　　　330000
　　贷：以前年度损益调整（调整所得税）　　　　330000
借：预计负债　　　　　　　　　　　　5000000
　　贷：其他应付款　　　　　　　　　　　　　5000000
借：其他应付款　　　　　　　　　　　6000000
　　贷：银行存款　　　　　　　　　　　　　　6000000

（注：2006年末负债账面价值600万元，在2007年所得税申报时可抵扣，从而产生可抵扣暂时性差异600万元；因确认预计负债500万元时已确认相应的递延所得税资产，故日后事项处理时再确认增加的100万元负债对应的递延所得税资产）

（2）将"以前年度损益调整"科目余额转入未分配利润。

借：利润分配——未分配利润　　　　　　　670000
　　贷：以前年度损益调整　　　　　　　　　　670000

（3）因净利润变动，调整盈余公积。

借：盈余公积（670000×10%）　　　　　　67000
　　贷：利润分配——未分配利润　　　　　　　67000

（4）调整报告年度报表（略）。

乙企业：

（1）2006年3月10日，记录收到的赔款。

借：其他应收款　　　　　　　　　　　6000000
　　贷：以前年度损益调整（营业外收入）　　　6000000
借：以前年度损益调整（所得税）　　　1980000

　　贷：递延所得税负债　　　　　　　　　1980000

　　（注：年末其他应收款为600万元，资产的计税基础为0，产生应纳税暂时性差异600万元）

　　（2）将"以前年度损益调整"科目余额转入未分配利润。

　　借：以前年度损益调整　　　　　　　　4020000

　　　贷：利润分配——未分配利润　　　　4020000

　　（3）因净利润增加，补提盈余公积。

　　借：利润分配——未分配利润　　　　　402000

　　　贷：盈余公积（4020000×10%）　　　402000

　　（4）调整报告年度报表（略）。

　　【例17-2】甲企业因违约，于2006年12月被丙企业告上法庭，要求赔偿150万元。2006年12月31日法院尚未判决，甲公司因赔偿的金额无法可靠估计，因而未确认预计负债。2007年2月3日，经法院判决甲企业应赔偿100万元，甲、丙双方均服从判决，甲企业已向丙企业支付赔偿款100万元。假设甲企业2006年所得税汇算清缴在2007年2月10日完成，此笔损失可在税前抵扣，所得税税率为33%，所得税采用资产负债表债务法核算，甲企业按10%提取法定盈余公积。

　　甲企业会计处理如下：

　　（1）2007年2月3日，记录支付的赔款。

　　借：以前年度损益调整（调整营业外支出）1000000

　　　贷：其他应付款　　　　　　　　　　1000000

　　借：应交税费——应交所得税　　　　　330000

　　　贷：以前年度损益调整（调整所得税）　330000

　　借：其他应付款　　　　　　　　　　　1000000

　　　贷：银行存款　　　　　　　　　　　1000000

　　（2）将"以前年度损益调整"科目余额转入未分配利润。

　　借：利润分配——未分配利润　　　　　670000

　　　贷：以前年度损益调整　　　　　　　670000

　　（3）因净利润变动，调整盈余公积。

　　借：盈余公积　　　　　　　　　　　　67000

　　　贷：利润分配——未分配利润　　　　67000

　　（4）调整报告年度报表（略）。

　　2. 资产负债表日后取得确凿证据，表明某项资产在资产负债表日发生了减值或者需要调整该项资产原先确认的减值金额。

在年度资产负债表日或以前，根据当时资料判断某项资产可能发生损失或永久性减值，但没有最后确定是否会发生，因而按照当时最好的估计金额反映在会计报表中。但在日后期间，所取得的新的证据证明该事实成立，即某项资产已经发生了损失或永久性减值，应对资产负债表日所作的估计予以修正。

【例17-3】甲公司2006年8月销售一批产品给乙企业，取得含税收入500万元，双方约定，货款于10月末前支付。但因乙公司财务困难，此笔货款到年末尚未支付，甲公司按当时的情况计提了10%的坏账准备。2007年3月1日，甲公司接到乙企业通知，乙企业已进行破产清算，甲公司预计有50%的货款无法收回。按照税法规定，如有证据表明资产已发生永久性或实质性损害时，允许在所得税前抵扣，经税务机关批准在应收款项余额5‰的范围内计提的坏账准备可以在税前扣除，本年度除应收乙企业账款计提的坏账准备外，无其他纳税调整事项。甲公司所得税税率为33%，所得税采用资产负债表债务法核算，2007年2月28日已完成2006年所得税汇算清缴，甲公司预计今后三年内有足够的应税所得用以抵扣可抵扣暂时性差异。按净利润的10%提取法定盈余公积。甲公司2006年财务会计报告在2007年3月31日经批准报出。

根据规定判断，应作为调整事项进行处理：

（1）2007年3月1日，补提坏账准备。

借：以前年度损益调整（调整管理费用）　　2000000
　　贷：坏账准备　　　　　　　　　　　　　　　2000000

（2）确认递延所得税资产。

借：递延所得税资产　　　　　　　　　　　660000
　　贷：以前年度损益调整（调整所得税）　　　660000

［注：年末应收账款的账面价值为250万元，计税基础为497.5万元（500万元-500万元×5‰），产生可抵扣暂时性差异247.5万元；因在年末计提坏账准备时已处理了47.5万元，日后期间要确认的是200万元暂时性差异相应的递延所得税资产］

（3）将"以前年度损益调整"科目余额（即减少的净利润）转入未分配利润。

借：利润分配——未分配利润　　　　　　　1340000
　　贷：以前年度损益调整（200万-66万）　　1340000

（4）因净利润减少，冲回多提的盈余公积。

借：盈余公积　　　　　　　　　　　　　　134000
　　贷：利润分配——未分配利润　　　　　　　134000

（5）调整报告年度报表。

调整 2006 年资产负债表年末数：调减应收账款 200 万元；调增递延所得税资产 66 万元；调减盈余公积 13.4 万元；调减未分配利润 120.6 万元。

调整 2006 年利润及利润分配表的本年数：调增管理费用 200 万元；调减所得税费用 66 万元；调减提取法定盈余公积 13.4 万元；调减未分配利润 120.6 万元。

3. 资产负债表日后进一步确定了资产负债表日前购入资产的成本或售出资产的收入。

（1）在资产负债表日前购进了资产，按照当时确定的资产价值入账，资产负债表日后期间，进一步确定了资产的成本，应作为日后事项的调整事项进行处理。

【例 17-4】甲公司 2006 年 8 月新建的一栋办公楼达到预定可使用状态，转入固定资产价值 1900 万元。2007 年 2 月 5 日竣工结算，办公楼价值为 2008 万元。假设该办公楼预计使用年限为 30 年，预计净残值为 0。

甲公司应按调整事项进行处理：

①调整固定资产账面价值。

借：固定资产　　　　　　　　　　　　　　1080000

　　贷：应付账款　　　　　　　　　　　　1080000

②补提折旧。

2006 年 10 ~ 12 月应补提折旧 = 1080000 ÷ 30 ÷ 12 × 3 = 9000（元）

借：以前年度损益调整（调整管理费用）　　9000

　　贷：累计折旧　　　　　　　　　　　　9000

③调整应交所得税。

借：应交税费——应交所得税　　　　　　　2970

　　贷：以前年度损益调整（调整所得税）　2970

④将"以前年度损益调整"科目余额转入未分配利润。

借：利润分配——未分配利润　　　　　　　6030

　　贷：以前年度损益调整　　　　　　　　6030

⑤因净利润变动，调整盈余公积。

借：盈余公积（6030 × 10%）　　　　　　　603

　　贷：利润分配——未分配利润　　　　　603

⑥调整报告年度报表（略）。

（2）发生资产负债表所属期间或以前期间所售商品的退回。

资产负债表日后事项中涉及报告年度所属期间的销售退回发生于报告年度

所得税汇算清缴之前，应调整报告年度会计报表的收入、成本等，并相应调整报告年度的应纳税所得额，以及报告年度应交的所得税等。

【例 17 – 5】甲公司 2006 年 12 月 15 日销售一批商品给丙企业，取得收入 100 万元（不含税，增值税税率 17%），甲公司发出商品后，按照正常情况已确认收入，并结转成本 80 万元。此笔货款到年末尚未收到，甲公司按应收账款的 4% 计提了坏账准备 4.68 万元。2007 年 1 月 15 日，由于产品质量问题，本批货物被退回。按税法规定，经税务机关批准在应收款项余额 5‰ 的范围内计提的坏账准备可以在税前扣除，本年度除应收丙企业账款计提的坏账准备外，无其他纳税调整事项。甲公司所得税税率为 33%，所得税采用资产负债表债务法核算，2007 年 2 月 28 日完成了 2006 年所得税汇算清缴，甲公司按净利润的 10% 提取法定盈余公积。甲公司 2006 年财务会计报告在 2007 年 3 月 31 日经批准报出。

根据规定判断，该销售退回应作为调整事项进行处理：

①2007 年 1 月 15 日，调整销售收入。

借：以前年度损益调整（调整主营业务收入）　　　1000000
　　　应交税费——应交增值税（销项税额）　　　　170000
　　贷：应收账款　　　　　　　　　　　　　　　　　1170000

②调整坏账准备余额。

借：坏账准备　　　　　　　　　　　　　　　　　　46800
　　贷：以前年度损益调整（调整管理费用）　　　　　46800

③调整销售成本。

借：库存商品　　　　　　　　　　　　　　　　　　800000
　　贷：以前年度损益调整（调整主营业务成本）　　　800000

④调整应交所得税。

借：应交税费——应交所得税　　　　　　　　　　64069.50
　　贷：以前年度损益调整（调整所得税）　　　　　64069.50

[（1000000 – 800000 – 1170000 × 5‰）× 33% = （200000 – 5850）× 33%]

⑤调整原已确认的递延所得税资产。

借：以前年度损益调整（调整所得税）　　　　　　13513.50
　　贷：递延所得税资产（40950 × 33%）　　　　　13513.50

[注：原应收账款资产的账面价值为 1123200 元（1170000 – 1170000 × 4%），计税基础为 1164150 元（1170000 – 1170000 × 5‰），产生可抵扣暂时性差异 40950 元，按 33% 的税率，原已确认递延所得税资产，现将其冲回]

⑥将"以前年度损益调整"科目余额（即减少的净利润）转入未分配

利润。

借：利润分配——未分配利润 102644

　　贷：以前年度损益调整 102644

（1000000 – 800000 – 46800 – 64069.5 + 13513.5）

⑦因净利润减少，冲回多提的盈余公积。

借：盈余公积（102644×10%） 10264.4

　　贷：利润分配——未分配利润 10264.4

⑧调整报告年度报表（略）。

　　资产负债表日后事项中涉及报告年度所属期间的销售退回发生于报告年度所得税汇算清缴之后，应调整报告年度会计报表的收入、成本等，但按照税法规定在此期间的销售退回所涉及的应交所得税，应作为本年度的纳税调整事项。

【例17－6】甲公司2006年12月15日销售一批商品给丙企业，取得收入100万元（不含税，增值税税率17%），甲公司发出商品后，按照正常情况已确认收入，并结转成本80万元。此笔货款到年末尚未收到，甲公司按应收账款的4%计提了坏账准备4.68万元。2007年3月15日，由于产品质量问题，本批货物被退回。按税法规定，经税务机关批准在应收款项余额5‰的范围内计提的坏账准备可以在税前扣除，本年度除应收丙企业账款计提的坏账准备外，无其他纳税调整事项。甲公司所得税税率为33%，所得税采用资产负债表债务法核算，2007年2月28日完成了2006年所得税汇算清缴，甲公司按净利润的10%提取法定盈余公积。甲公司2006年财务会计报告在2007年3月31日经批准报出。

　　根据规定判断，应作为调整事项进行处理：

（1）2007年3月15日，调整销售收入。

借：以前年度损益调整（调整主营业务收入） 1000000

　　应交税费——应交增值税（销项税额） 170000

　　贷：应收账款 1170000

（2）调整坏账准备余额。

借：坏账准备 46800

　　贷：以前年度损益调整（调整管理费用） 46800

（3）调整销售成本。

借：库存商品 800000

　　贷：以前年度损益调整（调整主营业务成本） 800000

（4）调整所得税费用。

借：递延所得税资产　　　　　　　　　　　　64069.50

　　贷：以前年度损益调整（调整所得税）　　64069.50

[注：由于销售退回，2006 年多交所得税 =（1000000 - 800000 - 1170000 × 5‰）×33% =（200000 - 5850）×33% =64069.50 元，只能在 2007 年所得税申报时抵扣，应计入递延所得税资产 64069.50 元]

（5）调整原已确认的递延所得税资产。

借：以前年度损益调整（调整所得税）　　13513.50

　　贷：递延所得税资产（40950×33%）　　13513.50

[注：原应收账款资产的账面价值为 1123200 元（1170000 - 1170000 × 4%），计税基础为 1164150 元（1170000 - 1170000×5‰），产生可抵扣暂时性差异 40950 元，按 33% 的税率，原已确认递延所得税资产，现将其冲回]

（6）将"以前年度损益调整"科目余额（即减少的净利润）转入未分配利润。

　　借：利润分配——未分配利润　　　　　　102644

　　　贷：以前年度损益调整（1000000 - 800000 - 46800 - 64069.50 + 13513.5）　　　　　　　　　　　　　　　　102644

（7）因净利润减少，冲回多提的盈余公积。

借：盈余公积（102644×10%）　　　　10264.4

　　贷：利润分配——未分配利润　　　10264.4

（8）调整报告年度报表（略）。

4. 资产负债表日后发现了财务报表舞弊或差错。

在资产负债表日后期间发现的属于资产负债表所属期间或以前期间存在的财务舞弊和差错，应当作为调整事项，调整报告年度财务报告相关项目的数字。一般说来，财务舞弊均是重要事项。但发生的差错，可能是重要差错和非重要差错。

【例 17 - 7】甲公司 2006 年财务会计报告在 2007 年 4 月 30 日批准报出，报告年度为 2006 年度。甲公司的所得税税率为 33%，所得税采用资产负债表债务法核算，2006 年度所得税申报在 2007 年 3 月 15 日完成；按净利润的 10% 提取盈余公积。

假设 2007 年 3 月 5 日，发现 2006 年 3 月管理用固定资产漏提折旧 30 万元（属于重大会计差错），则在 2007 年 3 月会计处理如下：

（1）补提折旧。

借：以前年度损益调整（管理费用）　　300000

　　贷：累计折旧　　　　　　　　　　300000

（2）调整应交所得税。

借：应交税费——应交所得税 （300000×33%）99000

　　贷：以前年度损益调整（所得税） 99000

（报告年度的折旧在汇算清缴前补提，可在报告年度税前抵扣）

（3）将调减的净利润转入未分配利润。

借：利润分配——未分配利润 201000

　　贷：以前年度损益调整 201000

（4）调减盈余公积。

借：盈余公积（201000×10%） 20100

　　贷：利润分配——未分配利润 20100

（5）调整2006年会计报表。

对于2006年利润及利润分配表，调增管理费用300000元，调减所得税99000元，调减提取盈余公积20100元；对于资产负债表，应调整2005年年报的年末数，调增累计折旧300000元，调减应交税费99000元，调减盈余公积20100元，调减未分配利润180900元。

（6）资产负债表日后期间的此笔差错更正，已经作为调整事项调整会计报表有关项目数字，不需要在会计报表附注中进行披露。

假设2007年3月5日，发现2005年3月管理用固定资产漏提折旧30万元（属于重大会计差错），则在2007年3月会计处理如下：

（1）补提折旧。

借：以前年度损益调整（管理费用） 300000

　　贷：累计折旧 300000

（2）将调减的净利润转入未分配利润。

借：利润分配——未分配利润 300000

　　贷：以前年度损益调整 300000

（注：补提折旧后固定资产的账面价值与其计税基础一致，没有暂时性差异）

（3）调减盈余公积。

借：盈余公积（300000×10%） 30000

　　贷：利润分配——未分配利润 30000

（4）调整2006年会计报表。

对于2006年利润及利润分配表，应调增上年度（2005年）管理费用300000元，调减提取盈余公积30000元；对于资产负债表，应调整2006年年报的年初数，调增累计折旧300000元，调减盈余公积30000元，调减未分配利润 270000 元（300000×90%）。

（5）资产负债表日后期间的此笔差错更正，还需要在会计报表附注中披露重大会计差错的性质、影响的报表项目和更正的金额。

假设 2007 年 3 月 5 日，发现 2003 年 3 月管理用固定资产漏提折旧 30 万元（属于重大会计差错），则在 2007 年 3 月会计处理如下：

（1）补提折旧。

借：以前年度损益调整（管理费用）　　　　　300000
　　贷：累计折旧　　　　　　　　　　　　　　　　　300000

（2）将调减的净利润转入未分配利润。

借：利润分配——未分配利润　　　　　　　　300000
　　贷：以前年度损益调整　　　　　　　　　　　　　300000

（3）调减盈余公积。

借：盈余公积（300000×10%）　　　　　　　30000
　　贷：利润分配——未分配利润　　　　　　　　　　30000

（4）调整 2006 年会计报表。

对于 2005 年利润及利润分配表，应调减上年度（2005 年）年初未分配利润 270000（300000×90%）元；对于资产负债表，应调整 2006 年年报的年初数，调增累计折旧 300000 元，调减盈余公积 30000 元，调减未分配利润 270000 元。

5. 资产负债表日后期间的此笔差错更正，还需要在会计报表附注中披露重大会计差错的性质、影响的报表项目和更正的金额。

第三节　资产负债表日后非调整事项

资产负债表日后发生的非调整事项，是资产负债表日以后才发生的事项，不影响资产负债表日存在状况，不需要对资产负债表日已编制的会计报表进行调整。但由于这类事项可能重大，如不加以说明，将会影响财务会计报告使用者作出正确估计和决策，因此，应在会计报表附注中加以披露。

资产负债表日后发生的非调整事项，应当在会计报表附注中说明事项的内容，估计对财务状况、经营成果的影响；如无法作出估计，应当说明无法估计的理由。非调整事项的主要有：

1. 资产负债表日后发生重大诉讼、仲裁、承诺。例如，甲企业是房地产的销售代理商，在买卖双方同意房地产的销售条款时确认佣金收入，佣金由卖方支付。2006 年，甲企业同意替乙企业的房地产寻找买主。在 2006 年后期，甲企业找到一位有意的买主丁企业，丁企业以其获得银行融资的能力与乙企业签订购买该房地产的合同。2007 年 1 月，丁企业通知甲企业，其在获得银行贷款方面有困难，但仍然能够履行合同。之后不久，甲企业找到另一位以现金购买该房地产的买主。2007 年 2 月，丁企业通过法律手段起诉甲企业违背受托责任，2007 年 3 月，甲企业同意付给丁企业 50 万元的现金以使其撤回法律诉讼。在这个例子中，不论是甲企业，还是丁企业，均应将此事项作为非调整事项，在 2006 年度会计报表附注中进行披露。

2. 资产负债表日后资产价格、税收政策、外汇汇率发生重大变化。这一事项是指，在资产负债表日后发生的资产价格、税收政策、外汇汇率的较大变动。它们的重大变化将会导致企业报告期后的财务状况和经营成果发生重大影响。但是，如果资产负债表日后资产价格、税收政策、汇率发生较大变化，应对由此产生的影响在会计报表附注中进行披露。

3. 资产负债表日后因自然灾害导致资产发生重大损失。这一事项是指，资产负债表日后发生的自然灾害导致的资产损失不是企业主观上能够决定的，是不可抗力所造成的。但这一事项对企业财务状况所产生的影响，如果不加以披露，有可能使财务会计报告使用者产生误解，导致作出错误的决策。因此，自然灾害导致的资产损失应作为非调整事项在会计报表附注中进行披露。

4. 资产负债表日后发行股票和债券以及其他巨额举债。企业发行股票和债券以及其他巨额举债是比较重大的事项，虽然这一事项与企业资产负债表日的存在状况无关，但应对这一事项作出披露，以使财务会计报告使用者了解与此有关的情况及可能带来的影响。

5. 资产负债表日后资本公积转增资本。这一事项是指，资产负债表日后至财务报告批准报出日之间经董事会、股东大会或类似机构批准以资本公积转增资本的事项，这一事项将会对企业的资产公积和资本（或股本）结构产生影响，由此需要在会计报表附注中进行披露。

6. 资产负债表日后发生巨额亏损。这一事项是指，资产负债表日后至财务报告批准报出日之间发生的巨额亏损，由于该巨额亏损将会导致企业报告期后的财务状况和经营成果发生重大影响，在会计报表附注中及时披露该事项，以便为投资者及其他报表使用者作出正确的决策提供信息。

7. 资产负债表日后发生企业合并或处置子公司。这一事项是指，资产负债表日后至财务报告批准报出日之间发生的重大企业合并或处置子公司事项。例如，2007 年 1 月 20 日，甲企业与乙企业协议，乙企业将其持有的 80% 股权的丁企业的股权出售给甲企业。对这一重大事项，甲、乙企业均应在会计报表附注中披露相关的信息。

对利润分配会计处理：提取法定盈余公积可作为报告期当期事项处理；资产负债表日后期间发现报告期差错涉及的法定盈余公积，可作为调整事项处理。资产负债表日后，企业利润分配方案中拟分配的以及经审议批准宣告发放的股利或利润，不确认为资产负债表日的负债，但应当在附注中单独披露。

复习思考题

1. 资产负债表日后事项涵盖的期间。
2. 如何区分调整事项和非调整事项？
3. 资产负债表日后调整事项的会计处理原则。
4. 资产负债表日后非调整事项有哪些？

第十八章 财务报告

第一节 财务报告概述

一、财务报告的含义及意义

财务报告是指企业根据审核无误的账簿资料及相关资料编制的，对外提供的反映企业某一特定日期的财务状况和某一会计期间经营成果、现金流量结构的文件。财务报告受到企业投资人、债权人、内部管理部门以及与企业经济利益关系密切人员的高度重视，他们通过报告了解企业重要的财务信息，并据以作出响应的决策或进行有效的监管。具体而言，财务报告由以下三个方面：

1. 为企业外部投资人、债权人了解企业生产经营情况、财务收支和盈利情况提供会计信息。企业的投资人最关注投资的内在风险和投资报酬；企业债权人最关注提供给企业的资金是否安全，自己的债权能否按时收回。企业的投资人（包括潜在的投资人）和债权人（包括潜在的债权人）为了对企业的经营作出正确的投资决策和信贷决策，就需要利用财务报表掌握企业有关经营成果、财务状况及现金流量等方面的会计信息。

2. 为企业管理当局改善经营管理提供经济信息。企业管理人员最关注的是财务状况的好坏、经营业绩的大小以及现金流量的大小。财务报表上的数据是对日常核算资料加工整理后的综合有效数据，将这些数据有机结合起来，就可以反映企业一定时期经营成果和财务状况的全貌，通过财务报表，企业决策者、经营者可以了解企业资金的来源、运用及经营业绩。如：资金来源多少、来源渠道、运用效果及偿债能力等。企业管理当局还可以利用财务报表提供的数据，考核分析企业主营业务收入及成本的预算完成情况，总结工作业绩并找出问题所在，以便对企业经营决策提供必要依据。

3. 为国家有关部门实现其经济与社会目标，进行必要的调控，促进社会资源的有效配置发挥重要作用。政府相关机构最关注的是国家资源的运用和分配情况。由于企业是国民经济的细胞，通过对公司提供的财务报告有关资源资料的汇总、分析，国家有关部门可以考核国民经济各部门的运行情况、各种财经法规、计划的执行情况，一旦发现问题，即可及时采取相应措施，运用各种杠杆和政策倾斜加以调控。可见财务报告信息在市场经济优化资源配置方面发挥基础作用。

二、财务报告的构成

财务报告分为年度、半年度、季度和月度的财务报告。其中，半年度、季度和月度的财务报告又称为中期财务报告。

财务报告至少应当包括：资产负债表、利润表、现金流量表、所有者权益（或股东权益，下同）变动表和附注。

财务报表的格式和附注分别就一般企业、商业银行、保险公司、证券公司等企业类型予以确认，企业应当根据经营活动的性质，确认本企业适用的财务报表格式和附注。

三、财务报表列报的基本要求

1. 企业应当以持续经营为基础，根据实际发生的交易和事项，按照企业会计准则的规定进行确认和计量，在此基础上编制财务报表。企业不应以附注披露代替确认和计量。

企业管理层应当评价企业的持续经营能力，对持续经营能力产生重大怀疑的，应当在附注中披露导致对持续经营能力产生重大怀疑的影响因素。

企业正式决定或被迫在当期或将在下一个会计期间进行清算或停止营业的，表明其处于非持续经营状态，应当采用其他基础编制财务报表，并在附注中声明财务报表未以持续经营为基础列报、披露未以持续经营为基础的原因和财务报表的编制基础。

2. 财务报表项目的列报应当在各个会计期间保持一致，不得随意变更，但下列情况除外：

（1）会计准则要求改变财务报表项目的列报。

（2）企业经营业务的性质发生重大变化后，变更财务报表项目的列报能够提供更可靠、更相关的会计信息。

3. 性质或功能不同的项目，应当在财务报表中单独列报，但不具有重要性的项目除外。性质或功能类似的项目，其所属类别具有重要性的，应当按其类别在财务报表中单独列报。

重要性，是指财务报表某项目的省略报或错报会影响使用者据此作出经济决策的，该项目具有重要性。

判断项目的重要性，应当考虑该项目的性质是否属于企业日常活动等因素；判断项目金额大小的重要性，应当通过单项金额占资产总额、负债总额、所有者权益总额、营业收入总额、营业成本总额、净利润等直接相关项目金额的比重加以确定。

4. 财务报表中的资产项目和负债项目的金额、收入项目和费用项目的金额不得相互抵消，但满足抵消条件的除外。

资产项目按扣除减值准备后的净额列示，不属于抵消。

非日常活动产生的损益，以收入扣减费用后的净额列示，不属于抵消。

5. 当期财务报表的列报，至少应当提供所有列报项目上一可比会计期间的比较数据，以及与理解当期财务报表相关的说明，但其他会计准则另有规定的除外。

财务报表项目的列报发生变更的，应当对上期比较数据按照当期的列报要求进行调整，并在附注中披露调整的原因和性质，以及调整的各项目金额。对上期比较数据进行调整不切实可行的，应当在附注中披露不能调整的原因。不切实可行，是指企业在作出所有合理努力后仍然无法采用某项规定。

6. 企业应当在财务报表的显著位置至少披露下列各项：

（1）编报企业的名称；

（2）资产负债表日或财务报表涵盖的会计期间；

（3）人民币金额单位；

（4）财务报表是合并财务报表的，应当予以标明。

7. 企业至少应当按年编制财务报表。年度财务报表涵盖的期间短于一年的，应当披露年度财务报表的涵盖期间以及短于一年的原因。

第二节　资产负债表

一、资产负债表的概述

资产负债表是反映企业某一特定日期（如月末、季末、年末等）财务状况的会计报表，它反映企业在某一特定日期所拥有或控制的经济资源、所承担的现时义务和所有者对净资产的要求权。其理论依据是"资产 = 负债 + 所有者权益"这一会计恒等式，并按照资产、负债和所有者权益之间的相互关系，按照一定的分类标准和顺序，将企业一定日期的资产、负债和所有者权益各项目予以适当排列，它是对日常工作中形成的大量数据进行高度浓缩整理后编制而成的。

（一）资产负债表的作用

1. 向会计信息的使用者全面揭示企业在某一特定日期的财务状况。该表从企业的角度出发，一方面，它突出了企业独立法人的地位，反映企业在某一特定日期持有的不同形态的资产总额及其结构。资产代表着企业的经济资源，是企业经营的基础，资产总量的高低在一定程度上可以说明企业的经营规模和盈利基础大小；企业的结构即资产的分布，反映着企业生产的特点，有利于报表使用者进一步分析企业经营的稳定性。如企业产品生产和销售基本稳定情况下，固定资产和流动资产之间的比率与本行业的整体特征是否相一致。通过资产负债表既可了解资产的使用是否合理，又能判断经营的稳定性。另一方面，该表反映了企业在某一特定日期所承担的不同债权人的偿债义务和偿债后归属于所有者的净资产总额，以便分析资金来源是否合理。

2. 反映企业的偿债能力。通过资产负债表可以反映企业在某一特定日期的负债总额以及结构。负债总额表明企业未来需要用多少资产或劳务来清偿；负债和所有者权益的比重反映了企业财务的安全程度；负债结构反映了企业偿还负债的紧迫程度。企业可以通过资产负债表计算流动比率、速动比率等，以了解企业的短期偿债能力。

3. 通过资产负债表，可以反映所有者权益的情况，表明投资者在企业资产中所占的份额，同时还可以了解所有者权益的构成情况，了解分析投资者投入资本及经营积累情况，有助于报表使用者分析、预测企业生产经营的安全程度和抗风险能力。

（二）资产负债表的格式与结构

1. 资产负债表的格式。目前，国际上流行的资产负债表格式主要有账户式和报告式两种。根据我国会计准则的要求，企业的资产负债表采用账户式结构。

账户式资产负债表又称为横式资产负债表，分左右两方，左方为资产项目，右方为负债及所有者权益项目。其理论依据为"资产＝负债＋所有者权益"，即资产各项目的合计等于负债和所有者权益各项目的合计。利用账户形式（左右对照式）将资产负债表的形式和内容统一起来，揭示了项目之间的钩稽关系，使报表使用者一目了然地了解企业在某一时点上的资产、负债及所有者权益的分布状况。

2. 资产负债表的结构。

资产负债表的结构是指资产负债表的构成部分以及构成项目的排列规则。从结构上看，资产负债表包括表头、基本内容两大部分。其中，表头又包括报表的名称、企业的名称、报表所反映的日期（不是填列日期）、报表的计量单位。

资产负债表的表身是该表的主体部分，具体反映资产负债表各项目的内容。资产和负债应当分别流动资产和非流动资产、流动负债和非流动负债列示。满足下列条件之一的资产应当归类为流动资产：①预计在一个正常营业周期中变现、出售或耗用。②主要为交易目的而持有。③预计在资产负债表日起一年内（含一年，下同）变现。④自资产负债表日起一年内，交换其他资产或清偿负债的能力不受限制的现金或现金等价物。满足下列条件之一的负债，应当归类为流动负债：①预计在一个正常营业周期中清偿。②主要为交易目的而持有。③自资产负债表日起一年内到期应予以清偿。④企业无权自主地将清偿推迟至资产负债表日后一年以上。

需注意：①对于在资产负债表日起一年内到期的负债，企业预计能够自主地将清偿义务展期至资产负债表日后一年以上的，应当归类为非流动负债；不能自主地将清偿义务展期的，即使在资产负债表日后、财务报告批准报出日前签订了重新安排清偿计划协议，该项负债仍应归类为流动负债。②企业在资产负债表日或之前违反了长期借款协议，导致贷款人可随时要求清偿的负债，应当归类为流动负债。贷款人在资产负债表日或之前同意提供在资产负债表日后一年以上的宽限期，企业能够在此期限内改正违约行为，且贷款人不能要求随时清偿，该项负债应当归类为非流动负债。

所有者权益一般按永久程度排列，留在企业的时间越长，排位越靠前；留在企业的时间越短，排位越靠后。

　　资产负债表的结构见表 18 - 1。

表 18 -1　　　　　　　　　　　　　**资 产 负 债 表**

编制单位：　　　　　　　　　　年　月　日　　　　　　　　　　单位：元

资　　　产	期末余额	期初余额	负债及所有者权益	期末余额	期初余额
流动资产			流动负债		
货币资金			短期借款		
交易性金融资产			交易性金融负债		
应收票据			应付票据		
应收账款			应付账款		
预付账款			预收账款		
应收利息			应付职工薪酬		
应收股利			应交税费		
其他应收款			应付利润		
存货			应付股利		
一年内到期的流动资产			其他应付款		
其他流动资产			一年内到期的非流动负债		
流动资产合计			其他流动负债		
非流动资产			流动负债合计		
可供出售的金融资产			非流动负债		
持有至到期的投资			长期借款		
长期应收款			应付债券		
长期股权投资			长期应付款		
投资性房地产			专项应付款		
固定资产			预计负债		

续表

资　产	期末余额	期初余额	负债及所有者权益	期末余额	期初余额
在建工程			递延所得税负债		
工程物资			其他非流动负债		
固定资产净值			非流动负债合计		
生产性生物资产			负债合计		
油气资产			所有者权益（股东权益）		
无形资产			实收资本（或股本）		
开发支出			资本公积		
商誉			减：库存股		
长期待摊费用			盈余公积		
递延所得税资产			未分配利润		
其他非流动资产			所有者权益（股东权益）合计		
非流动资产合计					
资产合计			负债及所有者权益合计		

二、资产负债表的编制方法

通常资产负债表各项目均需填列"年初余额"和"期末余额"两栏，其中本表的"年初余额"栏内各项数字，应根据上年末资产负债表"期末余额"栏内所列数字填列。如果上年度资产负债表规定的各个项目的名称和内容同本年度不相一致，应对上年年末资产负债表各项目的名称和数字按照本年度的规定进行调整，填入本表"年初余额"栏内。本表"期末余额"栏内各项数字，主要是根据各有关总账及明细账户的期末余额编制的。

（一）我国企业资产负债表各项目数据来源，主要通过以下几种方式取得

1. 根据总账账户余额直接填列。资产负债表各项目的数据来源，主要是根据总账账户期末余额直接填列，如，"应收票据"项目，根据"应收票据"

总账账户的期末余额直接填列；"短期借款"项目，根据"短期借款"总账账户的期末余额直接填列等。

2. 根据总账账户余额计算填列。资产负债表某些项目需要根据若干个总账账户的期末余额计算填列，如"货币资金"项目，根据"库存现金"、"银行存款"、"其他货币资金"账户的期末余额的合计数填列。

3. 根据明细账户余额计算填列。资产负债表某些项目不能根据总账账户的期末余额，或若干个总账账户余额计算填列，需要根据有关账户所属的相关明细账户的期末余额计算填列，如"应付账款"项目，是根据"应付账款"、"预付账款"账户所属相关明细账户的期末贷方余额计算填列。

4. 根据总账账户和明细账户余额分析计算填列。资产负债表上某些项目不能根据有关总账账户的期末余额直接或计算填列，也不能根据有关账户所属相关明细账户的期末余额计算填列，而是需要根据总账账户和明细账户余额分析计算填列，如"长期借款"项目，根据"长期借款"总账账户余额扣除"长期借款"账户所属的明细账户中反映的将于一年内到期的长期借款部分分析计算填列。

5. 根据账户余额减去其备抵项目后的净额填列。企业各项资产均按账面价值列示。如"固定资产"项目，由"固定资产"账户的期末余额减去"累计折旧"和"固定资产减值准备"账户余额后的净额填列。

（二）资产负债表"期末数"各项目的内容和填列方法

1. "货币资金"项目，反映企业期末持有的现金、银行存款和其他货币资金等总额。本项目应根据"库存现金"、"银行存款"、"其他货币资金"账户的期末余额合计填列。

2. "交易性金融资产"项目，反映企业购入的为交易目的持有的股票投资、债券投资和基金投资等交易性金融资产的公允价。本项目应根据"交易性金融资产"账户的期末余额填列。

3. "应收票据"项目，反映企业收到的未到期也未向银行贴现的应收票据，包括商业承兑汇票和银行承兑汇票。本项目应根据"应收票据"账户的期末余额填列。已向银行贴现和已背书转让的应收票据不包括在本项目内。其中，已贴现的商业承兑汇票应在会计报表附注中单独披露。

4. "应收账款"项目，反映企业因销售商品、提供劳务等应向购买单位收取的各种款项，减去已计提的坏账准备后的净额。本项目应根据"应收账款"账户所属各明细账户的期末借方余额合计数，减去"坏账准备"账户中有关应收账款计提的坏账准备期末余额后的金额填列。如果"应收账款"账户所属明细账户期末有贷方余额，应在本表"预收账款"项目内填列。

5. "预付账款"项目，反映企业预付给供应单位的款项。本项目应根据"预付账款"账户所属各明细账户的期末借方余额合计填列。如果"预付账款"账户所属有关明细账户期末有贷方余额的，应在本表"应付账款"项目内填列；如果"应付账款"账户所属明细账户有借方余额，也应包括在本项目内。

6 "应收利息"项目，反映企业因债权投资而应收取的利息。企业购入的到期还本付息债券应收的利息，不包括在本项目内。本项目应根据"应收利息"账户的期末余额填列。

7. "应收股利"项目，反映企业因股权投资而应收取的现金股利。企业应收取的其他单位的利润，也包括在本项目内。本项目应根据"应收股利"账户的期末余额填列。

8. "其他应收款"项目，反映企业对其他单位和个人的应收和暂付的款项，减去已计提的坏账准备后的净额。本项目应根据"其他应收款"账户的期末余额，减去"坏账准备"账户中有关其他应收款计提的坏账准备期末余额后的金额填列。

9. "存货"项目，反映企业期末库存、在途和正在加工中的各项存货的可变现净值，包括原材料、库存商品、在产品、半成品、周转材料等。本项目应根据"材料采购"、"原材料"、"库存商品"、"发出商品"、"委托加工物资"、"生产成本"等账户的期末余额合计数，减去"存货跌价准备"账户期末余额后的金额填列。材料采用计划成本核算以及库存商品采用计划成本或售价核算的企业还应按加或减材料成本差异、商品进销差价后的金额填列。"代理业务资产"减去"代理业务负债"后的余额在"存货"项目反映。建造承包商的"工程施工"期末余额大于"工程结算"期末余额的差额，应在"存货"项目反映。

10. "一年内到期的流动资产"项目，反映企业持有的，将于1年内到期的长期债权投资。该项目根据"持有至到期的债权投资"项目余额分析填列。

11. "其他流动资产"项目，反映企业除以上流动资产项目外的其他流动资产。本项目应根据有关账户的期末余额填列。如果其他流动资产价值较大，应在会计报表附注中披露其内容和金额。

12. "可供出售的金融资产"项目，反映企业持有的，可供出售的金融资产的公允价。本项目应根据"可供出售的金融资产"账户的期末余额，减去"可供出售的金融资产减值准备"后的金额填列。

13. "持有至到期投资"反映企业期末持有至到期投资的账面余额扣减"持有至到期投资减值准备"后的金额。

14. "长期应收款"项目,反映企业采用融资租赁方式及采用递延方式具有融资性质的销售商品和提供劳务产生的应收款。本项目应根据"长期应收款"账户的期末余额减去"未实现融资收益"期末余额后的金额填列。

15. "长期股权投资"项目,本项目应根据"长期股权投资"账户的期末余额,减去"长期股权投资减值准备"期末余额后的金额填列。

16. "投资性房地产"项目,反映企业采用成本计量(或公允价计量)投资性房地产的成本(或公允价)。本项目应根据"投资性房地产"账户的期末余额减去相应的"投资性房地产减值准备"后的金额填列。

17. "固定资产"项目,反映企业拥有的各种固定资产原价。本项目应根据"固定资产"账户的期末余额减去"累计折旧"减去"固定资产减值准备"后的金额填列。

18. "在建工程"项目,反映企业期末各项未完工程的实际支出,包括交付安装的设备价值、未完建筑安装工程已经耗用的材料、工资和费用支出、预付出包工程的价款、已经建筑安装完毕但尚未交付使用的工程等的可收回金额。本项目应根据"在建工程"账户的期末余额,减去"在建工程减值准备"账户期末余额后的金额填列。

19. "工程物资"项目,反映企业各项工程尚未使用的工程物资的实际成本。本项目应根据"工程物资"账户的期末余额减去"工程物资减值准备"后的金额填列。

20. "固定资产清理"项目,反映企业因出售、毁损、报废等原因转入清理但尚未清理完毕的固定资产的账面价值,以及在固定资产清理过程中发生的清理费用和变价收入等各项金额的差额。本项目应根据"固定资产清理"账户的期末借方余额填列。如"固定资产清理"账户期末为贷方余额,以"-"号填列。

21. "生产性生物资产"项目,反映企业持有的生产性生物资产的原价。本项目应根据"生产性生物资产"账户的期末余额减去"生产性生物资产累计折旧"后的金额填列。

22. "油气资产"项目,反映企业持有矿区权益和油气井及相关设施原价。本项目应根据"油气资产"账户的期末余额减去"累计折耗"后的金额填列。

23. "无形资产"项目,反映企业各项无形资产的期末可收回金额。本项目应根据"无形资产"账户的期末余额,减去"累计摊销"和"无形资产减值准备"账户期末余额后的金额填列。

24. "开发支出"项目,反映企业自行研发的无形资产,发生的实际支出。根据"研发支出"账户的余额填列。

25. "商誉"项目，反映企业合并中形成的商誉价值。本项目应根据"商誉"账户的期末余额，减去"商誉减值准备"账户期末余额后的金额填列。

26. "长期待摊费用"项目，反映企业尚未摊销的摊销期限在 1 年以上（不含 1 年）的各种费用，如租入固定资产改良支出、大修理支出以及摊销期限在 1 年以上（不含 1 年）的其他待摊费用。本项目应根据"长期待摊费用"账户的期末余额填列。

27. "递延所得税资产"项目，反映企业确认的可抵扣的暂时性差异产生的递延所得税资产。本项目应根据"递延所得税资产"账户的期末余额填列。

28. "其他非流动资产"项目，反映企业除以上资产以外的其他长期资产。本项目应根据有关账户的期末余额填列。如果其他长期资产价值较大，应在会计报表附注中披露其内容和金额。企业期末持有的公益性生物资产，应在"其他非流动资产"项目反映。

29. "短期借款"项目，反映企业借入的、尚未归还的 1 年期以内（含 1 年）的借款。本项目应根据"短期借款"账户的期末余额填列。

30. "非交易性金融负债"项目，反映企业承担的为交易性金融负债的公允价。本项目应根据"非交易性金融负债"账户的期末余额填列。

31. "应付票据"项目，反映企业为了抵付货款而承兑的尚未到期的应付票据，包括银行承兑汇票和商业承兑汇票。本项目应根据"应付票据"账户的期末余额填列。

32. "应付账款"项目，反映企业购买原材料、商品和接受劳务供应等应付给供应单位的款项。本项目应根据"应付账款"账户所属各有关明细账户的期末贷方余额合计填列。如果"应付账款"账户所属各明细账户期末有借方余额，应在本表"预付账款"账户中填列。

33. "预收账款"项目，反映企业预收的购买单位的账款。本项目应根据"预收账款"账户所属各有关明细账户的期末贷方余额合计填列。如果"预收账款"账户所属有关明细账户有借方余额的，应在本表"应收账款"项目中填列；如果"应收账款"账户所属明细账户有贷方余额，也应包括在本项目内。

34. "应付职工薪酬"项目，反映企业应付而未付的职工的各种薪酬。本项目应根据"应付职工薪酬"账户期末贷方余额填列。如果"应付职工薪酬"账户期末为借方余额，以"－"号填列。

35. "应交税费"项目，反映企业期末未交、多交或未抵扣的各种税金。本项目应根据"应交税费"账户的期末贷方余额填列。如果"应交税费"账户期末为借方余额，以"－"号填列。

36."应付利息"项目，反映企业按规定应支付的利息。本项目应根据"应付利息"账户的期末余额填列。

37"应付股利"项目，反映企业尚未支付的现金股利。本项目应根据"应付股利"科目的期末余额填列。

38."其他应付款"项目，反映企业所有应付和暂收的其他单位和个人的款项。本项目应根据"其他应付款"账户的期末余额填列。

39."一年内到期的流动负债"项目，反映企业非流动负债各项目中将于1年内（含1年）到期的负债。本项目应根据非流动负债各项目期末余额分析填列。

40."其他流动负债"项目，反映企业除以上流动负债以外的其他流动负债。本项目应根据有关账户的期末余额填列。如果其他流动负债价值较大，应在会计报表附注中披露其内容及金额。

41."长期借款"项目，反映企业借入的、尚未归还的1年期以上（不含1年）的借款本息。本项目应根据"长期借款"账户的期末余额填列。

42."应付债券"项目，反映企业发行的、尚未偿还的各种长期债券的本息。本项目应根据"应付债券"账户的期末余额填列。

43"长期应付款"项目，反映企业除长期借款和应付债券以外的其他各种长期应付款。本项目应根据"长期应付款"账户的期末余额，减去"未确认融资费用"账户期末余额后的金额填列。

44."专项应付款"项目，反映企业各种专项应付款的期末余额。本项目应根据"专项应付款"账户的期末余额填列。

45."预计负债"项目，反映企业预计负债的期末余额。本项目应根据"预计负债"账户的期末余额填列。

46."递延所得税负债"项目，反映企业确认的应纳税暂时性差异产生的递延所得税负债。本项目应根据"递延所得税负债"账户的期末余额填列。

47."其他非流动负债"项目，反映企业除以上长期负债项目以外的其他长期负债。本项目应根据有关账户的期末余额填列。如果其他长期负债价值较大，应在会计报表附注中披露其内容和金额。

48."实收资本"（或股本）项目，反映企业各投资者实际投入的资本（或股本）总额。本项目应根据"实收资本"（或股本）账户的期末余额填列。

49."资本公积"项目，反映企业资本公积的期末余额。本项目应根据"资本公积"账户的期末余额填列。

50. "库存股"项目，反映股份有限公司收购本企业股票的面额。本项目应根据"库存股"账户的期末余额填列。

51. "盈余公积"项目，反映企业盈余公积的期末余额。本项目应根据"盈余公积"账户的期末余额填列。

52. "未分配利润"项目，反映企业尚未分配的利润。本项目应根据"本年利润"账户和"利润分配"账户的余额计算、填列。未弥补的亏损，在本项目内以"—"号填列。

三、资产负债表编报举例

现以 A 公司的业务资料为例说明资产负债表的编制过程。

表 18 – 2 总分类账户余额表

账户名称	年初余额		年末余额	
	借方	贷方	借方	贷方
库存现金	600		600	
银行存款	2578000		1640890	
其他货币资金	234000			
交易性金融资产	30000			
应收票据	492000		92000	
应收股利	1000		1000	
应收利息	1000		1000	
应收账款	600000		1200000	
坏账准备		1800		3600
预付账款	200000		200000	
其他应收款	8000		8000	
材料采购			100000	
原材料	5060000		4050000	
材料成本差异				65400
周转材料	100000			
库存商品			1064800	

账户名称	年初余额		年末余额	
	借方	贷方	借方	贷方
生产成本				
长期应收款				
长期股权投资	320000		320000	
长期股权投资减值准备	200000	20000	200000	20000
持有至到期投资	3200000		5645900	
固定资产		800000		1183900
累计折旧				
固定资产清理				
工程物资	3000000		1456000	
在建工程	1200000		1200000	
无形资产				120000
累计摊销	400000		400000	
长期待摊费用		600000		100000
短期借款		400000		200000
应付票据		1907600		1907600
应付账款		220000		360000
应付职工薪酬		73200		423888
应交税费		100000		100000
其他应付款		2000		
预计负债		3200000		2320000
长期借款		10000000		10000000
实收资本		300000		371370.3
盈余公积		1100000		1504431.7
利润分配		900000		1600000
资本公积	1800000		2400000	

续表

账户名称	年初余额		年末余额	
	借方	贷方	借方	贷方
研发支出	200000		300000	
递延所得税资产				
合计	19624600	19624600	20280190	20280190

表 18－3　　　　　　　　　　　　　　　**资产负债表**

会企 01 表

编制单位：　　　　　　　　　　　　　年　月　日　　　　　　　　　　　　单位：元

资　　产	期末余额	期初余额	负债和所有者权益（或股东权益）	期末余额	期初余额
流动资产：			流动负债：		
货币资金	1641490	2812600	短期借款	100000	600000
交易性金融资产		30000	交易性金融负债		
应收票据	92000	492000	应付票据	200000	400000
应收账款	1196400	598200	应付账款	1907600	1907600
预付款项	200000	200000	预收款项		
应收利息	1000	1000	应付职工薪酬	360000	220000
应收股利	1000	1000	应交税费	423888	73200
其他应收款	8000	8000	应付利息		
存货	5149400	5160000	应付股利		
一年内到期的非流动资产			其他应付款	100000	100000
其他流动资产			一年内到期的非流动负债		2000000
流动资产合计	8289290	9302800	其他流动负债		
非流动资产：			流动负债合计	3091488	3300800
可供出售金融资产			非流动负债：		
持有至到期投资	200000	200000	长期借款	2320000	1200000

续表

资　产	期末余额	期初余额	负债和所有者权益（或股东权益）	期末余额	期初余额
长期应收款			应付债券		
长期股权投资	300000	300000	长期应付款		
投资性房地产			专项应付款		
固定资产	4462000	2400000	预计负债		2000
在建工程	1456000	3000000	递延所得税负债		
工程物资			其他非流动负债		
固定资产清理			非流动负债合计	2320000	1202000
生产性生物资产			负债合计	5411488	4502800
油气资产			所有者权益（或股东权益）：		
无形资产	1080000	1200000	实收资本（或股本）	10000000	10000000
开发支出	2400000	1800000	资本公积	900000	900000
商誉			减：库存股		
长期待摊费用	400000	400000	盈余公积	476370.3	300000
递延所得税资产	300000	200000	未分配利润	2099431.7	1100000
其他非流动资产			所有者权益（或股东权益）合计	13475802	14300000
非流动资产合计	10598000	9500000			
资产总计	18887290	18802800	负债和所有者权益（或股东权益）总计	18887290	18802800

第三节　利润表

一、利润表的概念和作用

1. 利润表也称损益表或收益表，是反映企业在一定期间生产经营成果的会计报表。利润表把一定期间的营业收入与其同一会计期间相关的营业费用进行配比，以计算出企业一定时期的净利润（或净亏损）。通过利润表反映的收入、费用等情况，能够反映企业生产经营的收益和成本耗费情况，表明企业生产经营成果。

2. 利润表的作用具体表现在以下几个方面：

（1）利润表提供了评价企业的经营成果与获利能力的信息。企业的经营成果通常是以企业的各种收入扣除相关的成本费用及税金等以后的差额表示的一个绝对数指标，它是反映企业资本增值的数额。盈利能力是一个相对数指标，它反映企业运用一定的经济资源取得经营成果的能力。通过利润表提供的经营成果信息，可以使企业投资者、债权人以及经营管理者了解、评价、预测企业的获利能力，并据以作出各自的投资、信贷和经营管理决策。

（2）利润表提供了评价企业经营管理者工作业绩的信息。比较企业前后期利润表上各项收入、费用、成本及净收益的增减变动情况，并考查其增减变动原因，可以较为客观地评价企业及企业内部各职能部门、各生产经营单位以及这些部门和人员的绩效与整个企业经营成果的关系，以便评判各部门管理人员的功过得失，及时做出有关方面的调整，使各项活动趋于合理。

（3）利润表提供了解释、评价和预测企业偿债能力的信息。偿债能力指企业以其资产清偿其债务的能力。利润表本身并不提供企业偿债能力方面的信息，然而，企业的偿债能力不仅仅取决于资产的流动性和资本结构，也取决于企业的获利能力。如果一家企业长期没有盈利，其资产的流动性必然不会太好，资本结构也将较差，可能陷入资不抵债的困难境地，很显然，其偿债能力肯定也较弱。

企业债权人和企业管理部门通过阅读利润表，可以间接地解释、评价和预测企业的偿债能力，并揭示偿债能力的变化趋势，进而作出各种信贷决策；企业管理部门可据以找出企业偿债能力不强的原因，努力提高企业的偿债能力，改变企业的形象。

二、利润表的格式及内容

（一）利润表的格式

利润表的格式主要有多步式利润表和单步式利润表两种。按照我国《企业会计准则第 30 号——财务报表列报》的规定，我国企业的利润表采用功能性利润表编制。具体格式如表 18 - 4 所示：

表 18 - 4   利润表

会企 02 表

编制单位：   年   月   单位：元

项　　目	行次	本期金额	上期金额
一、营业收入	1		
减：营业成本	2		
营业税金及附加	3		
销售费用	4		
管理费用	5		
财务费用	6		
资产减值损失	7		
加：公允价值变动净收益	8		
投资收益（损失以"—"号列示）	9		
其中：对联营企业和合营企业的投资	10		
二、营业利润（亏损以"—"号填列）	11		
加：营业外收入	12		
减：营业外支出	13		
其中：非流动资产处置净损失	14		
三、利润总额（亏损总额以"—"号填列）	15		
减：所得税费用	16		
四、净利润（净亏损以"—"号填列）	17		
五、每股收益：	18		

续表

项 目	行次	本期金额	上期金额
（一）基本每股收益 ×	19		
（二）稀释每股收益 ×	20		

（二）利润表的内容

利润表主要反映以下几方面的内容：

1. 构成营业利润的各项要素。营业利润在营业收入的基础上，减去为取得营业收入而发生的相关费用（包括有关的流转税）和期间费用（营业费用、管理费用和财务费用）加上公允价值变动净收益和投资收益后得出。

2. 构成利润总额（或亏损总额）的各项要素。利润总额在营业利润的基础上，加减营业外收支后得出。

3. 构成净利润各要素。净利润在利润总额的基础上减去所得税后得出。

4. 构成每股收益各要素。

每股收益在当期净利润基础上除以发行在外普通股的加权平均数得出。

稀释每股收益以基本每股收益的计算为基础，在分母中考虑稀释性潜在普通股的影响，同时对分子也作相应的调整。

三、利润表的编制方法

按照我国利润表的格式要求，利润表中一般设有"本期金额"和"上期金额"两栏，其填列方法如下：

1. "本期金额"栏，反映各项目的本期实际发生数。如果上年度利润表的项目名称和内容与本年度利润表不相一致，应对上年度利润表项目的名称和数字按本年度的规定进行调整，填入报表的"上期金额"栏。

2. 报表中各项目主要根据各损益类账户的发生额分析填列。

（1）"营业收入"项目，反映企业经营主要业务和其他业务所确认的收入总额。本项目应根据"主营业务收入"账户和"其他业务收入"账户的本期发生额分析填列。

（2）"营业成本"项目，反映企业经营主要业务和其他业务发生的实际成本总额。本项目应根据"主营业务成本"账户和"其他业务成本"账户的本期发生额分析填列。

（3）"营业税费及附加"项目，反映企业经营业务应负担的营业税、消费税、城市维护建设税、资源税、土地增值税和教育费附加等。本项目应根据"营业税金及附加"账户和"其他业务成本"账户的本期发生额分析填列。

（4）"销售费用"项目，反映企业在销售商品过程中发生的包装费、广告费等费用和为销售本企业商品而专设的销售机构的职工薪酬、业务费等经营费用。本项目应根据"销售费用"科目的发生额分析填列。

（5）"管理费用"项目，反映企业为组织和管理生产经营发生的管理费用。本项目应根据"管理费用"项目的发生额分析填列。

（6）"财务费用"项目，反映企业筹集生产经营所需资金等而发生的筹资费用。本项目应根据"财务费用"科目的发生额分析填列。

（7）"资产减值损失"项目，反映企业各项资产发生的减值损失。本项目应根据"资产减值损失"科目的发生额分析填列。

（8）"公允价值变动净收益"项目，反映企业按照相关准则规定应当计入当期损益的资产或负债公允价值变动净收益，如交易性金融资产当期公允价值的变动额。本项目应根据"公允价值变动收益"科目的发生额分析填列。如为净损失，以"—"号填列。

（9）"投资净收益"项目，反映企业以各种方式对外投资所取得的收益。本项目应根据"投资收益"科目的发生额分析填列。如为投资损失，以"—"号填列。

（10）"营业外收入"、"营业外支出"项目，反映企业发生的与其经营活动无直接关系的各项收入和支出。这两个项目应分别根据"营业外收入"科目和"营业外支出"科目的发生额分析填列。其中，处置非流动资产净损失，应当单独列示。

（11）"利润总额"项目，反映企业实现的利润总额。如为亏损总额，以"—"号填列。

（12）"所得税费用"项目，反映企业根据所得税准则确认的应从当期利润总额中扣除的所得税费用。本项目应根据"所得税费用"项目的发生额分析填列。

（13）"每股收益"项目，发行在外普通股或潜在普通股的数量因派发股票股利、公积金转增资本、拆股而增加或因并股而减少，但不影响所有者权益金额的，应当按调整后的股数重新计算各列报期间的每股收益。上述变化发生于资产负债表日至财务报告批准报出日之间的，应当以调整后的股数重新计算各列报期间的每股收益。

按照企业会计准则的规定对以前年度损益进行追溯调整或追溯重述的，应当重新计算各列报期间的每股收益。

企业应当在利润表中单独列示基本每股收益和稀释每股收益，并在附注中披露下列相关信息：

①基本每股收益和稀释每股收益分子、分母的计算过程；

②列报期间不具有稀释性但以后期间很可能具有稀释性的潜在普通股；

③在资产负债表日至财务报告批准报出日之间，企业发行在外普通股或潜在普通股股数发生重大变化的情况。

（14）"基本每股收益"项目，企业应当按照归属于普通股股东的当期净利润，除以发行在外普通股的加权平均数计算基本每股收益。

发行在外普通股加权平均数＝期初发行在外普通股股数＋当期新发行普通股股数×已发行时间÷报告期时间－当期回购普通股股数×已回购时间÷报告期时间

已发行时间、报告期时间和已回购时间一般按照天数计算；在不影响计算结果合理性的前提下，也可以采用简化的计算方法。

（15）"稀释每股收益"项目，企业存在稀释性潜在普通股的，应当分别调整归属于普通股股东的当期净利润和发行在外普通股的加权平均数，并据以计算稀释每股收益。

稀释性潜在普通股，是指假设当期转换为普通股会减少每股收益的潜在普通股。潜在普通股，是指赋予其持有者在报告期或以后期间享有取得普通股权利的一种金融工具或其他合同，包括可转换公司债券、认股权证、股份期权等。

①计算稀释每股收益，应当根据下列事项对归属于普通股股东的当期净利润进行调整（应考虑相关的所得税影响）：其一，当期已确认为费用的稀释性潜在普通股的利息；其二，稀释性潜在普通股转换时将产生的收益或费用。

②计算稀释每股收益时，当期发行在外普通股的加权平均数应当为计算基本每股收益时普通股的加权平均数与假定稀释性潜在普通股转换为已发行普通股而增加的普通股股数的加权平均数之和。

③计算稀释性潜在普通股转换为已发行普通股而增加的普通股股数的加权平均数时，以前期间发行的稀释性潜在普通股，应当假设在当期期初转换；当期发行的稀释性潜在普通股，应当假设在发行日转换。

④认股权证和股份期权等的行权价格低于当期普通股平均市场价格时，应当考虑其稀释性。计算稀释每股收益时，增加的普通股股数按下列公式计算：

增加的普通股股数＝拟行权时转换的普通股股数－行权价格×拟行权时转换的普通股股数÷当期普通股平均市场价格

⑤稀释性潜在普通股应当按照其稀释程度从大到小的顺序计入稀释每股收

益，直至稀释每股收益达到最小值。

【例18－1】丙股份有限公司2007年度实现的归属于普通股股东的净利润为37500万元，发行在外普通股加权平均数为125000万股。年初已发行在外的稀释性潜在普通股有：

（1）股份期权12000万份，每份股份期权拥有在授权日起五年内的可行权日以8元的行权价格购买1股本公司新发股票的权利。

（2）按面值发行的5年期可转换公司债券630000万元，债券每张面值100元，票面年利率为2.6%，转股价格为每股12.5元。

（3）按面值发行的3年期可转换公司债券1100000万元，债券每张面值100元，票面年利率为1.4%，转股价格为每股10元。

丙股份有限公司2007年度发行在外的普通股的平均市场价格为12元，年度内没有期权被行权，也没有可转换公司债券被转换或赎回，所得税税率为33%。

（1）丙股份有限公司2007年度基本每股收益＝37500/125000＝0.3（元）

（2）丙股份有限公司2007年度稀释每股收益计算如下：

第一步，计算稀释性潜在普通股转换为已发行普通股影响的净损益和增加的普通股股数：

①股份期权。

股份期权行权不影响当期的净利润。

股份期权增加的普通股股数＝12000－12000×8÷12＝4000（万股）

②5年期可转换公司债券。

5年期可转换公司债券影响的净利润＝630000×2.6%×（1－33%）＝10974.6（万元）

5年期可转换公司债券增加的普通股股数＝630000÷12.5＝50400（万股）

③3年期可转换公司债券。

3年期可转换公司债券影响的净利润＝1100000×1.4%×（1－33%）＝10318（万元）

3年期可转换公司债券增加的普通股股数＝1100000÷10＝110000（万股）

第二步，确定潜在普通股计入稀释每股收益的顺序：

表 18-5

	影响的净利润	增加的普通股股数	增量股的每股收益	顺序
股份期权	0	4000	0	1
5 年期可转换公司债券	10974.6	50400	0.218	3
3 年期可转换公司债券	10318	110000	0.094	2

第三步，分步计入稀释每股收益：

表 18-6

	净利润	股数	每股收益	稀释性
（一）基本每股收益	37500	125000	0.3	—
（二）稀释每股收益	—		0.203	
①股份期权	0	4000	—	
	37500	129000	0.291	稀释
②3 年期可转换公司债券	10318	110000		
	47818	239000	0.20	稀释
③5 年期可转换公司债券	10974.6	50400	—	
	58792.6	289400	0.203	反稀释

四、利润表的编报举例

现以 A 公司的业务资料为例说明利润表的编制过程。

表 18-7   总分类账户发生额试算平衡表

账户名称	1~11 月发生额		12 月发生额	
	借方	贷方	借方	贷方
主营业务收入		6875000	7500000	625000
主营业务成本	3482000		318000	3800000
营业税金及附加	68750		6250	75000

续表

账户名称	1～11月发生额		12月发生额	
	借方	贷方	借方	贷方
其他业务收入		4500000	5000000	500000
其他业务成本	2750000		250000	3000000
销售费用	2290000		210000	2500000
管理费用	1205600		110000	1315600
财务费用	76000		7000	83000
资产减值损失			1800	1800
公允价值变动净收益		3000	3000	
投资收益		20000	64800	44800
营业外收入		8000	10000	2000
营业外支出	20000		19400	39400
所得税费用	503568		80630	584198

表 18 – 8　　　　　　　　　　**利润表**

会企 02 表

编制单位：　　　　　　　　年　　月　　　　　　　　单位：元

项　　目	行次	本期金额	上期金额
一、营业收入	1	12500000	
减：营业成本	2	6800000	
营业税金及附加	3	75000	
销售费用	4	2500000	
管理费用	5	1315600	
财务费用	6	83000	
资产减值损失	7	1800	
加：公允价值变动净收益	8	0	
投资收益（损失以"—"号列示）	9	64800	

续表

项　　目	行次	本期金额	上期金额
其中：对联营企业和合营企业的投资	10		
二、营业利润（亏损以"—"号填列）	11	1789400	
加：营业外收入	12	10000	
减：营业外支出	13	39400	
其中：非流动资产处置净损失	14		
三、利润总额（亏损总额以"—"号填列）	15	1760000	
减：所得税费用	16	584198	
四、净利润（净亏损以"—"号填列）	17	1175802	
五、每股收益：	18		
（一）基本每股收益 ×	19	9.4%	
（二）稀释每股收益 ×	20		

第四节　现金流量表

现金流量表反映企业一定期间内现金的流入和流出，表明企业获得现金和现金等价物的能力（除特别说明外，以下所称的现金均包括现金等价物）。

现金流量主要作用表现在以下几个方面：

1. 可以提供企业的现金流量信息。在市场经济条件下，竞争异常激烈，企业想要求得生存和发展，在市场上占有一席之地，不但要想方设法地把自己的产品销售出去，更重要的是要及时地收回销货款，以维持其简单再生产，进行扩大再生产。除了生产经营以外，企业可能还要从事投资和筹资活动，这些活动同样会影响到企业的现金流量，从而影响企业的财务状况。如果企业在投资大量现金后没有得到相应的现金回报，就会陷入财务困境。通过企业的现金流量信息，可以为投资者、债权人提供企业经营能力、资金周转、现金流量状况的信息，便于他们作出正确的投资和经营决策。

2. 可以提供企业现金流量变动及变动原因的信息。现金流量表以收付实现制为基础，弥补了由于会计核算采用的权责发生制而不能提供企业现金支付能力信息的不足。而且把现金流量划分为经营活动、投资活动和筹资活动三部分，并按照现金流入和流出项目分别反映。这样做能反映企业现金流入和流出的原因，使会计信息使用者通过阅读企业现金流量表，能够了解企业现金流入、流出的构成，分析企业的偿债和支付能力，增强投资者、债权人对企业的信心。

3. 能够分析企业未来获取现金的能力。现金流量表中经营活动产生的现金流量代表企业运用其资产，产生现金流量的能力，便于报表使用者分析企业一定期间内形成的利润与经营活动产生的现金流量之间的差异，判断企业收回现金能力的强弱。投资活动产生的现金流量，代表企业资金的调度情况。筹资活动产生的现金流量，代表企业筹取现金流量的能力，通过现金流量表以及其他财务信息，便于分析企业未来获取或支付现金的能力。

4. 便于与国际会计惯例接轨。世界上许多国家都要求企业编制现金流量表，如英国、美国、澳大利亚、加拿大等。我国企业编制现金流量表，有利于国外投资人、债权人等与企业利益有关的会计信息使用者了解企业的会计信息，对开展跨国经营、境外筹资、加强国际经济合作等都起到积极的作用。

一、现金流量表的编制基础

现金流量表是以现金为基础编制的，这里的现金，是指企业库存现金以及可以随时用于支付的存款。不能随时用于支付的存款不属于现金。

现金等价物，是指企业持有的期限短、流动性强、易于转换为已知金额现金、价值变动风险很小的投资。期限短，一般是指从购买日起三个月内到期。现金等价物通常包括三个月内到期的债券投资等。权益性投资变现的金额通常不确定，因而不属于现金等价物。企业应当根据具体情况，确定现金等价物的范围，一经确定不得随意变更。

二、现金流量的分类

现金流量是指一定会计期间企业现金的流入和流出，可以分为三类，即经营活动产生的现金流量、投资活动产生的现金流量和筹资活动产生的现金流量。

（一）经营活动产生的现金流量

经营活动是指企业投资活动和筹资活动以外的所有交易和事项，包括销售商品或提供劳务、购买商品或接受劳务、收到返还的税费、支付工资、支付广告费用、交纳各项税款等。通过经营活动产生的现金流量，可以说明企业的经营活动对现金流入和流出的影响程度，判断企业在不动用对外筹得资金的情况下，是否足以维持生产经营、偿还债务、支付股利和对外投资等。

（二）投资活动产生的现金流量

投资活动是指企业长期资产的购建和不包括在现金等价物范围内的投资及其处置活动。现金流量表中的"投资"既包括对外投资，又包括长期资产的购建与处置。投资活动包括取得和收回投资、购建和处置固定资产、购买和处置无形资产等。通过投资活动产生的现金流量，可以判断投资活动对企业现金流量净额的影响程度。

（三）筹资活动产生的现金流量

筹资活动是指导致企业资本及债务规模和构成发生变化的活动。筹资活动包括发行股票或接受投入资本、分派现金股利、取得和偿还银行借款、发行和偿还公司债券等。通过筹资活动产生的现金流量，可以分析企业通过筹资活动获取现金的能力，判断筹资活动对企业现金流量净额的影响程度。

企业在进行现金流量分类时，对于现金流量表中未特别指明的现金流量，应按照现金流量表的分类方法和重要性原则，判断某项交易或事项所产生的现金流量应当归属的类别或项目，对于重要的现金流入或流出项目应当单独反映。对于一些特殊的、不经常发生的项目，如自然灾害损失、保险赔款等，应根据其性质，分别归并到经营活动、投资活动或筹资活动项目中。

三、现金流量表的内容和结构

（一）现金流量表的基本格式

根据《企业会计准则第 31 号——现金流量表》，我国企业的现金流量表的基本格式见表 18 - 9：

表 18 - 9　　　　　　　　　　现金流量表

会企 03 表

编制单位：　　　　　　　　　　年　　月　　　　　　　　　　单位：元

项　　目	本期金额	上期金额
一、经营活动产生的现金流量：		
销售商品提供劳务收到的现金		
收到的税费返还		

续表

项　目	本期金额	上期金额
收到的其他与经营活动有关的现金		
经营活动的现金流入小计		
购买商品接受劳务支付的现金		
支付给职工以及为职工支付的现金		
支付的各项税费		
支付其他与经营活动有关的现金		
经营活动现金流出小计		
经营活动产生的现金净流量		
二、投资活动产生的现金流量：		
回收投资所收到的现金		
取得投资收益收到的现金		
处置固定资产、无形资产和其他长期资产收回的现金净额		
处置子公司及其他营业单位收到的现金净额		
收到的其他与投资活动有关的现金		
投资活动现金流入小计		
购建固定资产、无形资产和其他长期资产所支付的现金		
投资支付的现金		
取得子公司及其他营业单位支付的现金净额		
支付的其他与投资活动有关的现金		
投资活动现金流出小计		
投资活动产生的现金净流量		
三、筹资活动产生的现金流量：		
吸收投资收到的现金		
取得借款收到的现金		
收到其他与筹资活动有关的现金		
筹资活动现金流入小计		

续表

项　　目	本期金额	上期金额
偿还债务支付的现金		
分配股利、利润或偿付利息支付的现金		
支付的其他与筹资活动有关的现金		
筹资活动现金流出小计		
筹资活动产生的现金净流量		
四、汇率变动对现金及现金等价物的影响		
五、现金及现金等价物净增加额		
加：期初现金及现金等价物		
六、期末现金及现金等价物		

（二）现金流量表补充资料披露格式

企业应当采用间接法在现金流量表附注中披露将净利润调节为经营活动现金流量的信息。

表 18 – 10

补充资料	本期金额	上期金额
1. 将净利润调节为经营活动现金流量：		
净利润		
加：资产减值准备		
固定资产折旧、油气资产折耗、生产性生物资产折旧		
无形资产摊销		
长期待摊费用摊销		
处置固定资产、无形资产和其他长期资产的损失（收益）		
固定资产报废损失（收益以"—"号填列）		
公允价值变动损失（收益以"—"号填列）		
财务费用（收益以"—"号填列）		
投资损失（收益以"—"号填列）		
递延所得税资产减少（增加以"—"号填列）		

补充资料	本期金额	上期金额
递延所得税负债增加（减少以"—"号填列）		
存货的减少（增加以"—"号填列）		
经营性应收项目的减少（增加以"—"号填列）		
经营性应付项目的增加（减少以"—"号填列）		
其他		
经营活动产生的现金流量净额		
2. 不涉及现金收支的重大投资和筹资活动：		
债务转为资本		
一年内到期的可转换公司债券		
融资租入固定资产		
3. 现金及现金等价物净变动情况：		
现金的期末余额		
减：现金的期初余额		
加：现金等价物的期末余额		
减：现金等价物的期初余额		
现金及现金等价物净增加额		

（三）企业应当按下列格式披露当期取得或处置子公司及其他营业单位的有关信息

表 18 – 11

项　　目	金额
一、取得子公司及其他营业单位的有关信息：	
1. 取得子公司及其他营业单位的价格	
2. 取得子公司及其他营业单位支付的现金和现金等价物	
减：子公司及其他营业单位持有的现金和现金等价物	
3. 取得子公司及其他营业单位支付的现金净额	
4. 取得子公司的净资产	

续表

项 目	金额
流动资产	
非流动资产	
流动负债	
非流动负债	
二、处置子公司及其他营业单位的有关信息：	
1. 处置子公司及其他营业单位的价格	
2. 处置子公司及其他营业单位收到的现金和现金等价物	
减：子公司及其他营业单位持有的现金和现金等价物	
3. 处置子公司及其他营业单位收到的现金净额	
4. 处置子公司的净资产	
流动资产	
非流动资产	
流动负债	
非流动负债	

（四）现金和现金等价物的披露格式

表 18-12

项 目	本期金额	上期金额
一、现金		
其中：库存现金		
可随时用于支付的银行存款		
可随时用于支付的其他货币资金		
可用于支付的存放中央银行款项		
存放同业款项		
拆放同业款项		
二、现金等价物		
其中：三个月到期的债券投资		
三、期末现金和现金等价物余额		
其中：母公司和集团内子公司使用受限制的现金和现金等价物		

四、现金流量表的填列方法

现金流量表的填列方法有两种：一是直接法；二是间接法。

直接法是指通过现金收入和现金支出的主要类别直接反映来自企业经营活动的现金流量的一种列报方法。现金流量一般应按现金流入和流出总额反映，但代客户收取或支付的现金以及周转快、金额大、期限短的项目的现金收入和支出，应以净额反映。采用这种方法列报经营活动的现金流量时，一般以利润表中的本期营业收入为起点，调整与经营活动有关项目的增减变动，然后计算出经营活动的现金流量。在我国，现金流量表正表中经营活动的现金流量就是以直接法来列报的。

间接法是指以本期净利润为起点，通过调整不涉及现金的收入、费用、营业外收支以及经营性应收、应付等项目的增减变动，调整不属于经营活动的现金收支项目，据此计算并列示经营活动的现金流量的一种方法。在我国，现金流量表的补充资料中应按照间接法反映经营活动现金流量的情况，以对正表中按直接法反映的经营活动现金流量相核对和补充说明。

现金流量表各项目的具体填列方法

（一）经营活动产生的现金流量

（1）"销售商品、提供劳务收到的现金"项目，反映企业销售商品、提供劳务实际收到的现金（含销售收入和应向购买者收取的增值税销项税额），包括：①本期销售商品、提供劳务收到的现金；②前期销售商品、提供劳务，本期收到的现金；③本期预收的账款。本期退回本期销售的商品和前期销售、本期退回的商品支付的现金，应从本项目中减去。企业销售材料和代购代销业务收到的现金，也在本项目中反映。本项目可以根据"现金"、"银行存款"、"应收账款"、"应收票据"、"预收账款"、"主营业务收入"、"其他业务收入"等账户的记录分析、填列。

可以用下列计算公式求得应填的数额：

销售商品、提供劳务收到的现金

＝本期销售商品、提供劳务的收入 ＋ 与收入业务有关的增值税销项税额

＋应收账款（期初账面净额－期末账面净额）

＋应收票据（期初余额－期末余额）

＋预收账款（期末余额－期初余额）

－本期计提的坏账准备

－实际发生的现金折扣等特殊调整项目

值得注意的是，如果企业当期发生债务重组、非货币性交易等特殊事项时，还要作进一步的分析调整。

（2）"收到的税费返还"项目，反映企业收到返还的各种税费，如收到的增值税、消费税、营业税、所得税、教育费附加返还等。本项目可以根据"库存现金"、"银行存款"、"营业税金及附加"等账户的记录分析填列。

（3）"收到的其他与经营活动有关的现金"项目，反映企业除了上述各项目外，收到的其他与经营活动有关的现金流入，如罚款收入、流动资产损失中由个人赔偿的现金收入等。其他现金流入如果价值较大，应单列项目反映。本项目可以根据"库存现金"、"银行存款"、"营业外收入"等账户的记录分析填列。

（4）"购买商品、接受劳务支付的现金"项目，反映企业购买材料、商品和接受劳务实际支付的现金，包括：①本期购入材料、商品和接受劳务支付的现金（包括增值税进项税额）；②本期支付前期购入商品、接受劳务的未付款项；③本期预付款项。本期发生的购货退回收到的现金应从本项目中减去。本项目可以根据"库存现金"、"银行存款"、"应付账款"、"应付票据"、"主营业务成本"等账户的记录分析填列。

可以用下列计算公式求得应填的数额：

购买商品、接受劳务支付的现金

＝本期的销售成本＋与购买业务有关的增值税进项税额

＋存货（期末余额－期初余额）

＋预付账款（期末余额－期初余额）

＋应付账款（期初余额－期末余额）

＋应付票据（期初余额－期末余额）

－当期列入主营业务成本、存货项目的非"材料"费用（如：职工薪酬和折旧费等）

＋未实现销售的存货减少数等特殊调整项目

－非购买业务的存货增加数等特殊调整项目

（5）"支付给职工以及为职工支付的现金"项目，反映企业实际支付给职工，以及为职工支付的现金。包括本期实际支付给职工的工资、奖金、各种津贴和补贴等，以及为职工支付的其他费用；不包括支付给离退休人员的各项费用（不属于工资）和支付给在建工程人员的工资（属于投资活动）等。企业支付给离退休人员的各项费用，包括支付的统筹退休金以及未参加统筹的退休人员的费用，在"支付的其他与经营活动有关的现金"项目中反映；支付的在建工程人员的工资，在"购建固定资产、无形资产和其他长期资产所支付的现金"项目中反映。本项目可以根据"应付职工薪酬"、"库存现金"、"银行存款"等账户的记录分析填列。

企业为职工支付的养老、失业等社会保险基金,补充养老保险,住房公积金,支付给职工的住房困难补助,以及支付给职工或为职工支付的其他福利费用等,应按职工的工作性质和服务对象,分别在本项目和"购建固定资产、无形资产和其他长期资产所支付的现金"项目中反映。

支付给职工以及为职工支付的现金

=生产成本、制造费用、管理费用和销售费用的应付职工薪酬等费用

+应付职工薪酬(期初余额-期末余额)

-应付职工薪酬——在建工程、无形资产明细(期初余额-期末余额)

+其他应收款——代垫款项明细(期末余额-期初余额)等

(6)"支付的各项税费"项目,反映企业按规定支付的各种税费。包括本期发生并支付的税费,以及本期支付以前各期发生的税费和预交的税金,如支付的教育费附加、矿产资源补偿费、印花税、房产税、土地增值税、车船使用税、预交的营业税等;不包括计入固定资产价值、实际支付的耕地占用税等,也不包括本期退回的增值税、所得税。本期退回的增值税、所得税在"收到的税费返还"项目中反映。本项目可以根据"应交税费"、"库存现金"、"银行存款"等账户的记录分析填列。

支付的各项税费

=所得税费用+营业税金及附加

+计入管理费用、存货、其他业务成本等的税费

+交纳的增值税

+除增值税外的应交税费(期初余额-期末余额)

(7)"支付的其他与经营活动有关的现金"项目,反映企业除上述各项目外,支付的其他与经营活动有关的现金流出,如罚款支出、支付的差旅费、业务招待费现金支出、支付的保险费等。其他现金流出,如果价值较大,应单列项目反映。本项目可以根据"管理费用"、"销售费用"、"营业外支出"、"应付职工薪酬"等有关账户的记录分析填列。

需要说明的是企业福利部门的各种开支,既不属于投资活动,也不属于筹资活动和经营活动。由于我国《企业会计准则——现金流量表》只将现金流量划分为经营活动、投资活动、筹资活动产生的现金流量三大类,而没有划分"其他活动产生的现金流量"类,所以"应付职工薪酬"的开支,只能列入经营活动的最后一个项目,即"支付的其他与经营活动有关的现金"项目。

（二）投资活动产生的现金流量

（1）"收回投资所收到的现金"项目，反映企业出售、转让或到期收回除现金等价物以外的对其他企业的权益工具、债务工具和合营中的权益取得的现金。

（2）"取得投资收益所收到的现金"项目，反映企业除现金等价物以外的对其他企业的权益工具、债务工具和合营中的权益投资分回的现金股利和利息等。

（3）"处置固定资产、无形资产和其他长期资产所收回的现金净额"项目，反映企业因处置固定资产、无形资产和其他长期资产所取得的现金，减去为处置这些资产而支付的有关费用后的净额。由于自然灾害所造成的固定资产等长期资产损失而收到的保险赔偿收入，也在本项目中反映。本项目可以根据"固定资产清理"、"库存现金"、"银行存款"等账户的记录分析填列。

（4）"处置子公司及其他营业单位收到的现金净额"项目，反映企业因置子公司及其他营业单位取得的现金，减去为处置所支付的有关费用后的净额填列。

（5）"收到的其他与投资活动有关的现金"项目，反映企业除上述各项目外，收到的其他与投资活动有关的现金流入。其他现金流入如果价值较大，应单列项目反映。本项目可以根据有关账户的记录分析填列。

（6）"购建固定资产、无形资产和其他长期资产所支付的现金"项目，反映企业购买、建造固定资产，取得无形资产和其他长期资产所支付的现金，不包括企业为购建固定资产而发生的借款利息资本化的部分，以及融资租入固定资产支付的租赁费。借款利息和融资租入固定资产支付的租赁费在筹资活动产生的现金流量中反映。本项目可以根据"固定资产"、"在建工程"、"无形资产"、"库存现金"、"银行存款"等账户的记录分析填列。

（7）"投资所支付的现金"项目，反映企业取得除现金等价物以外的对其他企业的权益工具、债务工具和合营中的权益所支付的现金以及支付的佣金、手续费等附加费用。

（8）"取得子公司及其他营业单位支付的现金净额"项目，反映企业因取得子公司及其他营业单位所支付的现金填列。

（9）"支付的其他与投资活动有关的现金"项目，反映企业除上述各项目外，支付的其他与投资活动有关的现金流出。其他现金流出如果价值较大，应单列项目反映。本项目可以根据有关账户的记录分析填列。

（三）筹资活动产生的现金流量

（1）"吸收投资所收到的现金"项目，反映企业以发行股票、债券等方式筹集资金实际收到的款项，减去直接支付给金融企业的佣金、手续费、宣传费、咨询费、印刷费等发行费用后的净额。

（2）"借款所收到的现金"项目，反映企业举借各种短期、长期借款所收到的现金。本项目可以根据"短期借款"、"长期借款"、"库存现金"、"银行存款"等账户的记录分析填列。

（3）"收到的其他与筹资活动有关的现金"项目，反映企业除上述各项目外，收到的其他与筹资活动有关的现金流入，如接受的现金捐赠。其他现金流入如果价值较大，应单列项目反映。本项目可以根据有关账户的记录分析填列。

（4）"偿还债务所支付的现金"项目，反映企业以现金偿还债务的本金，包括偿还金融企业的借款本金、偿还债券本金等。企业偿还的借款利息、债券利息，在"分配股利、利润或偿付利息所支付的现金"项目中反映，不包括在本项目中。本项目可以根据"短期借款"、"长期借款"、"库存现金"、"银行存款"等账户的记录分析填列。

（5）"分配股利、利润或偿付利息所支付的现金"项目，反映企业实际支付的现金股利，支付给其他投资单位的利润以及支付的借款利息、债券利息等。本项目可以根据"应付股利"、"财务费用"、"长期借款"、"库存现金"、"银行存款"等账户的记录分析填列。

（6）"支付的其他与筹资活动有关的现金"项目，反映企业除上述各项目外，支付的其他与筹资活动有关的现金流出，如捐赠现金支出、融资租入固定资产支付的租赁费等。其他现金流出如果价值较大，应单列项目反映。本项目可以根据有关账户的记录分析填列。

（四）汇率变动对现金的影响

"汇率变动对现金的影响"项目，反映企业的外币现金流量及境外子公司的现金流量折算为人民币时，所采用的现金流量发生日的汇率或平均汇率折算的人民币金额与"现金及现金等价物净增加额"中外币现金净增加额按期末汇率折算的人民币金额之间的差额。

"汇率变动对现金的影响"项目的内容和填列方法。该项目反映企业外币现金流量及境外子公司的现金流量折算为人民币时，所采用的现金流量发生日的汇率或平均汇率折算的人民币金额与"现金及现金等价物净增加额"中的外币现金净增加额按期末汇率折算的人民币金额之间的差额。

在编制现金流量表时，可逐笔计算外汇业务发生的汇率变动对现金的影响，也可不必逐笔计算，而采用简化的计算方法，即通过报表补充资料中的"现金及现金等价物净增加额"数额与正表中"经营活动产生的现金流量净额"、"投资活动产生的现金流量净额"、"筹资活动产生的现金流量净额"三项之和比较，其差额即为"汇率变动对现金的影响"项目的金额。

五、现金流量表附注的填列方法

（一）"将净利润调节为经营活动的现金流量"项目

1. "资产减值准备"项目，反映企业本期计提的坏账准备、存货跌价准备、长期股权投资减值准备、持有至到期投资减值准备、投资性房地产减值准备、固定资产减值准备、在建工程减值准备、无形资产减值准备、商誉减值准备、生产性生物资产减值准备、油气资产减值准备等资产减值准备。

2. "固定资产折旧"、"油气资产折耗"、"生产性生物资产折旧"项目，分别反映企业本期计提的固定资产折旧、油气资产折耗、生产性生物资产折旧。

3. "无形资产摊销"、"长期待摊费用摊销"项目，分别反映企业本期计提的无形资产摊销、长期待摊费用摊销。

4. "处置固定资产、无形资产和其他长期资产的损失"项目，反映企业本期处置固定资产、无形资产和其他长期资产发生的损失。

5. "固定资产报废损失"项目，反映企业本期固定资产盘亏发生的损失。

6. "公允价值变动损失"项目，反映企业持有的采用公允价值计量且其变动计入当期损益的金融资产、金融负债等的公允价值变动损益。

7. "财务费用"项目，反映企业本期发生的应属于投资活动或筹资活动的财务费用。

对属于投资活动和筹资活动产生的财务费用，只影响净利润，但不影响经营活动现金流量，应在净利润的基础上进行调整。也就是说，与投资活动和筹资活动有关的财务费用应全额考虑，与经营活动有关的财务费用不予考虑。

8. "投资损失"项目，反映企业本期投资所发生的损失减去收益后的净损失。

9. "递延所得税资产减少"项目，反映企业资产负债表"递延所得税资产"项目的期初余额与期末余额的差额。

"递延所得税负债增加"项目，反映企业资产负债表"递延所得税负债"项目的期初余额与期末余额的差额。

10. "存货的减少"项目，反映企业资产负债表"存货"项目的期初余额与期末余额的差额。

需要注意的是，如果存货的增减变化过程不属于经营活动，则不能对其进行调整，如对外投资减少的存货，接受投资者投入的存货等业务，应当将这一因素剔除。

所以，"存货的减少（减：增加）"项目的计算方法如下：

存货（期初账面净额－期末账面净额）－当期计提的存货跌价准备 ＞ 0：调增；

存货（期初账面净额－期末账面净额）－当期计提的存货跌价准备 ＜ 0：调减。

如果有非经营性项目的存货增减，还应当在此公式的基础上：

＋非经营性项目的存货增加额

－非经营性项目的存货减少额

11．"经营性应收项目的减少"项目，反映企业本期经营性应收项目（包括应收票据、应收账款、预付款项、长期应收款和其他应收款中与经营活动有关的部分及应收的增值税销项税额等）的期初余额与期末余额的差额。

值得提醒的是，由于资产负债表中"应收账款"项目是按照扣除坏账准备科目中有关应收账款计提的坏账准备期末余额后的净额填列的，所以在调整该项目时，还应减去本期计提的坏账准备相关部分。

若应收项目的增减变动不属于经营活动，则不能对其进行调整，如企业因债务重组接受债务人固定资产性质的非现金资产抵债而引起应收项目的减少，则不属于经营活动，在现金流量表补充资料中不予考虑。

所以，"经营性应收项目的减少（减：增加）"项目的计算方法如下：

应收项目（期初账面净额－期末账面净额）－当期计提的坏账准备 ＞ 0：调增；

应收项目（期初账面净额－期末账面净额）－当期计提的坏账准备 ＜ 0：调减。

如果有非经营性应收项目的增减，还应当在此公式的基础上：

＋非经营性应收项目的增加额

－非经营性应收项目的减少额

12．"经营性应付项目的增加"项目，反映企业本期经营性应付项目（包括应付票据、应付账款、预收款项、应付职工薪酬、应交税费、长期应付款、其他应付款中与经营活动有关的部分及应付的增值税进项税额等）的期初余额与期末余额的差额。

若应付项目的增减变动不属于经营活动，则不能对其进行调整，如企业债务重组业务中以固定资产性质的非现金资产抵债而引起应付项目的减少，则不属于经营活动，在现金流量表补充资料中不予考虑。又例如，在建工程人员的应付职工薪酬等不属于经营活动，在补充资料中也不予考虑。

所以，"经营性应付项目的增加（减：减少）"项目的计算方法如下：

应付项目（期初余额－期末余额）＞0：调减；

应付项目（期初余额－期末余额）＜0：调增。

如果有非经营性应付项目的增减，还应当在此公式的基础上：

－非经营性应付项目的增加额

＋非经营性应付项目的减少额

下面就现金流量表补充资料"将净利润调节为经营活动的现金流量"项目的填列方法归纳如下：

表18－13

项　目			填列方法
非付现费用项目		1. 资产减值准备	调增
		2. 固定资产折旧	
		3. 无形资产摊销和长期待摊费用摊销	
不属于经营活动的损益项目		1. 处置固定资产、无形资产的损失（减：收益）	损失：调增
		2. 固定资产报废损失	
		3. 公允价值变动损失	
		4. 财务费用	收益：调减
		5. 投资损失（减：收益）	
资产负债项目	资产	1. 递延所得税资产减少	反方向调整
		2. 存货	
		3. 经营性应收项目	
	负债	1. 递延所得税负债增加	同方向调整
		2. 经营性应付项目	

（二）"不涉及现金收支的重大投资和筹资活动"项目反映企业一定期间内影响资产或负债但不形成该期现金收支的所有投资和筹资活动的信息

1. "债务转为资本"项目，反映企业本期转为资本的债务金额。

2. "一年内到期的可转换公司债券"项目，反映企业一年内到期的可转换公司债券的本息。

3. "融资租入固定资产"项目，反映企业本期融资租入固定资产的最低租赁付款额扣除应分期计入利息费用的未确认融资费用的净额。

（三）"现金及现金等价物净增加额"项目与现金流量表中的"现金及现金等价物净增加额"项目的金额应当相等

六、现金流量表编报举例

沿用以上的资产负债表、利润表，根据以下附注说明，编制现金流量表。

A 公司其他相关资料如下所示：

1. 2007 年度利润表有关科目的明细资料如下：

（1）营业成本中生产成本中材料费为 3000000 元，职工薪酬为 2300000 元，制造费用中职工薪酬 900000 元，折旧费 350000 元，材料消耗 50000 元，其余用货币资金支付。

（2）管理费用的组成：职工薪酬 360000 元，无形资产摊销 120000 元，折旧费 205000 元，支付其他费用 630600 元。

（3）本期财务费用由三部分组成：应收票据贴现利息 40000 元，支付短期借款利息 23000 元和长期借款利息 20000 元。

（4）资产减值损失的组成：计提坏账准备 1800 元。

（5）本期投资收益包括分得现金股利 60000 元和出售交易性金融资产获利 4800 元。

（6）营业外收入的组成：处置固定资产净收益 10000 元（其所处置固定资产原价为 40000 元，累计折旧为 15000 元，收到处置收入 35000 元）。假定不考虑与固定资产处置有关的税费。

（7）营业外支出的组成：报废固定资产净损失 39400 元（其所报废固定资产原价为 200000 元，累计折旧 156100 元，支付清理费用 500 元，收到残值收入 5000 元）。

2. 资产负债表有关科目的明细资料如下：

（1）交易性金融资产的期初数无公允价值变动金额，本期全部收回。

（2）存货中材料费所占的比率为 44%，职工薪酬为 46%。

（3）应交税费的组成：本期增值税进项税额 523600 元，增值税销项税额 2125000 元，已交增值税 1621400 元。应交税费期初数中，应交增值税金额为 40000 元；应交税费期末数中，应交增值税金额为 380000 元，其余为其他应交税费。增值税金额均为企业销售和采购商品发生的增值税额。

（4）本期固定资产增加包括以银行存款购入设备 942000 元，以及在建工程完工转入 1743900 元。

（5）本期用现金偿还短期借款 500000 元，偿还一年内到期的非流动负债 900000 元。

（6）除上述所给资料外，有关债权债务的增减变动均以货币资金结算。

要求：根据以上资料，不考虑本年度发生的其他交易或事项，采用分析填列法，编制 A 公司 2007 年度的现金流量表。

表 18－14　　　　　　　　　　　　　　现金流量表

编制单位：A 公司　　　　　　　　　　200×年　　　　　　　　　　单位：元

项　　目	本期金额
一、经营活动产生的现金流量：	
销售商品、提供劳务收到的现金	14385000
收到的税费返还	
收到的其他与经营活动有关的现金	
现金流入小计	14385000
购买商品、接受劳务支付的现金	3768936
支付给职工以及为职工支付的现金	3415124
支付的各项税费	2009910
支付的其他与经营活动有关的现金	3931540
现金流出小计	13125510
经营活动产生的现金流量净额	1259490
二、投资活动产生的现金流量：	
收回投资所收到的现金	34800
取得投资收益所收到的现金	60000
处置固定资产、无形资产和其他长期资产而收到的现金净额	39500
处置子公司及其他营业单位收到的现金净额	
收到的其他与投资活动有关的现金	134300
现金流入小计	1141900
购建固定资产、无形资产和其他长期资产所支付的现金	

项　　目	本期金额
投资所支付的现金	
取得子公司及其他营业单位支付的现金净额	1141900
支付的其他与投资活动有关的现金	−1007600
现金流出小计	
投资活动所产生的现金流量净额	
三、筹资活动产生的现金流量：	
吸收投资所收到的现金	
借款所收到的现金	
收到的其他与筹资活动有关的现金	1400000
现金流入小计	23000
偿还债务所支付的现金	
分配股利、利润或偿付利息所支付的现金	1423000
支付的其他与筹资活动有关的现金	−1423000
现金流出小计	
筹资活动产生的现金流量净额	−1171110
四、汇率变动对现金的影响额	
五、现金及现金等价物净增加额	

第五节　所有者权益变动表

一、所有者（股东）权益变动表的概述

为了全面反映所有者权益的结构及增减变动情况，会计准则规定企业要编制"所有者权益变动表"，以便会计信息使用者全面了解投资人权益的增减变动状况。

　　所有者权益变动表应当反映构成所有者权益的各组成部分当期的增减变动情况。包括当期损益、直接计入所有者权益的利得和损失以及与所有者（或股东，下同）的资本交易导致的所有者权益的变动，应当分别列示。所有者权益变动表至少应当单独列示反映下列信息：

　　1. 净利润。

　　2. 直接计入所有者权益的利得和损失项目及其总额。

　　3. 会计政策变更和差错更正的累计影响金额。

　　4. 所有者投入资本和向所有者分配利润等。

　　5. 按照规定提取的盈余公积。

　　6. 实收资本（或股本）、资本公积、盈余公积、未分配利润的期初和期末余额及其调节情况。

二、所有者权益（股东权益）变动表的格式

表 18－15　　　　　　　　　所有者权益（股东权益）变动表

会企 04 表

编制单位：　　　　　　　　　　　年度　　　　　　　　　　单位：元

项　　目	本年金额						上年金额					
	实收资本	资本公积	减：库存股	盈余公积	未分配利润	所有者权益合计	实收资本	资本公积	减：库存股	盈余公积	未分配利润	所有者权益合计
一、上年年末余额												
1. 会计政策变更												
2. 前期差错更正												
二、本年年初余额												
三、本年增减变动金额（减少以"—"号填列）												
（一）本年净利润												

续表

项　目	本年金额						上年金额					
	实收资本	资本公积	减：库存股	盈余公积	未分配利润	所有者权益合计	实收资本	资本公积	减：库存股	盈余公积	未分配利润	所有者权益合计
（二）直接计入所有者权益的利得和损失												
1. 可供出售金融资产公允价值变动净额												
2. 权益法下被投资单位其他所有者权益变动的影响												
3. 与计入所有者权益项目相关的所得税影响												
4. 其他												
上述（一）和（二）小计												
（三）所有者投入和减少资本												
1. 所有者投入资本												
2. 股份支付计入所有者权益的金额												
3. 其他												
（四）利润分配												
1. 提取盈余公积												
2. 对所有者（或股东）的分配												
3. 其他												
（五）所有者权益内部结转												
1. 资本公积转增资本（或股本）												
2. 盈余公积转增资本（或股本）												
3. 盈余公积弥补亏损												
4. 其他												
四、本年年末余额												

三、所有者权益（或股东权益）变动表列示说明

1. 本表反映企业年末所有者权益（或股东权益）变动的情况。本表应在一定程度上体现企业综合收益的特点，除列示直接计入所有者权益的利得和损失外，同时包含最终属于所有者权益变动的净利润，从而构成企业的综合收益。

2. 本表各项目应当根据当期净利润、直接计入所有者权益的利得和损失项目、所有者投入资本和向所有者分配利润、提取盈余公积等情况分析填列。在本表中，直接计入当期损益的利得和损失应包含在净利润中；直接计入所有者权益的利得和损失，主要包括：可供出售金融资产公允价值变动净额、现金流量套期工具公允价值变动净额等，单列项目反映。

报表中的"本年实际"栏，根据本年的"本年利润"及"利润分配"账户所属明细账户的记录分析填列。"上年实际"栏，根据上年度利润分配表中的"本年实际"栏所填列的数据填列。如果上年度利润分配表与本年度利润分配表的项目名称和内容不一致，应对上年度报表项目的名称和数字按本年度的规定进行调整，填入报表的"上年实际"栏内。报表各项目主要根据"本年利润"账户和"利润分配"账户所属有关明细科目的发生额分析填列。

第六节　财务报表附注

附注是对资产负债表、利润表、现金流量表和所有者权益变动表等报表中列示项目的文字描述或明细资料，以及对未能在这些报表中列示项目的说明等。附注应当披露财务报表的编制基础，相关信息应当与资产负债表、利润表、现金流量表和所有者权益变动表等报表中列示的项目相互参照。

企业应当按照规定披露附注信息，主要包括下列内容：

一、企业的基本情况

1. 企业注册地、组织形式和总部地址。
2. 企业的业务性质和主要经营活动。
3. 母公司以及集团最终母公司的名称。

4. 财务报告的批准报出者和财务报告批准报出日。

二、财务报表的编制基础

三、遵循企业会计准则的声明

企业应当声明编制的财务报表符合企业会计准则的要求，真实、完整地反映了企业的财务状况、经营成果和现金流量等有关信息。

四、重要会计政策和会计估计

企业应当披露采用的重要会计政策和会计估计，不重要的会计政策和会计估计可以不披露。在披露重要会计政策和会计估计时，应当披露重要会计政策的确定依据和财务报表项目的计量基础，以及会计估计中所采用的关键假设和不确定因素。

五、会计政策和会计估计变更以及差错更正的说明

企业应当按照《企业会计准则第 28 号——会计政策、会计估计变更和差错更正》及其应用指南的规定，披露会计政策和会计估计变更以及差错更正的有关情况。

六、报表重要项目的说明

企业对报表重要项目的说明，应当按照资产负债表、利润表、现金流量表、所有者权益变动表及其项目列示的顺序，采用文字和数字描述相结合的方式进行披露。报表重要项目的明细金额合计，应当与报表项目金额相衔接。

（一）交易性金融资产

企业应当披露交易性金融资产的构成及期初、期末公允价值等信息。

（二）应收款项

企业应当披露应收款项的账龄结构和客户类别以及期初、期末账面余额等信息。

（三）存货

企业应当披露下列信息：

1. 各类存货的期初和期末账面价值。

2. 确定发出存货成本所采用的方法。

3. 存货可变现净值的确定依据，存货跌价准备的计提方法，当期计提的存货跌价准备的金额，当期转回的存货跌价准备的金额，以及计提和转回的有关情况。

4. 用于担保的存货账面价值。

（四）可供出售金融资产

企业应当披露可供出售金融资产的构成以及期初、期末公允价值等信息。

（五）持有至到期投资

企业应当披露持有至到期投资的构成及期初、期末账面余额等信息。

（六）长期股权投资

企业应当披露下列信息：

1. 子公司、合营企业和联营企业清单，包括企业名称、注册地、业务性质、投资企业的持股比例和表决权比例。

2. 合营企业和联营企业当期的主要财务信息，包括资产、负债、收入、费用等合计金额。

3. 被投资单位向投资企业转移资金的能力受到严格限制的情况。

4. 当期及累计未确认的投资损失金额。

5. 与对子公司、合营企业及联营企业投资相关的或有负债。

（七）投资性房地产

企业应当披露下列信息：

1. 投资性房地产的种类、金额和计量模式。

2. 采用成本模式的，投资性房地产的折旧或摊销，以及减值准备的计提情况。

3. 采用公允价值模式的，公允价值的确定依据和方法，以及公允价值变动对损益的影响。

4. 房地产转换情况、理由，以及对损益或所有者权益的影响。

5. 当期处置的投资性房地产及其对损益的影响。

（八）固定资产

企业应当披露下列信息：

1. 固定资产的确认条件、分类、计量基础和折旧方法。

2. 各类固定资产的使用寿命、预计净残值和折旧率。

3. 各类固定资产的期初和期末原价、累计折旧额及固定资产减值准备累计金额。

4. 当期确认的折旧费用。

5. 对固定资产所有权的限制及其金额和用于担保的固定资产账面价值。

6. 准备处置的固定资产名称、账面价值、公允价值、预计处置费用和预计处置时间等。

（九）无形资产

企业应当披露下列信息：

1. 无形资产的期初和期末账面余额、累计摊销额及减值准备累计金额。

2. 使用寿命有限的无形资产，其使用寿命的估计情况；使用寿命不确定的无形资产，其使用寿命不确定的判断依据。

3. 无形资产的摊销方法。

4. 用于担保的无形资产账面价值、当期摊销额等情况。

5. 计入当期损益和确认为无形资产的研究开发支出金额。

（十）交易性金融负债

企业应当披露交易性金融负债的构成以及期初、期末公允价值的信息等。

（十一）职工薪酬

企业应当披露下列信息：

1. 应当支付给职工的工资、奖金、津贴和补贴，及其期末应付未付金额。

2. 应当为职工缴纳的医疗保险费、养老保险费、失业保险费、工伤保险费和生育保险费等社会保险费，及其期末应付未付金额。

3. 应当为职工缴存的住房公积金，及其期末应付未付金额。

4. 为职工提供的非货币性福利，及其计算依据。

5. 应当支付的因解除劳动关系给予的补偿，及其期末应付未付金额。

6. 其他职工薪酬。

（十二）应交税费

企业应当披露应交税费的构成及期初、期末账面余额等信息。

（十三）短期借款和长期借款

企业应当披露短期借款、长期借款的构成及期初、期末账面余额等信息。

对于期末逾期借款，应分别贷款单位、借款金额、逾期时间、年利率、逾期未偿还原因和预期还款期等进行披露。

（十四）应付债券

企业应当披露应付债券的构成及期初、期末账面余额等信息。

（十五）长期应付款

企业应当披露长期应付款的构成及期初、期末账面余额等信息。

（十六）营业收入

企业应当披露营业收入的构成及本期、上期发生额等信息。

（十七）公允价值变动收益

企业应当披露公允价值变动收益的来源及本期、上期发生额。

（十八）投资收益

企业应当披露投资收益的来源及本期、上期发生额。

（十九）减值损失

企业应当披露各项资产的减值损失本期、上期发生额等信息。

（二十）营业外收入

企业应当披露营业外收入的构成及本期、上期发生额等信息。

（二十一）营业外支出

企业应当披露营业外支出的构成及本期、上期发生额等信息。

（二十二）所得税

企业应当披露下列信息：

1. 所得税费用（收益）的主要组成部分。

2. 所得税费用（收益）与会计利润关系的说明。

3. 未确认递延所得税资产的可抵扣暂时性差异、可抵扣亏损的金额（如果存在到期日，还应披露到期日）。

4. 对每一类暂时性差异和可抵扣亏损，在列报期间确认的递延所得税资产或递延所得税负债的金额，确认递延所得税资产的依据。

5. 未确认递延所得税负债的，与对子公司、联营企业及合营企业投资相关的暂时性差异金额。

（二十三）政府补助

企业应当披露下列信息：

1. 政府补助的种类及金额。

2. 计入当期损益的政府补助金额。

3. 本期返还的政府补助金额及原因。

（二十四）非货币性资产交换

企业应当披露下列信息：

1. 换入资产、换出资产的类别。

2. 换入资产成本的确定方式。

3. 换入资产、换出资产的公允价值及换出资产的账面价值。

（二十五）股份支付

1. 当期授予、行权和失效的各项权益工具总额。

2. 期末发行在外股份期权或其他权益工具行权价的范围和合同剩余期限。

3. 当期行权的股份期权或其他权益工具以其行权日价格计算的加权平均价格。

4. 股份支付交易对当期财务状况和经营成果的影响。

（二十六）债务重组

债权人应当披露下列信息：

1. 债务重组方式。

2. 确认的债务重组损失总额。

3. 债权转为股份所导致的投资增加额及该投资占债务人股份总额的比例。

4. 或有应收金额。

5. 债务重组中受让的非现金资产的公允价值、由债权转成的股份的公允价值和修改其他债务条件后债权的公允价值的确定方法及依据。

债务人应当披露下列信息：

1. 债务重组方式。

2. 确认的债务重组利得总额。

3. 将债务转为资本所导致的股本（或者实收资本）增加额。

4. 或有应付金额。

5. 债务重组中转让的非现金资产的公允价值、由债务转成的股份的公允价值和修改其他债务条件后债务的公允价值的确定方法及依据。

（二十七）借款费用

企业应当披露下列信息：

1. 当期资本化的借款费用金额。

2. 当期用于计算确定借款费用资本化金额的资本化率。

（二十八）外币折算

企业应当披露下列信息：

1. 计入当期损益的汇兑差额。

2. 处置境外经营对外币财务报表折算差额的影响。

（二十九）企业合并

企业合并发生当期的期末，合并方应当披露与同一控制下企业合并有关的下列信息：

1. 参与合并企业的基本情况。

2. 属于同一控制下企业合并的判断依据。

3. 合并日的确定依据。

4. 以支付现金、转让非现金资产以及承担债务作为合并对价的，所支付对价在合并日的账面价值；以发行权益性证券作为合并对价的，合并中发行权益性证券的数量及定价原则，以及参与合并各方交换有表决权股份的比例。

5. 被合并方的资产、负债在上一会计期间资产负债表日及合并日的账面价值；被合并方自合并当期期初至合并日的收入、净利润、现金流量等情况。

6. 合并合同或协议约定将承担被合并方或有负债的情况。

7. 被合并方采用的会计政策与合并方不一致所作调整情况的说明。

8. 合并后已处置或准备处置被合并方资产、负债的账面价值、处置价格等。

企业合并发生当期的期末，购买方应当披露与非同一控制下企业合并有关的下列信息：

1. 参与合并企业的基本情况。

2. 购买日的确定依据。

3. 合并成本的构成及其账面价值、公允价值及公允价值的确定方法。

4. 被购买方各项可辨认资产、负债在上一会计期间资产负债表日及购买日的账面价值和公允价值。

5. 合并合同或协议约定将承担被购买方或有负债的情况。

6. 被购买方自购买日起至报告期期末的收入、净利润和现金流量等情况。

7. 商誉的金额及其确定方法。

8. 因合并成本小于合并中取得的被购买方可辨认净资产公允价值的份额计入当期损益的金额。

9. 合并后已处置或准备处置被购买方资产、负债的账面价值、处置价格等。

（三十）或有事项

企业应当披露下列信息：

1. 预计负债。

（1）预计负债的种类、形成原因以及经济利益流出不确定性的说明。

（2）各类预计负债的期初、期末余额和本期变动情况。

（3）与预计负债有关的预期补偿金额和本期已确认的预期补偿金额。

2. 或有负债（不包括极小可能导致经济利益流出企业的或有负债）。

（1）或有负债的种类及其形成原因，包括未决诉讼、未决仲裁、对外提供担保等形成的或有负债。

（2）经济利益流出不确定性的说明。

（3）或有负债预计产生的财务影响，以及获得补偿的可能性；无法预计的，应当说明原因。

3. 企业通常不应当披露或有资产。但或有资产很可能会给企业带来经济利益的，应当披露其形成的原因、预计产生的财务影响等。

4. 在涉及未决诉讼、未决仲裁的情况下，按相关规定披露全部或部分信息预期对企业造成重大不利影响的，企业无须披露这些信息，但应当披露该未决诉讼、未决仲裁的性质，以及没有披露这些信息的事实和原因。

（三十一）资产负债表日后事项

企业应当披露下列信息：

1. 每项重要的资产负债表日后非调整事项的性质、内容，及其对财务状况和经营成果的影响。无法作出估计的，应当说明原因。

2. 资产负债表日后，企业利润分配方案中拟分配的以及经审议批准宣告发放的股利或利润。

七、分部报告

企业存在多种经营或跨地区经营的，应当按照企业会计准则规定披露分部信息。但是，法律、行政法规另有规定的除外。企业应当以对外提供的财务报表为基础披露分部信息。

对外提供合并财务报表的企业，应当以合并财务报表为基础披露分部信息。

（一）区分业务分部和地区分部

企业披露分部信息，应当区分业务分部和地区分部。业务分部，是指企业内可区分的、能够提供单项或一组相关产品或劳务的组成部分。该组成部分承担了不同于其他组成部分的风险和报酬。在确定业务分部时，应当结合企业内部管理要求，并考虑下列因素：

1. 各单项产品或劳务的性质，包括产品或劳务的规格、型号、最终用途等。

2. 生产过程的性质，包括采用劳动密集或资本密集方式组织生产、使用相同或者相似设备和原材料、采用委托生产或加工方式等。

3. 产品或劳务的客户类型，包括大宗客户、零散客户等。

4. 销售产品或提供劳务的方式，包括批发、零售、自产自销、委托销售、承包等。

5. 生产产品或提供劳务受法律、行政法规的影响，包括经营范围或交易定价限制等。

地区分部，是指企业内可区分的、能够在一个特定的经济环境内提供产品或劳务的组成部分。该组成部分承担了不同于在其他经济环境内提供产品或劳务的组成部分的风险和报酬。在确定地区分部时，应当结合企业内部管理要求，并考虑下列因素：

1. 所处经济、政治环境的相似性，包括境外经营所在地区经济和政治的稳定程度等。

2. 在不同地区经营之间的关系，包括在某地区进行产品生产，而在其他地区进行销售等。

3. 经营的接近程度大小，包括在某地区生产的产品是否需在其他地区进一步加工生产等。

4. 与某一特定地区经营相关的特别风险，包括气候异常变化等。

5. 外汇管理规定，即境外经营所在地区是否实行外汇管制。

6. 外汇风险。

两个或两个以上的业务分部或地区分部同时满足下列条件的，可以予以合并：①具有相近的长期财务业绩，包括具有相近的长期平均毛利率、资金回报率、未来现金流量等；②确定业务分部或地区分部所考虑的因素类似。

（二）确定报告分部

企业应当以业务分部或地区分部为基础确定报告分部。业务分部或地区分部的大部分收入是对外交易收入，且满足下列条件之一的，应当将其确定为报告分部：

1. 该分部的分部收入占所有分部收入合计的10%或者以上。

2. 该分部的分部利润（亏损）的绝对额，占所有盈利分部利润合计额或者所有亏损分部亏损合计额的绝对额两者中较大者的10%或者以上。

3. 该分部的分部资产占所有分部资产合计额的10%或者以上。

报告分部的对外交易收入合计额占合并总收入或企业总收入的比重未达到75%的，应当将其他的分部确定为报告分部（即使他们未满足上述规定的条件），直到该比重达到75%。

企业的内部管理按照垂直一体化经营的不同层次来划分的，即使其大部分收入不通过对外交易取得，仍可将垂直一体化经营的不同层次确定为独立的报告业务分部。

对于上期确定为报告分部的，企业本期认为其依然重要，即使本期未满足上述规定条件的，仍应将其确定为本期的报告分部。

（三）披露分部信息

1. 企业应当区分主要报告形式和次要报告形式披露分部信息。

（1）风险和报酬主要受企业的产品和劳务差异影响的，披露分部信息的主要形式应当是业务分部，次要形式是地区分部。

（2）风险和报酬主要受企业在不同的国家或地区经营活动影响的，披露分部信息的主要形式应当是地区分部，次要形式是业务分部。

（3）风险和报酬同时较大地受企业产品和劳务的差异以及经营活动所在国家或地区差异影响的，披露分部信息的主要形式应当是业务分部，次要形式是地区分部。

在确定主要报告形式和次要报告形式时，应当以企业的风险和报酬的主要来源和性质为依据，同时结合企业的内部组织结构、管理结构以及向董事会或类似机构的内部报告制度。企业的风险和报酬的主要来源和性质，主要与其提供的产品或劳务，或者经营所在国家或地区密切相关。企业的内部组织结构、管理结构以及向董事会或类似机构内部报告制度的安排，通常会考虑或结合企业风险和报酬的主要来源和性质等相关因素。

2. 对于主要报告形式，企业应当在附注中披露分部收入、分部费用、分部利润（亏损）、分部资产总额和分部负债总额等。

分部收入是指可归属于分部的对外交易收入和对其他分部交易收入。分部收入主要由可归属于分部的对外交易收入构成，通常为营业收入，下列项目不包括在内：

（1）利息收入和股利收入，如采用成本法核算的长期股权投资的股利收入（投资收益）、债券投资的利息收入、对其他分部贷款的利息收入等。但是，分部的日常活动是金融性质的除外。

（2）采用权益法核算的长期股权投资在被投资单位实现的净利润中应享有的份额以及处置投资产生的净收益。但是，分部的日常活动是金融性质的除外。

（3）营业外收入，如处置固定资产、无形资产等产生的净收益。

分部费用，是指可归属于分部的对外交易费用和对其他分部交易费用。分部费用主要由可归属于分部的对外交易费用构成，通常包括营业成本、营业税金及附加、销售费用等，下列项目不包括在内：

（1）利息费用，如发行债券、向其他分部借款的利息费用等。但是，分部的日常活动是金融性质的除外。

（2）采用权益法核算的长期股权投资在被投资单位发生的净损失中应承担的份额以及处置投资发生的净损失。但是，分部的日常活动是金融性质的除外。

（3）与企业整体相关的管理费用和其他费用。但是，企业代所属分部支付的、与分部经营活动相关的且能直接归属于或按合理的基础分配给该分部的费用，属于分部费用。

（4）营业外支出，如处置固定资产、无形资产等发生的净损失。

（5）所得税费用。

分部利润（亏损），是指分部收入减去分部费用后的余额。在合并利润表中，分部利润（亏损）应当在调整少数股东损益前确定。

分部资产，是指分部经营活动使用的可归属于该分部的资产，不包括递延所得税资产。分部资产的披露金额应当按照扣除相关累计折旧或摊销额以及累计减值准备后的金额确定。披露分部资产总额时，当期发生的在建工程成本总额、购置的固定资产和无形资产的成本总额，应当单独披露。

分部负债，是指分部经营活动形成的可归属于该分部的负债，不包括递延所得税负债。

分部的日常活动是金融性质的，利息收入和利息费用应当作为分部收入和分部费用进行披露。

企业披露的分部信息，应当与合并财务报表或企业财务报表中的总额信息相衔接。

分部收入应当与企业的对外交易收入（包括企业对外交易取得的、未包括在任何分部收入中的收入）相衔接；分部利润（亏损）应当与企业营业利润（亏损）和企业净利润（净亏损）相衔接；分部资产总额应当与企业资产总额相衔接；分部负债总额应当与企业负债总额相衔接。

3. 次要报告形式的分部信息。

分部信息的主要报告形式是业务分部的，应当就次要报告形式披露下列信息：

（1）对外交易收入占企业对外交易收入总额 10% 或者以上的地区分部，以外部客户所在地为基础披露对外交易收入。

（2）分部资产占所有地区分部资产总额 10% 或者以上的地区分部，以资产所在地为基础披露分部资产总额。

分部信息的主要报告形式是地区分部的，应当就次要报告形式披露下列信息：

（1）对外交易收入占企业对外交易收入总额 10% 或者以上的业务分部，应当披露对外交易收入。

（2）分部资产占所有业务分部资产总额 10% 或者以上的业务分部，应当披露分部资产总额。

八、关联方披露

（一）关联方及其判断

1. 关联方的定义。一方控制、共同控制、一方或对另一方施加重大影响，以及两方或两方以上同受一方控制、共同控制或重大影响的，构成关联方。关联方关系则指有关联的各方之间的关系。其中，控制是指有权决定一个企业的财务和经营政策，并能据以从该企业的经营活动中获取利益。

2. 下列各方构成企业的关联方：

（1）该企业的母公司；

（2）该企业的子公司；

（3）与该企业受同一母公司控制的其他企业；

（4）对该企业实施共同控制的投资方；

（5）对该企业施加重大影响的投资方；

（6）该企业的合营企业；

（7）该企业的联营企业；

（8）该企业的主要投资者个人及与其关系密切的家庭成员；

（9）该企业或其母公司的关键管理人员及与其关系密切的家庭成员；

（10）该企业主要投资者个人、关键管理人员或与其关系密切的家庭成员控制、共同控制或施加重大影响的其他企业。

3. 仅与企业存在下列关系的各方，不构成企业的关联方：

（1）与该企业发生日常往来的资金提供者、公用事业部门、政府部门和机构。

（2）与该企业发生大量交易而存在经济依存关系的单个客户、供应商、特许商、经销商或代理商。

（3）与该企业共同控制合营企业的合营者。

4. 仅仅同受国家控制而不存在其他关联方关系的企业，不构成关联方。

5. 在具体运用关联方关系判断标准时，应当遵循实质重于形式的原则。

（二）关联方交易及其判断

关联方交易，是指在关联方之间转移资源、劳务或义务的行为，而不论是否收取价款。

关联方交易的类型通常包括下列各项：

（1）购买或销售商品。

（2）购买或销售商品以外的其他资产。

（3）提供或接受劳务。

（4）担保。

（5）提供资金（贷款或股权投资）。

（6）租赁。

（7）代理。

（8）研究和开发项目的转移。

（9）许可协议。

（10）代表企业或由企业代表另一方进行债务结算。

（11）关键管理人员薪酬。

（三）关联方披露

1. 企业无论是否发生关联方交易，均应当在附注中披露与母公司和子公司有关的下列信息：

（1）母公司和子公司的名称。母公司不是该企业最终控制方的，还应当披露最终控制方名称。母公司和最终控制方均不对外提供财务报表的，还应当披露母公司之上与其最相近的对外提供财务报表的母公司名称。

（2）母公司和子公司的业务性质、注册地、注册资本（或实收资本、股本）及其变化。

（3）母公司对该企业或者该企业对子公司的持股比例和表决权比例。

2. 企业与关联方发生关联交易的，应当在附注中披露该关联方关系的性质、交易类型及交易要素。交易要素至少应当包括：

（1）交易的金额；

（2）未结算项目的金额、条款和条件，以及有关提供或取得担保的信息；

（3）未结算应收项目的坏账准备金额；

（4）定价政策。

3. 关联方交易应当分别关联方以及交易类型予以披露。类型相似的关联方交易，在不影响财务报表阅读者正确理解关联方交易对财务报表影响的情况下，可以合并披露。

4. 企业只有在提供确凿证据的前提下，才能披露关联方交易是公平交易。